财政部规划教材

# 财政学

马克和　章　力　主编

中国财经出版传媒集团
经济科学出版社
Economic Science Press

**图书在版编目（CIP）数据**

财政学／马克和，章力主编．—北京：经济科学出版社，2020.6（2020.9 重印）
财政部规划教材
ISBN 978-7-5218-1632-7

Ⅰ.①财… Ⅱ.①马… ②章… Ⅲ.①财政学-高等学校-教材 Ⅳ.①F810

中国版本图书馆 CIP 数据核字（2020）第 098912 号

责任编辑：刘殿和
责任校对：齐 杰
责任印制：李 鹏 范 艳

**财 政 学**
马克和 章 力 主编
经济科学出版社出版、发行 新华书店经销
社址：北京市海淀区阜成路甲 28 号 邮编：100142
教材分社电话：010-88191309 发行部电话：010-88191522
网址：www.esp.com.cn
电子邮件：bailiujie518@126.com
天猫网店：经济科学出版社旗舰店
网址：http://jjkxcbs.tmall.com
北京密兴印刷有限公司印装
787×1092 16 开 21.25 印张 520000 字
2020 年 7 月第 1 版 2020 年 9 月第 2 次印刷
ISBN 978-7-5218-1632-7 定价：58.00 元

# 前　言

《财政学》系财政部规划教材，是应用型高校财经类专业核心教材，也是国家社科基金一般项目（17BJY172）、广东省普通高校省级重点学科科研项目（2019 - GDXK - 0050）、安徽省高校领军人才培养计划——省学术技术带头人项目（gxbjZD2016081）及安徽省质量工程——名师工作室项目（2016msgzs072）的结项成果之一。

财政是国家治理的物质基础，在实现“两个一百年”奋斗目标、实现中华民族伟大复兴的“中国梦”进程中肩负着重要职责；同时，在推进国家治理体系和治理能力现代化中起着至关重要的基础和支柱作用。基于财政问题的极端重要性，在高校普及财政学知识就显得非常必要。因此，为适应应用型人才培养的客观需要，我们有针对性地编写了一本全新而实用的财政学教材。

本书坚持以习近平新时代中国特色社会主义思想为指导，以中共十八届三中全会提出的“财政是国家治理的基础和重要支柱”为核心依据，以深化改革为着力点，以建立现代财政制度为努力方向，按照“财政基础理论—财政支出理论—财政收入理论—财政管理理论”的框架设计相关内容。概括而言，本书的特点主要有以下三点。

一是内容丰富，系统规范。本书着眼于财政学的科学性、系统性和创新性的探索，为适应新时代我国财政改革的发展要求，及时汇集了最新的财政理论成果，充分反映了我国财政改革的最新动态和发展方向，并对我国现行的财政理论和政策进行了全面阐述，以全新的内容展现给读者。就全书基本架构而言，共分4篇16章。具体为：财政理论篇（导论、财政原理、公共产品与外部性）、财政支出篇（财政支出总论、财政经常性支出、财政投资性支出、财政转移性支出）、财政收入篇（财政收入总论、税收原理、税收制度、政府非税收入、公债）和财政管理篇（政府预算、国有资产管理、财政政策、政府间财政关系）。整体结构具有规范性、系统性和合理性。

二是编排新颖，创新实用。在编写体例和版块设计上，本书突破原有财政学教材单纯知识叙述的老框架，力求创新。每章开篇均有“本章导读”，引导读者总体了解所学内容；以“财政视窗”（短视频）开启讲授内容，安排了大量的“财政视野”；章末均设有“课外阅读”和“应用训练”等栏目，以开阔眼界和强化训练。在版式上，本书运用传统表述加现代技术相结合的形式，将“财政视窗”“财政视野”“课外阅读”“应用训练参考答案”以及课件PPT设置为通过二维码获取。力求内容丰富多彩、形式新颖活泼，符合大学生探求欲强烈和好奇心旺盛的特点，使其在兴趣中学到知识。在内容结构安排上，本着“易教易学”的原则，由浅入深、循序渐进，有利于知识的记忆、理解和运用。在语言表述上，文字简明，浅显易懂，变抽象的政策条文为学生乐于接受的通俗语言，正确处理了政策的严肃性与知识的趣味性之间的关系，以符合大学生学习的心理特征。

三是能力本位，应用特色。为坚持“着眼素质教育、突出应用特色、重视能力培养、体现时代要求”的原则，本书立足应用型人才培养需求，体现应用型本科教育的办学特色，以普及财政知识为目标，达到分析解决现实问题能力之目的。本书摒弃了传统的财政学教材“以知识为核心，以讲读为中心，以政策条文加解释”的旧模式，除运用简明的文字阐明财政知识外，将重点放在通过对财政政策的理解，以增强分析问题和解决问题的能力。此外，本书还注重将分散的知识进行优化整合、重组，让学生在财政知识及其应用方面逐步得到系统训练，以达到传授知识、培养能力的目的。

本书可作为各类院校教学以及职业技术教育、上岗培训等教科书，也可作为广大财税工作者、经济工作者以及各类管理人员自学、培训、进修和提高业务水平的读物。

本书由马克和教授、章力博士任主编，由马克和策划、创意、拟定全书结构、框架。编写任务分别为：马克和编写第一、第二、第十章；章力编写第三章第二节及第十六章第一、第三节；黄馨编写第三章第一、第三节；洪蕴编写第四、第十五章；张栋贤编写第五章；丁树编写第六、第七章；张婷婷编写第八、第十一章；李瑛编写第九章；贺晖编写第十二章；黄敏编写第十三章；王佳燕编写第十四章；陈凌霜编写第十六章第二节。最后由马克和总纂修改定稿。

在编写过程中，本书参阅、引用了很多财政专家的专著、教材和其他研究成果，在此表示衷心的感谢！感谢审稿专家程瑶教授提出的宝贵意见！本书的不足之处，诚望有关专家与读者批评指正，以便修订。

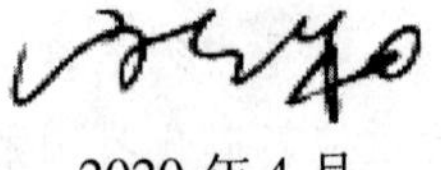

2020年4月

# 目　录

## 财政理论篇

## 财政支出篇

## 财政收入篇

## 财政管理篇

# 财政理论篇

# 第一章

# 导　论

【本章导读】财政学是研究与政府收支相关经济活动的一门科学，如今正逐步发展为一门综合学科。财政学的研究对象是为弥补市场失灵、向社会提供公共物品和公共服务的政府分配行为或其他形式的经济行为。我国财政学研究要以习近平新时代中国特色社会主义思想为指导，其研究内容主要有财政基本运行规律、财政收支活动、财政制度和财政政策等；研究方法主要为实证分析与规范分析相结合、定量分析与定性分析相结合、静态分析与动态分析相结合。西方财政学的形成与发展较为完善，新中国成立后，国内财政学界开始独立探索建立自己的财政学理论体系。

通过本章学习，要求读者掌握财政学的学科属性、研究对象，以及财政学研究的指导思想、主要内容与方法，了解财政学的形成与发展过程。

【财政视窗】一分钟了解财政学

## 第一节　财政学概述

### 一、身边的财政学

在日常生活中，每个人都要通过市场购买自己需要的商品和服务，也就是说通过市场获取私人物品，其功能在于满足私人需要。但是，由于人们的需求是多种多样的，市场很难提供人们需要的所有物品，因此，为了弥补市场之不足，就需要另外一个系统来提供物品和服务，这个系统就是政府，其提供的物品和服务，称之为公共物品，功能在于满足社会公共需要。

从全社会角度来看，我们不仅要通过市场获取私人物品以满足私人需要，而且还要通过政府提供公共物品以满足公共需要。比如，一早醒来，开灯照明，用的电是由政府兴建的发电厂输送的；刷牙洗脸，用的水是由政府投资的自来水公司供应的；烧菜做饭，用的煤气是由政府兴办的煤气公司提供的；上班下班，走的是市政部门投资修筑的道路，乘的是市政部门提供的公共交通工具；晚餐之后，既可以待在家里看看政府创办的电视台的节目，也可以到政府兴建的公园散散步。可见，我们每天的起居住行都与政府以及政府提供的公共物品或服务有着相当密切的关系。

从每个人的一生来看，在呱呱坠地的那一刻起，我们中的大多数人是在政府经营的公立医院里出生的，出生后还会接受政府免费为我们提供的各种疫苗接种服务。伴随着时光的流逝，我们渐渐长大，开始接受相应的教育，无论是幼儿园，还是小学、中学和大学等，多半是由政府创办的公立学校。在完成学业的过程中，如果经济方面出现困难，我们可以申请政府提供助学贷款。为了让大学毕业生能够顺利走向社会，政府每年又投入大量资金为在校大学生创建实习岗位，为毕业大学生提供各种技能培训。当我们走上工作岗位后，作为国家公职人员，每月可以领取相应等级的工资；如果受伤生病，可以享受政府提供的医疗保障服务；即便失业，也可以按规定领取失业保险金。而当我们年老退休后，可以获得社会养老保险金。有一天终于寿终正寝了，基本上都是送到主要由政府建设的火葬场送终安息。此外，政府还专门针对穷人、老人、残疾人和退伍军人提供了相应的扶贫、补贴和抚恤计划。

当然，天下没有免费的午餐。我们在享受政府所提供的各种产品和服务的时候，也需要付出相应的代价。与消费其他产品一样，我们在用水、用电、用气，或者在收看有线电视、乘坐公共交通工具时，需要向相应的城市公用事业部门缴纳一定的使用费。与此同时，尽管像公园、广场、国防、治安等各种服务往往由政府向公众免费提供，但是实际上，我们在享受政府所提供的各种服务的同时，也以纳税人的身份为政府的各方面开支缴纳各种税收。例如，在买卖各种商品的过程中，我们所支付的价格中已经包含了一定数量的税款；而当我们的个人收入超过一定水平后，就要向政府缴纳个人所得税；如果我们拥有一定数量的动产或不动产，就要为此缴纳不同形式的财产税；此外，作为劳动者，我们之所以能够享受到社会医疗保险、失业保险和养老保险等各种服务，主要是因为我们的收入所得中有一部分要以社会保险税（费）的形式上缴给政府部门。可见，我们每个人的一生都时时处处受到政府经济活动的影响。

从上面的现象中可以发现，我们的生老病死都与政府以及政府提供的公共物品和服务有关。为了满足公共需要，政府就要向公众提供用水、用电、用气、道路、公园、治安、教育、医疗、社保、国防等各种公共产品和服务。不仅如此，政府还要承担涉及国计民生和带有战略性的重大工程建设任务。比如，我国建设的三峡水利枢纽工程、南水北调工程、西气东输工程、青藏铁路、港珠澳大桥、纵横交错的高铁和高速公路网络、规模宏大的油气和电站，以及大型农田水利设施和灌溉系统等，都需要政府在投入巨额资金的前提下采取多渠道筹资的方式来兴建。此时，政府免不了要承担巨额成本、耗费大量资金，这就形成了财政支出。政府要开支，就要有相应的收入来源，税收、收费和公债等是政府融资的主要渠道，它们共同形成财政收入。政府的一收一支，就是我们平常所说的“财政”。财政作为政府的收支活动，是经济系统的一个重要组成部分，对整个社会经济的运行有着极为重要的影响。

当然，我们接触的不仅仅是财政现象，更重要的是要了解一些涉及国计民生的重大理论与政策问题：诸如财政收支规模应该多大？财政收支结构是怎样的？什么样的税收负担既不使企业失去活力，又能保证政府支出需要？我国为何要实行大规模的减税降费政策？财政运行为什么会出现赤字？财政赤字是怎么形成的，对社会经济发展有什么影响？财政赤字与通货膨胀或通货紧缩是什么关系？发行公债的目的是什么？财政政策与货币政策是如何协调并发挥宏观调控作用的？我国在 1998 年、2008 年和党的十八大以来为何要实施积极的财政政策，其政策效果如何？如何评价我国实施的分税制财政管理体制？为什么说财政是国家治理的基础和重要支柱？等等。

由此可见，在现实经济生活中，几乎每个人都与财政有着千丝万缕的联系，通过各种方式、各种渠道与财政打“交道”。这也就是我们身边的财政学。

【财政视野】晚清政府的财政失控与危机

## 二、财政学的学科属性

目前，中外财政经济学界对财政学的学科属性界定大体有三种不同的代表性观点，并由此形成了三种不同的财政学研究范式。第一种观点和做法，是将财政学视为经济学大类中的一门应用性分支学科来对待，单纯运用经济学方法和某一种经济学范式加以研究。第二次世界大战以后西方主流财政学和基于西学东渐而在中国日益成为主流的财政学大体上都是采取这种研究范式的。时至今日，仍然有学者通过批驳各种非议而坚定地认为“财政是经济范畴，财政学属于经济学科。”① 第二种观点，认为财政学是兼具经济学和政治学属性的交叉性或综合性独立学科，无论在研究过程还是理论阐述中对包含在财政活动中的经济内容和政治内容不可偏废。第三种观点认为，财政学“不仅是经济学和政治学的交叉，而且也是和不少的相关学科相互的交叉。”② 持这种看法的学者中，对财政学中所交叉融合的学科种类上存有宽窄上的差别。有的学者认为，在财政学研究领域中形成交叉的，除了自身所属的经济学之外，还有政治学、管理学、法学和社会学等。也有学者在已经提到的政治学、管理学、法学和社会学之外，又加上了行政学和理财学，这三种学术观点自然各有理据，但其合宜性有待辨析③。

随着作为“国家治理的基础和重要支柱”这一颇具历史和理论高度的全新论断的提出，充分揭示了财政运行的基本底色。财政从经济领域提升到国家治理层面，其固然仍可表述为政府的收支或收支活动，但已不再仅仅是一个经济范畴、局限于经济领域，而是一个涉及治国理政各个领域的国家治理范畴和治理要素。财政不仅具有经济功能，还

---

① 安体富：《关于财政学的学科属性与地位问题》，载于《财贸经济》，2016 年第 12 期。
② 陈共：《财政学对象的重新思考》，载于《财政研究》，2015 年第 4 期。
③ 齐守印：《中国特色财政学部分基础理论问题辨析》，载于《财政研究》，2018 年第 8 期。

与社会、政治、公共管理等国家治理的方方面面有着密切关系。因此，财政学是一门综合研究财政活动中经济内容和政治内容的经济学与政治学交叉融合的社会科学。相应地，中国特色财政理论体系或财政学，就是从经济与政治双重视角，以综合研究中国公共财务活动为主，分析其特殊矛盾，揭示其本质联系和运动规律，以服务于现代中国国家治理的独立社会科学。

当前，我国正在积极构建现代财政制度，有关财政的基本概念、基本理论和基本方法都面临一系列重大挑战，我们正迎来财政基础理论创新的重要契机。因而，直面中国财政发展步入新阶段的现实，不失时机地推进财政基础理论创新，为中国财政实践提供学理支撑和方法论支持，以此为基础，建立起体现中国特色、中国风格、中国气派的中国财政学体系，是时代赋予我们的神圣使命①。

【财政视野】趣说财政学、经济学

## 三、财政学研究的指导思想

我国财政学研究，必须坚持马列主义、毛泽东思想、邓小平理论、“三个代表”重要思想和科学发展观，以习近平新时代中国特色社会主义思想为指导，特别是要践行习近平新时代中国特色社会主义经济思想。2017 年中央经济工作会议指出，习近平新时代中国特色社会主义经济思想的基本内容可以概括为“七个坚持”，即：坚持加强党对经济工作的集中统一领导；坚持以人民为中心的发展思想；坚持适应把握引领经济发展新常态；坚持使市场在资源配置中起决定性作用，更好发挥政府作用；坚持适应我国经济发展主要矛盾变化完善宏观调控，相机抉择，开准药方，把推进供给侧结构性改革作为经济工作的主线；坚持问题导向部署经济发展新战略；坚持正确工作策略和方法，稳中求进，保持战略定力、坚持底线思维。中共十九大和中央经济工作会议作出了“中国特色社会主义进入了新时代，我国经济发展也进入了新时代”的重要论断，由高速增长阶段转向高质量发展阶段成为新时代我国经济发展的基本特征。中共十八届三中全会指出，“财政是国家治理的基础和重要支柱”。因此，加快建立现代财政制度，要重点围绕财政对国家治理的基础和重要支柱作用，充分发挥其在优化资源配置、维护市场统一、促进社会公平和实现国家长治久安等方面的基本功能，不断提高财政运行的制度化、法治化、规范化水平，逐步形成与推进国家治理体系和治理能力现代化、全面建设社会主义现代化强国要求相匹配的财政体系、制度能力和总体效果。习近平新时代中国特色社会主义经济思想，是以习近平同志为核心的党中央在经济工作中“观大势、谋全局、干实事”的实践总结，具有原创性和时代性，为我国哲学社会科学研究作出了巨大贡献，对建设中国特色、中国风格、中国气派的财政学体系具有十分重要的指导意义。

---

① 高培勇：《论中国财政基础理论的创新——由“基础和支柱说”说起》，载于《管理世界》，2015 年第 12 期。

## 四、财政学的研究对象

合理而明确地界定研究对象，对于任何一门学科理论体系而言，都是保障其科学性的基本前提。无论哪一门学科乃至一门学科中不同学派的理论著作，如果它的研究对象界定得不合理、不明确，都会损害其内容范围的完整性和理论体系的系统性，减弱其科学性、独立性和可信度、说服力。因此，构建中国特色财政学理论体系，必须将科学界定研究对象作为其顶层设计的首要因素处理好。

众所周知，财政学是要通过系统深入的分析研究，从纷繁复杂的财政现象中抽象出财政活动的一般本质和经济关系，从财政运行过程中揭示出财政活动的内在联系、外部联系和客观规律，从不同层面活动主体的财政行为动机与倾向发现蕴含于其中的各种矛盾，并找出有效解决这些矛盾的方法路径、提出改进财政治理的对策方案。总之归结为一句话：财政学的研究对象应该是为弥补市场失灵、向社会提供公共物品和公共服务的政府分配行为或其他形式的经济行为。也就是说，政府为向社会提供公共服务而筹集、配置、监管公共资源的全部活动和蕴含于其中的经济关系、特殊矛盾，以及相关政策、制度、体制、法律和决策过程。研究这些对象的目的，在于揭示财政运行发展的一般规律和特殊规律，为财政管理乃至整个公共治理实践提供理性认识基础和行动指南①。

## 五、财政学的研究内容

### （一）财政基本运行规律

财政学的任务是阐明财政的基本知识、基本理论和管理技能。在现实经济生活中，人们经常接触的总是各种各样的财政现象，这些财政现象必然是我们需要进行研究的内容。但是，作为应用经济研究，其视野不能只局限于现象层次，而是要透过现象，探索本质、揭示支配这些现象的规律。中共十八届三中全会指出，“财政是国家治理的基础和重要支柱”，中国财政改革发展步入了一个新的历史阶段：以往作为经济范畴、经济领域要素之一的财政，已经延伸到经济、政治、文化、社会、生态文明和党的建设各个领域，上升至国家治理层面。因此，对财政运行规律的认识达到了一个新高度，对现代财政运行规律和中国特色财政运行规律的研究必须有新的理论概括，这样才能对实践给予新的理论指引。

### （二）财政收支活动

财政活动主要具体化为财政的收入和支出。财政收支均由若干项目构成，各收支项目得以成立的根据为何、各有何特点、它们如何影响国民经济的运行、财政收支总量上的平衡或不平衡怎样影响总供给和总需求的平衡关系等，都是财政学要研究的主要内容。

### （三）财政制度

政府在自己的收入和支出活动中，必须制定某些规则，并依据这些规则作出某些制

---

① 齐守印：《中国特色财政学部分基础理论问题辨析》，载于《财政研究》，2018 年第 8 期。

度上的安排。政府通过收支活动来检验其制定的财政政策的运行效果。比如，税收制度、公债制度、政府预算制度、财政管理体制、转移支付制度等，这些也是财政学研究的重要内容。

### （四）财政政策

财政学还研究财政政策，但关心的不是财政部门已经做了什么和正在做什么，也不研究供具体操作的政策设计。财政学研究政策的逻辑，是关注那些深藏在形形色色的财政政策背后的稳定的规律性的东西，这也涉及治国理政各个领域的国家治理范畴和治理要素。诸如，财政政策的目标是什么？为什么确定这些目标？可以采用哪些手段来实现这些目标，政策效力的传导机制是什么？政策效果如何？怎样评价？财政政策如何同其他经济政策相配合？等等。简言之，财政政策的目标、手段、传导机制、效果，以及同其他政策手段的配合等是财政学的重要研究内容。

## 六、财政学的研究方法

### （一）实证分析与规范分析相结合

在分析政府经济活动的过程中，财政学不仅要解释实际政策对经济运行的影响，而且还要尽可能为政府决策提供指南。为完成这两项任务，财政学经常采用经济分析的两种基本方法：一是实证分析法；二是规范分析法。所谓实证分析，就是依据事物的本来面目描述事物，说明研究对象是什么，它着重刻画经济现象的来龙去脉。实证分析法运用于财政学，就是要按照财政活动的原貌，勾勒出财政从取得收入直到安排支出的全过程及其产生或可能产生的经济影响，财政活动同整个国民经济活动的相互作用，以及组织财政活动所建立的机构、制度和各种政策安排。规范分析要回答的问题是应当是什么，即确定若干准则，并据以判断研究对象目前所具有的状态是否符合这些准则，如果存在偏离，应当如何调整。规范分析法运用于财政学，就是要根据社会主义市场经济这一制度前提，根据公平与效率这两大基本社会准则，来判断目前的财政制度是否与上述前提和准则相一致，并探讨财政制度的改革问题。

### （二）定量分析与定性分析相结合

财政关系量变到一定程度，才会引起质变，因而只有研究了量的变化程度，才能对质有确切的把握。由于财政是社会再生产和国民经济系统的分配环节，财政分配关系的运行必须服从国民经济运行的发展目标。中国特色社会主义财政分配关系的最终目的就是促进经济高质量发展，因此，财政学的研究不仅要注意财政分配性质的分析，还要关注财政收支比例变化的规律分析。

【财政视野】高质量发展有六大内涵

### （三）静态分析与动态分析相结合

由于决定财政分配关系的经济条件和与之相关的政治条件是发展变化的，各种财政关系也必然发展变化。因而，财政学研究和揭示的各种财政范畴也应反映历史上不断变化的经济规律，符合历史上经济关系的发展过程。与之相应的，就应该把静态分析与动态分析相结合。静态分析就是分析财政现象的均衡状态以及有关的财政经济变量达到均衡状态所具备的条件，它完全抽象掉了时间因素和具体的变化过程，是一种静止地、孤立地考察某种经济事物的方法。动态分析是以客观财政现象所显现出来的数量特征为标准，判断被研究的财政现象是否符合正常发展趋势的要求，探求其偏离正常发展趋势的原因并对未来的发展趋势进行预测的一种统计分析方法。

# 第二节　财政学的形成与发展

## 一、西方财政学的形成与发展

### （一）西方早期财政理论

一般说来，早期的西方学者认为财政是政府收入和支出的管理，有时也叫作政府资金的征收、使用和管理。

英国著名学者威廉·配第（William Petty）于 1662 年出版的《赋税论》中讨论了公共支出和税收问题。他将公共支出分为国防支出、宗教支出、教育支出、官员俸禄及司法经费、孤儿与贫民救济支出、公共福利等；在公共收入的筹集上，他认为土地税比其他政府收入组织形式要优越。他还在《政治算术》中建议对财政制度进行改革。

德国官房学派（Kamera）以国库行政为中心，讨论租税征收和费用管理的方法，形成了初步的财政学理论。官房学派又称为计臣学派，其名称 Kamera 一词出自拉丁语，就是房屋的意思，亦指国王贮藏私产之所在，后来用以指国库或国王的会计室。官房学派将财政视为公共事务的重要分支，主要从国家管理者的角度探讨财政问题，努力培育财源。德国重商主义者尤斯蒂（Johann HeinvichVon Justi）在 1776 年出版了著名的《财政学》教科书，对财政基本理论进行了探讨，对财政支出、财政收入和满足临时性紧急需要的手段进行了研究。

法国重商主义的代表人物柯尔培尔（Jean-Baptiste Colbert）将征税比喻为拔鹅毛的艺术，认为既要拔得多，又不要使鹅叫。法国重农学派的代表人物魁奈（Francois Quesnay）提倡简化税制，主张建立以“纯产品”理论为基础的单一税制，即地租税或土地税。

### （二）古典经济学派的财政理论

18 世纪后期到 20 世纪 30 年代，财政学以古典经济学派为中心。亚当·斯密（Adam Smith）于1776 年出版的《国民财富的性质和原因的研究》中，系统地讨论了财政和相关经济学问题，特别是在第五篇《论君主或国家的收入》中专门讨论了国家财政问题，包括国家经费（国防费、司法经费、公共工程和公共机关的费用）、收入源泉（各种赋税和公债）以及征税的原则方法等内容，从而形成了比较完整的财政学体系。斯密认为，有一只“看不见的手”在操纵着经济的运行，使得每个人都为自己的利益展开经济活动，但它最终产生了一个大家都获利的社会结果。市场经济既然有如此神妙的作用，对它的任何干预就都是不可取的，政府只要能像“守夜人”那样，防止外来侵略和维持国内治安就行了。基于此，他提出了以下财政原则：第一，在税收方面提出了“公平、确定、简便和征收费用最小”的原则；第二，在财政支出方面提出了厉行节约的原则；第三，在财政收支平衡原则方面提出了“量入为出”的原则；第四，在财政目标方面主张“廉价政府”应成为财政追求的最高目标。这就是亚当·斯密勾勒的财政学基本框架。后来的古典经济学家和庸俗经济学家，如大卫·李嘉图（David Ricardo）、让·巴·萨伊（Jean-Baptiste Say）、约翰·斯图亚特·穆勒（John Stuart Mill）和阿瑟·塞西尔·庇古（Arthur Cecil Pigou）等，基本上是在斯密的框架中进行发展。

李嘉图在《政治经济学及赋税原理》中有10章论赋税，在“基金制度论”中讨论了公债并提出了著名的李嘉图等价定律，即不论是用征税的方式来增加收入还是用发行公债的方式来应付支出，其对消费者的影响都是等价的。穆勒在《政治经济学原理》中用7章内容讨论了财政问题，特别是就税收原则、直接税、间接税等问题进行了深入探讨，比较了直接税和间接税的优劣；另外，穆勒还分析了公债问题。

西斯蒙第（Sismondi）在1819年出版的《政治经济学新原理》中指出：“人类形成社会团体之后，必须管理由自己的财富产生的共同利益；社会形成的初期，有一部分公共财产必须用于满足公共需要。如何征收和管理这种不属于个人而属于公共所有的国民收入，就成为政治家的重要知识，我们把这部分知识叫作财政。”

总体上讲，古典经济学派的财政理论大多是在政治经济学的框架下进行探讨的，重点分析赋税、支出和公债等有限的范畴。

### （三）现代西方经济学的财政理论

1929年的经济大危机标志着自由资本主义与古典经济学的破产，以强调国家干预经济必要性的凯恩斯主义及相关理论应运而生，而财政理论则随之产生了较大的发展。

#### 1. 国家干预与市场经济问题

在国家干预市场经济的问题上，西方传统财政思想的两大思潮有着比较重大的分歧。

第一种思潮是个人主义的国家观。个人主义的国家观强调个人利益，认为个人是独立的经济个体，是能够自主判断是非和追求个人利益的“经济人”；主张国家是由所有社会成员组成的，是用以维护个人利益的特殊载体，国家的任务是向个人征收必要的税金来提供公共产品和公共服务，其余的应该让个人自由行动。个人主义的国家观认为，国家不应该，也不能够通过财政来干预市场经济。以个人主义的国家观为基础，形成了著名的政府机械论。

第二种思潮是全体主义的国家观。全体主义的国家观强调集体利益，认为国家虽然是由个人形成的，但国家是一个有机的整体，国家的意志和行动代表社会全体成员并超越个人的意志和行动；每一个人的经济意志与活动，都要受国家的影响。因此，国家能够并应该通过财政活动干预经济。以全体主义的国家观为基础，形成了著名的政府有机论。

尽管早期的个人主义国家观与全体主义国家观泾渭分明，但现代政治与经济实践则表明二者之间出现了逐渐融合的趋势。比如，福利经济学认为，国家财政应以增加社会公共福利为目标，要考虑财政收支对社会公共福利有什么影响，即要求国家适度干预经济；而在市场经济制度下，国家不仅通过财政经济政策促进经济的发展，而且强调个人在市场经济中起重要作用。

2. 凯恩斯主义的财政学理论

1929 年的经济大危机打破了古典经济学派关于市场机制自动调节经济发展的神话，以宏观经济分析为主要特色的凯恩斯主义孕育而生，财政学开始成为现代经济学体系中的一个重要组成部分。凯恩斯（John M. Keynes）在 1936 年发表的《就业、利息与货币通论》中系统地阐述了他的经济理论和财政思想，构建了完善的现代宏观经济理论。他探讨了国家干预经济（尤其是政府财政政策的实施）对总体经济活动（如失业和通货膨胀等）水平的影响；他主张财政政策应从传统的预算平衡概念中解放出来，走向主动的、积极的赤字预算，以此刺激社会经济活动，增加国民收入。

凯恩斯主义是 20 世纪 30 年代形成和发展起来的重要经济理论，对世界各国的政策走向具有非常重要的影响。凯恩斯主义的财政理论被世界各国的经济学者广泛接受并发扬光大。比如，美国的阿尔文·汉森（Alvin Hansen）在继承凯恩斯学说的基础上提出了“补偿财政政策”的主张。补偿财政政策主张政府应根据对经济情况的判断而主动调整财政收支、改变社会总需求以达到稳定经济的目的，是相机抉择财政政策的主要内容。

3. 现代西方财政理论的新发展

第二次世界大战以后的较长时期内，凯恩斯主义成了经济学的主流思想，财政学相关理论受其影响巨大。与此同时，各国财政学界不断发掘新的财政经济命题，深入研究财政制度与政策对社会经济的影响。

早在 19 世纪 80 年代，意奥财政学界开创的公共产品理论开始发展起来，但长期没有受到英语学术界的关注，直到 20 世纪 50 年代才有所改观。1954 年萨缪尔森（Paul A. Samuelson）发表了《公共支出的纯理论》，对公共产品的概念进行了简要分析；1959 年马斯格雷夫（Richard A. Musgrave）出版了《公共财政论：公共经济研究》，进一步分析了公共产品的概念，对林达尔模型进行了研究。20 世纪 60 年代布坎南（James M. Buchanan）出版的《公共财政学：教科书导论》（1960）和《民主过程中的财政》（1966）深入分析了公共产品理论。公共产品理论的诞生及发展，大大丰富了财政学理论的内容，并使财政理论从偏重收入侧的分析转为对收入和支出并重的分析。

如果说公共产品理论的重点是公共产品的供给均衡问题，那么公共产品偏好的揭示则是由公共选择理论来完成的。瑞典经济学家维克赛尔（Knut Wicksell）在 19 世纪末期提出了公共选择的基本思路，而以布坎南、尼斯坎南（William，Niskanen）、唐斯（Anthony Downs）等为代表的公共选择理论分析了中位投票人定理，政党、官僚、选民及利益集团的行为和影响等内容，进一步丰富了财政理论的内容。

在税收理论方面，税收负担及税负转嫁理论、超额负担理论的研究不断深入和精细化，而最优税收理论更是异军突起。无论是以拉姆齐规则为核心的最优商品税理论，还是最优所得税理论都在不同程度上影响了世界各国的税制改革进程。

在现代财政学的发展进程中，学界不断突破原有研究工具、研究框架和研究领域的限制，开始综合运用政治学、法学、管理学等相关分析方法对财政经济问题进行研究，促进了公共财政学向公共经济学的转化，反过来又进一步推动了财政学的发展。

## 二、新中国财政学的形成与发展

### （一）中华人民共和国成立初期的财政理论

新中国成立以后，国内财政学界开始独立探索建立自己的财政学理论体系。20 世纪 50 年代中期经济建设的巨大成就和后期“大跃进”的失败，为财政基础理论的研究提供了正反两方面的实践经验，出现了一个财政理论探讨的活跃时期，产生了许多财政学流派。

新中国成立初期，由于当时特殊的政治经济形势，在我国财政理论研究中占统治地位的主要是从苏联引进的“货币关系论”。其后，学界在“货币关系论”的基础上形成了“价值分配论”和“国家资金运动论”。

“价值分配论”认为，“国家参与价值分配，必然在社会的各方面，首先是在各个阶级之间形成一系列的分配关系，而这些分配关系——国家分配价值所发生的分配关系，就是财政现象的本质”①，即财政的本质是国家以价值形式进行社会产品的分配而形成的分配关系。然而“价值分配论”既无法区分财政分配与其他一般分配的界限，也难以解释历史上曾经存在过的实物形式也是财政分配一种形式的历史事实，因此不能科学地揭示财政的本质。

“国家资金运动论”认为，“不论是国家资金的筹集、分配、使用、周转，都是国家资金的运动……都体现了国家同各方面的经济关系。因此……社会主义财政就是社会主义国家资金所体现的经济关系。”② 即认为财政的本质就是国家资金运动所形成的一种经济关系。但是，“国家资金运动论”难以解释一个历史事实，即历史上曾经存在过实物形式的财政分配。同时，由于国家资金“是指社会主义国家所能掌握和运用的全部资金，……它包括国家预算、国家银行和国营企业所能运用的全部资金”③，把企业、事业

---

① 王亘坚：《论财政学的对象》，载《财政学问题讨论集》（上册），中国财政经济出版社 1965 年版，第 220 页。

② 李成瑞：《从实践中的若干体会来谈社会主义财政的实质和范围问题》，载《财政学问题讨论集》（上册），中国财政经济出版社 1965 年版，第 184 ~ 186 页。

③ 李成瑞：《从实践中的若干体会来谈社会主义财政的实质和范围问题》，载《财政学问题讨论集》（上册），中国财政经济出版社 1965 年版，第 184 页。

单位、银行等的有关资金运动都作为财政分配，其范围明显过宽，因而不能准确地界定财政的本质。

## （二）1978～1994年分税制改革前我国财政理论的发展

自1978年改革开放，为了充分发挥地方政府在我国经济建设中的作用，中央政府逐步展开了央地分权改革。计划经济时期以“统收统支”为核心的财政体制使得我国财政在很长一段时期内连续出现巨额赤字，财政分权改革刻不容缓。1980～1993年，我国逐步展开了财政包干制改革，以期调动中央与地方、企业和职工等多方经济主体的工作积极性。以此为起点，分阶段形成和发展了我国的财政理论。

1978年后为配合建设市场经济体制的要求，伴随着我国财政体制的不断探索和实践，逐步形成了以国家分配论为主流的基本财政理论。这些理论主要包括：国家分配论、利改税财政理论以及放权让利财政理论等。

### 1. 国家分配论

国家分配论认为，财政的本质是以国家为主体的分配关系，目的是实现国家职能，国家是所有财政行为的主体，同时是马克思主义的“阶级国家”，是超越于社会各对立阶级之上的暴力机构。该理论的主要代表人物有许毅、许廷星、邓子基、陈共、姜维壮、叶振鹏和赵春新等。该理论以马克思主义政治经济学基本理论为基础，以社会总产品分配理论和社会再生产理论为指导，以阶级国家为主体，以财政体制和所有权属性为主线，形成了我国财政学第一个理论体系架构。这时候的国家概念是有严格阶级性的，其资源配置和分配关系都是基于“人民”的理念展开，即形成全民属性和集体属性的资源配置以及人民内部的分配关系。

### 2. 利改税财政理论

进入20世纪80年代以后，随着改革的不断深化，我国财政学界提出了“利税分流”的制度设计思想，具体来说就是通过承包制这种契约合同形式，来规范国家与国有企业之间的财产关系。利税分流的思想主张具体区分国家的政治管理权和财产所有权，区分企业的法人身份和经营者身份，认为国家应该将国有资产的收益权独立，在此基础上国家利用法定税收制度来保障自己的经常性支出，对国有资产的利润征税，之后再通过国有资产的税后利润分配的方式来适应企业的生产经营状况。这种利税分流的思想区分了国家的二重身份，较好地协调了国家与市场、国家与国有企业之间的关系。

### 3. 放权让利财政理论

1978年到20世纪90年代初期是我国经济体制改革的转轨时期，为了适应新的经济形势和体制改革，我国财政体制进入“放权让利”改革阶段，也成为完善市场经济的突破口。即中央政府将自己的财政管理权少量下放给地方，并出让部分财政收入在国民收入分配格局中的比例份额。这种放权让利的改革思路符合财税体制改革的基本方向，即通过中央政府让出财权财力，改变传统的财政体制特征。在这种放权让利的思想指导下，我国最先选择的财政体制是“分灶吃饭”。这种制度将地方政府的责权利相结合，从而调动了地方政府增加财政收入的积极性和发展地方经济的动力，真正实现了发挥央地积极性的基本目的。进入20世纪80年代，包干制已不适应当时经济的发展状况，在借鉴国际经验的基础上，我国的财政学家们也提出了应将放权让利的财政体制逐渐向分税制改革过渡。

### （三）分税制财政分权理论

1978～1994年，作为经济管理体制改革的重要环节，我国先后进行了预算管理体制、国有企业体制和税收管理体制等一系列财税体制改革，这些改革成效显著，但随着改革的深化逐渐暴露出不少问题，无法适应社会主义市场经济体制的新需求。在1994年，为了改变现存财税体制的落后性，在借鉴西方国家成功经验并充分考虑本国国情的基础上，我国开始了新中国成立以来规模最大、调节力度最强，也是最为重要的分税制改革。

分税制是市场经济国家普遍实行的一种财政体制，是符合市场经济原则和公共财政理论要求的，这是市场经济国家运用财政手段对经济实行宏观调控较为成功的做法。市场竞争要求财力相对分散，而宏观调控又要求财力相对集中。这种集中与分散的关系，反映到财政管理体制上就是中央政府与地方政府之间的集权与分权关系问题。分税制较好地解决了中央集权与地方分权问题。1994我国开始实施分税制财政管理体制。对于理顺中央与地方的分配关系，调动中央、地方两个积极性，加强税收征管，保证财政收入和增强宏观调控能力，都发挥了积极作用。

我国分税制改革具体内容可以用六个词来概括：分权、分税、分机构、返还、挂钩、转移支付。前三个是改革的主体内容，后三个是辅助措施。

“分权”定支出，是划分、明确中央和地方政府的事权，相应确定财政支出范围。

“分税”定收入，是按税种划分各自的财政收入范围，将全部税收划分为中央税、地方税以及中央与地方共享税。

“分机构”建体系，是将原一套税务机构分设为国税、地税两套税务机构，分别负责征收中央收入和地方收入，建立了相对独立的地方财税工作体系。2018年7月20日，全国省市县乡四级合并后的新税务机构全部完成挂牌。

税后“返还”，是为了实现改革方案中的“保存量，调增量”的原则，确保地方既得财力。将实行分税办法后1993年中央从地方净上划的消费税全部和增值税的75%，全额返还给地方，并以此作为以后中央对地方税收返还的基数。

系数“挂钩”，为的是使中央给地方的税收返还数与中央实得“两税”的增长同向不同步，既使地方税收“返还”增长，又逐步提高中央收入占财政收入的比重。1994年后税收返还数额在1993年基数上逐年递增，递增率按全国增值税和消费税平均每增长1%，中央财政对地方的税收返还增长0.3%的系数确定。

“转移支付”，是确保分税制改革成功的重要保障措施。中央通过分税制集中的财力，不断加大对落后地区的转移支付，能缓解区域经济社会发展的不均衡，促进地区间协调发展和中华民族大家庭的和谐与安定。

【财政视野】我国现行中央与地方收入划分情况

### （四）公共财政理论与民生财政理论

1. 公共财政理论

公共财政理论起源于西方发达国家，在引入我国之初财政学界对其给予广泛的讨论和批判。不同于国家分配论，公共财政理论是以社会契约理论为基础的，研究一国财政活动的具体形式。直到1990年末，我国的公共财政基本框架才初步构建。

20世纪80年代，西方财政理论逐渐传入我国。张愚山（1983）将美国经济学家奥托·埃克斯坦（Otto Eckstein）所著的 *Public Finance* 翻译为《公共财政学》，但这一变化在早期并未引起学术界的高度重视。随着政治经济和财政体制转轨改革的不断深化，财政学界开始对当时主流的国家分配论进行反思和争论，并逐渐发展出一些新的理论流派，如共同需要论和剩余财产分配论等。

公共财政是市场经济下的政府财政，其经济实质就是市场经济财政。公共财政理论和公共财政学，实际上就是市场财政学，即关于“市场财政”的科学。公共财政理论的主要内容是：由于存在市场失灵的状态，必须靠市场以外的力量来弥补由于市场失灵所带来的无人提供满足公共需求的公共产品的空白，这个市场以外的力量就是政府的力量。而政府提供公共产品的领域只限于公共服务，为保证政府不超越这一领域提供公共产品，必须为政府提供公共产品的范围划一明确的界限。而这一界限的划定显然不能由政府自己来划，由立法部门进行立法规范便成为必然的选择。因此，公共财政的实际要义不在于“市场失效”这一经济逻辑起因，而在于其“预算法治”和“民主财政”的政治实质内涵。法治性、民主性在我国公共财政理论中已得到重视，但在对公共财政和公共利益的“公共性”理解上存在认识差异。

【财政视野】公共财政的理念特征

2. 民生财政理论

进入21世纪，我国财政理论建设更加强调满足民生需求。相较于公共财政理论，民生财政理论更加强调以人本主义为理论基础，强调满足民生需求是政府满足公共需求的重要内容。民生财政理论是公共财政理论的继承和发展，是公共财政理论在当代中国的深化和本土化。民生财政理论要求财政体制不仅要弥补市场失灵，也要弥补政府失灵。当公共需求从生存性转为强调公平性时，民生财政就会从公共财政理论中分离。民生财政理论是具有中国特色的公共财政理论，它立足于我国的基本国情和人民需求，将改善民生作为我国财政体制建设的终极目标，也能够真止体现出财政的公平性和普惠性。改革开放后我国主流的财政理论不断发展完善，从最初适应计划经济体制下国家建设的“国家财政理论”，到满足市场经济建设基本要求的“公共财政理论”，再到21世纪变革背景下经济体制转型阶段的“民生财政理论”，这是顺应国情、适应经济发展的选择。解决民生问题是我国财政体制建设的最终目标，必须利用好财政来满足民生需求。我国如今面临着社会政治经济各方面的转型发展，政府财政必须从数量和效率上都满足民生建设的需求，不仅要扩大财政支出用于民生建设的数额，还需要保证民生财政的各项支出都能真正落实到民生建设上，满足民生需求并实现基本公共服务的均等化。可见，民生财政是我国在当前经济社会发展转轨时期的必然选择，更是对公共财政理论的理性升华。

### （五）财政投融资与土地财政理论

1. 财政投融资与政府债务理论

我国学者对于财政投融资概念的理解是一个不断细化的过程。我国财政学中所提到的“财政投融资”是从日本传入的，日本的财政学家将财政投融资译为“Treasury Investment and Loan”，是指政府以信用的方式筹集财政资金，通过直接或间接的投资或融资参与企业或个人经济活动，以落实政府政策。财政投融资可以理解为一种特殊的财政分配关系，是政府财政活动的重要内容之一。近年来，我国的农业、能源、原材料工业投资明显不足，产业发展滞后于国际水平。从产业结构变革的角度来看，发展我国财政投融资对调整产业结构、促进产业升级和加强宏观调控有巨大作用。改革开放以来，我国的财政投融资体制经历了4个阶段的变化，1978～1983年是财政投融资体制的起步阶段，以下放投资决策权为其基本特征；1984～1992年是财政投融资建设的全面改革阶段，在市场机制的影响力与日俱增的同时，我国成立了国家专业的投资管理公司以充分发挥财政投融资对经济发展的作用；1993～2003年是财政投融资的不断市场化阶段，我国不仅规范了财政投融资的具体操作和市场化细则，还确立了法人责任制；2004年之后是财政投融资的改革阶段，国家进一步明确了财政投融资体制的改革立场和方向，在当前我国经济发展转型时期，大力发展财政投融资能够健全政府财政职能，发挥财政宏观调控的作用。与财政投融资类似，政府债务也是政府机关等市场经济活动的主体，为进行资金融资，以政府名义为担保向国内外借贷，并由政府承担偿还责任的债务。

2. “土地财政”理论

“土地财政”，是指一些地方政府依靠出让土地使用权的收入来维持地方财政支出，属于基金预算收入，是地方财政收入的一种。中国的“土地财政”主要是依靠增量土地创造财政收入，也就是说通过卖地的土地出让金来满足财政需求。1978年以前我国的供地方式主要是国家划拨，改革开放之后国家开始允许以协议的方式有偿出让土地，随着21世纪我国市场经济的不断深化，国家允许土地以“招拍挂”的方式出让，这也成为我国新时期的土地革命，被称为“阳光地政”。21世纪之后，土地的有偿出让率越来越高，有偿出让取代行政划拨成为政府的主要供地方式。有偿出让土地的方式使得土地使用权的市场价值得到了充分的体现，地方政府依靠这种方式所获得的财政资金远高于行政划拨，但这也使得某些地方政府更加依赖土地出让金来满足城市建设的基本资金需求，“土地财政”也取代其他类型的收入，成为地方财政的主要来源。在巨大的收入利益面前，地方政府全面发展土地财政，以扩大城市规模为名大规模征占农村土地，地方政府对土地财政相关的税收和非税收入的依赖也持续深化。土地要素市场和土地制度当前已成为中国特有的经济增长模式中的重要部分，“土地财政”也是当前地方政府财政投融资的固有特征之一。我国“土地财政”的形成与我国特有的财政体制密切相关，因此许多学者将土地财政的扩大和发展归结为分税制改革的后果，因为地方政府的财政收入与支出不匹配，所以才寻求土地财政等其他方式来扩充财源。“土地财政”的兴起不只是分税多少的问题，而是地方政府在“土地财政”上能通过很少的成本来获得较大的收益。目前，我国“土地财政”的收入完全归属于地方，使得地方将土地资源变为事实上的完全归于本级所有，违背了分级管理的制度规定，并鼓励居民参与土地征收出让和抵押融资的经济活动。这种情况，需要中央来划分土地财政的收入，对“土地财政”的收入在各地间实施转移支付，以打击“土地财政”不断增长的势头。

### （六）现代财政理论

2013 年，习近平总书记首次提出了经济社会发展面临“新常态”，为适应这一新的发展阶段，必须在原有财政制度的基础上构建新的现代财政制度，现代财政理论应运而生。大国财政理论和我国面临的新的国际经济形势要求我们要以包容性增长的思想，逐步构建起适应经济新常态的现代财政制度。随着现代社会的不确定性日益增加并演变为公共风险，财政风险理论也应运而生。

1. 财政包容性增长思想

包容性增长是建立现代财政制度的思想基础。我国财政部前部长楼继伟曾对包容性增长从理论、国际实践和发展路径等方面进行了系统性说明。延伸到财政领域，包容性增长的关键在于明确政府和市场的地位和职能。政府职能的发挥需要依赖于财税等公共资源，而财税资源则来自纳税人的市场经济活动，并通过政府预算和财政支出进一步发挥作用。可以说，推进我国财税体制改革的第一步是明确包容性增长的路径和具体措施。财政包容性增长要求国家不能仅仅关注发展成果的再分配，还要保障发展机会的创造，争取使得每一个普通大众都能够获得公平的发展机会，通过自己的努力来获取发展成果。政府利用财政收入来进行转移支付的分享，实现收入的再分配，是要为民众营造一种公平的发展环境，在保护市场机制的前提下提供必要的公共服务，在解决就业和提升人民幸福感方面发挥政府的作用，实现财政建设的可持续性。这种包容性增长的思想适应我国的财政体制改革，要求政府部门加速自身建设，改革财税体制，建立完善的现代财政制度。

2. 现代财政制度理论

自 1998 年公共财政理论逐渐受到学术界的广泛认可后，政府实践层开始主张建立公共财政制度。然而随着时代特征的不断变化，公共财政理论已无法适应全面深化改革的需要。新一轮的财税体制改革主张建立现代财政制度，多数论及“现代财政”的学者均认为现代财政制度是实现国家治理现代化的基石，较强的财政汲取能力是推动现代化的保障，我国要建立的现代财政制度应具有强国性与集中性性质。现代财政制度包括了现代预算制度、税收制度和政府间财政关系几个基本方面，应从财政收支、预算管理和财政管理体制等方面来构建。首先，现代财政制度理论要求我国建立起全面规范的预算绩效管理体制，应从以下方面展开工作：一是保障政府公共部门预算制度的公开透明化；二是统筹协调政府活动，规范重点支出建设并完善预算制度；三是逐步建立起跨年度的预算平衡机制，从而改进我国年度预算基本制度；四是要进一步规范改革一般性转移支付和专项转移支付制度以实现分配的公平；五是在借鉴国际经验的基础上加强预算执行管理；六是要规范地方土地财政活动和政府投融资活动；七是依据法律制度废止部分税收优惠政策。其次，现代财政制度理论要求改革现存的税收制度体系，继续推进几大税种的改革，逐步建立起完善的现代税收体制。最后，现代财政制度理论要求我国继续调整政府间财政关系，使得各级政府的财政收入与其事权和支出责任相适应，具体来说，要先依据不同税种的属性和基本功能厘清央地政府间税收收入划分，将税基流动性较大和再分配作用较强的税收收入归于中央，将税基稳定且依赖于地方信息的税收收入归为地方；在划分事权和支出责任时应将关乎国家安全和市场规范等的各项事权集中于中央政府，将地域性较强的具体服务项目归于地方政府，在此基础上利用转移支付制度将某些支出责任交于地方政府承担。

3. “一带一路”与大国财政理论

2013 年，习近平提出的“一带一路”倡议成为我国在 21 世纪重要的对外开放构想，开启了我国经贸与外交关系的新格局，是引领包容性全球化的倡议。随着我国经济总量规模的不断增加和经济结构的复杂化，特别是国家“一带一路”倡议的持续推进，“大国财政”逐渐成为财税学者关注的焦点。大国财政正是基于我国当前的发展理念和时代背景而提出的，符合我国新的发展战略与和平崛起的基本要求，这也要求我国的财政建设要符合全球经济新秩序，发挥我国在全球化治理中的重要作用。大国财政要求我国的财政制度建设应增强集中性和可持续性。财政的集中性能够保证中央政府在获取财政资源的同时在全国各地合理进行资源的配置，实现区域间经济发展的公平性；财政集中性的另一层含义是要让目前分散的财政功能重回财政部门，真正使得财政在推进国家治理能力现代化的进程中发挥作用。财政的可持续性则是指要在包容性增长的思想指导下，保障经济发展结果的普惠性和经济发展机会的公平性，使得每个人都能够公平发展。大国财政也要求我国在国际上承担大国责任，统筹国内外，发展国际公共产品来提升我国财税的国际话语权。这就要求我国企业要更加积极地“走出去”，我国政府要以开放的姿态开展国际交流合作，通过结合国际税收协定网络来充分支持我国外向型经济的发展，增强我国在国际经济活动中的财税主权和财税话语权。

4. 财政风险理论

财政风险理论的代表人物是刘尚希。他认为，公共风险是财政学的逻辑起点。财政要解决的是公共化问题，公共化要适应社会化，但社会化同时内生出公共化，两者互相影响彼此促进。研究公共化问题，不能脱离社会化问题，社会化问题主要关注的是社会分工合作中社会个体利益关系问题，当个体有共同需求时就组成了人类群体（或集体）。财政对于集体就像血液对于个人，没有财政就没有集体，而当下的集体生活方式充满越来越多的不确定性。这些不确定性会演变为公共风险，而且风险不会消失，只会在不同部门间传导，进而威胁到整个群体，即国家的生存与发展。因此，财政要解决的公共化问题，归根结底就是公共风险，其他问题都只是公共风险的各种表现。以公共风险作为财政学的逻辑起点，可以超出学科的界限，可借鉴各个学科不同的话语体系、逻辑表达方式和研究方法进行研究。

【财政视野】高培勇：抓住中国特色财政学发展的有利契机

【课外阅读】更好发挥财政在国家治理中的基础和重要支柱作用

【应用训练】

（1）如何理解财政学的学科属性？其研究对象是什么？

（2）试述现代西方经济学的财政理论。

（3）试述改革开放以来我国主要的财政理论。

（4）简述财政学的主要研究内容。

参考答案

第一章　导论 PPT

# 第二章

# 财政原理

**【本章导读】**财政是国家治理的基础与重要支柱，是政府的收支活动。财政是一个古老的经济范畴。据考证，我国明朝就出现“财政”一词。财政从产生开始就与国家或政府相关联，政府和市场关系是财政改革的核心，市场失灵为政府干预提供了必要性与合理性。政府要做的，就是财政要干的。财政职能就是政府通过财政所承担的职责和任务，是履行和实现政府职能的手段，财政具有资源配置、收入分配、调控稳定和监督管理四个方面的职能。

通过本章学习，要求读者了解“财政”一词在我国的发展过程，财政的产生与发展，理解并掌握财政的概念，尤其需要在深刻把握政府和市场关系的基础上，理解并掌握财政的职能。

【财政视窗】财政的作用是什么

## 第一节　财政概述

### 一、“财政”一词的渊源

学术界一般认为，财政是一个古老的经济范畴，财政活动是一种历史悠久的经济现象。综观我国几千年留存下来的历史文献，其中对历朝历代的财政政策、财政措施虽均有记载，且早就分别使用“财”和“政”二字的含义，但却找不到“财政”这一名词。在古代文献中，属于财政范畴或接近财政概念的术语，一般采用的是“国用”“国计”“邦计”“度支”“计政”“理财”等。在中国财政学著作与教科书中，“财政”一词一般被认为是在清末由日本移植过来的。依此说来，财政活动虽然是一个古老的经济范畴，但是“财政”一词出现在中文词汇中时间并不长。故财政学专家断言：我国使用“财政”

一词，如今虽已经习以为常了，但“财政”一词出现在中文词汇中至今却只有百年的历史。据有的学者考证，中国最早使用“财政”一词，是在清朝光绪二十四年（1898），光绪皇帝在戊戌变法“明定国是”诏书中有“改革财政，实行国家预算”的条文，这是在国家文献中最初使用“财政”一词，是当时维新派在引进西洋文化思想的指导下，间接从日本引进的。日本的“财政”一词，则是来自英文 public finance。

这样说来，现代“财政”的解释是从英文 public finance 引入的概念。“财政”一词最早起源于西欧，13～15 世纪拉丁文 finis 是结算支付期限的意思，后来演变为 finance，有支付款项、裁定款项或罚款支付的含义。到 16 世纪末，法国政治家波丹在其《共和国六讲》中，将法语 finances 作为“财政”一词使用，主张财政是“国家的神经”，随后逐步泛指国家及其他公共团体的理财。日本自 1868 年明治维新后，从西欧引用 finance 一词，吸收中国早已分开使用的“财”和“政”二字的含义，创造了“财政”一词，并传入中国。1903 年，何良栋编印的《十一朝东华录分类辑要》中，使用“财政”一词，同时中央设立财政处，确立了“财政”的概念。直至近年，陈共主编《财政学》等，仍用此说。

然而，据中国社会科学院历史研究所万明考证，明代内阁权臣严嵩文集中有《赠李运司序》云：“《易》曰：何以聚人，曰财。夫财者，王者所恃以合天下之众也。《周礼》一书，理财居其半，圣人思理财之难，故制为法，纤悉备密，择吏而慎守之。故吏者，天子所恃以守天下之法也。吏不良则法废而莫守，法不守则财弊而莫理，财莫理，则天子不得。今之盐课，国用所需，财政之大者也，特置运司以领之。其长曰使，曰同知，皆秩高而位宠，常选诸吏有材谓劳绩者表用之。”又云：“户部郎中新城李君擢为两浙运司同知。君初为令、为州守、为扬州同知，以入户部，前后皆有财政，君皆优为之。”严嵩所云“今之盐课，国用所需，财政之大者也”中的盐课，就是中国古代的盐税，是古代国家财政中的重要税收项目，也是中国历代王朝财政收入的重要来源。

20 世纪 40 年代中华书局出版的《辞海》对“财政”一词作如下解释：“财政谓理财之政，即国家或公共团体以维持其生存发达之目的，而获得收入、支出经费之经济行为也。”显然，这种解释也是从英文 public finance 译成中文时引入的概念。对照严嵩文集所引之意“今之盐课，国用所需，财政之大者也”，可以说二者的意义是相符合的，严嵩所云“财政”，可以印证“财政”一词，是 16 世纪中国本土已有之义，并非舶来品。

综上所述，我们发现在 16 世纪明人文集中已出现“财政”一词，表明发展至明代，“财政”一词已不再是古代将“财”与“政”分开的用法，出现了现代“理财之政”之义。这一点证明，现代意义的“财政”一词在中文词汇中的应用，不止 100 多年的历史。重要的是，“财政”一词并非舶来品的事实提示我们，中国财政史首先应该深入发掘本土资源进行研究，中国古代财政有其自身的逻辑起点和发展进程。

## 二、财政的定义

什么是财政？究竟如何给财政定义？我国财政学界有不同的说法，代表性的人物和观点主要有：

厦门大学邓子基、陈工（2018）认为，财政是国家（或政府）的收支活动，它是一国政府采取某种形式（实物、力役或价值形式），以一部分国民收入为分配对象，为国家实现其职能的需要而实施的分配活动。

中国人民大学陈共（2017）认为，“财”是指政府收支，“政”是指对政府收支的治理。所以，财政就是政府收支及其治理。

财政部财政科学研究所原所长贾康（2006）则认为，财政（主要是指公共财政），就是一个“以政控财，以财行政”的分配系统。“以政控财”是指财政是国家政权体系凭借社会管理者的政治权力掌握社会总财力的一部分；而“以财行政”，则是通过财政的运行来履行政府的职能。

厦门大学张馨（1999）曾经在他的著作里这样表述：财政（公共财政）是为弥补市场失灵、向社会提供公共服务的政府分配行为或其他形式的经济行为。

中国财政科学研究院院长刘尚希（2019）认为，“财”指的是财力、财源，“政”指的是政治、政策、政权。“财”与“政”的关系，实际上互为镜像，相互嵌套。没有“财”的政策是空的，没有“财”的政权是稳不住的。财政问题涉及老百姓的钱包和国家的钱袋子，二者通过财政相联系。提供公共服务，防范化解公共风险，就是财政的基本职能。

东北财经大学寇铁军、张晓红（2018）认为，财政是国家或政府为了满足社会公共需要，以国家或政府为主体对一部分社会产品的分配活动。

西南财经大学马骁、周克清（2019）认为，财政是国家为了实现其职能，满足社会公共需要，凭借政治权力及财产权力，参与一部分社会产品或国民收入分配和再分配所进行的一系列经济活动，包括组织财政收支、调节控制和监督管理等活动。

上述各种定义具有以下共同点：

就现代财政而言，大多数定义都赞成财政是一种国家（或政府）行为；财政是一个分配范畴；财政活动是社会再生产活动的一个有机组成部分。

根据现实经济生活，我们观察到的财政活动一般具有以下特点：它是由政府所从事的一种经济活动；财政活动主要表现为政府安排资金用于各项政府活动和其他有关经济活动。通过征税、收费及发行公债等手段组织收入供政府及其有关部门使用。上述种种财政活动都是在政府统一安排和组织下进行的，即具有社会集中性的特点；政府从事这种活动的目的，是为了弥补市场失灵、向社会提供公共服务；表象上看，我们讨论的是政府收支，实则研究的是社会经济生活中政府与民众的关系，更是由此窗口透视出一个国家治理的好坏。从政治学角度考察，财政包括财政收支治理的含义，属于国家治理范畴，因此，财税体制也是构成国家治理体系的重要组成部分。理论来源于实践，同时又反过来指导实践。在国家治理现代化背景下，我国财政理论理应与时俱进，不断创新。对此，笔者认为：财政是国家或政府为弥补市场失灵、向社会提供公共服务，以国家或政府为主体对一部分社会产品进行的集中性分配，是国家或政府进行宏观调控的一个重要手段，是国家治理的基础与重要支柱。理解这一财政概念，应把握以下几个基本点。

1. 财政分配的主体是国家或政府

从经济学上看，财政体现的是一种特殊分配关系，跟一般的经济分配关系不同，一般的经济分配关系的主体是投入要素的单位和个人，而财政分配关系的主体只能是国家或政府。这是因为，一方面，国家或政府是财政分配的前提，“国家分配论”认为，财政产生的两个前提条件是剩余产品的出现和国家的产生。如果仅有剩余产品而没有国家，财政是不会存在的。另一方面，国家或政府在财政分配中不仅处于主动的、支配的地位，而且在全社会范围内都是由国家或政府进行主宰的集中性分配。换句话说，国家或政府是通过财政参与国民收入分配，构成“国家或政府机器的经济基础”，切实执行国家或政府的职能，保证社会经济的正常运行。从全球来看，世界上所有国家都有自己的政府。不仅如此，在所有国家经济社会事务中，政府都扮演着一个非常重要的角色。所以，政府与国家往往连在一起。与此同时，为了更好地履行职责，各国政府都设有司法、国防、外交、财政、商务、交通、教育、科技、文化、卫生、环境等职能机构。在单一制国家中，中央政府代表国家，行使国家最高行政权力，统一领导国家事务。地方政府则在中央政府统一领导和监督下，负责本区域内的公共事务。在联邦制国家中，联邦政府代表国家，它依据联邦宪法行使国家外交、国防、财政等主要权力。地方政府则根据联邦宪法和本地宪法和法律规定行使职权，在宪法规定的范围内对联邦政府负责。这样，政府就成为财政分配的主宰者。这就是说，财政分配的目的、方向、范围、结构、规模和时间等，都是由政府决定的，当然是按照法律规定来执行的。所以，财政与国家或政府共存共荣、相辅相成、缺一不可。

2. 财政分配的目的是为弥补市场失灵、向社会提供公共服务

市场失灵即为市场难以有效配置社会资源，或处于无法正常发挥作用的状态。由于这些失灵状态是在充分尊重市场机制对资源予以决定性配置的前提下形成的，因而市场行为无力弥补，只能依靠诸如政府财政等的非市场性手段来解决。一方是市场，为社会提供私人产品，解决生产什么、如何生产和为谁生产的问题。另一方是政府财政，为社会提供公共服务，致力于弥补市场缺陷，解决市场失灵问题。二者都以提高整个社会资源配置效率为目的，相互配合、相互补充，共同促进国民经济的发展，这是社会主义市场经济条件下财政运行的客观基础和必然选择。

根据国情，我国的社会公共服务可以概括如下：

（1）维护国家政权和政府机关正常运转服务，如国防、外交、公安、司法、行政管理。

（2）与收入再分配紧密联系在一起的社会服务，包括为教育、医疗、卫生、社会福利、社会保障支出、财政补贴和基础科学研究等提供支持。

（3）与政府调控经济职责有关的基础设施和非竞争性基础产业建设服务，如交通运输、通信、水利、供电、机场、港口、桥梁和城市给排水、供气等。

3. 财政分配的对象是一部分社会产品

财政分配的对象是社会产品，为了保证社会生产的正常进行，它不能分配全部社会产品，而只能是一部分社会产品。至于其多少，主要取决于社会经济发展水平、收入分配政策和政府需要等多种因素。

4. 财政分配是一种集中性分配

财政是政府进行资源配置的重要手段，与市场进行资源配置相比，财政分配是由政

府从国家全局出发，为社会提供公共服务，统一集中进行的资源分配。也就是说，从收入和支出上看，财政分配都是国家或政府进行主宰的集中性分配。

5. 财政是国家或政府进行宏观调控的一个重要手段

在当今世界范围内，财政政策日益成为政府宏观调控不可或缺的一个重要手段。在现代社会，财政从来就是政府的财政，是政府行政的物质基础，是为政府履行其职能服务的。所以，财政的职能取决于政府的职能，即一定时期、一定条件下国家财政要干些什么，取决于这一时期政府职能的定位，或者说政府的作用。因此，财政分配是国家或政府调节物质利益的重要手段，财政支出是社会总需求的一个重要组成部分，财政是国家或政府可以直接操纵的政策工具，是国家或政府进行宏观调控的重要手段。

6. 财政是国家治理的基础与重要支柱

《中共中央关于全面深化改革若干重大问题的决定》（以下简称《决定》）指出："财政是国家治理的基础和重要支柱。"这一论断的提出，一方面是由于在现代国家治理中，法制、规范、高效的现代财政制度是国家或政府履行职能的经济基础；另一方面是由于在多层级政府治理框架下，科学的财税体制是优化资源配置、维护市场统一、促进社会公平、实现国家长治久安的重要制度保障。

【财政视野】国家治理与国家管理

首先，财政是国家治理的基础。财政是政府与市场、政府与社会、中央政府与地方政府之间联系的纽带，而且在任何的经济形态和社会发展阶段，财政都是政府治理和履行职能的基础。这主要是因为，只要有政府职能的执行，任何经济政策或公共政策，都需要相应的财力支撑。没有财力支持，任何政府职能的执行，任何公共政策的实施，甚至政府本身的运转都会成为问题，因为没有"财"的政策是空的，没有"财"的政权是稳不住的。尤其在当代市场经济条件下，财税体制内嵌于市场经济体制，作为政治、经济、社会之间连接的纽带和经济体制改革与政治体制改革的交汇点，其本身的健康、稳定、平衡和运行过程的法制化、制度化、规范化水平以及对社会公平问题的矫正等内容，都关乎一个国家治理体系建设和治理能力的现代化水平。

其次，财政是国家治理的重要支柱。当前在我国全面深化改革的背景下，财政涉及的领域已经扩张到政治、经济、社会、文化、生态文明建设以及党的建设等方方面面。比如，从实现政府职能转变，使市场在资源配置中发挥决定性作用以及保障和改善民生来讲，就需要政府财政逐步从竞争性、建设性领域中退出，以提供具有非排他性和非竞争性的公共产品和公共服务为主，建设服务型政府，着力提升公共服务能力；从实现基本公共服务均等化、建设主体功能区以及建设美丽中国来讲，就需要政府加大对欠发达地区和限制开发区、禁止开发区地方的转移支付力度；从改革收入分配制度促进社会公平正义来讲，就需要进一步完善税制结构，提高直接税的地位和比重，完善财产税，如开征房地产税和遗产税等。可以说，当下中国发展的方方面面，都离不开财税政策的支持和财税体制的完善，财税体制已成为我们解决发展中问题的关键和国家治理的重要支柱。

【财政视野】什么是主体功能区？

## 三、财政的产生与发展

### （一）财政的产生

财政产生的条件是什么，学术界有不同的意见。目前，主要有国家分配论和社会公共需要论两大观点。

从“国家分配论”出发，财政产生的条件有两个：一是剩余产品的出现；二是国家的产生。显而易见，决定财政产生的基础是社会经济条件，即生产力和生产关系发展的结果。但剩余产品的出现仅为财政产生提供了某种可能，而国家的出现才使财政的产生成为现实。因为国家一经产生，就需要从社会产品中占有一定的份额，用于维持国家的存在并实现其职能。如果仅有剩余产品而没有国家，财政是不会存在的，可见，国家的出现是财政得以产生的重要前提。只有具备上述两个条件，财政分配才会从一般社会产品分配中分离出来并发展成为一个独立的范畴。

从“社会公共需要论”出发，财政的产生是为了满足社会公共需要。社会公共需要包括政府执行其职能以及执行某些社会职能的需要，如国防、文教、卫生、生态环境保护的需要以及基础设施、基础产业和支柱产业、风险产业的投资；广义上还包括为调节市场经济运行而采取的各种措施等。正因为有了社会公共需要，财政才有产生的必要和可能。

### （二）财政的发展

由于财政的产生与国家和社会经济的发展有着密切联系，因此，财政也必然随着社会经济和国家的发展而发展。自从人类进入阶级社会，先后经历了奴隶社会、封建社会、资本主义社会和社会主义社会，从而也相应地存在奴隶制国家财政、封建制国家财政、资本主义国家财政和社会主义国家财政。

1. 奴隶制国家财政

奴隶社会是人类历史上第一个阶级社会，奴隶社会的生产关系是奴隶主占有生产资料和直接占有奴隶。奴隶制国家的财政收入主要是凭借国王的政治权力和对生产要素的占有权，直接剥削奴隶劳动所得的收入。它主要包括王室土地收入，臣民们缴纳的贡物，战争掠夺和战败部落、弱小邻国的贡物收入。奴隶制国家的财政支出，主要有军事、祭祀、王室、俸禄和农业水利支出等。在奴隶社会，已经开始出现了为统治阶级服务的理财思想和财政管理方法。奴隶社会国家财政的特点表现为：第一，奴隶社会国家财政收支与国王个人收支没有严格界限；第二，国家财政以直接占有奴隶及其劳动成果的方式取得财政收入；第三，国家财政收支主要采取实物和劳役的方式。

2. 封建制国家财政

在封建社会，封建主占有生产资料和不完全占有生产劳动者即农奴，同时也存在着部分以个人劳动为基础的农民和手工业者等小私有经济。封建制国家的主要职能是：对内剥削广大农民和其他劳动者，同时也进行农田水利基础建设，推动封建经济的发展，巩固和加强封建统治；对外进行侵略战争或防御他国侵犯。封建社会国家财政的特点是：第一，皇帝个人收支和国家财政收支逐渐分离，皇室庄园收入和特权收入逐渐转为皇帝、皇室收入。第二，逐渐形成了较为规范的以土地和人口为依据的征税形式。封建社会末期，田赋和各种捐税成为财政收入的主要来源。第三，随着商品货币经济的发展，原有的财政范畴得到改善和发展，同时又产生了公债、国家预算等财政范畴，为财政学的产生提供了重要条件。第四，财政收支形式由以实物为主逐渐转化为以货币为主。

3. 资本主义国家财政

资本主义财政是资产阶级为维护本阶级的利益，凭借国家政治权力，强制地、无偿地对一部分社会产品或国民收入进行分配和再分配的活动。资本主义国家财政是维护资本主义制度的工具，也是对广大劳动者进行剥削和掠夺的工具。按资本主义发展的阶段划分，它又可分为自由竞争时期的资本主义国家财政和垄断时期的资本主义国家财政，两个不同时期的资本主义国家财政各有其特点。

自由竞争时期的资本主义国家财政，仅是局限于促进资本主义生产力的发展，为资本家获得利润提供外部条件，财政分配的主要特点是：财政收入规模被压缩在仅够维持国家机器运转最低需要的限度内；财政支出仅用于非生产，不干预经济；坚持收支平衡，财政收支从人治向法治转化，建立了预算制度。进入垄断时期，生产的社会化程度提高和资本主义基本矛盾的日益加深，迫使垄断资本不得不借助于国家的力量干预经济生活。垄断时期的资本主义国家财政分配的主要特点是：为调节经济，财政收支规模扩大；财政支出进入生产领域，为缓和阶级矛盾，维护资本主义再生产秩序，社会福利、文化教育支出有了很大增加；财政信用规模日趋发展，为缓解经济危机震荡，经常采用赤字财政。

4. 社会主义国家财政

社会主义国家是建立在生产资料社会主义公有制为主体、多种经济成分并存和劳动人民当家作主基础之上的新型国家，它既具有国家的一般性（作为主权者或管理者），又具有国家的特殊性（作为生产资料所有者或出资者）。

就当前中国来说，社会主义国家财政分配的主要特点是：我国的政治权力属性分配与财产权力属性分配是有机统一的，也就是说，我国财政收入不仅有国家作为主权者或管理者凭借政治权力，以税收形式获得的来自不同经济成分的收入，而且有国家作为生产资料所有者或出资者凭借财产权力，以国有资产收益形式获得的来自国有经济的收入。现阶段国家财政支出主要用于发展经济和提供公共产品与服务，其核心任务是满足广大人民对美好生活的需要，即不仅仅在物质文化方面，还包括公平、正义、法治、环境等各个方面，也就是说要满足广大人民包括经济、社会、政治、文化、生态文明等各个方面的需要，具体来说，就是要满足广大人民对国防安全、高质量教育、广覆盖社会保障、高水平医疗卫生服务和优美环境等的需要。

## 第二节　政府与市场的关系

### 一、处理好政府与市场的关系是财政改革的核心

政府与市场的关系主要体现在资源配置方面。如何处理最好？评价的标准是什么？目前较统一的认识就是全面正确履行政府职能，更加尊重市场运行规律，包括尊重价值规律和供求规律，充分发挥市场在资源配置中的决定性作用，促进社会主义市场经济体制的不断完善。

政府与市场在资源配置上是此消彼长的关系，由于政府与市场这两只手的职责分工不同，在市场经济中扮演着不同的角色。市场喻为“看不见的手”，是要在市场中发挥资源配置的决定性作用。为什么由市场对资源进行配置？这是因为，市场经济几百年的历史证明，也包括中国改革开放和经济社会发展的实践证明，用市场进行配置资源是效率很高的。而政府称之为“看得见的手”，其配置资源，往往效率不高，并有可能带来寻租等问题。按照《决定》，政府看得见的手的作用主要是：“保持宏观经济稳定，加强和优化公共服务，保障公平竞争，加强市场监管，维护市场秩序，推动可持续发展，促进共同富裕，弥补市场失灵”。

从一定意义上分析，改革就是政府自身改革，政府要转变为支持和辅助作用。按照李克强总理所说的“把错装在政府身上的手换成市场的手”，当然，并不是说政府“完全撒手”不管，更不是束手束脚；相反，更应敢于“迈开腿”，更要内外兼修“迈稳步”，也就是中共十八届三中全会公报中所说的“胆子要大、步子要稳”。

中共十八届三中全会提出，“使市场在资源配置中起决定性作用，更好发挥政府作用。”这是此次全会提出的一个重大理论创新。由于市场失灵为政府干预提供了必要性与合理性，因此，通过政府干预和市场这只“看不见的手”的配合，达到资源的优化配置、保证公平收入分配、调控和发展经济、保障社会和谐稳定、实现国家长治久安。而财政是政府进行资源配置的重要渠道，是执行政府职能的工具。政府要做的，就是财政要干的。因此，对于一个国家经济社会发展来讲，政府和市场，二者缺一不可。

所以，明确政府与市场在资源配置中的关系是财政研究和财政改革的理论前提；不明确政府与市场的关系，就不能说明有市场配置为什么还要有财政配置，财政配置起什么作用，财政配置运行机制如何，财政配置的范围和规模有多大才符合市场经济的要求等。说到底，就是政府配置与市场配置的广度和深度问题。因此，为了使市场在资源配置中起决定性作用并更好地发挥政府作用，我们既要放开市场这只“看不见的手”，让“市场有效”，又要用好政府这只“看得见的手”，让“政府有为”，把“看不见的手”和“看得见的手”的优势都发挥好，实现国家经济社会稳定协调发展。所以说，处理好政府与市场在资源配置中的关系是财政理论研究和财政改革的核心。

## 二、市场效率与市场失灵

### (一) 市场效率

一般认为，市场效率是指完全竞争状态下所达到的帕累托最优效率。在现实经济活动中，完全竞争状态是不存在的，经济主体和市场运行机制受到资源配置方式、信息、制度、有限理性等多种因素的制约，帕累托最优效率的实现不具有现实性。现实经济活动中对市场效率的改进，实现的是帕累托次优。按照市场效率的不同影响因素，市场效率实际上是市场资源配置效率、市场信息效率、市场制度效率和市场行为效率的总和。单一的资源配置方式、不完全信息、制度的限制、有限理性对市场效率都有弱化作用，存在帕累托改进。因此，资源配置方式的调整、信息的显示和传递、激励机制的设计、制度的创新、有限理性的矫正都是帕累托改进的重要方式。

【财政视野】如何理解帕累托最优

### (二) 市场失灵

所谓市场失灵就是市场机制不能按照人们的意愿有效地配置资源，正是由于市场经济无法到达最优的资源配置，就需要国家对市场经济进行干预，以达到优化资源配置的目的。市场失灵表现在以下六大领域：

(1) 市场垄断。市场经济不可避免地要产生垄断，竞争的结果就会产生垄断。垄断的结果就是垄断厂商利用其市场控制力，制定与均衡价格相背离的价格，以获得更多的超额利润，使得消费者的利益受损，其结果是资源的配置难以到达帕累托最优的状态。因此，垄断必然影响并丧失市场效率。

(2) 信息不对称。信息不对称指的就是市场交易双方掌握的信息状况不对等，其中一方掌握的信息多一些，另一方掌握的信息少一些。掌握信息多的一方被称为信息优势方，反之一方被称为信息劣势方。在完全信息的状况下，市场机制能够实现资源的最优配置。但是在信息不对称的状况下，市场机制就不能充分发挥作用。这样一些潜在的、对双方都有利益的交易可能无法达成，或是即便达成，效率也不高。在信息不对称的状况下导致的均衡结果，对社会来讲将是一种低效率的状况。

(3) 外部性，也称作外部效应。外部效应就是指在市场活动中没有得到补偿的额外成本和额外收益。当出现正的外部效应时，生产者或消费者的边际成本小于社会的边际收益，利益外溢，得不到应有的效益补偿，市场竞争的均衡数量低于帕累托最优数量；当出现负的外部效应时，生产者或消费者的边际成本大于社会的边际收益，受损者的损失得不到补偿，同样市场竞争的均衡数量高于帕累托最优数量。对于具有负的外部性的行为，政府通过征税等手段进行矫正，税额的大小就应等于该行为给社会带来的损失。

对于具有正的外部性的行为，政府给予补贴等手段予以矫正。

（4）公共产品。公共产品在现实经济中是广泛存在的，由于其非排他性和非竞争性的特点，消费者都想无偿使用这些产品，于是就出现了“搭便车”现象，即不支付成本但获得利益的行为。产品的提供者无法收回其成本，就会丧失生产信心，从而导致了生产的萎缩。这些特点使得边际私人成本与边际社会成本、边际私人收益和边际社会收益出现偏离，从而导致了市场的失灵，使得市场无法有效率的配置公共产品，因此需要政府介入。

（5）收入分配不公。市场机制效率是以充分竞争为前提的，而激烈的竞争不可能自发地解决收入分配公平问题，政府可以采取收入再分配措施来缩小人们的收入差距，矫正市场分配的不公，从而兼顾公平与效率。

（6）经济波动。市场机制是通过价格、产量的自发波动达到需求与供给的均衡的，而过度竞争不可避免地导致求大于供与供大于求的不断反复。这是市场克服不了的毛病。

## 三、政府干预与政府失灵

### （一）政府干预

一般情况下，市场机制能够很好地调整资源配置，能够使整个经济实现平衡。但是很多情况下会出现“市场失灵”，也就是说，由于市场机制不能充分发挥作用，会出现资源配置缺乏效率或资源配置失当的情况。导致市场失灵的原因主要有垄断、外部性、公共产品和信息不对称等。市场失灵就为政府干预提供了必要性与合理性。所谓政府干预，就是为了克服市场失灵，弥补市场机制的缺陷和不足，优化资源配置，政府需要从不同的渠道采取必要和合理的措施对市场进行干预和调控。一般来说，政府通过四大手段来干预市场经济活动。

一是经济手段。政府通过财政政策和货币政策以及二者的相互配合进行宏观调控。财政政策主要包括政府预算、税收政策、财政投融资、财政补贴、财政赤字等；货币政策主要包括调整法定存款准备金率、再贴现政策、公开市场业务等，以此来实现经济总量平衡，促进重大经济结构协调和生产力布局优化，减缓经济周期波动及其影响，防范区域性、系统性风险，稳定市场预期，实现经济持续健康发展。

二是行政手段。主要指国家通过行政机构，采取带强制性的行政命令、指示、规定等措施，来调节和管理经济，如利用工商、商检、卫生检疫、海关等部门禁止或限制某些商品的生产与流通。通过制定市场规则、规范市场行为，制定发展战略和中长期规划，制定经济政策，实现公共管制和规定公共产品价格等来调控经济。

三是法律手段。主要通过经济立法和经济司法进行干预经济，如制定反垄断法等。

四是组织公共生产和提供公共产品。公共生产就是指由政府来组织社会的生产活动，这样做的一个重要原因就在于改善因资本占有的不均等以及资本参加收入分配而导致的收入水平畸高畸低的状态。按广义的生产概念，既包括生产有形产品和提供服务的工商企业，也包括提供无形产品和服务的学校、医院、文艺团体，以及政府机关、公安、司法、国防和准国家机关的事业单位等部门。政府组织公共生产，不仅是出于提供公共产品的目的，而且是出于有效调节市场供求和稳定经济的目的。

通过政府干预市场经济活动可以实现以下目的：第一，为了保护和促进竞争，提高资源配置效率，政府可以通过法律手段来限制垄断和反对不正当竞争；第二，通过税收和补贴等手段，或将相关企业合并以消除外部性；第三，政府承担提供适当水平的公共产品的主要职责，如国防、治安、消防和公共卫生；第四，政府消除信息不对称。

政府通过制定正确的经济政策，在很大程度上能够消除市场失灵对经济运行的影响，从而提高资源的配置效率。但是，如果政府不能有效地承担或者履行这一责任，那么，在市场失灵的同时，还会出现“政府失灵”，会导致更大的资源浪费。

### （二）政府失灵

“政府失灵”最初是在 20 世纪 70 年代由以布坎南为首的公共选择学派提出的。“政府失灵”针对夸大政府干预作用的做法，指出政府对经济的干预同样有着不可避免的缺陷。政府干预失灵的原因主要有：政府决策失误、寻租行为、政府提供信息不及时甚至失真、政府职能的“越位”和“缺位”。主要表现在两个方面：首先是国家对经济干预过度，即国家干预的范围和力度，超过了弥补市场失灵和维持市场机制正常运作的合理需要，结果反而阻碍了市场功能的正常发挥（如国有经济比重过大、社会福利水平过高、不合理的规章制度带来的扭曲等）。其次是国家对经济干预不足，即国家干预的范围和力度不能满足弥补市场失灵和维持市场机制正常运作的合理需要，结果也导致市场机制功能无法发挥（如缺乏保护公平竞争的法律法规、对基础设施和高科技产业投资不足、忽视对环境的保护等）。政府干预是为了弥补“市场失灵”，而“政府失灵”（政府干预失效）就是政府干预非但没有弥补“市场失灵”，反而干扰了正常的市场规则，损害了市场效率。

【财政视野】如何理解寻租？

## 四、政府财政介入范围的确定依据

公共经济学理论认为，凡是市场（或私人部门）做得好的都给市场（或私人部门），市场（或私人部门）做不到、不愿做、做不到的就给政府。按照市场经济下政府职能范围的理论来看，确定财政介入范围的一般依据有以下四条。

### （一）市场做不到的事情

市场（或私人部门）做不到的事情主要有以下四种：一是公共产品，如国防、外交、司法等公共服务和路灯、道路、防洪等基础设施，它们都具有消费的非竞争性和受益的非排他性特征，其消费无法通过市场收费补偿成本，因而市场不能提供或不能有效提供。

介于公共产品和私人产品之间的准公共产品，虽然在一定的技术和成本条件下具有排他性，但它们同时又具有公共产品的性质。二是市场不完全。当市场不能提供某种商品或劳务时，市场就是不完全的，即便这种商品或劳务的成本比个人愿意支付的价格要低。这在我国这样的经济转轨国家表现尤为突出。三是经济稳定。市场不能使经济自行趋于充分就业、物价稳定和适度增长，存在不断波动的商业周期。四是社会公平。竞争性市场按要素价格进行分配，这种分配的方式及其结果会导致一部分人因收入过低而不能保障其最低生活水平，出现社会分配不公。消除社会分配不公及导致的各种社会问题，具有正的外部效应，本身就是一种公共产品。

### （二）市场不愿做的事情

市场（私人部门）不愿做的事情包括：一是“公地悲剧”，即追求自身利益最大化的个人，不愿意有效保护自然资源或公共所有的物品，导致公共资源质量的下降，因而保护自然资源和公共产品是公共部门的职责。二是风险和不确定性。由于竞争市场的效率最大化结论是基于完全确定的模型，然而在现实社会中，不确定因素是大量存在的，如价格的变动会受气候、偏好、人口及技术等因素变化的影响而具有不确定性，使得私人部门从事风险产业的意愿不足。风险产业主要包括长周期产业和高新技术产业两类。其中，长周期产业投资大、回收慢，是一般风险产业。因为周期长，未来不确定因素多，合理预期难度大，与周期较短的一般项目相比，有一定的风险。高新技术产业是高风险产业，特点是高投资、高技术、高收益，市场投资可能因为风险高而供给不足或发展缓慢。三是外部性。由于经济活动的收益不能全部内在化，其他人不付成本也享受到了好处，即其非货币化的社会效益大于直接的经济效益。使它因缺乏激励而供给不足，如个人不会独自治理环境污染等。

【财政视野】如何理解公地悲剧

### （三）市场做不好的事情

市场（私人部门）做不好的事情有两种：一是外部不经济。个人或厂商的经济行为使其他市场主体的利益受损，因其成本不能全部内在化，按私人边际收益等于边际成本原则，外部经济活动就会供给过多，使资源配置偏离帕累托效率。比如，各种可导致河流、大气和噪声污染的经营活动。二是垄断或规模报酬递增。竞争市场的效率分析是基于规模报酬固定和递减阶段下的生产行为，若向额外的使用者提供商品和劳务的单位成本随产出增加而降低即规模报酬递增，就会产生垄断，导致市场结构的非竞争性，垄断者可以通过限制产出和提高价格来增加利润，从而无法实现社会福利的最大化。

### （四）政府和市场合作的事情

市场失灵和政府职能的具体内容是历史的而非绝对的，比如，技术的进步和创新，可以导致原先的公共产品丧失非排他性特征，使其外部成本内在化，也可能创造出新的公共产品和外部经济，使某些社会服务的竞争性得到加强。此外，对于准公共产品等大多数市场失灵活动，市场仍然要发挥一定作用，政府不能完全排斥市场行为。正如英国经济学家刘易斯所说的，几乎政府所做的一切，私人公司都曾在某一时期做过，这包括修路、提供安全、救火或仲裁服务。实际上，在大多数公共服务的领域中，最初服务都是由私人提供的，而政府的介入相对较晚。因此，在纯公共产品之外的准公共产品领域，产品都是由政府和市场合作提供，政府不能全部包揽。而且，对于某些公共服务，政府可以引入市场竞争机制，由私人部门或非政府组织提供。

## 五、政府财政介入范围的确定领域

确定我国财政介入的范围要充分考虑具体国情和财政的客观实际，大体有以下四个领域。

### （一）属于政权建设领域

各级国家机关，包括国家权力机关、国家行政机关、国家审判机关和国家检察机关，以及武装警察部队等，都是国家机器的基本组成部分，发挥着从事社会管理、保证国家安全等重要职能，财政必须保证其合理的资金需要。同时，由于我国政治制度的性质与特点，依法成立的政党组织、政协常设机构及民主党派机关和部分人民团体等，财政也应保证其合理的资金需要。但除此以外的各类社团组织则不应由财政供给经费。

### （二）属于公益性事业发展领域

我国事业单位的发展领域比较复杂，大体有三种类型：第一，提供纯公共产品的事业单位。如义务教育、基础研究单位、卫生防疫单位、妇幼保健单位、文物保护单位、公共图书馆和博物馆等，它们提供的产品是纯公共产品，私人不愿或无力承担，只有政府出面组织承担，因而财政必须保证其经费的合理需要。第二，提供准公共产品的事业单位。如高等学校、应用研究单位、保护和弘扬民族文化遗产的特殊艺术团体等，它们提供的产品虽具有一定公共产品的性质，但其产生的耗费也可通过向消费者收费取得一定的补偿，对这类单位，财政可以对其补助一部分经费。第三，提供私人产品的单位。如函授学校、职业技术学校、技术开发型科研单位、一般性的艺术表演团体、出版社、杂志社、社会中介机构、招待所等，它们提供的产品是具有排他性和竞争性的私人产品，其发生的耗费完全可以通过为社会提供服务取得收费收入来补偿并获得利润，无须政府举办和出资。因此，这类单位应与财政供给脱钩，由市场去调节，但目前这类单位还未完全走向市场。

### （三）属于再分配性转移性支出领域

保护社会分配公平、提高社会保障程度，只有政府才能发挥这方面的职能作用。一是要调节不同地区和居民的收入，提高收入分配的公平程度，保证丧失工作能力者、无职业收入者和低收入者的生活和健康需要，如下岗职工基本生活费、城市居民最低收入保证等。二是实行各种社会保险和社会福利救济，以及对欠发达地区的转移性支出和扶贫支出等。对社会保障提供资金支持，是公共财政的显著特征。

**（四）属于公共投资支出领域**

财政主要应对那些对国民经济有重大影响的非经营性和非竞争性领域进行必要的公共投资。主要包括四个方面：第一，对公共设施、基础设施等领域进行投资，如道路、桥梁、码头、机场、高铁、农业水利建设以及环境保护、防治污染工程等。第二，对公共服务和民生领域进行投资，如公共交通、邮政、通信、供电、供水、供气等城市公用事业。第三，对风险产业或高新技术产业进行投资，主要是重大的技术先导产业，如航天、新能源、新材料等；除此之外，财政应逐步从其他经营性和竞争性领域退出。第四，加强政府对农业的扶持和保护，特别是应有效地实施财政对农业的“绿箱补贴”政策，加大对落后地区、环保项目和农业科技成果的推广和应用，扶持农业公益性事业的发展。

**【财政视野】财政部：不再对中央财政专项扶贫资金支出范围作具体要求**

## 第三节　财政职能

### 一、财政职能的含义

关于财政职能的阐述，理论界有两种说法：

一种认为，财政职能是指在一定经济条件下，财政作为一个分配范畴，其本身所固有的功能，它是由客观经济条件决定的，而非财政概念决定的，是不以人的意志为转移的。经济条件不同，财政职能也不同。

另一种认为，财政职能是政府通过财政所承担的职责和任务，是履行和实现政府职能的手段。财政职责是财政的行为取向，表明政府通过财政应该做什么，不应该做什么，财政功能则是财政的行为能力及其作用。我们所说的财政也就是政府财政，财政职能也就体现政府的职责。之所以如此，原因在于社会公众越来越意识到政府在特殊情况下，尤其是面临重大危机时刻所具有的重要作用。从美国2001年的“9·11”恐怖袭击事件，到我国2003年的非典、2008年的汶川大地震和2020年的新冠肺炎，都让公众深切感受到政府的重要性。事实上，并非在危急时刻公众才需要政府。由于市场在其自身运行中并非万能的，也会出现失灵，无法做到令人满意，这就需要政府通过财政收支的合理安排，来促进资源配置效率的提高。因此，从1992年我国实行社会主义市场经济体制开始，财政职能与西方接轨，具有了一般市场经济国家财政相同的三项职能，即资源配置职能、收入分配职能和经济稳定职能。

【财政视野】中国财政支持抗击 2020 新冠疫情

随着中共十八届三中全会《决定》作出“财政是国家治理的基础和重要支柱，科学的财税体制是优化资源配置、维护市场统一、促进社会公平、实现国家长治久安的制度保障”的科学论断，财政的地位提到了前所未有的高度。与之相适应，财政职能的内涵和外延、广度和深度也应当同步进行调整。

与此同时，《决定》强调，要处理好政府和市场的关系，使市场在资源配置中起决定性作用和更好发挥政府作用。市场决定资源配置是市场经济的一般规律，健全社会主义市场经济体制必须遵循这条规律，要着力解决市场体系不完善、政府干预过多和监管不到位问题。市场对资源配置的作用由“基础性”改为“决定性”之后，政府的作用就应当相应地进行调整。只有界定好政府的职能和作用，政府不越位，才能使市场在资源配置中发挥决定性作用，而政府主要是通过财政活动促进经济有效运行，实现宏观管理目标。

在资源配置方面，原有的职能边界不清晰、不稳定，“越位”和“缺位”并存，亟须对政府投资的范围等作出明确规定；政府预算体系内四大预算安排缺乏统筹和衔接，不够规范、透明；收入预算安排缺乏科学性，存在“以支定收”、税收任务层层加码现象，收入不具有稳定性和可持续性；中央和地方支出责任不清晰、不合理，影响了两个积极性的发挥，等等。彻底解决这些问题，也需要通过监督管理来对财政职能进行调整和充实。

据此，我们认为新形势下财政职能主要具有资源配置、收入分配、调控稳定和监督管理四个方面，是政府通过财政所应承担的职责和任务。

## 二、财政职能的内涵

根据以上分析得知，财政是履行和实现政府职能的手段，财政的职能实际上就是政府的职能。因此，我国财政职能的内涵主要有资源配置、收入分配、调控稳定和监督管理四个方面。其中，资源配置、收入分配、调控稳定的职能是财政的经济性职能，是政府的经济作用在财政领域的延续与体现，其目标是克服市场失灵，充分发挥市场在资源配置中的决定性作用。监督管理的职能是财政的社会性职能，是弥补政府失灵和完善民主政治的内在要求，其目标是抑制财政活动参与者的投机行为，充分发挥政府的管控作用，提高财政资金使用的透明度和效益。

### （一）资源配置职能

#### 1. 财政资源配置职能的含义

财政资源配置职能就是政府通过财政资金的分配，在发挥市场资源配置决定性作用的基础上，运用各类政府性资源，优化资源配置，最终形成一定的资产结构、产业结构以及技术结构和地区结构。

【财政视野】如何理解资源配置

2. 财政资源配置职能的目标

资源配置职能的目标就是资源配置效率最优，即为了消除垄断、提供公共产品、克服外部性、控制风险和消除不确定性，最终实现帕累托最优。目前，资源配置效率的衡量指标主要是绿色 GDP 增长率。

【财政视野】如何理解绿色 GDP？

3. 财政资源配置职能的主要内容

财政资源配置职能的主要内容财政对资源的直接配置：一是通过财政预算直接将资源用于国防、外交、公共卫生、公共安全等公共产品的供给，以克服市场失灵，满足社会成员的共同需要。二是通过财政投资直接将资源配置于基础工业及基础设施建设领域。三是通过财政投资直接将资源配置到投资大、风险高、正外部性强的高新技术产业和基础科学研究领域，推动国家创新体系的形成。财政对资源的间接配置：一是通过税收、罚款、财政补贴等手段实现外部性的内部化，如控制污染问题。二是通过税收政策或财政补贴政策，引导人、财、物流向高新技术产业、基础产业和中西部地区，促进产业结构、地区结构等的不断优化。

4. 财政资源配置职能的机制和手段

财政资源配置职能的机制和手段主要有：（1）建立全面规范、公开透明的预算制度，规范和约束政府行为，合理安排政府投资规模和结构，政府逐步退出竞争性领域，为市场主体创造公平、开放、透明的发展环境。（2）科学制定税收政策和支出政策，合理确定财政收支占 GDP 的比例，清理规范区域性财税优惠政策，维护市场统一。（3）强化公共服务和管理，有效增加政府的公共服务供给，提高资源配置的结构效率。（4）统筹区域间协调发展，促进地区间财力均衡和基本公共服务均等化。（5）统筹行业间协调发展，发挥税收调节作用，促进产业结构调整，推动经济转型升级。（6）加强财政政策、资金与市场机制的有机结合，引导、撬动金融资本，大力提倡采取 PPP 方式，带动、促进民间投资。同时，对每项生产性投资的确定和考核都要进行成本—效益分析，降低成本，提高质量，增进效益。

**（二）收入分配职能**

1. 财政收入分配职能的含义

财政收入分配职能是指财政通过收支活动，对由市场机制形成的个人收入及地区间收入分配格局进行再分配，实现收入与财富的公平合理分配的职能。也就是调节政府、企业、个人之间，以及中央与地方之间分配关系，实现公平分配。收入分配是对国民收入的分配，国民收入分配分为初次分配和再分配。财政分配是国民收入分配体系中的一个重要环节。财政取得的各种间接税收入，属于初次分配；而直接税收入则作为要素收入的再分配。财政支出都属于再分配范畴。

【财政视野】初次分配与再分配及第三次分配

2. 财政收入分配职能的目标

无论是市场还是财政都具有收入分配的职能。收入分配的目标是实现公平分配，进而影响社会各阶层之间的分配关系与利益格局，促进社会公平、经济公平与共同富裕的实现。公平分配分为经济公平和社会公平。经济公平是市场经济的内在要求，强调的是要素投入和要素收入相对称。也就是说，市场分配的实现是通过要素分配和按劳分配，但由于各经济主体和个人所提供的要素不同和资源的稀缺程度不同，以及其他非竞争因素的干预，各经济主体和个人所获得的收入会有较大的差距，虽然实现了经济公平，却不能实现社会公平。而社会公平是将收入差距维持在现阶段各阶层居民能接受的合理范围内，但平均不等于公平，甚至是对社会公平的背离。如果说资源配置职能追求的是效率，那么收入分配职能的核心是实现公平分配。当前，世界大多数国家都采用由洛伦兹曲线计算的基尼系数来衡量收入分配公平的程度。

【财政视野】洛伦兹曲线与基尼系数

3. 财政收入分配职能的主要内容

财政对收入的直接分配：一是政府通过直接课征于民众的税收来实现收入再分配，起到“抽肥”作用；二是通过面向贫困阶层的转移支出计划（社保制度）来增加他们的收入水平，起到“补瘦”作用。财政对收入的间接分配：一是通过提供文教卫生等公共服务，消除文盲，控制疾病，提高居民的综合素质及其在市场交易中的竞争力，实现一定程度的起点公平。二是通过中央对地方的转移支付制度调整地区间的利益格局，实现公共服务的均等化，进而影响不同地区间居民的收入与福利水平。三是对不同产业、不同企业实行有差别的税收政策或财政补贴政策，调整产业之间、企业之间的物质利益关系，并进而调整社会各阶层间的物质利益关系。

4. 财政收入分配职能的机制和手段

财政收入分配职能的机制和手段主要有税收、转移支付、购买支出（是指政府用于购买物品的支出和雇用工作人员的工资、津贴支出，前者间接、后者直接影响个人的收入水平）和收入政策（主要指工资政策）。具体包括：（1）通过完善以税收、社会保障、转移支付为主要手段的再分配调节机制，促进社会公平，实现共同富裕。（2）安排适当比重的财政支出，包括收缴一定比例的国有资本收益，用于保障和改善民生，财政民生支出占财政总支出的比重应保持在 2/3 左右。（3）加大教育、科技、文化等社会事业投入，完善基本公共服务保障制度和基本民生政策体系，建立公平可持续的社会保障制度。（4）理顺中央和地方收入划分，在保持现有中央和地方财力格局总体稳定的前提下，适当提高共享税地方分成比例，适时开征新的税种，培育地方税种，构建稳定规范的地方税体系。

### （三）调控稳定职能

1. 财政调控稳定职能的含义

财政调控稳定职能是根据宏观经济运行、社会事业发展、民主法治建设等不同状况，加强财政政策与货币、产业、价格等政策协调配合，提高相机抉择水平，增强宏观调控前瞻性、针对性、协同性，保持经济、社会、政治稳定。

2. 财政调控稳定职能的目标

调控稳定职能的目标就是运用财税等机制和手段，有效的干预、调节国民经济运行，达到物价稳定、充分就业、国际收支平衡，实现经济稳定发展。

【财政视野】物价稳定、充分就业与国际收支平衡

【财政视野】摩擦性失业、结构性失业与周期性失业

【财政视野】如何用财政和货币政策搭配来调节国际收支平衡?

3. 财政调控稳定职能的主要内容

调控稳定职能的主要内容是指运用财税手段，通过干预、调节国民经济运行，调节总供给和总需求，实现社会总供求的平衡以及供求结构的调整，从而促进构建和谐社会，增进人民福祉的发展总目标。

4. 财政调控稳定职能的机制和手段

调控稳定职能的机制和手段主要有自动稳定器、“相机抉择”的财政政策、预算收

支政策（增加预算支出，可以扩大社会总需求；减少预算支出，相应减少社会总需求。与之相联系的就有财政赤字、预算结余和财政平衡三个概念）。具体包括：（1）调控稳定经济。调节总供给和总需求，处理好经济稳定与经济长期增长的关系；根据逆周期调节的需要，建立跨年度预算平衡机制，实行中期财政规划管理；加强政府性债务监管，赋予地方政府适度直接举债融资权。（2）维护社会稳定。支持健全城乡一体化发展体制机制，推进城乡基本公共服务均等化；支持健全公共安全、食品药品安全监管制度，强化生态环境保护；支持具有巨大外部经济效应的公益性基础设施建设。（3）保障政治稳定。强化财政对政府行为的支持和约束，支持加快事业单位分类改革，推行政府购买服务；支持推进法治中国建设，保证国家法律统一正确实施；支持加强国防建设。

**【财政视野】如何理解自动稳定器与“相机抉择”方式**

### （四）监督管理职能

1. 财政监督管理职能的含义

财政监督管理的职能是指财政具有通过一定方式对财政资金运动进行监督、控制，对财政资金使用效益进行考核分析的功能与职责。既是国家治理的重要内容，也是国家长治久安的社会管理条件。

2. 财政监督管理职能的目标

监督管理职能的目标是抑制财政活动参与者的投机行为，充分发挥政府的管控作用，提高财政资金使用的透明度和效益，实现财政民主化和法制化。

**【财政视野】财政透明度**

3. 财政监督管理职能的主要内容

监督管理职能的主要内容是依法加强对政府、单位和个人涉及的财政、财务和会计事项的全面监督，完善财政决策机制，强化财政决策执行过程中的监控，积极构建“预算编制、预算执行、绩效评价、监督检查”有机衔接、相互制约的财政运行机制，强化对财政决策执行结果的审核，建立与完善激励与约束机制。

4. 财政监督管理职能的机制和手段

监督管理职能的机制和手段主要有：（1）加强政府全口径预算管理，逐步建立权责发生制的政府综合财务报告制度。（2）严格执行国库集中收付制度，加强国库资金监管，对大额资金流转实行跟踪管理，确保财政资金使用规范安全、有序高效。（3）建立健全内控机制，全面梳理排查违纪风险点，规范流程、明晰责任，加强监督、严格考核，约束和规范财政权力运行。（4）严格会计管理，规范中介机构管理，推进会计准则制度实施，提高会计信息质量。（5）深入推进财政预决算公开。（6）强化财政资金绩效评价，做到“花钱必有效、无效必问责”。（7）借助人民代表大会、审计等外部力量实施有效监督，形成全方位、立体式监管格局。（8）严格制度执行，严肃查处各种违反财经纪律的行为，维护国家财经秩序。

【财政视野】财政改革倒逼政府转变职能

【课外阅读】新冠肺炎疫情对完善和发挥财政职能的重要启示

【应用训练】

（1）如何理解财政的概念？

（2）试述政府干预市场的必要性、干预的手段。为何会出现政府干预失败？

（3）新形势下财政职能是什么？分别有哪些目标、主要内容、机制与手段？

（4）为什么说财政是国家治理的基础和重要支柱？

（5）简述政府财政介入范围的确定依据及领域。

参考答案

第二章　财政原理 PPT

# 第三章

# 公共产品与外部性

【本章导读】公共产品是具有消费上的非竞争性和收益上的非排他性的产品。混合物品是兼有公共产品和私人产品特征的物品。提供公共产品来满足公共需要可以有两个系统：市场和政府。外部性是市场失灵的主要表现之一，它会导致资源配置的低效率，同时也会影响收入分配。解决外部性问题的公共对策主要有税收、补贴、排污标准、排污费和可转让排污许可证，解决外部性问题的私人对策包括科斯定理和组织一体化。

通过本章学习，要求读者了解公共产品与外部性的区别与联系，掌握公共产品、私人产品、混合物品的概念，公共产品与私人产品的区别，以及公共产品提供的条件及方式。掌握外部性的资源配置效率和收入分配效应，以及解决外部性问题的对策。

【财政视窗】深入理解公共产品、外部性与庇古税

## 第一节　公共产品与外部性概述

### 一、公共产品与外部性的概念

#### （一）公共产品的定义及特点

1. 公共产品的定义

经济中存在一些产品，这些产品无论由谁进行支付，都可以为广大人群提供利益，而且任何人对于这种产品的消费都不会减少其他人对该产品的消费数量，这样的产品叫作公共产品。现实中的公共产品有国防、警察、空气污染防治、路灯、无线电视、天气预报、公开课等。

2. 公共产品的特点

（1）收益上的非排他性。经济当中有些产品只要一提供出来，而不论是谁提供的，都可以惠及广大人群，而且我们无法把其他人排除在公共产品的收益范围之外。

非排他性的意义包括：排斥其他受益者在技术上是行不通的。例如，国防一旦建立起来，就可以保护国家和人民的生命财产安全不受外来的侵略和损害。公安、警察和司法体系一旦建立起来，就可以保护人民的生命财产安全不受来自他人的侵害，确保法治秩序。工商行政管理、食品卫生和检验检疫一旦建立，就可以维持市场秩序。银行、保险、证券等金融领域的监管建立，就可以保证金融市场秩序和稳定，防范金融风险和金融危机。反垄断和不正当竞争机制的建立，可以保护市场竞争、维持法治、公平的市场环境。道路、桥梁、排水、无线电视和广播一旦提供，可以便利大家的生活、交通和娱乐。传染病等重大疾病的防治和免疫一旦提供，就可以减少疾病的传染，保障大家的生命健康。国外大使馆和领事馆一旦建立，就可以给出国的公民提供服务和便利。发明和创新提供的知识也是一样的，任何人获得这些知识都可以借以获取个人利益，或者，医学研究发现某种消费或行为对于人体健康有害时，可以使人们改变消费或行为，提高生活质量。

以上这些产品一旦提供，广大的民众都可以从这些产品当中获得好处，而不论这些产品是由谁来提供的。因此，当某种产品具有收益上的非排他性的时候，为一单位公共产品定价是不可行的。收益上的非竞争性决定了无法将那些拒绝从享受一定数量的公共产品中获得的收益进行付费的人排除在外，排除是不可能的，或成本过高。

（2）消费上的非竞争性。公共产品的在消费上的非竞争性是指一定数量的公共产品可以由不止一个消费者享用，而不会减少其他消费者享用的数量。例如，中国和其他国家大学在互联网上提供的公开课等。这些公开课提供在网上之后，所有人都可以通过公开的网络容易地下载这些课程进行学习，而且一个人对于公开课的下载和学习并不会减少其他人对于课程的下载和学习。

另外一个例子是无线电视和广播。无线电视和广播电台播放的节目可以被广大的观众和听众接收，但是一个观众或听众对于节目的收看或收听，并不会减少其他观众和听众接收的数量。同样，其他类似的公共产品也具有相同的任何个人对于此类产品的消费都不会减少其他人对于该产品的消费特征。典型的具有这类性质的产品包括国防、工商行政管理、食品卫生与检验检疫、反垄断和反不正当竞争、金融监管、基础设施建设、驻外的使领馆、发明创造、环境污染治理、天气预报、餐厅卫生状况的评级等。

### （二）外部性的含义及特性

1. 外部性的含义

斯蒂格里兹认为："无论什么时候只要某个居民或某个公司的行为对其他居民或公司产生了影响，而受到影响者并没有因损害而得到补偿或没有因得利而付钱，那么我们就说存在外部性。"萨缪尔森和诺德豪斯认为："外部经济效果是一个经济人的行为对另一个人的福利所产生的效果，而这种效果并没有从货币或市场交易中反映出来。"兰德尔将外部性定义为“当一个行动的某些效益或成本不在决策者的考虑范围内时所产生的一些低效率的现象。”一般来说，外部性是指一个经济活动的主体对他所处的经济环境的影响。外部性的实质在于一个当事人对其他当事人的福利产生影响且这种影响并没有从市场交易中反映出来。

外部性会造成私人成本和社会成本之间，或私人收益和社会收益之间的不一致，这种成本和收益差别虽然会相互影响，却没有得到相应的补偿或支付，因此容易造成市场失灵。福利经济学认为，除非社会上的外部经济效果与外部不经济效果正好相互抵消，否则外部性的存在使得帕累托最优状态不可能达到，从而也不能达到个人和社会的最大福利。外部性理论可以为经济政策提供某些建议，它为政府对经济的干预提供了一种强有力的依据，政府可以根据外部性的影响方向与影响程度的不同制定相应的经济政策，并利用相应的经济手段，以消除外部性对成本和收益差别的影响，实现资源的最优配置和收入分配的公平合理。

2. 外部性的特性

（1）外部性具有内在的相互性。当事人双方相互对对方产生了外部性，而不能笼统地说哪一方对另一方产生了外部性。比如，河流污染问题，外部性取决于权利的初始界定以及成本比较。

（2）公共产品是一种特殊的外部性。具体来说，当一个人创造了一种有益于经济中每个人的正外部性时，这种外部性就是纯公共产品。有时候公共产品和外部性的界限比较模糊，如某人在家后院安装了电蚊网，如果电蚊网杀死了整个社区的蚊子，那么它是一种纯公共产品。如果只有少数邻居受到影响，那么它具有外部性。

（3）外部性既可能产生于生产过程，也可能产生于消费过程。并非所有的外部性都是由企业产生的。在挤满人的屋子里吸烟的人，耗用了公共资源——新鲜空气，从而降低了他人的效用。

（4）外部性既可以是正的，也可以是负的。外部性的影响方向和作用结果具有两面性，可以分为外部经济和外部不经济。那些能为社会和其他个人带来收益或能使社会和个人降低成本支出的外部性称为外部经济，它是对个人或社会有利的外部性；那些能够引起社会和其他个人成本增加或导致收益减少的外部性称为外部不经济，它是对个人或社会不利的。

## 二、公共产品与外部性的区别与联系

公共产品与外部性既有区别也有联系。公共产品的非排他性，即不付费就可以分享产品的益处是典型的私人边际受益大于社会边际受益、私人边际成本小于社会边际成本的情况；公共产品的非竞争性意味着增加一个人消费不会引起生产成本的增加，其生产成本是既定的，所以某一公共产品的提供对所有的消费者都产生了外部效应。因此，在一定的意义上，外部性可与消费的非竞争性和非排他性共同定义纯公共产品与纯私人产品：外部性与消费的非竞争性和非排他性强的产品更具有纯公共产品的特性，外部性与消费的非竞争性和非排他性弱的产品更具有纯私人产品的特性。也是在这个意义上，任何产品的生产与提供都会产生一定的外部效应，只不过有的物品的外部效应不那么明显，而公共产品则是带来外部效应的极端的情况。

公共产品与外部性之间也存在区别。公共产品强调的是成本与收益的非排他性和非竞争性，是物品本身的属性，本质在于如何使公共产品的供应更加合理、更有效率；外部效应强调的是个体经济行为给其他行为主体带来的收益与成本问题，是某一经济行为的存在性影响问题，其本质在于怎样更合理地分担成本与收益，以达到资源的最优配置。

## 第二节 公共产品的性质及提供方式

### 一、公共产品的性质

1. 判断公共产品的标准，不是看该产品究竟由私人提供还是由公共预算支出决定

公共产品“公共”性不是看该产品由公共政策决定或者政府通过公共财政开支，而是产品的受益对象是一个人还是多个人决定。在一定时刻只能使一个人受益的产品是私人产品，能够使多个人同时受益的产品才是公共产品。

2. 公共产品不一定是由公共部门提供的，私人部门也可以提供公共产品

公共部门提供的产品都是公共产品是不正确的。公共部门提供了很多的公共产品与服务，包括一般公共服务、国防、公安、环境保护等。实际上，公共部门提供的产品和服务当中，还有部分是只满足公共产品部分特征的准公共产品，如教育和社会保障；而且还有部分甚至是纯私人产品，如住房和医疗服务。有意思的是，一些国家在教育、医疗、社会保障等方面的支出可以达到全部财政支出的60% ~70%。

公共产品都是由公共部门提供的也是伪命题。虽然很多公共产品是公共部门提供的，但是，私人部门也提供部分的公共产品。如知识、发明、创新很多都是私人部门提供的，私人部门还通过慈善也提供了部分公共产品。

3. 每个人都享有相同数量的公共产品，但是并不意味着每个人对公共产品的评价相同

公共产品的性质可以保证每个人享有的公共产品数量相同，没有人有办法比其他人享有更多，也无法享有更少。但是，无法保证的是每个人对于公共产品的评价。例如，一个滨江城市修建一座横跨大江的桥梁，能给很多人缩短通勤的时间，从而给这些人带来正的收益，然而住在大桥旁边的人可能会抱怨大桥带来的噪声和污染。

### 二、公共产品与私人产品的区别

私人产品 $X_j$ 的总消费量等于所有 $n$ 个消费者消费的该产品数量 $X_j^i$ 之和。也就是说，私人产品在人与人之间是完全可分的。

$$X_j - \sum_{i=1}^{n} X_j^i$$

私人产品是那种在生产者接受了生产的机会成本的全部补偿之后，只向获得产品的人提供收益，而不向任何其他人提供收益的产品。私人产品在消费上是竞争性的，而且将拒绝支付市场价格的人排除在其收益之外是容易做到的。例如，自助餐厅的老板只会放入那些已经付费的顾客进入用餐，未付费顾客将被轻易挡在门外。

公共产品的总数量 $G_j$ 等于每个人消费的公共产品数量 $G_j^i$。也就是说公共产品在人们之间是不可分的。

$$G_k = G_k^i$$

纯公共产品对于消费者整体而言，具有消费上的非竞争性和收益上的非排他性。公共产品只要提供出来之后，它就会被全体社会成员消费，而不论公共产品的提供者是一个人、几个人、团体、企业还是国家。例如，空气污染的治理可以减少空气当中的灰尘和微小悬浮颗粒等有害物质的数量，空气质量的提高可以使每个人获得收益，然而我们却无法把某个人单独排除在受益范围之外。

公共产品和私人产品的区别还可以用另外一种方法来描述。一个公共产品是不能分割成可以在消费者中间进行分配的单位的，其收益只能由所有人集体消费。相反，一单位私人产品却可以由单个消费者独自享用。一个人消费的数量越多，留给其他竞争性的消费者的数量就越少。

政府在地震灾害后发放的救济食品面包，所有人都可以免费领取。但是这些面包却肯定不是公共产品，如假设有人通过多领的方式，把多余的面包放入市场进行销售，转卖给其他人从而获利。

相反的例子是气象局发布的天气预报。所有人都可以轻易地从报纸、互联网或者手机上获得最近的天气预报，然而没有人可以通过领取更多的天气预报的方式，把多余的天气预报卖给别人获利。

## 三、混合物品

公共产品和私人产品是社会产品的两极。混合物品是兼有公共产品和私人产品特征的物品。混合物品即同时具有使用或消费上的非竞争性与收益上的排他性的公共产品。非竞争性即某些人对这一产品的利用，不会排斥另一些人对它的利用；排他性即可使用一定的方式阻止他人从该产品中获益；公共产品与公共资源合称混合公共产品，与私人物品一并成为财政学中对产品分类及财政职能划分的依据之一。划分依据来源于西方经济学，故亦是宏观经济学中的一部分。由于技术进步、人口增长等因素的影响，使得原本不存在或较不明显的竞争性及负外部性日益凸显。此类产品正急剧减少，如洁净的空气等。被排除的类型大多转变为纯公共产品，部分产品或资源消失（如矿产、动植物资源等），极少数由于开发成本过高且存在替代品，出于经济考虑而放弃，现存的例子有海盐。

## 四、公共产品提供的有效条件

本部分从需求和供给两个方面对比分析私人产品和公共产品提供的有效条件，并且分析二者的区别。

### （一）公共产品的需求

纯私人产品的市场需求曲线给出了每一可能价格上的所有消费者需求量的总和。图 3－1 描述了纯私人产品的市场需求曲线是如何加总得到的。图 3－1 中给出了 $A$、$B$、$C$ 三个消费者对面包的需求曲线 $D_A$、$D_B$ 和 $D_C$。三条需求曲线表明，在其他条件不变的情况下，各消费者在每个价格下面愿意购买面包的数量。要求出面包的市场需求曲线，只要把每个人在每个价格水平下的需求量加总就可以了。如当面包价格为 3 元时，$A$ 消费者对于面包的需求量是 14 个、$B$ 的需求量是 10 个、$C$ 的需求量是 6 个，因此，当面包的价格为 3 元时，市场的需求量为三个消费者需求量之和 30 个。

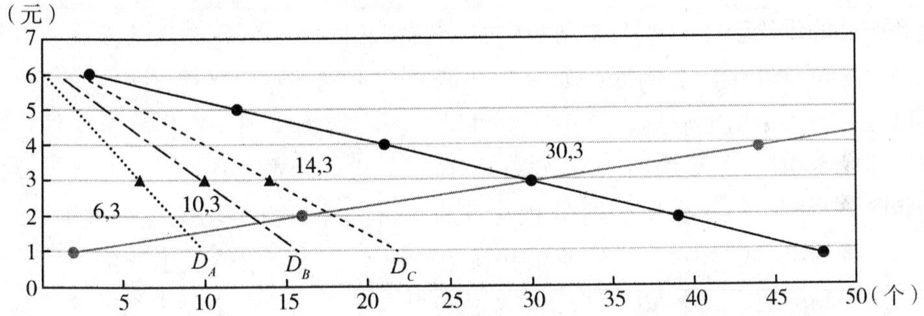


**图 3－1　私人产品的市场均衡**

如果取遍所有的价格，通过同样的方法进行加总，我们可以得到相应价格下的面包市场需求量。这样，在每个给定价格下，私人产品的市场需求量等于所有人在该价格下愿意的数量的加总。也就是说，个人需求曲线的横向加总就可以得到市场需求曲线。

下面我们来推导纯公共产品的总需求曲线。图 3－2 是保安产品的供求曲线，位于同一个工业区里的三个工厂 $E$、$F$、$G$ 要决定聘请多少个保安来进行巡逻。保安雇用之后就会环绕工业区进行巡逻，同时保护三个工厂的财产安全，而且任何工厂也不能将其他的工厂排除在保安的保护之外。因此，保安是一种公共产品。然而，不同的工厂对于雇用保安愿意支付的价格各不相同，并且随着保安雇用数量的增加，每个工厂愿意支付的价格都变得更少。这体现在图 3－2 中就是每个工厂的需求曲线都是向右下方倾斜的，而且可以看出 $E$ 工厂就愿意比 $F$ 工厂和 $G$ 工厂为雇用保安支付更高的价格。对于纯公共产品来说，所有消费者消费的数量是相同的。在这个例子当中，如果一个工厂雇用了三个保安对工业区进行巡逻，那么工业区内的所有企业也都将得到三个保安提供的安全服务。这样，我们加总每个数量下，每个工厂愿意为雇用这个数量保安支付的价格，就可以得到三个工厂为雇用不同数量保安所愿意支付的价格。例如，$E$、$F$、$G$ 三个工厂在雇用 4 个保安的情况下，愿意为每个保安支付的价格分别为 1 800 元、1 100 元和 600 元，因此，如果雇用保安的数量为 4 个时，三个工厂愿意为雇用每个保安支付的总价格为 3 500 元。这样，我们就可以通过纵向加总个体对于纯公共产品的支付意愿，从而得到纯公共产品的总支付意愿。

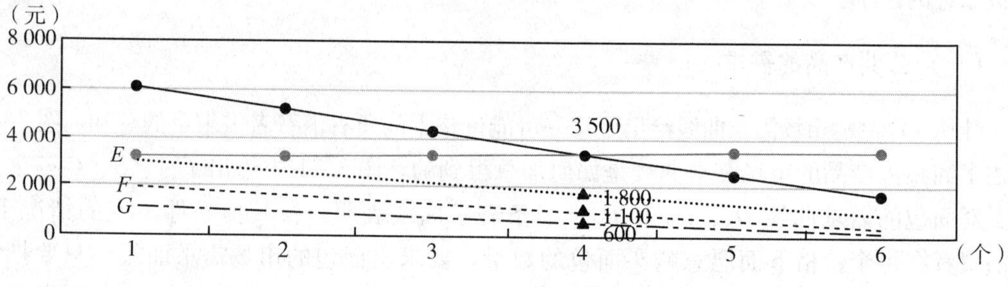


**图3-2　公共产品的市场均衡**

### （二）公共产品的供给

公共产品的供给函数与私人产品的供给函数是相同的。公共产品的投入一般都来自市场，是一种竞争性供给。例如，如果公共产品是乘坐巡逻车的警察提供的安全保护，警察可以在劳动力市场上雇用，巡逻车也可以在汽车市场买到。提供安全保护这种公共产品的边际成本 *MC*，就是增加一名警察和巡逻车的边际成本之和。其他公共产品的投入也遵循相同的原则。对于国防、职员和设备的支付同样是由市场决定。对于驻外代表，外交官和参赞等人员的薪水、修建使馆和设施的成本、外交招待发生的费用等，共同决定了该公共产品的边际成本 *MC*。当公共产品的投入是从竞争性市场中采购的，其竞争性供给函数就是所有预期供给者的边际成本函数的横向加总，这与私人产品市场是相同的。私人产品市场与公共产品市场的区别只是在需求的方面，通过不同的方式加总个人的边际收益 MB 就可以得到总需求。

### （三）公共产品有效提供的条件

效率要求所有的经济活动都达到边际社会收益等于边际社会成本的点，这个条件对于公共产品同样适用。

假定一个人想要生产或者购买一件纯公共产品供自己使用。通过在社区内提供一单位的公共产品，此人不仅为自己，而且也为他所居住的社区中的每个人提供了收益。因此，该产品的边际社会收益超过购买者获得的额外收益。对于其他人来说，每个人都可以在享受他提供的每一单位产品的同时获得收益。将社区中所有人的收益加总到一起，就可以得到生产额外一单位的公共产品的边际社会收益。任一既定数目的纯公共产品的边际社会收益是所有消费者得到的个人边际收益之和。

一定时期之内纯公共产品的有效数量对应于产出增加直到所有消费者的边际收益之和等于该产品的边际社会成本那一点。纯公共产品提供的效率条件是：

$$MSB = \sum_{i=1}^{n} MB_i = MSC$$

纯公共产品的个人购买会带来外部收益。因为产品的购买者在决定购买多少时只考虑自己的边际收益。但是由于公共产品的性质，产品不论是由谁来提供，所有其他人都可以从公共产品当中获得好处。边际外部收益是所有其他人的边际收益之和。公共产品的提供者只获得了公共产品的提供收益中一部分，而他却承担了公共产品提供的全部成本，因此，对于公共产品的私人提供者来说，他支付的价格与获得的收益是不对称的。当个人购买者不考虑边际外部收益时，在市场上向个人出售公共产品有可能导致低于有效水平的产出。因此，公共产品无法由私人部门来提供。

纯私人产品没有额外的产生的外部收益。私人产品的性质决定，购买私人产品的个人支付了全部的价格，对应的是他也同样得到了私人产品带来的全部收益，没有人可以共享私人产品的收益。私人产品需求者，他所支付的价格与获得的收益是对称的。在评价其额外产出的收益时，只需要计算实际购买和消费了该额外产出的人所获得的收益。纯公共产品的效率条件也可以表示为：

$$MSB = MB_i + \sum_{j=1}^{n} MB_j = MSC$$

其中，每单位公共产品的边际社会收益等于公共产品的购买者从产品中获得的收益 $MB_i$ 加上边际外部收益，即社区中其他的 $n-1$ 个人得到的额外收益 $\sum_{j=1}^{n} MB_j$ 之和。

## 五、公共产品的提供方式

提供公共产品来满足公共需要可以有两个系统：市场和政府。对于公共产品的提供方式可分为两种，一种是纯公共产品的提供方式，另一种是准公共产品的提供方式。

### （一）纯公共产品的提供方式

一般而言，纯公共产品只能由政府通过无偿征税来提供，而不能由市场来提供，这是由市场运行机制决定的。由于“免费搭乘”现象的存在，使得公共产品不适合通过市场机制提供。另外，政府的性质和运行机制决定了它可以解决市场提供公共产品所存在的难题。政府具有满足社会公共需要的职能，且追求社会目标、满足社会公共需要的职责是市场无法适应的。

### （二）准公共产品（混合公共产品）的提供方式

准公共产品可以采取政府提供方式、市场提供方式，或者采取混合提供方式。准公共产品有两种不同的类型：一类是具有非竞争性又具有排他性；另一类是由外部效应引起的。

第一类准公共产品。比如，桥梁的成本可以通过两种方式来弥补：一是通过征税弥补，免费使用，这是公共提供方式；二是通过对过桥车辆收费弥补，这是市场提供方式。

第二类准公共产品。选取这一类准公共产品的提供方式，首先在于判断外部效应的大小。当外部效应很大时，可视为纯公共产品，采取公共提供方式，如基础研究。

其实多数公共产品都具有较大的外部效应，不过，为了提高公共产品的使用效率并适当减轻政府负担，对多数准公共产品采取混合提供方式是一种较佳选择，如医疗保健。

从各国的实践来看，准公共产品提供的有效方式有：

一是政府授权经营，对具有规模经济效益的自然垄断行业，如自来水公司、燃气、电力公司等。如果让这些公司充分竞争，就会造成社会资源的极大浪费。比如，一个家庭为了竞争，让不同的燃气公司安装管道进家，这显然是不合理的。如果让这些行业任意定价，就可能造成老百姓的利益受损。所以，只能由政府授权经营，给行业一定限制的方式，不是每个人都能经营，要经营必须达到一定的资格条件，并按照政府的有关要求来提供。

二是政府参股，对于那些初始投资量较大的基础设施项目，私人往往没有能力做，政府适当介入一部分，占一定的股份，起到一定的拉动和推动作用。

三是政府补助。对于那些提供教育服务、卫生服务的民间机构及从事高新技术产品开发的民间企业，政府给予一定数量的补助。对具有正外部性的企业，如绿化，政府利用补助的方式，促使这些行业多提供具有正外部性的活动。

四是政府购买服务。属于事务性服务，一般引入竞争机制，通过合同、委托等方式向社会购买。

## 第三节　外部性的分类及矫正

### 一、外部性的分类

#### （一）按外部性的影响结果分类

从外部性的影响结果来看，可以分为正外部性和负外部性。正外部性也称外部经济，指对交易双方之外的第三者所带来的未在价格中得到反映的经济效益，或者是指某些产品的社会效益大于生产者私人效益的现象。比如，养蜂人在生产蜂蜜的过程中“帮助”果农的果树传授花粉，使果农实现了增产效益；个人注射疾病防疫疫苗，从而减少把传染疾病传给他人的可能性；高科技公司将大量资金用于研发，当科技成果转化为现实的生产力后，部分社会成员将会免费享用带来的好处；消防设备的交易可使买主周围的居民享受到未付出成本好处；纯公共产品和俱乐部物品、公共池塘资源、免费的公园等存在正外部性。

负外部性也称外部不经济，指的是对交易双方之外的第三者所带来的未在价格中得以反映的成本费用，或者是指某一种产品的社会成本大于生产者私人成本的现象。比如，工业污染对环境造成的破坏，影响到人的身体健康甚至生命；抽烟的人对公共场合“被动”抽烟的人的健康带来的损害，导致“被动”吸烟者要在健康和医疗上花费更多的费用；过度采伐森林资源，造成水土流失、土地质量退化；汽车排放废气、噪声造成空气污染和噪声污染等。在这种情况下，自由竞争条件下的资源配置都会偏离帕累托最优。

#### （二）按外部性的产生来源、承受者分类

从产生来源来看，外部性既有可能来源于生产者，也有可能来源于消费者；从承受

者来看，外部性的承受者也包括生产者和消费者。如果产生者是生产者，承受者可能是生产者，如养蜂人在苹果园附近养蜂，给苹果园主人带来的正外部性（苹果花也有助于养蜂）；如河流上游造纸厂排放的污水对下游水产养殖场带来的负外部性。如果产生者是生产者，承受者也可能是消费者，比如某房产开发商修建路桥给附近居民带来出行方便等好处；比如河流上游造纸厂排放的污水对下游居民生活用水等产生的影响。

如果产生者是消费者，承受者可能是生产者，比如消费者偏好的改变，增加了某种商品的需求，给企业带来的好处；消费者偏好的改变，减少了某种商品的需求，给企业带来的好处（如大多数消费者戒烟）。如果产生者是消费者，承受者也可能是消费者，比如居住于拥有花园的家庭附近可以免费欣赏花景；某人在夜深人静的时候大放音乐影响邻居。

根据外部性的发起者不同、承受者不同以及外部性结果不同这三个标准对外部效应进行综合分类，可将外部性分为八类：（1）消费活动产生正的消费外部性；（2）消费活动产生正的生产外部性；（3）消费活动产生负的消费外部性；（4）消费活动产生负的生产外部性；（5）生产活动产生正的消费外部性；（6）生产活动产生正的生产外部性；（7）生产活动产生负的消费外部性；（8）生产活动产生负的生产外部性。

## 二、外部性的资源配置效率

当外部性为正或者说存在外部经济时，造成外部效应一方的活动总是不能提供得足够多；而当外部性为负或者说存在外部不经济时，又总是出现过分提供。之所以如此，是因为有关方面只按个别的边际收益等于边际成本的原则行事，而并不考虑其他外部性行为之下的社会边际收益和社会边际成本。

令 $V_P$、$V_S$ 和 $C_P$、$C_S$ 分别代表某人从事某项经济活动所能获得的私人利益、社会利益、私人成本和社会成本，再假定存在正外部性，即有 $V_S > V_P$，但又有 $V_P < C_P < V_S$，则此人显然不会进行该活动。这表明资源配置没有达到帕累托最优，因为从上述两个不等式可以得到：$(V_S - V_P) > (C_P - V_P)$，这一新不等式说明，社会上由此得到的好处（$V_S - V_P$）大于私人从事这项活动所受到的损失（$C_P - V_P$）。可见，这个人如果从事这项活动，从社会上其他方面所得到的好处中拿出一部分来补偿进行活动的私人所受到的损失以后还会有多余，即可能使其他人状况变好而没有任何人状况变坏。这说明，存在外部经济的情况下，私人活动的水平常常低于社会所要求的水平。相反，存在负外部性时，有 $C_P < C_S$，再假定 $C_S > V_P > C_P$，则此人一定会进行此项活动，从上述两不等式中可得到 $(C_S - C_P) > (V_P - C_P)$，此不等式说明，进行了这项活动，社会上其他人受到的损失大于此人得到的好处，从整个社会看，是得不偿失，因此私人活动水平高于社会所要求的最优水平了。因此，外部性是造成市场失灵的重要原因之一。

### （一）负外部性与资源配置效率

假设河流的上游有一家化工厂，化工厂的副产品是污染，污染会使下游的农作物减产，损害农场主的利益。如图 3-3 所示，横轴代表化工厂产量水平 $Q$，纵轴代表产品价格 $P$。$MB$ 曲线表示每一产量水平下化工厂的边际收益，假定它随着产量增加而下降，即边际收益递减。*MPC* 曲线表示每一产量水平下化工厂的边际私人成本，反映的是化工厂购买生产投入品的支付，假定其随着产量的增加而增加。假设每单位产量的污染量固定，随着化工厂的产量增加，所产生的污染量也会增加。在每一产量水平上，农田受到的边际损害用 *MD* 表示。*MD* 曲线向上倾斜表示污染越多，农田的境况恶化速度越快。

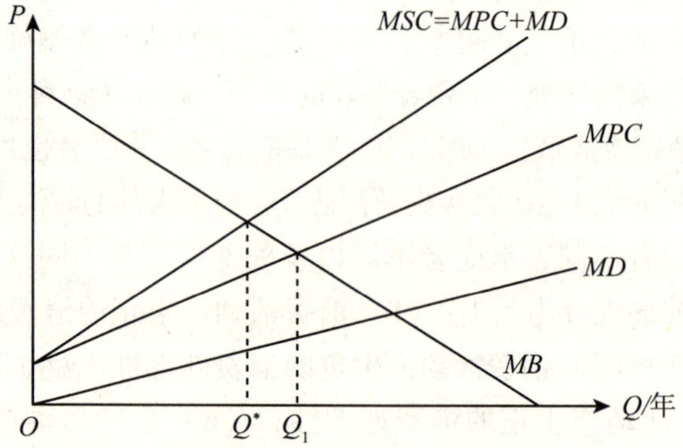


**图 3-3 负外部性图解**

从化工厂角度来看，每生产一单位产品，都必须使边际收益大于边际成本。如果 *MB* 大于 *MPC*，化工厂就进行生产；如果 *MPC* 大于 *MB*，化工厂就停止生产。因此，化工厂的最大产量位于 *MPC* 与 *MB* 的交点，产量水平为 $Q_1$。从社会的角度来看，只要社会的边际收益超过社会的边际成本，生产就应进行。边际社会成本包括两部分：一是化工厂的边际私人成本 *MPC*；二是水产养殖场受到的边际损害 *MD*。因此，边际社会成本等于 *MPC* 加上 *MD*。边际社会成本曲线是每一产量水平下 *MPC* 和 *MD* 的高度之和，即 *MSC*。从图 3-3 中可以看出，*MSC* 和 *MPC* 的垂直距离是 *MD*。从社会角度看，效率要求生产仅限于 *MB* 大于 *MSC* 的产量。因此，产量应定在两条曲线的交点处，即 $Q^*$。由此得出结论：第一，由于存在负外部性，私人市场呈现物品生产和销售过多的状态，缺乏效率；第二，一般而言，零污染并不是社会的理想状态，要找到合适的污染量需要对成本和收益进行权衡，而权衡的结果往往是某一正的污染水平；第三，模型提供了提高社会效率的方法，即存在负外部性时，减少产品生产。

### （二）正外部性与资源配置效率

假设一个企业正在进行一项研发（*R&D*）活动，横轴 *Q* 表示研究/年，纵轴代表产品价格 *P*。图 3-4 描绘了企业的边际私人收益（*MPB*）和边际成本（*MC*）曲线。该企业选择的研发水平是 $R_1$，此时 $MC = MPB$。进一步假定该企业的研发成果使其他企业的生产成本下降，但这些企业又不必为使用科技成果付费，因为这些成果成了一般知识的组成部分。有时候这种情况可以通过专利法得到一定程度的避免，但在多数情况下，纯研究成果即使具有商业用途，也很难得到专利保护。在图 3-4 中，其他企业使用每单位研究成果的边际收益用 *MEB* 表示（即边际外部收益）。研究成果的边际社会收益是 *MPB* 加上 *MEB*，即图中的 *MSB*。而根据效率要求，边际成本等于边际社会收益，此时产量为 $R^*$，故研发活动提供不足。此时，市场机制在实现资源配置的效率方面发生失灵。

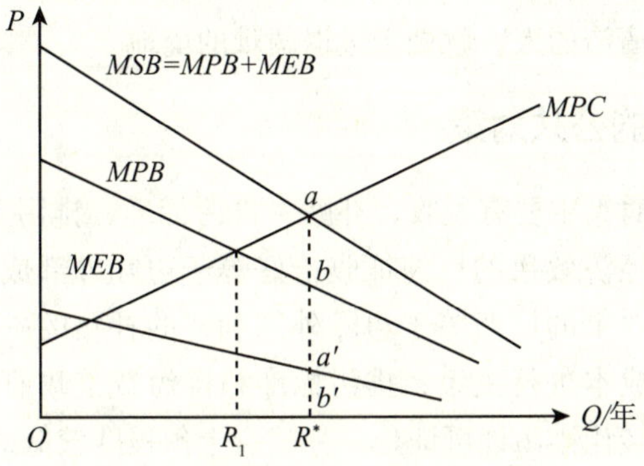


图 3－4　正外部性图解

【财政视野】外部性低效率的进一步证明

## 三、外部性对收入分配的影响

外部性也会对收入分配产生影响，以污染为例，要评估环境改善对收入分配的影响，还需要解决很多问题。

第一，关于受益对象的问题。盖耶（Gayer，2000）的研究表明，穷人居住区一般比富人居住区更易受空气污染的危害，如果确实如此，在其他条件不变的情况下，降低空气的污染程度会使实际收入的分配更公平。另外，改善游乐区环境质量的环保计划，很可能使富人家庭受益，因为他们是游乐区的主要使用者。即使知道谁正在受到某种外部性的危害，人们也无法知道消除这些外部性有多大的价值。假定富人家庭愿意为某种空气质量的改善支付比穷人家庭更多的钱，即使一项清洁计划从实物量来看，使穷人家庭比富人家庭受到的污染程度减少得更多，但从价值量来看，该计划仍然有可能更有利于富人家庭。

第二，关于成本承担者的问题。假定政府的政策促使大量污染企业减少产量。随着这些企业减产，它们对所使用的投入品的需求也降低，使这些投入品的所有者的境况变坏。一些污染企业的原有工人在短期会失业，在长期将被迫接受低工资。如果这些工人的收入本来就很低，环境清洁计划会加剧收入不平等。穷人在多大程度上负担了环境保护的成本引起了激烈的争议。另一个要考虑的问题是，如果污染企业被迫把边际社会成本考虑在内，那么他们的产品就会变得更加昂贵。从效率的角度看这是合理的，因为这些商品的购买者其近况一般会变差。如果受影响的商品主要由高收入群体消费，那么在其他条件相同的情况下，实际收入的分配将更加公平；反之亦然。因此，要估价减少污染对收入分配的影响，还需要知道污染企业所生产的产品的需求状况。

显然，确定污染控制的成本分配是一项艰巨的任务。在一项研究中，沃尔斯和汉森（1999）发现，实施机动车辆排放费制度的相对成本与年收入成反向变化。他们的计算结果表明，对于一个低收入家庭，这项政策会花掉其收入的2.65%，而对一个高收入家庭该数字仅为0.35%。如果这一发现也普遍适用于其他环境政策，那么那些既支持收入分配更公平又希望环境更清洁的人，就处于进退两难的境地。

## 四、矫正外部性的公共对策

矫正外部性的公共对策主要有税收、补贴、排污标准、排污费和可转让排污许可证。税收是向施加负的外部经济效果的厂商征收恰好等于边际外部成本的税，而补贴政策是给予产生正的外部经济效果的厂商等于边际外部利益的补贴的一种手段，目的是使得厂商按照社会收益和社会成本进行决策；排污标准和排污费是政府通过行政或法律的手段控制外部经济影响；可转让排污许可证是一种政府干预程度较低的方案。

### （一）庇古税

对造成外部不经济的企业，国家可以通过征税的方式解决外部性问题，征税的数额应该等于该企业给社会其他成员造成的损失，从而使该企业的私人成本恰好等于社会成本。例如，在生产污染情况下，政府向污染者收税，其税额等于治理污染所需要的费用。

英国经济学家庇古在20世纪30年代提出向污染者征税以解决外部性问题。庇古税就是对污染者的单位产量征税，其税额正好等于污染者在效率产量水平上造成的边际损害。沿用图3－3的例子，在效率水平 $Q^*$ 上的边际损害是 *cd*，这正是庇古税，如图3－5所示。

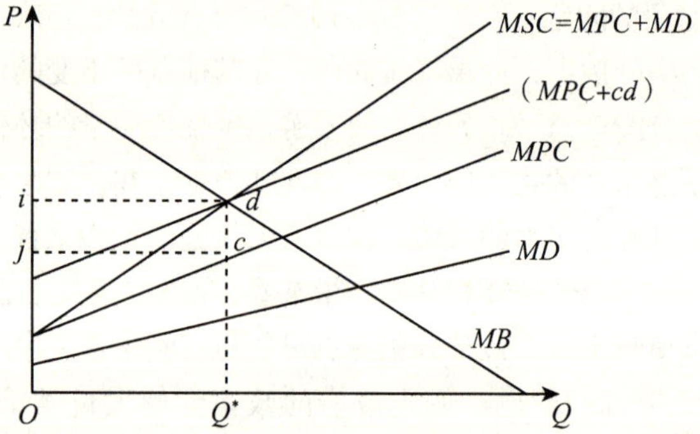


**图3－5　庇古税**

此时，如果对每单位产量课征 *cd* 元的税，则会提高化工厂的边际成本，即化工厂每生产一单位产品，要向投入品的供应商付款（*MPC*），同时还要向征税者付款（*cd*）。化工厂新的边际成本曲线是每一产量水平上的 *MPC* 加 *cd* 得到的，即按垂直距离 *cd* 上移 *MPC*。利润最大化要求，化工厂的产量要保持在边际收益等于边际成本的水平上，该水平就是由 *MB* 与 *MPC*＋*cd* 的交点决定的效率产量 $Q^*$。实际上，税收迫使化工厂考虑其造成的外部性成本，促使其进行有效率的生产。庇古税收入总额等于 $cd \times id$（$id = OQ^*$），即图3－5中矩形 *ijcd* 的面积。

庇古税在实施过程中存在一些困难，比如由于难以估计边际损害的函数，导致无法找到正确的税率。

### （二）补贴

对造成外部经济的企业，国家则可以采取补贴的办法，使得企业的私人利益与社会利益相等。无论是何种情况，只要政府采取措施使得私人成本和私人利益与相应的社会成本和社会利益相等，则资源配置便可达到帕累托最优状态。

假定污染企业的数量是固定的，通过向污染者支付一笔钱使其不污染，可以获得效率生产水平。这是因为，对不污染行为进行补贴，是提高污染者有效生产成本的另一种方法。假定政府宣布，化工厂每停止生产1单位的产品，政府向它补贴 $cd$ 元。如图3－6所示，工厂在产量为 $Q_1$ 时边际收益为 $MB$，与横轴之间的距离为 $ge$。生产 $Q_1$ 的边际成本由两部分构成，一部分是化工厂购买投入品的成本（$MPC$），另一部分是化工厂进行生产而放弃的补贴 $cd$。因此，化工厂所看到的边际成本曲线是 $MPC+cd$。在产量为 $Q_1$ 时，边际成本是 $ek$（$ek=eg+gk$）。

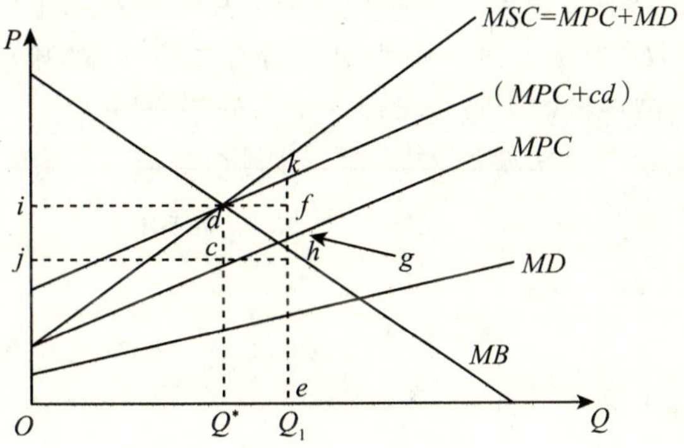


图3－6　补贴

但是，$ek$ 大于边际收益 $ge$。只要产量为 $Q_1$ 时边际成本大于边际收益，化工厂就没有理由生产这最后1单位产品。相反，它应该放弃生产接受补贴。同理，化工厂不会生产超过 $Q^*$ 产量的任何产品，在 $Q^*$ 右边的所有产量，边际私人成本和补贴之和大于边际收益。另外，在 $Q^*$ 左边的所有点，化工厂进行生产是有利可图的，即使他不得不放弃补贴。对于这些产量水平来说，总机会成本（$MPC+cd$）小于边际收益。因此，补贴促使工厂只生产效率产量 $Q^*$。

同样，补贴也会存在一些问题：第一，补贴带来高利润，会引起更多的企业在河边办厂，造成总污染加重；第二，补贴在道德上是站不住脚的。

### （三）排污标准和排污费

#### 1. 排污标准

排污标准是对厂商可以排放多少污染物的法定限制。政府通过调查研究，确定社会能够容忍或承受的环境污染程度，然后规定各企业所允许的排污量。凡排污量超过规定限度的，政府将给予企业经济或法律惩罚，如处以高额罚金，甚至刑事惩罚等。显然，政府在采取这种方法控制污染时，必须首先确定一个所允许的最高污染标准，这个标准从社会福利的角度来考虑应该是最优的。否则，任何方案的实行都会造成对社会福利的损失。

2. 排污费

排污费是对厂商每单位污染物的收费。征收一定的排污费将产生有效率的行为。在图3－7中，$E^*$点的有效排放水平可以通过排污费或者排污标准来实现，矩形$abOE^*$表示排污费，$E^*$的污染物数量是法定限制的排污标准。*MEC*曲线代表排放的边际外部成本，这种社会成本代表了与排放有关的损害的递增。*MEC*曲线向上倾斜是因为外部性越大，外部性的边际成本越高（低水平的污染损害较小，污染水平越高，损害越严重）。*MCA*曲线代表降低排放的成本，它衡量厂商安装污染控制设备的附加成本。*MCA*曲线向下倾斜，因为在排放污染较少时，减少排污的边际成本低，而在大量减少时，边际成本就高。与*MEC*曲线一样，从右往左来看*MCA*将更直观，减少排放的边际成本随着减排的增加而增加。$E^*$点的有效排放水平可以通过排污费或排污标准来实现。当面临每单位排污费为$a$元时，厂商减少排放直至排污费等于边际收益那一点。同样水平的排污削减也可以通过排污标准将排污限制在$E^*$点来实现。因为对于所有高于$E^*$的排放水平，减排的边际成本都低于排污费，因此值得投资来减少排放。然而低于$E^*$单位时，减排的边际成本大于排污费，因此厂商选择支付排污费而不愿进一步减少排放。厂商将因此支付总量为矩形$abOE^*$表示的排污费，并将承担*MCA*曲线以下$bE^*c$面积的排污成本。

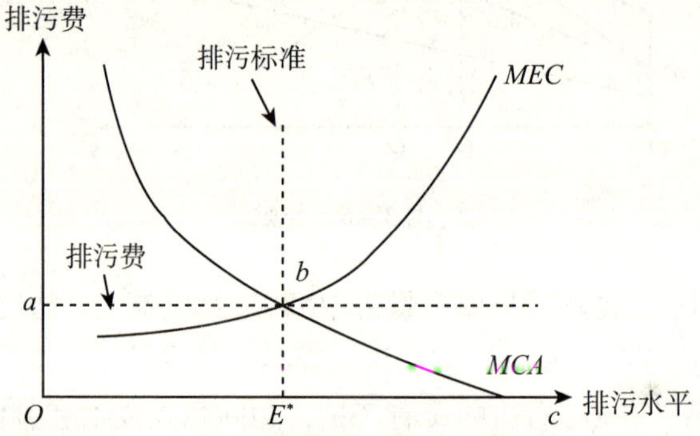


**图3－7　排污标准和排污费**

3. 排污标准和排污费的比较

当政策制定者的信息不完全，并且管制厂商的排放代价很高时，排放标准和排放费之间有很大的不同之处。

排放费比排放标准好的两个理由：（1）当标准必须对所有厂商都相同时，排放费能以较低的成本实现统一的排污削减；（2）排放费给了厂商强烈的安装新设备的刺激，而这些新设备会使它进一步削减排放。

当边际社会成本曲线较陡而边际减污成本较平坦时，不减少排污的成本是很高的，这时排污标准优于排污费用。在信息不完全时，标准使排污水平比较确定而使减污成本不确定。另外，排污费使减污成本比较确定而使排污水平的降低不确定。因此，哪一种政策更好取决于不确定性的性质和各种成本曲线的形状。

#### （四）可转让排污许可证

政府治理污染的另一种方法是发放可转让的排污许可证。每家厂商都必须有许可证才能排污，每一个许可证都规定厂商可以排污的数量，并且这种许可证必须是可以转让的。假定A、B两个厂商得到排污水平不超过7个单位的许可证，厂商A由于面临相对较高的边际减污成本，会愿意为每一单位的排污许可证支付3.75元，而该许可证对于厂商B来说则只值2.5元。因此，厂商B就会以2.5～3.75元的一个价格向厂商A出售许可证。因此，在完全竞争的排污许可证市场上，当处于均衡状态时，许可证的价格等于所有厂商的边际减污成本。

可转让的排污许可证方案是一个政府干预程度较低的方案。因为它是用价格机制的手段来治理污染。同时，它吸收了排污标准和税收方案两者的优点，因此世界各国普遍采用了这种做法。

### 五、矫正外部性的私人对策

市场机制也可以解决外部性问题。根据科斯定理，政府无须对外部经济影响进行直接的调节，只要明确施加和接受外部成本或利益的当事人双方的产权，通过市场谈判就可以解决外部影响。科斯认为当交易费用太高时，也可以通过组织企业一体化解决外部性问题。

#### （一）科斯定理的含义

科斯定理是揭示市场经济中产权安排、交易成本和资源配置效率之间关系的原理。其基本思想由美国经济学家、1991年诺贝尔经济学奖获得者科斯在1960年发表的《社会成本问题》中提出，但科斯本人并没有直接将其思想以定理形式写出，而是体现在从解决环境污染的外部性问题出发所进行的案例分析中。科斯定理是其他经济学家在解释科斯的基本思想时概括出来的。

如图3－8所示，化工厂排出的污染物可能污染下游的农田，造成农作物的减产，而产生负的外部效应，这种负的外部效应可以通过确定化工厂和农场主的所有权来消除。假如农场主具有禁止污染的权利，如果化工厂污染了周围农田，那么农场主可以通过谈判或法律程序，向化工厂索取污染农田造成的经济损失。在这种情况下，化工厂自然会在生产中考虑其污染农田的机会成本。反之，如果化工厂具有污染的权利，这时化工厂污染农田的机会成本是农田未被污染时能为化工厂带来的最大收益，显然只要农田具有其替代性用途，化工厂就会愿意为保持农田不受污染而付出代价。

如果化工厂拥有这条河流的产权，就某一既定单位产量而言，只要化工厂从农场主那里得到的收入大于生产该单位产量的净增收益（$MB-MPC$），他就愿意不生产这一单位的产量。另外，只要农场主所付的钱小于污染物对农田的边际损害 $MD$，他就愿意为化工厂不生

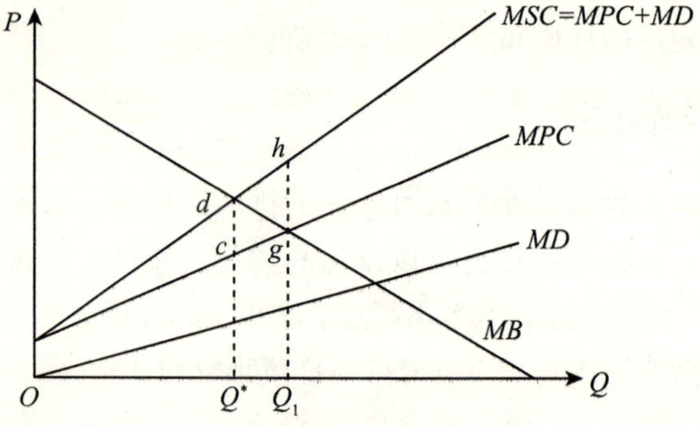


图 3-8　科斯定理

产这一单位的产量受到的损失付钱。只要农场主愿意支付的钱超过化工厂不生产的成本，双方就有讨价还价的机会，这一条件是：$MD>(MB-MPC)$。图 3-8 表明，当产量为 $Q_1$ 时，$MB-MPC$ 等于零，而 $MD$ 是正值。因此，$MD$ 大于（$MB-MPC$），有讨价还价的余地。同理，在 $Q^*$ 右边的任一产量水平上，农场主愿意支付的钱都大于 $MB-MPC$。相反，在 $Q^*$ 的左边，化工厂减少产量而索要的金额大于农场主愿意支付的金额。因此，农场主只愿意为化工厂把产量正好减到效率水平 $Q^*$ 而付钱。没有更多的信息无法精确地确定其他经济体最后给工厂多少钱，尽管支付总额至少为 $dcg$（即工厂把产量减少到 $Q^*$ 而损失的量），但不超过 $cdhg$（即让工厂将产量减少到 $Q^*$，其他经济主体获益的量）。确切数量取决于双方讨价还价的相对力量。不过，不管谈判的收益如何划分，产量最终会维持在 $Q^*$。

现在角色对换，农场主拥有这条河的产权。如果没有首先得到允许，化工厂不能生产。现在讨价还价的程序成了化工厂给农场主钱来换取污染的许可。只要农场主从化工厂的每单位产量收到的钱大于该产量对农田造成的边际损害（$MD$），他就愿意接受一定程度的污染。化工厂只要付款小于该单位产量（$MB-MPC$）的价值，为获得生产权而付款就是划算的。就化工厂生产的第一个单位产量来说，它的边际利润（$MB-MPC$）远远超过对其他经济体的边际损害（$MD$），所以还有很大讨价还价的空间，允许化工厂生产该单位产品。把这一推理应用于每一个单位的生产表明，双方愿意达成协议：农场主卖给化工厂 $Q^*$ 单位产量的权利。

这个例子需要满足下列三个条件：

（1）产权是明晰的。只有产权明确，负外部性后果的承担者才能确定。

（2）产权是可以自由交易的。假如产权不能自由交易，初始产权不当的配置就是无法矫正的。

（3）交易成本应接近于零。当产权明确时，假如交易成本为零或小得可以忽略不计，市场机制就能将外部效应内在化，从而使资源配置达到最优状态。假如交易成本不为零，那么合理的制度选择就尤为重要，因为合理的制度选择可以减少交易成本，从而使自由配置达到合理状态。最优的产权配置应当是交易成本最低的产权安排。

科斯定理，是指只要财产权是明确的，并且交易成本为零或者很小，那么无论在开始时将财产权赋予谁，市场均衡的最终结果都是有效率的，实现资源配置的帕累托最优。

科斯定理为解决外部性提供了思路，即只要产权明晰交易费用低，就可以通过市场有效地解决外部性问题。科斯认为，当外部效应存在时，政府无须干预，仅凭有关各方之间的自愿谈判就可纠正外部效应问题。根据这一理论，当某个厂商的生产活动危害到其他厂商的利益时，在谈判成本较小和每个企业具有明确的所有权的情况下，两个企业可以通过谈判或通过法律诉讼程序，来解决消极外部效应问题。科斯定理进一步扩大了“看不见的手”的作用。按照这个定理，只要假设条件成立，则外部影响就不可能导致资源配置不当。或者从另一角度来说，在所给条件下，市场力量足够强大，总能够使外部影响以最经济的办法来解决，从而仍然可以实现帕累托最优状态。

**【财政视野】科斯三大定理**

### （二）科斯定理的意义

科斯定理的理论意义在于，它深刻地揭示了交易费用大于零的情况下产权制度安排会对资源配置的效率产生影响，这就使制度安排这一在传统经济学中被当作既定前提因素日益成为关注的焦点，对新制度经济学的快速发展起到了巨大的推动作用。

科斯定理的实践意义在于，为解决市场经济普遍存在的外部性问题提供了新的思路，同时对我国经济体制改革也有借鉴之处。科斯定理指出，产权的清晰界定有助于降低人们在交往中的交易费用，达到最优经济效率。对于我国的经济体制改革来说，它的意义在于：一是有利于改革者进一步认识产权明晰化的重要性，使人们不仅仅满足于法律上对产权的规定，而重视在实际经济运行中具体明确产权边界；二是启发人们在探讨更为合理和更为有效的产权配置时，必须考虑交易费用。

**【财政视野】科斯定理的应用**

### （三）科斯定理的局限性

在现实世界中，科斯定理所要求的前提往往是不存在的，财产权的明确是很困难的，交易成本也不可能为零，有时甚至是比较大的。因此，依靠市场机制矫正外部性是有一定困难的。

首先，资产的财产权不一定总是能够明确地加以规定。有的资源，如空气，在历史上就是大家均可使用的共同财产，很难将其财产权具体分派给谁；有的资源的财产权即使在原则上可以明确，但由于不公平问题、法律程序的成本问题等也变得实际上不可行。

其次，已经明确的财产权不一定总是能够转让。这就涉及信息充不充分以及买卖双方不能达成一致意见的各种原因，如谈判的人数太多、交易成本过高、谈判双方都能使用策略性行为等。第一，只有当交易成本为零，才能出现科斯定理所说的结果。而在现实中，交易成本不可能等于零。第二，即使交易成本为零，现实中也存在西方学者所说的策略性行为。由于存在策略性行为，就不会出现科斯定理所说的那种帕累托理想状态。这种策略性行为是普遍存在的，如我国在城市里拆迁，经常碰到“钉子户”，你不答应他的苛刻条件他就不搬迁，这种行为就是策略性行为。

最后，明确的财产权的转让也不一定总能实现资源的最优配置。显然，在这个过程中完全有可能得到这样的结果：它与原来的状态相比有所改善，但并不一定恰好为帕累托最优状态。此外，分配产权会影响收入分配，而收入分配的变动可以造成社会不公平，引起社会动乱。在社会动乱的情况下，就谈不上解决外部影响的问题了。

### （四）组织一体化

科斯指出，当交易费用太高、市场的自发交易无法解决外部性问题时，组织企业一体化是一种替代方式。如果把这两个企业合并为一个企业，则此时的外部影响就“消失”了，即被“内部化”了。合并后的单个企业为了自己的利益将使自己的生产确定在其边际成本等于边际收益的水平上。而由于此时不存在外部影响，故合并企业的成本与收益就等于社会的成本与收益。于是资源配置达到帕累托最优状态。

组织一体化通过形成足够规模的经济单元，使任何行为的大部分结果在特定的经济单元内部发生，实现外部效应的内在化，从而纠正外部效应带来的损失。詹姆斯 · E. 米德（James E. Meade）认为，外部效应是指某个人未参与某项决定的决策，而他的利益却受到该决定的影响。因此，要解决外部性，第一个办法便是对社会的组织制度进行重组，使利益受到某项决定影响的人，在作出该决定时能作为参与者发挥作用。设想有一个果园，假如果园的主人同时经营养蜂生意，外部效益就内在化了。当然，必须具备的前提是，果园的规模足够大，大到足以使所有的蜜蜂只能在这一个果园采蜜，“组织的一体化”机制才能奏效。使外部效应内在化的组织可以是家庭、社会俱乐部、商业公司协会、政府等。

组织安排纠正外部性问题的基本要素包括：（1）需要克服外部效应问题的规模；（2）为克服外部效应问题而加入组织中的成员是自愿的；（3）组织集体决定的决策规则。要想使不同的决策规则更好地克服不同类型的外部效应，必须建立不同形式（民主型或专制型）的相互竞争的组织，从而让人们有选择的余地。

市场机制下虽然存在着组织一体化纠正外部效应的可能性，但实际生活中这一机制并不一定有效地发挥作用。组织一体化机制要求企业规模尽可能地大，这一点不仅难以做到，而且企业规模过大又将导致垄断等新的市场失灵。

**【财政视野】威廉姆森关于交易费用和纵向一体化的研究**

【课外阅读】外部性、科斯定理与国有企业深化改革

【应用训练】

(1) 下列产品中哪些是公共产品，哪些是私人产品?

①公开课 ②有线电视节目 ③空气污染治理 ④小学教育

(2) 简述外部性的资源配置效率和收入分配效应。

(3) 什么是庇古税? 庇古税在实践中有什么难点?

(4) 什么是科斯定理? 科斯定理有哪些局限性?

(5) 2017 年我国正式启动了碳排放权交易市场的建设，试用科斯定理解释我国碳排放权交易制度。

参考答案

第三章 公共产品与外部性 PPT

# 财政支出篇

# 第四章

# 财政支出总论

【本章导读】财政支出是政府为提供公共产品和服务，满足社会共同需要而进行的财政资金的支付。我国财政支出由一般公共预算支出、政府性基金预算支出、国有资本经营预算支出和社会保险基金预算支出四个部分组成。各级预算支出应按其功能和经济性质分类编制。衡量财政支出规模的指标通常有绝对指标和相对指标两类。财政支出规模增长和结构变化的理论包括政府活动扩张论、梯度渐进增长论、经济发展阶段论、非均衡增长理论和内生增长理论。影响财政支出规模的因素有经济性、政治性和社会性因素。财政支出绩效的评价方法有成本—效益（收入）分析法和最低成本法以及编制年度绩效报告和绩效评估报告。

通过本章学习，要求读者理解并掌握财政支出的基本理论、影响财政支出规模的因素和绩效评价的主要内容。

【财政视窗】我国前三季度财政支出有温度

## 第一节　财政支出概述

### 一、财政支出的概念

财政支出是政府为提供公共产品和服务，满足社会共同需要而进行的财政资金的支付。主要包括：保证国家机器正常运转、维护国家安全、巩固各级政府政权建设的支出；维护社会稳定、提高全民族素质、外部效应巨大的社会公共事业支出；有利于经济环境和生态环境改善、具有巨大外部经济效应的公益性基础设施建设的支出；对宏观经济运行进行必要调控的支出等。

财政支出与财政收入一起构成财政分配的完整体系，财政支出是财政收入的归宿，它反映了政府政策的选择，体现了政府活动的方向和范围。所以，它是财政分配活动的重要的环节。

## 二、我国财政支出分类①

### （一）按支出功能分类

2007 年全面实施政府收支分类改革，我国现行支出分类采用了国际通行做法，支出方面建立了支出功能分类和支出经济分类两套体系。简单地讲，按支出功能分类就是按政府主要职能活动分类，旨在反映政府职能活动，说明政府的钱到底干了什么事，如办学校、修水利等。修订后的《2011 年政府收支分类科目》支出功能分类类级科目包括：一般公共服务、外交、国防、公共安全、教育、科学技术、文化体育与传媒、社会保障和就业、社会保险基金支出、医疗卫生、节能环保、城乡社区事务、农林水事务、交通运输、资源勘探电力信息等事务、商业服务业等事务、金融监管等事务支出、地震灾后恢复重建支出、国土资源气象等事务、住房保障支出、预备费、国债还本付息支出、其他支出和转移性支出等 26 类。各大类又可细分到款、项、目。

**【财政视野】财政支出按照支出功能分类举例**

2018 年，全国一般公共预算支出中，较大的几类支出是：教育支出 3.22 万亿元，占比约 15%；社会保障及就业支出 2.71 万亿元，占比约 12.3%；城乡社区支出 2.27 万亿元，占比约 10%；农林水支出 2.08 万亿元，占比约 9%；一般公共服务支出 1.86 万亿元，占比约 8%。

### （二）按支出经济分类

简单地讲，就是按支出的经济性质和具体用途所作的一种分类，旨在反映政府支出的经济性质和用途，说明政府的钱是怎么花出去的，如办学校的钱究竟是发了工资，还是买了设备、盖了校舍。在支出功能分类明确反映政府职能活动的基础上，支出经济分类明确反映政府的钱究竟是怎么花出去的。修订后的《2011 年政府收支分类科目》支出经济分类类级科目包括：工资福利支出、商品和服务支出、对个人和家庭的补助、对企事业单位的补贴、转移性支出、赠予、债务利息支出、债务还本支出、基本建设支出、其他资本性支出、贷款转贷及产权参股和其他支出等 12 类。各大类又可细分到款。

### （三）按行政结构分类

按照行政结构分，可将财政支出分为中央财政支出和地方财政支出。目前，世界各

---

① 中华人民共和国财政部，http：//www.mof.gov.cn/zhuantihuigu/czjbqk2011/czzc2011/201208/t20120831_679931.htm。

国均按照各国国家政权的级次及相互间的独立程度来划分财政支出结构。例如，美国是联邦制国家，其政府权由联邦政府、州政府和地方政府组成，与之相适应，财政支出也由联邦政府财政支出、州政府财政支出和地方政府财政支出三个级次构成。日本是单一制国家，政府机构分为中央、都道府县和市町村三级。相应地，其政府支出由中央政府支出、都道府县政府支出和市町村政府支出组成，后两项也合称为地方支出。

财政支出的行政分类，反映了中央与地方在财政资源配置中的地位和相互关系。从中国历年的改革实践来看，在财政体制当中，中央与地方之间的财政分配关系，一直是财政体制的核心问题。这一问题的焦点，就是中央与地方财政资源配置如何保证恰当的比例关系。

### （四）按照财政支出是否能直接得到等价的补偿进行分类

按照这种分类可以分为购买性支出和转移性支出。购买性支出是指政府购买商品或劳务的行为，包括购买政府进行日常政务活动所需要的商品与劳务的支出和购买政府进行投资所需要的商品与劳务的支出。前者如政府用于国防、外交、行政、司法等方面的支出，后者如政府用于道路、桥梁、港口、码头等方面的支出。转移性支出指政府无偿向居民和企业、事业以及其他单位供给财政资金，是购买性支出的对称，是政府按照一定方式，把一部分财政资金无偿地、单方面转移给居民和其他受益者的支出，不取得相应的商品和劳务，转移性支出主要由社会保障支出和财政补贴、捐赠支出和债务利息支出构成。

我国财政支出科目虽然没有这种分类，但按此分类，有助于分析政府财政支出产生的不同经济影响。一般说来，政府的购买性支出主要影响的是社会资源配置。一方面，政府购买的商品和劳务的种类不同，生产的公共产品也就不同，从而对资源配置的结构产生的影响不同。另一方面，由于政府购买支出直接成为一种有效需求，其支出的大小必然影响经济总供给和总需求的平衡状况。转移支出对社会经济的影响主要体现在收入分配上。出于它是政府的一种无偿性支出，因此，转移支出的规模和对象不同，所形成的收入分配格局也就不同。具体说来，这种经济效应体现在两个方面，即收入效应和替代效应。转移支出所产生的收入效应和替代效应与税收的收入效应和替代效应的作用方向正好相反。

综上可见，对财政支出进行分类，可对任何一项财政支出进行“多维”定位，清清楚楚地说明政府的钱是怎么来的，干了什么事，最终用到了什么地方，为预算管理、统计分析、宏观决策和财政监督等提供全面、真实、准确的经济信息。

## 三、我国四本预算支出介绍①

我国财政支出由一般公共预算支出、政府性基金预算支出、国有资本经营预算支出和社会保险基金预算支出四个部分组成。

---

① 邹加怡、许宏才：《财政工作基本业务》，中国财政经济出版社 2019 年版，第 124 页。

一般公共预算支出主要用于保障和改善民生、推动经济社会发展、维护国家安全、保障国家机构正常运转等。2019 年，全国一般公共预算支出为 23.5 万亿元。

政府性基金预算支出专项用于支持特定公共事业发展，比如，民航发展基金用于支持民航基础建设、国家重大水利建设基金用于支持南水北调和三峡后续工程建设等。2019 年，全国政府性基金支出为 10 万亿元。

国有资本经营预算支出主要用于解决国有企业历史遗留问题及相关改革成本支出、对国有企业的资本金注入及国有企业政策性补贴等方面。2019 年，全国国有资本经营预算支出为 0.24 万亿元。

社会保险基金预算支出专项用于社会保险待遇支出，覆盖基本养老保险、基本医疗保险、失业保险、工伤保险、生育保险五大类。2019 年，全国社会保险基金支出为 7.4 万亿元。

【财政视野】**2019 年财政收支情况**

# 第二节　财政支出规模

## 一、财政支出规模的含义

财政支出规模是指在一定时期（预算年度）内，政府通过财政渠道安排和使用的财政资金的绝对量和相对量，是根据一定时期国民经济发展状况和政府职能实现的要求等因素测算和完成的政府集中性支出在总量上的反映。

从管理意义上讲，财政支出规模有预算支出规模和决算支出规模两种形式。前者是指在编制年度预算时根据支出的预算要素测算出的年度支出数；后者则是指预算年度内政府财政实际完成的支出总量。预算支出与决算支出往往也是不完全相等的。

财政支出规模反映了政府对国民（内）生产总值的实际占有规模和程度，体现了国家的职能和政府的活动范围，是研究和确定财政分配规模的重要指标。

## 二、财政支出规模的衡量指标

衡量财政支出规模的指标通常有绝对指标和相对指标两类。

财政支出规模的绝对指标是指以一国货币单位表示的、预算年度内政府实际安排和使用的财政资金的数量总额。它可以直观地反映某一财政年度内政府支配的社会资源总量，但难以反映政府支配的社会资源在社会资源总量中所占的比重，因而不能充分反映政府在整个社会经济发展中的地位。由于绝对指标是以本国货币为单位，加之不同国家的经济发展水平存在明显差异，故不便于进行国际横向比较；另外，这一指标是以现价反映的名义财政支出规模，与以前年度特别是物价水平变化较大年度的支出绝对额缺少可比性，故不便于支出规模的纵向分析。

因而，通常是以支出的相对指标作为衡量和考察财政支出规模的指标，既可以用作不同国家支出规模的横向比较，也可用作一国不同经济发展时期支出规模的纵向分析。

财政支出规模的相对指标是指预算年度内政府实际安排和使用的财政资金的数量占相关经济总量指标（如国民生产总值、国内生产总值、国民收入等）的比率。它反映了一定时期内全社会创造的财富中由政府直接支配和使用的数额，反映了社会资源在市场和政府之间配置的比例，体现了社会财力的集散程度，也反映了财政支出与宏观经济运行以及国民收入分配的相互关联、相互制约的关系。通过该指标，可以全面衡量政府经济活动在整个国民经济活动中的地位及重要性。

一般地讲，在经济发展水平、产业结构等大致相同的条件下，财政支出相对指标越大，说明财政参与国民（内）生产总值分配的比例越高，社会财力越集中，财收支出的规模越大，政府对经济运行的介入或干预程度也就越高；反之亦然。研究财政支出规模，不仅要研究其绝对量，更要研究其相对量。如果脱离国民经济和社会发展的相关指标去研究和确定财政支出规模，就割裂了经济运行与财政支出的内在联系，也就不能真实、客观、准确地确定财政支出规模。

实践中，各国主要采用财政支出占 GDP（或 GNP）的比重以及财政支出边际系数和财政支出弹性系数等指标来衡量财政支出规模及其变化情况。

财政支出边际系数，即国民（内）生产总值的增加额中用于财政支出部分所占份额的大小。用公式表示为：

$$财政支出边际系数 = 年度财政支出增加额 \div 年度国民(内)生产总值增加额 \times 100\%$$

财政支出弹性系数，是指由国民（内）生产总值的增长所引起的财政支出增长幅度的大小，亦即财政支出增长对国民（内）生产总值的敏感程度。用公式表示为：

$$财政支出弹性系数 = 年度财政支出增加率 \div 年度国民(内)生产总值增长率 \times 100\%$$

## 三、财政支出规模增长的基本理论

对于财政支出规模不断增长的趋势，许多经济学家从理论上进行了分析研究，其中有代表性的理论主要包括以下几种。

### （一）政府活动扩张论

19 世纪 80 年代，德国经济学家阿道夫·瓦格纳（Adolph Wagner）考察了英国产业革命和当时的美、法、德、日等国的工业化状况之后，认为一国工业化经济的发展与本国财政支出之间存在着一种函数关系，即随着现代工业社会的发展，“对社会进步的政治压力”增大以及在工业经营方面因“社会考虑”而要求增加政府支出，后人称之为“瓦格纳法则”。瓦格纳法则可以表述为：随着人均国民生产总值的提高，财政支出占 GNP 的比重相应提高。

瓦格纳认为，形成财政支出规模上升趋势的最基本的原因是工业化。从政治因素看，随着经济的工业化，不断扩张的市场与这些市场中的行为主体之间的关系更加复杂化。这需要建立司法体系和管理制度，以规范行为主体的社会经济活动。从经济因素看，政府对经济活动的干预以及从事的生产性活动也会随着经济的工业化而不断扩大。因为随着工业化经济的发展，不完全竞争市场结构更加突出，市场机制不可能完全有效地配置整个社会资源，需要政府对资源进行再配置，实现资源配置的高效率。另外，城市化以及高居住密度会导致外部性和拥挤现象，这些都需要政府出面进行干预和管制。此外，教育、娱乐、文化、保健以及福利服务的需求收入弹性较大，也就是说，随着人均收入的增加，人们对上述服务的需求增加得更快，要求政府为此增加的支出更多。

### （二）梯度渐进增长论

英国经济学家皮考克（Alan Peacock）和威斯曼（Jack Wiseman）在20世纪60年代初对英国1890年以后的财政支出历史数据进行了经验分析，认为在正常年份财政支出呈现一种渐进的上升趋势，但当社会经历激变时（如战争、经济大萧条或其他严重灾害），财政支出会急剧上升；当这种激变时期过后，财政支出水平将下降，但不会低于原来的趋势水平。这就是所谓的梯度渐进增长。其理论实质上揭示了财政支出增长的两类原因，即内在因素和外在因素，故也称之为内外因素论。

财政支出增长的内在因素是指公民可以忍受的税收水平的提高。一般来说，政府的意愿总是财政支出越多越好，这样可以使政府的权力不断扩大；而民众的意愿是税收负担越低越好。政府的征税水平一旦超过了公众的忍受限度，他们就会通过手中的选票行使否决权。因此，政府的财政支出水平在一定程度上受到税收水平的制约。但是，随着经济的发展和人均收入水平的提高，即使税率保持不变，税收收入也会随之增加，财政支出便与GNP呈同步增长。财政支出增长的外在因素是指社会动荡对财政支出造成的压力。在危急时期，私人部门无法解决战争、饥荒、经济危机等所造成的种种社会经济问题，只有政府采取行动才能缓解这些灾难对社会、经济的消极影响。因此，此时的财政支出必然呈阶梯式上升。皮考克和威斯曼利用三个相互联系的概念即置换效应、审视效应以及集中效应，分析了非常时期的财政支出增长过程。

**【财政视野】置换效应、审视效应以及集中效应**

## 四、财政支出规模的影响因素

一定时期财政支出规模的变动，涉及多种复杂因素，同当时的政治经济条件和国家的方针政策甚至国情都有密切的联系。概括起来，主要有以下几方面的因素。

### （一）经济性因素

1. 经济发展水平

财政支出的增长很大程度上取决于经济发展水平。财政是对社会剩余产品进行分配，剩余产品越多，能供财政分配的数量也就越多。经济发展水平高低直接决定着剩余产品率的高低，因而会影响财政支出的规模。一般而言，经济发达国家的财政支出规模普遍要比经济发展落后的国家高。

2. 收入分配体制

收入分配体制的选择对财政支出规模的影响非常重要。一般说来，收入分配体制的集中度越高，财政支出的规模就越大。反之，收入分配体制相对分散，其财政支出规模就越小。

3. 财政收入规模

一定时期政府的支出规模在很大程度上要受其收入规模的制约。我国传统财政学提出“量入为出”的理论就是要求按照收入情况来安排支出，保持收支之间的平衡并略有结余。尽管近年来人们对“量入为出”的原则有了新的理解，但一定时期的财政支出规模肯定要受财政收入的制约。事实上，财政支出与收入之间存在着相互制约的关系。财政支出对财政收入的制约主要表现在确定收入预算环节，即一定时期财政收入预算应该考虑财政支出的需要，遵循“量出为入”的原则；而当收入已经确定，支出的安排就要考虑收入所提供的可能，如果不顾收入在量上的制约，无限扩大财政支出，就会使支出在实现过程中缺乏基础，甚至可能出现捉襟见肘、入不敷出的局面，影响预算过程的正常进行，使支出缺乏质量保障。

4. 价格水平

财政分配是在一定的物价水平基础上进行的。价格变化虽然不影响社会产品的实物量，却会影响同等数额货币的支付能力，进而影响财政支出的支付能力和相应的支出需要规模。即如果货币贬值、物价上涨，政府的购买性支出和转移性支出的规模都要扩大，所以，物价上涨是财政支出规模不断膨胀的重要因素。当然，在通货紧缩时期，情况相反。不过，由于财政支出具有刚性，支出规模可能并不会因此而缩小。

5. 宏观经济政策

政府的宏观经济政策会对财政支出规模发生最直接影响。为熨平经济的波动，政府在经济危机时期实施扩张性的财政政策，扩大财政支出活动，会直接增加本年度乃至未来年度的财政支出规模。

### （二）政治性因素

1. 政府的职能范围

财政分配主要是围绕政府职能的实现来进行的，财政支出的直接目的是为实现政府职能服务的。即政府职能范围决定了政府活动的范围和方向，也因此决定了财政支出的范围和规模。从社会经济发展的历史来看，政府职能的大小始终是制约财政支出规模的最为重要的因素。由于实行计划经济体制的国家，政府的职能范围较大，因而财政支出占相关经济总量的比重会相对高些；反之，在市场经济体制下，这一比重就会低一些。随着生产社会化程度的提高，经济规模的不断扩大，政府的管理职能和对经济运行的宏观调控功能不断加强，“市场调节成本”越来越高，财政支出的绝对规模也被相应拉大。

2. 国内外环境

国防费用是用来抵御外来侵略、保卫国家主权和领土完整的。因此，国防费用的规模受国际环境尤其是周边国家环境的制约。同时，国际环境又影响到国内政局的稳定和社会的安定，这对国防支出、国家安全支出、武装经费、治安经费和社会管理费用等影响很大。

3. 政府行政效率

若一国的行政机构臃肿，人浮于事，效率低下，经费开支必然增多，这是确定无疑的。

**（三）社会性因素**

1. 人口规模和结构

财政支出规模同人口因素有着密切的关系。如果维持原有的消费水平不变，那么支出规模会因人口增加而扩大；如果要提高消费水平，那么支出规模将会更加膨胀。随着人口的增加，要求政府提供更多的就业机会，政府对教育、文化、卫生、体育等项支出随之增加，行政管理和社会管理方面的费用也相应提高。发展中国家人口基数大、增长快，相应的教育、科学、文化、卫生支出等压力较大。特别是对于我国这样的发展中的人口大国，随着人口老龄化问题的不断凸显，人口因素对财政支出规模的影响更是不容忽视。而发达国家的人口老龄化、公众要求改善社会生活质量等问题突出，也会对支出提出新的需求。

2. 社会环境

随着经济社会的发展，社会公众对于公共服务的需求水平大大提升，为迎合多元化的社会公众需求，政府会进一步完善公共服务的提供范围，创新政府公共服务的供给方式，不断扩大财政支出的规模。

## 第三节　财政支出结构

### 一、财政支出结构的含义

财政支出结构是指在一定的经济体制和财政体制下，财政资金用于行政各部门，国民经济和社会生活各方面的数量、比例及其相互关系。它是按照不同的要求和分类标准对财政支出进行科学的归纳、综合所形成的财政支出类别构成及其比例关系。

从财政分配角度分析，财政支出结构反映了财政支出的基本内容及其各类支出的相对重要性，体现了一定时期内国家的财政经济政策取向和政府财政活动的范围、支出责任和重点。对财政支出结构进行全面、系统的分析，目的在于探索财政支出的内在联系及其规律性，分清主次和轻重缓急，合理安排财政资金，形成财政支出的最优结构，保证政府各部门、国民经济和社会发展各方面的资金需求，保证国家履行各项职能的资金需要，提高财政资金使用效率。

从经济运行角度分析，财政支出涉及社会生活的方方面面，对经济运行起着重要的作用，因此，财政支出结构必然体现社会经济生活中各种比例关系的客观要求。更重要的是，在社会主义市场经济条件下，生产要素的配置和调整主要通过市场进行，而财政分配要从宏观上调控市场，主要通过调整财政支出结构来发挥其宏观调控的作用，即通过调整财政支出结构，来协调、引导、控制经济结构、产业结构、消费结构、社会结构，实现国家宏观调控目标。这样，对财政支出结构的分析和调整，则是国家宏观调控的重要手段，是实现宏观调控目标的重要途径。

财政支出结构建立在一定的财政支出分类之上，只有在一定的支出分类基础上，才能对因此而形成的各项支出数额及其所形成的关系作出分析研究。财政支出结构的实质是各类财政支出的分类组合与配置比例。研究目的不同，分类组合的标准就不同，财政支出的结构也就不同。

## 二、财政支出结构发展变化的主要理论

对于财政支出结构不断发展变化的趋势，许多经济学家从理论上进行了分析研究，其中有代表性的理论主要包括以下几种。

### （一）经济发展阶段论

马斯格雷夫（R. A. Musgrave）和罗斯托（W. W. Rostow）用经济发展阶段论来解释财政支出增长的原因。这一理论在罗斯托的《经济成长的过程》《经济成长的阶段》等著作中得到了集中体现。他们认为：（1）在经济发展的早期阶段，由于公共产品尤其是经济发展所必需的社会基础设施（如公路、铁路、桥梁、法律和秩序、电力、环境卫生、供水系统、通信、教育等）供给不足，政府公共投资往往要在社会总投资中占有较高比重。因为这些公共投资对于帮助早期阶段的经济“起飞”，以至进入发展的中期阶段来说，是必不可少的前提条件。（2）当经济发展进入中期阶段后，社会基础设施供求趋于均衡，政府公共投资在社会总投资中的比重有可能降低。但财政支出总规模并不一定下降甚至有可能继续上升，其原因在于当经济、社会发展进入中期阶段后，市场失灵问题日益突出，并成为阻碍经济发展进入成熟阶段的关键因素。这就要求政府加强对经济的干预，以矫正、补充、完善市场机制的不足。但是政府对经济干预范围的扩大和干预力度的加强必然导致财政支出增长。（3）随着经济发展由中期阶段进入成熟阶段，公共财政支出结构会发生很大变化，即从社会基础设施投资支出为主的结构，转向以教育、保健和社会福利为主的支出结构，购买性支出相对下降，转移性支出相对上升。从长期看，

财政支出结构的这种变化趋势，导致了财政支出规模的不断扩大。

### （二）非均衡增长理论

美国经济学家鲍莫尔（Willian Baurnol）认为，政府财政支出增长也可以从私人部门与公共部门平均劳动生产率的增长差别（非均衡增长）的角度得到解释。他把国民经济区分为劳动生产率迅速提高的私人部门和劳动生产率提高缓慢的公共部门两个部分，并且假定这两部门的工资水平相同，且随着劳动生产率的提高而相应提高。我们在对两部门的有关数据进行测算的基础上，得出下面的结论：

（1）生产率提高缓慢的部门，其产品的单位成本不断上扬；而生产率不断提高的部门，其产品的单位成本或是维持不变，或是不断下降。

（2）如果消费者对生产率提高缓慢部门的产品需求富有弹性，该部的产品产量将越来越少，甚至可能停产。

（3）如果要维持生产率较低部门的产品在整个国民经济中的比重，必须使生产力不断涌入该部门。

（4）如果要维持这两个部的均衡增长，政府部门的支出只能增加，同时，也会导致整个经济增长率的不断降低。

根据以上推论，鲍莫尔得出结论，即生产率偏低的政府公共部门必然越来越大，其支出水平也越来越高。

### （三）内生增长理论

内生增长理论是产生于20世纪80年代中期的一个西方宏观经济理论分支（代表人物罗默、卢卡斯），该理论的基本思想是，劳动投入过程中包含着因教育、培训及职工再教育而形成的人力资本，物质资本积累过程中包含着因研究开发活动而形成的技术进步，生产性公共投资的增加也有助于提高物质资本的边际收益率，因此，生产要素积累的收益率会不断增加的。内生增长理论的核心思想认为经济能够不依赖外力推动实现持续增长，内生的技术进步是保证经济持续增长的决定因素。该理论的巨大贡献在于，促进经济增长的动力外在要素内在化。

生产性公共资本、人力资本和研究开发活动是一个国家长期经济增长的内在因素和动力，具有非竞争性、非排他性和外部效应，其公共品的某些属性比较明显。因此，为了促进经济增长和经济结构的调整，必须根据一定时期的发展战略和政策目标以及经济形势的发展变化，推动财政支出结构的调整和优化。对我国来说，要促进经济增长，就要调整和优化财政支出结构，尤其是增加生产性公共资本、人力资本和研究开发活动的投入，即增加内生的技术进步方面的投入。这就是内生增长理论为调整和优化财政支出结构提供的重要思路。

## 三、财政支出结构的决定因素

一是政府职能因素。财政是政府履行职能的经济基础，政府应做的就是财政要干的。

在一定时期、一定条件下国家财政支出结构应如何安排，一定程度上取决于这一时期政府职能的定位。

二是经济发展阶段因素。财政结构的发展变化与经济发展密切相关，在经济发展的各个不同阶段，公共财政支出的构成是不同的，财政支出规模因素、财政支出总量与财政支出结构之间相互影响。财政支出总量过小时，政府所配置的资源比重过小，所提供公共产品的力度不够，投资不足，严重制约财政支出结构调整和优化的实现；反之，当财政支出总量过大时，政府集中的资源过多，从而降低整个社会资源的配置效率。

三是政策因素。任何国家的政府在不同的历史时期或不同的发展阶段，都会制定出与自己的经济发展水平状况相适应的经济发展战略，对各项事业进行不同程度的支持，从而财政支出结构也会相应地发生变化。

四是制度因素。制度变迁中可能会造成部分人的利益受损，而另一些人的利益得到改善。对于在制度变迁中的利益改善者来说，他们赞成并积极推动这项制度变迁。而对于利益受损者而言，政府必须承担对利益受损者的补偿，因此相应增加转移支付和调整财政支出结构就不可避免。

## 四、我国财政支出结构变化的历史进程

我国70年财政支出结构的变化大致分为三个阶段：1949～1977年，1978～1997年，1998年至今。

### （一）计划经济时期的财政支出结构（1949～1977年）

这一时期以经济建设支出为重点。在计划经济体制下，财政支出延伸到各个领域，基本涵盖了政府、企业和家庭各个方面。为了实现我国的工业化，支出的重点主要在固定资产投资和基本建设方面；教育、文化、科技、农业、提高人民生活方面的支出比较少。1950～1977年，每年财政对经济建设的投入均达到财政总支出的50%以上，最高的时候达到了71.7%。这时期的国营企业是社会投资和生产的主体，国家财政自然而然地充当了国家经济建设开支的保障。1950～1977年，财政对于社会文教的支出一直保持一个较低的水平，占总支出的10%～15%。国防费支出1950～1960年占总财政支出的比重是急剧下降的，从40%下降到10%；之后的1960～1968年有回升，而1968～1977年又以缓慢的速率下降。政管理费是逐年下降的，从20%下降到了5%。

### （二）改革开放时期的财政支出结构（1978～1997年）

1. 经济建设支出占比仍高但呈逐年下降趋势

1978～1997年经济建设支出占财政总支出的比重由60%逐步下降到40%的水平。财政依旧是为维护宏观经济的稳定和增长而保持对基本经济建设的全面投入。但为了提高财政资金的使用效率，又开始改进基本建设投资方式和寻找其他投资资金来源。扩大资金来源包括国债发行和刺激社会投资两方面。如中央开始对地方下放投资权并推动社会资本进入国家鼓励的行业和领域。1979年实行“拨改贷”，将对基本建设的财政拨款改为

银行贷款，到 1985 年，所有国家预算安排的基本建设资金都由银行贷款支持。

2. 公共产品与公共服务的提供得到重视

改革开放的目的是使市场重新作为配置资源的主体，政府的职能和支出职责也相应地有所转变。一方面，财政支出对经济建设的投入不断下降，并且与其他类别的支出比重差距逐渐缩小；另一方面，财政支出的重点越来越向社会保障体系的建设倾斜。举例来说，这一阶段财政对教育的投入规模是迅速扩大的，从 1980 年的 113.19 亿元增长到 1993 年的 745 亿元，教育经费总投入从 1980 年的 145.50 亿元增长到 1993 年的 1 059.94 亿元；1980 年，财政的卫生支出也达到了年均 13.7% 的增幅。而且这一时期财政支出也对于企业运转相关的就业、医疗、养老等改革给予了大力支撑。

### （三）经济社会转型深化过程中的财政支出结构（1998 年至今）

随着改革开放的深化，中国经济社会发展中也积累了一些深层次的问题，如区域经济发展不平衡、城乡差距较大、经济发展方式落后等问题。此时的财政支出越来越关注民生、调节区域发展、支农、转变经济发展、促进国有企业改革等问题。

1. 政府职责的重新定位

1998 年以来公共财政逐步建立，政府的角色被逐步矫正和确定，向为市场提供服务，为公民提供公共服务转化。特别是中共十六届三中全会对政府的职责有了重新的定位，即经济调节、市场监管、社会管理、提供公共服务四大职责；政府的职能包含着政治、经济、社会、文化、生态等五个方面。这一政府职责的重新定位也体现着马斯格雷夫和罗斯托的经济阶段发展论：在经济的早期发展阶段，经济中公共部门投资在投资总额中所占的比例相当高，而到了经济相对成熟阶段，公共支出结构就会从对基础设施的支出转向对教育、医疗和福利服务的支出。

2. 财政支出重点关注民生、社会经济发展协调等

财政政策的制定更多地以保障人民群众生活需要和提高人民综合福利水平为宗旨；基本建设的支出也向民生领域集中，比如改善农村生产生活条件的项目、重大基础设施项目、涉及广大群众生命财产安全和切身利益的建设项目等。以我国财政用于教育、医疗、文化体育、社会保障和就业、节能环保方面的支出来衡量民生支出，2007 ~ 2019 年，民生支出由 16 453 亿元增加至 127 877 亿元，占财政总支出的比重由 33.1% 上升至 53.53%。

**【财政视野】2019 年中国财政支出结构**

**【财政视野】中国财政运行报告（2019/2020）**

# 第四节 财政支出绩效评价

## 一、财政支出绩效及评价的内涵

### （一）财政支出绩效的概念

财政支出绩效是指政府为满足社会共同需要进行的财力分配与所取得的社会实际效益之间的比例关系，基本内涵是政府资源分配的比例性和政府资源运用的有效性。财政支出效益好是财政支出产生的成果较多，或者取得一定的成果所耗用的财政资金较少。

具体来看，财政支出效益内涵有三个层次的内容：

一是财政支出内源性效益，指财政支出本身所产生的效益，包括直接效益（指某些财政项目直接产生的可以计量的经济效益，如经济建设支出项目，如三峡工程和间接效益——某些项目不直接产生经济效益却存在社会效益，有些可以计量，有些不能量化，如行政支出项目）。就三峡工程来讲，既有直接效益，也有间接效益，如旅游、对长江流域生态影响等。内源性效益又可分为三个方面，即财政支出总量效益、财政支出结构效益和财政支出项目效益。

二是财政支出的部门绩效，指使用（管理）财政支出的公共部门（如教育、文化、农业等）财政年度内的工作绩效。

三是财政支出的单位绩效，任何一项财政支出最终都要通过公共部门分配到具体的使用单位，因而资金使用单位既是支出链中的最终环节，又是资金使用效益的直接体现者，财政支出能否得到相应的产出，能否发挥最大的效益，最终取决于使用单位。

### （二）财政支出绩效评价的概念

财政支出绩效评价（或称效益评价），是指根据投入产出原理，借助一定的分析工具，按照绩效的内在原则，对财政支出行为过程及效果进行科学、客观、公正的衡量比较和综合评判的一个系统过程。“绩”是指财政支出应达到的可量化的目标，“效”则是指财政支出应达到的具体目标，也就是支出完成后所取得的成绩和完成工作的情况。

目前，开展财政支出绩效评价工作已成为政府加强宏观管理，促进提高政府资金运行效率，增强政府财政支出效果的关键手段。在我国，随着社会主义市场经济的不断完善，以及公共财政框架的逐步建立，推动建立财政支出绩效评价工作体系已成为财政改革所面临的一项重要课题。

## 二、财政支出绩效评价标准

与私人部门相比，政府财政支出绩效评估标准的确定具有高度复杂性。一是政府财政支出目标的多元化会导致绩效评估的价值判断标准发生冲突；二是财政支出的产出难以准确计量；三是制度结构的非市场化导致绩效评估主体的错位。即便如此，在各国的实践中，仍有一些被大家广为认可的标准，如“3E”标准等。

“3E”标准是20世纪80年代初英国的效率小组在财务管理新方案中提出的标准，即经济性、效率性、效益性。不久，英国审计委员会就将“3E”标准纳入绩效审计的框架中，并运用于地方政府以及国家健康服务系统（NHS）的管理实践中。“3E”实际上是一种包含不同价值观点的标准体系，用这种多元价值标准体系取代传统的单一财务和预算标准（如财务、会计指标等），可以更好地体现“管理的责任”，从而使“被授权的管理者根据既定的绩效标准完成既定的任务”。

**【财政视野】“3E”标准的含义**

“3E”标准只是反映公共绩效评估的多元价值标准的一种方法。在理论和实践中，有人建议增加更多的“E”，以适应公共部门的多样性和复杂性。

### （一）公平标准

公平标准指的是效益和努力在社会群体中的不同分配，它与法律和社会理性密切联系。公平作为衡量标准时，关心的是接受服务的团体或个人是否受到了公平的待遇，需要特别照顾的弱势群体是否能够享受到更多的服务。由于公平难以准确衡量，一般用下列原则指导公平性的衡量：一是帕累托标准，即是一个人境况变好的同时，不能使其他人的境况变坏。帕累托标准的目的是保障最低福利。二是卡尔多·西克斯标准，即在效益上的净收益能补偿受损者，该标准的目的是保障净福利的最大化。三是哲学家约翰·罗尔斯提出的再分配标准，即使处于条件悲化的社会成员的收益增加，则是正义的行为，该标准强调再分配福利最大化。

### （二）质量标准

严格来说，质量和顾客满意度应属于效益标准中的细化项目，但质量和顾客满意度常常被单独列出并被置于公共部门管理实践中的首要地位。这代表了国际惯例范式的一种转变，即从效率优先转向质量优先。由于公共部门的目标不是盈利，而是为公众提供公共产品和公共服务，所以应以追求高质量和最大限度的顾客满意度为绩效评价标准之一。在英国内阁办公室的文件中，质量被定义为“通过调动所有人员的潜力，以最低的成本满足确认的顾客需要”。20世纪90年代公共部门掀起了质量运动，如英国的“公民选择”“竞争求质量”运动，美国绩效评估中“顾客至上”原则等。用顾客满意度作为服务质量的一个分支标准在当今的公共部门被广泛推崇，服务对象对该服务的可获得性，公众对所提供服务的知晓程度，服务所提供的数量、类型、范围、质量能否达到预定标准或满足公众需求，接受服务后的满意程度、公平感如何等都列入绩效标准框架。

除了上述以顾客满意度标准外，西方公共部门质量测度还普遍采用了差错率、合格率、准时率、有效率、成功率、反应速度、服务便利程度、社会成本等指标。有的是用一些替代性指标来替代某些难以直接量化的工作质量，如用服务设施的利用率衡量所提供的社区服务的质量；用毕业生一定时期的就业率、申请就业的成功率、首次就业的平均工资来间接测定大学毕业生质量。另外，针对各部门职责和工作性质的特点设计一些特殊的质量标准，如用垃圾的收集方法、频率、收集过程中的遗漏次数、收集时间变更的预先通知率来评估垃圾清理工作的质量。

#### （三）回应性标准

回应性标准是指效益、效率和公平标准是否真实反映了特定群体的需要、偏好和价值观。如一项娱乐方案可能实现了设施的公平分配，但对特定群体（如老人）的需要却没有回应性，回应性是非常重要的评价标准。

### 三、财政支出绩效评价方法

评价财政支出绩效，可以实行事前评估和事后评价两种方法。

#### （一）事前评估

1. 成本—效益分析法

成本—效益分析法，也称成本—收入分析法，是把私人企业中进行投资决策的财务分析法运用到财政分配领域，成为政府进行财政支出决策，从而成为有效使用财政资金的重要方法。该方法最早产生于美国的《1936 年防洪法案》，目前在许多国家的中央政府、地方政府及世界银行等国际组织中得到广泛应用。

具体原理是，根据政府所确定的建设目标，提出实现该目标的各种方案，用一定的方法计算出各方案的全部预期成本和预期效益，通过计算成本—效益比率，进行比较分析，选出最优的政府投资项目。这种方法适用于财政支出中投资性支出项目的分析。

2. 最低成本法

最低成本法，也称最低费用选择法，指效益不好计算的项目可用此方法。这种评价方法与成本—效益分析法的主要区别是不用货币单位计量备选项目的社会效益，只计算项目的有形成本，并以成本最低作为择优的标准。因此，最低成本法适用于评价那些成本易于计算而效益不易计量的如军事、政治、文化、卫生等支出项目。

具体原理是：首先，根据已确定的建设目标提出几种备选方案；其次，分别计算各种备选方案的有形费用，如果是多年持续的支出项目，还要采取贴现法折算出“费用流”的现值；最后，按费用的高低排列顺序，供决策者选择。

#### （二）事后评价

事后评价主要是编制年度绩效报告和绩效评估报告。

1. 年度绩效报告

在一个财政年度结束后，部门要编制年度绩效报告，分别对项目的实施阶段和完成结果进行定性和定量分析，主要内容包括：（1）陈述绩效计划中确立的绩效指标，将部门预算实际达到的绩效目标与部门年度绩效计划比较分析；（2）评估财政年度绩效目标的实现程度，对绩效计划完成情况评估，与以往年度绩效指标完成情况比较分析，详细说明绩效报告中的信息质量；（3）具体项目的绩效报告应按照有关规定将项目负责人、项目类型、预算科目类别、起止时间、项目总投资、项目业务情况（如项目总体情况、绩效总目标、阶段性绩效目标完成情况、项目组织实施情况、项目结果及其影响等）和项目财务情况（如项目资金落实情况、实际支出情况、财务管理状况等）进行详细阐述和说明，并附部门事业发展规划或工作计划、项目申报文本、可行性研究报告、立项评估报告、项目预算批复文件、项目执行情况报告、项目预算执行或决算报告、其他财务会计资料、项目验收报告以及其他相关资料；（4）解释和描述未完成绩效计划目标的原因，说明补救措施和调整建议等。

2. 绩效评估报告

绩效评估报告是评估工作的总结，也是对评估项目结果所作的正式书面结论。绩效评估报告应包括以下主要内容：（1）项目绩效评估的过程和专家组成员。（2）评估的最终结论，描述各指标的权数及得分值。评估的最终结论可分为优秀、合格和不合格。（3）分析政府职能执行单位或项目的各项指标的得分情况，指出主要优点及主要问题。（4）提出改进管理的建议或意见。

**【财政视野】20万亿元财政支出探寻更高效路径 实现预算范围全覆盖**

**【课外阅读】2019年“国家账本”：让百姓过好，让企业好过**

**【应用训练】**

（1）我国有哪四本预算支出？

（2）我国财政支出是如何分类的？

（3）财政支出规模增长理论有哪些？

（4）制约财政支出结构的因素有哪些？

（5）财政支出绩效的内涵是什么？其评价方法有哪些？

参考答案

第四章 财政支出总论 PPT

# 第五章

# 财政经常性支出

【本章导读】财政经常性支出是购买性支出的重要组成部分，是国家执行其政治和社会职能的财力保证。财政经常性支出的内容，主要包括行政管理支出、国防支出、教科文卫事业费、工业交通等部门的事业费、农林水利气象等部门的事业费、流通部门事业费等，虽然这些支出里面也有部分投资性支出，但以事业费为主。财政经常性支出的作用主要体现在保证国家主权及领土完整、维护国内政局稳定、促进教科文卫等各项事业的健康发展，以及支持农业发展和精准扶贫。财政经常性支出的规模始终保持着稳步增长的态势，但支出结构存在一定不合理的方面，需要进一步完善。近年来，政府坚持把改善民生作为重中之重，通过加大财政经常性支出力度，扎实推进重点民生工程落实，切实办好惠民实事，增强人民群众获得感、幸福感、安全感。

通过本章学习，要求读者全面了解财政经常性支出中的行政管理支出、国防支出、教科文卫支出、支农与扶贫支出总体情况，重点掌握教育支出以及医疗卫生支出的规模、结构及存在的问题，并思考相应的对策。

**【财政视窗】财政部：上半年全国财政支出超 11 万亿元**
**民生相关支出占近 70%**

## 第一节　财政经常性支出概述

### 一、财政经常性支出的含义及特征

#### （一）财政经常性支出的含义

财政经常性支出是购买性支出的一项重要内容，是指维护政府机构正常运转和政府提供公共服务所需的经费的总称，是国家执行其政治和社会职能的财力保证。

### （二）财政经常性支出的特征

（1）消耗性。财政经常性支出从来就是公共财政基本的和主要的支出内容，支出的结果会引起社会产品的消耗，价值丧失，不能收回或补偿。

（2）连续性。只要消费单位存在，财政经常性支出就得连续不断地支出。在财政支出安排上，必须保证这些项目必要的支出，这是财政工作的基本职责。

（3）递增性。财政经常性支出同人们切身利益、眼前利益密切相关，随着经济的不断增长，政府必须保证各项社会事业的相应发展，实现经济社会的可持续发展，扩展社会发展空间，不断提高居民的生活质量。因此，财政经常性支出增加容易减少难。

**【财政视野】70 年来我国教育事业取得巨大成就**

（4）相对独立性。财政经常性支出很少受到技术经济条件的制约。一国政府不仅要为公民提供国家防务和社会安定，还要通过法律、行政和社会管理处理和协调公民之间的相互关系，维系正常的社会关系。因此，财政经常性支出表现得相对独立。

**【财政视野】我国医疗卫生事业发展趋势良好**

## 二、经常性支出与投资性支出的联系和区别

### （一）经常性支出与投资性支出的联系

经常性支出与财政投资性支出同属购买性支出，是购买性支出的重要组成部分，是国家执行其政治和社会职能的财力保证。前面已提到，购买性支出是指政府直接在市场上购买商品和服务所形成的支出，国家在其中以购买者的身份出现，在一定程度上增加了市场的购买力，对生产和就业起着直接影响的作用，对资源配置起着间接影响的作用。

### （二）经常性支出与投资性支出的区别

经常性支出与财政投资性支出，最大区别在于前者是非生产性的消耗性支出，并不形成任何资产。投资性支出是指政府以投资者身份进入投资市场所发生的支出。特定的投资支出意味着所投资金不仅可以收回，而且可以得到增值，国家生产性投资都具有这一性质。当然，广义的投资支出还包括国家财政用于非生产性领域的基本建设支出，如行政机关办公楼的兴建、国有医院医疗设备的采买等。

## 三、财政经常性支出的分类

在国家财政支出项目中，属于社会经常性支出的有行政管理支出、国防支出、教科文卫事业费、工业交通等部门的事业费、农林水利气象等部门的事业费、流通部门事业费等。

### （一）行政管理支出

行政管理支出，是指国家财政用于各级权力机关、行政管理机关、司法检察机关和外事机构等行使其职能所需的费用支出。它是维持国家各级政权存在、保证各级国家管理机构正常运转所必需的费用，也是纳税人所必须支付的成本。因此，行政管理支出的安排是否合理，是否能建立高效率政权机关和其他各类管理机关的重要前提，是社会经济事务能否得到及时有效协调的重要保证，也是社会资源是否能得到有效配置的重要表现。在我国，这项支出对于巩固和加强人民民主专政、维护社会秩序、加强经济管理、开展对外交往具有重要意义。

### （二）国防支出

国防支出，是指国家用于国防建设、国防科技事业、军队正规化建设和民兵建设、各军兵种和后备役部队的经常性开支、专项军事工程以及战时的作战经费等方面的军事支出。从国防支出占财政支出的比例以及国防支出内部的分配和使用结构，可以看出各个国家不同的国力、国策和国防建设的方针、政策。为了实现国防现代化，防御外敌入侵，保卫民族独立、安全和主权、领土的完整，应根据我国经济发展和所面临的国际环境，合理安排国防支出，提高国防费的分配和使用效益。

### （三）教科文卫支出

教科文卫支出，是指国家财政用于教育、科学、文化、卫生、体育、通信、广播电影电视等事业单位的经费支出。从广义上讲，教育、科学、文化、卫生等事业不属于纯公共产品，而属于混合公共产品。由于具有较强的外部正效应，有助于整个社会文明程度的提高，有利于提升全体社会成员的素质，从而对经济的繁荣与发展具有决定作用，各国均对教科文卫事业给予较大程度的财力支持，尤以发展中国家为甚。

### （四）财政支农与扶贫支出

财政支农支出是指国家财政对农业、农村、农民的支持，是国家财政支持农业、农村、农民的主要手段，是国家与农民分配关系的重要内容之一，其主要表现形式为资金投入优惠政策和制度建设。

财政扶贫支出一般指财政专项扶贫资金安排的支出，该资金是中国国家财政预算安排用于支持各省（自治区、直辖市）农村贫困地区、少数民族地区、边境地区、国有贫困农场、国有贫困林场、新疆生产建设兵团贫困团场加快经济社会发展，改善扶贫对象基本生产生活条件，增强其自我发展能力，帮助提高收入水平，促进消除农村贫困现象的专项资金。

【财政视野】坚持把改善民生作为重中之重，扎实推进重点民生工程落实

# 第二节　行政管理与国防支出

## 一、行政管理与国防支出的属性

行政管理与国防支出，属于经常性支出，在一定的限度内，它们都是为社会的正常运行所必要的社会公共产品和服务，是为全体公民共同无偿享受的，具有显著的外部效应，由政府无偿提供；行政管理与国防支出，属于非生产的消耗性支出，它们的使用并不形成任何资产。在财政支出安排上，首先保证这些支出项目必要的支出，是财政工作的基本职责。行政管理与国防支出是国家执行政治职能和社会职能的保证，一国政府不仅要为公民提供国家防务和社会安定，还要通过法律、行政和社会管理处理和协调公民之间的相互关系，维系正常的社会关系以及商务关系，还要通过外交活动维系正常的国际关系。随着社会经济的不断发展，政府还必须保证各项社会事业和国防的相应发展，实现社会经济的可持续发展，保护领土安全，扩展社会发展空间。

行政管理支出和国防支出的规模是否合理、安排是否合适，不是简单能够回答的问题，需要辩证地看待。一是从直接的生产和消费社会财富角度来看，这两类费用属于消耗性的支出，因为，行政活动和国防活动是非生产性劳动，从而与生产性劳动相对立。就此而论，这两类支出越少越好。二是从财富生产的社会条件看，国防更好地保障人民群众的安全，行政活动为人民群众提供了越来越完善的服务，因而，用于这两类活动的费用又不是在“虚耗”社会财富。三是从社会经济的循环来看，生产是产品的创造，消费则是产品的实现，若无消费，生产不仅是一种无实际内容的概念，而且也不能正常进行，这也体现了这两类支出越少越好。

## 二、行政管理支出

### （一）行政管理支出的构成

行政管理支出，是指国家财政用于国家各级权力机关、行政管理机关、司法检察机关和外事机构等行使其职能所需的费用支出。它是维持国家各级政权存在、保证各级国家管理机构正常运转所必需的费用，也是纳税人所必须支付的成本。

广义的行政管理支出包括现行《政府收支分类科目》中的以一般公共服务为主的三类科目：一是一般公共服务，包括人民代表大会、政协、党派团体、政府各部门等；二是公共安全，包括武装警察、公安、检察、司法等；三是外交，包括外交管理事务、驻外机构、对外援助、对外合作交流等。为了满足这类公共需要，必然形成项目众多而且

数量可观的财政支出。按费用要素区分，行政管理支出包括人员经费和公用经费两大类。人员经费中主要包括工资、福利费、离退休人员费用及其他。公用经费中包括公务费、修缮费、设备购置费和业务费等。

## （二）我国行政管理费规模现状

在不同的时期，行政管理支出的规模也有所不同。新中国成立以后，“一五”至“四五”期间，行政管理费占财政支出的比重呈现持续下降的趋势，但自改革开放以来，出现了长时间的居高不下的情况，尤其是在2007～2009年，均超过了20%的比重；最近几年，党的十八大以来，行政管理费占财政支出的比重呈现了明显下降的特点，见图5－1。另外，在行政管理支出之中，各组成部分里，规模最大、增长速度最快的是一般公共服务支出，见图5－2。

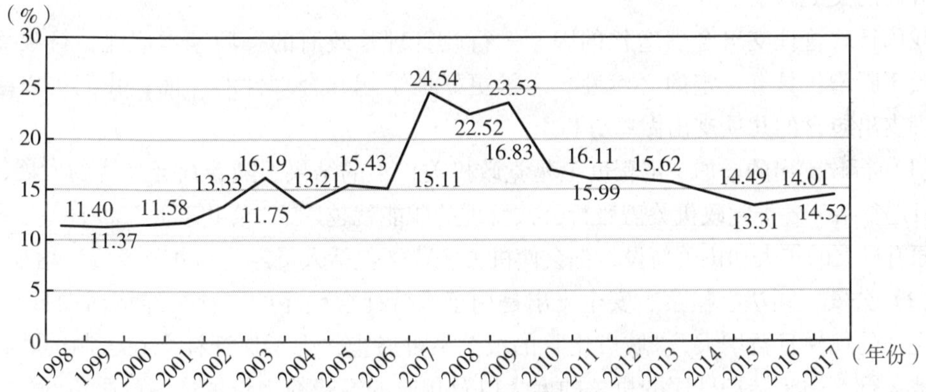


**图5－1　行政管理支出占财政支出的比例情况**

资料来源：根据财政部提供历年数据整理。

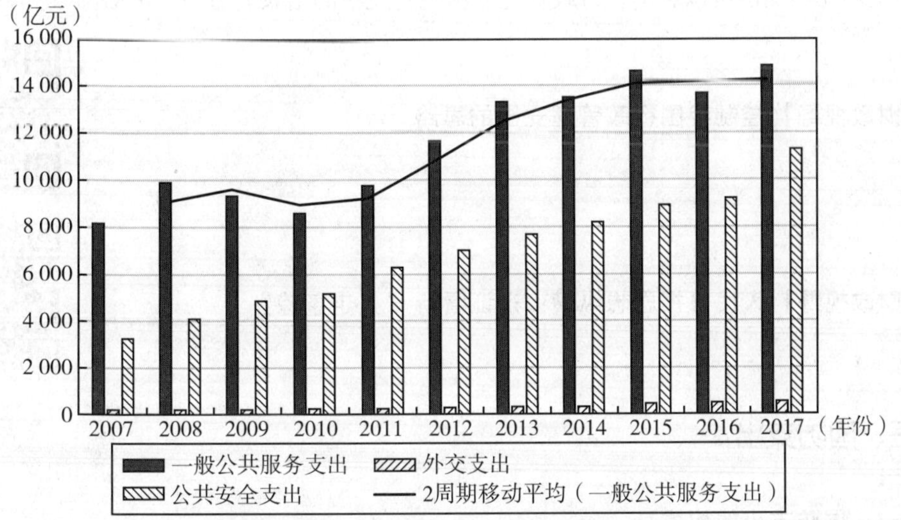


**图5－2　行政管理支出各细项支出情况**

资料来源：根据财政部提供历年数据整理。

在我国，这项支出对于巩固和加强人民民主专政，维护社会秩序，加强经济管理，开展对外交往具有重要意义。所以，首先要保证这项支出的需要能得到满足。但是，前面我们提到，行政管理支出，是消耗型的财政支出，支出的结果不会形成任何的资产，所以，需要考虑把其的比例控制在一定合理的范围，否则会影响其他各项财政支出的规模，无法更好地实现资源的配置。目前，纵观世界各国，我国行政管理支出占财政支出的比重较大。

### （三）我国行政管理支出规模大的原因

直接影响行政管理费规模的主要因素有政府职能、机构设置、行政效率以及管理费本身的使用效率等。行政管理费是由人员经费和公用经费两部分组成的，政府职能范围的大小、机构设置的多少，以及由此而决定的机关工作人员的多少，自然是决定行政管理费规模的关键因素。

我国行政管理支出合理增长的因素。行政管理是政府的一项基本职能，行政管理绝对规模不断增长具有一定的必然性。为了更好地了解其合理性的一面，我们可以结合行政管理支出包含的几项支出做些分析。

（1）行政支出的增加一定程度上是党政机关扩大的结果。随着社会经济的发展，经济活动日趋复杂，各类党政机关需履行公共管理的职能就越广，“公共事务”也日益增多。因而，原有机关的扩大和机关新设，都会使机关经费（包括人员经费和办公经费）增加。

（2）公安、司法、检察、安全支出是用于维持社会秩序的。社会经济活动日趋复杂，社会交往的规模日益增大，“城市化”的浪潮不可遏止，为了保证社会在法制的轨道上有秩序地运行，用于维持秩序的机关的增大以及相应的经费的增长也是不可避免的。

（3）国际交往也会随经济发展和外事活动的频繁而增多起来，驻外机构的增设，以及相关的管理费用也会日益增加。

由上述几项支出可以看出，行政管理支出绝对规模的增长有着一定的必然性和合理性。

【财政视野】控制我国行政管理支出的思路

【财政视野】人民日报思想纵横：辩证看待“人走茶凉”

## 三、国防支出

### （一）国防支出的构成

我国国防支出项目包括人员生活费、训练维持费和装备费，其构成基本上是各占1/3

的态势。国防费的保障范围，包括现役部队、预备役部队、民兵以及国防科研事业和国防动员，并负担部分退役军官供养、军人子女教育、支援国家经济建设等方面的社会性支出。每年增加的国防费主要是用于改善军人工资待遇和部队生活条件、加大武器装备和基础设施建设投入、支持军事人才建设、平抑物价上涨因素、增加非传统安全领域国际合作费用。

我国国防费始终坚持严格控制、严格管理、严格监督的原则，建立完善的管理体制和法规制度。政府依据《中华人民共和国国防法》，保证国防事业的必要经费，将国防费全部纳入国家预算安排，实行财政拨款制度，按《中华人民共和国预算法》（以下简称《预算法》）实施管理，国防费预算、决算由全国人民代表大会审批，由国家和军队的审计机构实施严格的审计和监督。

### （二）我国的国防政策

中国坚持走和平发展道路，统筹国内国际两个大局，妥善应对纷繁复杂的国际安全形势。中国依据发展与安全相统一的安全战略思想，对内努力构建社会主义和谐社会，对外积极推动建设和谐世界，谋求国家综合安全和世界持久和平。中国奉行防御性的国防政策，中国的国防，是维护国家安全统一、确保实现全面建设小康社会目标的重要保障，建立强大巩固的国防是中国现代化建设的战略任务。

新世纪新阶段中国的国防政策，主要包括以下内容：（1）维护国家安全统一，保障国家发展利益；（2）实现国防和军队建设全面协调可持续发展；（3）加强以信息化为主要标志的军队质量建设；（4）贯彻积极防御的军事战略方针；（5）坚持自卫防御的核战略；（6）营造有利于国家和平发展的安全环境。

### （三）国防费的合理规模

从国防支出占财政支出的比例以及国防支出内部的分配和使用结构，可以看出各个国家不同的国力、国策和国防建设的方针、政策。为了实现国防现代化，防御外敌入侵，保卫民族独立、安全和主权、领土的完整，应根据我国经济发展和所面临的国际环境，合理安排国防支出，提高国防费的分配和使用效益。

国务院新闻办公室 2019 年 7 月 24 日发表的《新时代的中国国防》白皮书介绍：中国坚持发展和安全兼顾、富国和强军统一，坚持国防建设与经济建设协调发展，坚持勤俭建军方针，依据国家经济发展水平和国防需求，合理确定国防费规模结构，依法管理和使用国防费。

总体上看，中国国防费是公开透明的，开支水平是合理适度的，与世界主要国家相比，国防费占国内生产总值和财政支出的比重、人均国防费是偏低的。中国是世界上唯一尚未实现完全统一的大国，是世界上周边安全形势最复杂的国家之一，维护国家主权、领土完整、海洋权益等面临严峻挑战。

中国日益走近世界舞台中央，国际社会对中国军队提供国际公共安全产品的期待不断增大。中国军队处于向信息化转型阶段，顺应世界新军事革命发展趋势、推进中国特色军事变革的任务艰巨繁重。

中国国防开支与维护国家主权、安全、发展利益的保障需求相比，与履行大国国际责任义务的保障需求相比，与自身建设发展的保障需求相比，还有较大差距。中国国防开支将与国家经济发展水平相协调，继续保持适度稳定增长。

## 第三节 教科文卫支出①

### 一、教科文卫支出的属性

从广义上讲，教育、科学、文化、卫生等事业不属于纯公共产品，而属于混合公共产品。由于具有较强的外部正效应，有助于整个社会文明程度的提高，有利于提升全体社会成员的素质，从而对经济的繁荣与发展具有决定作用，各国均对教科文卫事业给予较大程度的财力支持，尤以发展中国家为甚。

教育、医疗卫生支出究竟是生产性的还是非生产性的，我国理论界曾有过十分热烈的争论。我们这里沿用目前国内各种统计文件普遍采用的做法，仍将教育、科学技术和医疗卫生支出归入非生产性的范畴。主要是根据马克思关于生产劳动和非生产劳动的科学划分标准来划分。从最一般的意义上说，凡从事物质资料的生产、创造物质财富的劳动，皆为生产劳动；除此之外的一切劳动，皆为非生产劳动。根据这一标准，投入教育、科学技术和医疗卫生领域的劳动属非生产劳动，因为它们并不直接创造物质财富，而且，在从事这些劳动的过程中，劳动者还需消耗物质财富。与此相对应，用于教育、科学技术和医疗卫生事业的支出属非生产性支出。

教育、科技支出和医疗卫生都是财政支出中重要的支出项目，也属于经常性支出和购买性支出。教育、科学技术和医疗卫生诸项事业的发展在现代经济发展中发挥着越来越大的决定作用。随着劳动生产率的提高和国民收入的增长，要保证这一类支出的比例不断提高，甚至超过 GDP 的增长速度。各国政府无不投入大量资金，而且支出规模越来越大。我国财政支出结构中教育、科技支出和医疗卫生合计占总支出的比重，呈现不断增大的趋势。

### 二、教育支出

#### （一）教育支出的内涵

“百年大计，教育为本”。教育支出，是公共财政支出最重要的部分之一，是指政府用于教育事业方面的各项支出。一国教育的发达程度、全社会用于教育的投入水平，常常是衡量一个国家、一个民族的素质文明程度的主要标准。教育支出在各国财政支出中占有重要的地位，体现了各国发展教育事业、提高国民素质的战略目标。

教育经费支出包括教育事业费支出（即各级各类的学校的人员经费和公用经费支出）

---

① 本节数据来源于财政部网站，笔者整理。

和教育基本建设支出（建筑校舍和购置大型教学设备的费用）等。教育经费是以货币的形式支付的教育费用，是办学必不可少的财力条件。

我国的教育支出，包括教育行政管理、学前教育、小学教育、初中教育、普通高中教育、普通高等教育、初等职业教育、中专教育、技校教育、职业高中教育、高等职业教育、广播电视教育、留学生教育、特殊教育、干部教育等教育方面的支出。

教育支出具有以下三个方面的特点：

1. 非生产性

根据马克思关于生产劳动和非生产劳动的科学划分，教育、科学技术和医疗卫生事业费支出仍应归入非生产性的范围。从最一般的意义上说，凡从事物质资料的生产、创造物质财富的劳动，皆为生产劳动；除此之外的一切劳动，皆为非生产劳动。根据这一标准，投入教育、科学技术和医疗卫生领域的劳动属非生产劳动，因为它们并不直接创造物质财富，而且，在从事这些劳动的过程中，劳动者还需消耗物质财富。与此相对应，用于教育、科学技术和医疗卫生事业的支出属非生产性支出；另外，消费者的个人购买科研成果或自己从事科学研究，并且不对生产要素及其结合方式产生影响，那么，这种科学研究也是非生产性的。本章节沿用目前国内各种统计文件普遍采用的做法，将教育、医疗卫生支出归入非生产性的范畴。

2. 生产性

对于生产劳动和非生产劳动，还可以有另一个观察角度。就科学研究来说，如果企业购买科学研究的成果或索性直接安排一部分人从事科学研究，并且立即将研究的成果用于提高劳动者、劳动工具和劳动对象的素质或用于改进这三种生产要素的结合方式，那么，这种科学研究是生产性的。

3. 公共性

从经济性质看，教育服务一般被看作是一种混合物品。然而，教育是分初、中、高几个层次的，而多数国家根据本国经济发展程度，通过宪法对初级教育规定若干年的义务教育。既然是国家通过立法安排的义务教育，每个公民都可以无差别地享受这种教育。所以，从这个角度来看，义务教育并非混合物品，而是纯公共物品。

**【财政视野】2019 年高职院校大规模扩招 100 万人**

### （二）我国教育支出的发展

教育是社会进步的基石，建设教育强国是中华民族伟大复兴的基础工程。党的十九大报告明确提出要优先发展教育事业，而教育的发展，需要稳定且不断增长的资源投入。

新中国成立以来，中国教育事业发生了巨大变化，从文盲率 80% 到实现基础教育全民普及，我国已建立起世界规模最大的教育体系，教育总体水平跃居世界中上行列。

2012 年，国家财政性教育经费支出占国内生产总值比例达 4%，中国正式步入后“4%”时代。随着中国教育改革的不断深入，教育经费投入机制的核心问题也由“促增长”转变为“稳增长、调结构、促改革”。2018 年全国教育投入总量 4.6 万亿元，教育支出已成为公共财政第一大支出。在此过程中，城乡义务教育差距逐渐缩小，困难学生平等接受教育权利得到保障，贫困地区与农村地区学生接受优质高等教育机会显著扩大。

从数量看规模。经过 70 年的努力，我们已经建起了当今世界规模最大的教育体系。现在我们有各级各类学校 51.9 万所、各级各类教育在校生 2.76 亿人、各级各类专任教师 1 670 多万人。

从结构看功能。经过 70 年的努力，我们现在已经建立起了功能完善、学科匹配、结构适宜的教育体系。结构决定功能，功能支撑贡献。70 年来，特别是改革开放以来，教育为国家培养了 2.7 亿受过高等教育和职业教育的各类人才。我们国家新增劳动力中有 48.2% 的人接受过高等教育，平均受教育年限达到了 13.6 年。

从开放看影响。经过 70 年的努力，特别是改革开放以来，我们国家的教育对外开放不断扩大，现在已经成为国际教育交流合作的主力军之一，是主要大国。无论从基础教育、职业教育、高等教育来看，我们对外开放的水平都在不断扩大。现在我们国家是世界最大的留学生生源国、世界第二的留学目的国、亚洲第一的留学目的国。

从制度看保障。我们始终坚持党对教育工作的领导。建立了大中小学相衔接的思政工作体系和人才培养体系，建立了支撑教育优先发展战略的投入保障机制。我们从 2012 年开始，实现了财政性教育经费支出占 GDP 比重达 4% 的目标，并连续 7 年保持在这一水平上。2018 年，全社会教育总投入 4.6 亿元，和新中国成立之初比，年均增长 13.4%。增长幅度快速提高，表明教育已经成为公共财政的第一大支出。

**【财政视野】我国教育经费占 GDP 比例连续 7 年超过 4%**

### （三）我国教育经费的规模、结构与效率

1. 我国教育经费来源

我国教育经费的来源被划分为两大类：一是财政性教育经费，二是非财政性教育经费。财政性教育经费主要包括公共财政教育经费，属于政府对教育的公共投入；非财政性教育经费包括事业收入、捐赠收入、民办学校中举办者投入以及其他教育经费，属于社会和个人对教育的投入。

2. 我国目前教育经费规模

教育部公布，2018 年全国教育经费总投入为 46 135 亿元，比上年增长 8.39%。其中，国家财政性教育经费为 36 990 亿元，比上年增长 8.13%。在各级教育经费投入中，义务教育投入最多、占比最大；学前教育投入较上年增长最多。同时，普通高中的教育

经费总支出增幅最高。教育经费总投入在学前教育、义务教育、高中阶段教育、高等教育和其他教育间的分配分别为3 672亿元、20 858亿元、7 184亿元、12 013亿元和2 408亿元，比上年分别增长12.79%、7.73%、8.23%、8.15%和9.45%。①

3. 教育经费分配结构的变化趋势

如图5-3所示，中国教育经费分配结构中，学前教育经费支出占比一直处于最低位，并且呈现出先平稳波动后上升的趋势。2009年之前，学前教育经费支出占比一直在1.3%左右波动，变化不大；2009年之后则开始呈现出上升趋势，由2003年的1.5%增长到2018年的7.65%，增长了8.5倍。义务教育经费支出占比一直处于最高位，并且呈现出先下降后平稳波动的趋势。1995~2005年，义务教育经费支出占比下降，由1995年的56.3%下降到2005年的42.6%；2005年之后，该比例一直在43%左右波动，变化不大。高中教育经费支出占比呈现出缓慢下降的趋势。从1995年的21.6%下降到2005年的15.5%，下降了6.1个百分点。高等教育经费支出占比呈现出先上升后下降的趋势。1995~2005年，高等教育经费支出占比一直上升，由1995年的16.2%上升到2005年的31.8%，上升了1.96倍；2005年之后，该比例则开始缓慢下降，到2018年下降到23.1%。

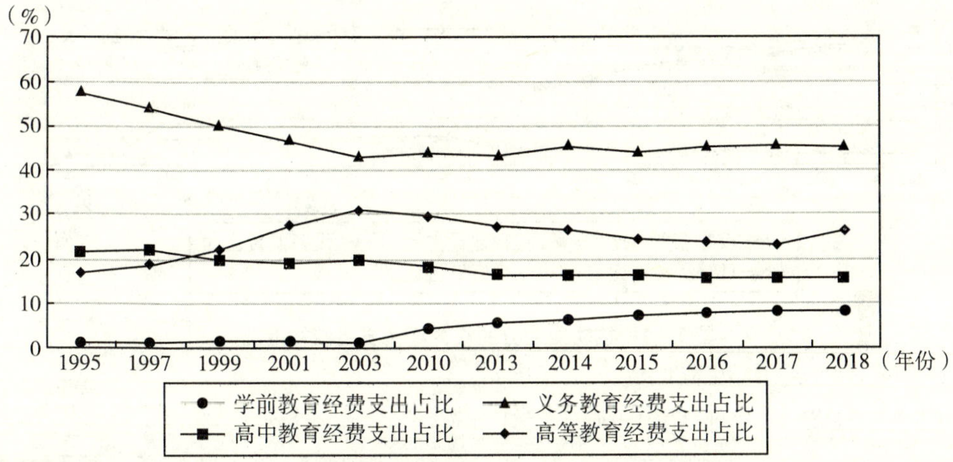


**图5-3　教育经费分配结构**

资料来源：1995~2018年《中国教育统计年鉴》。

理论和实践都证明我国目前不仅教育经费规模仍然偏低，而且教育经费在初等教育、中等教育和高等教育之间分布的级次结构也不尽合理。在重视高等教育快速发展的同时，忽视初等教育，特别是农村的普及教育长期处于落后的困境。从客观方面说，和我国目前的经济实力、居民收入水平低下且接受初等教育的生源众多有直接关系；但从政策方面说，我国教育投资体制改革迟滞以及长期忽视初等教育投入的倾向，也难辞其咎。近年来，由于政府加大初级教育的投入，差距已经逐步在缩小，但是，这样大的差距是长期积累的结果，需要逐步化解，短期内难以达到预期的目标。教育经费规模偏低和教育

① 教育部公布2018年全国教育经费总投入，央广网，2019年4月30日。

经费级次结构失调，必然影响教育经费的效率和效益。

4. 教育经费支出结构的变化趋势

教育经费支出可以按功能分为五部分，即教师工资、学生资助、日常运转、校舍建设、设备购置等。通过对教育经费五大功能的分析，可以进一步明晰全国教育经费的使用结构。该部分将按教育经费五大功能分别对教育经费使用结构展开分析。

如图 5－4 所示，反映了 1998～2018 年以来按功能划分的中国教育经费支出结构变化情况。整体来看，教师工资呈现先缓慢下降后又上升的趋势；学生资助费用除 2013 年极高外，其余年份均处于最低位；日常运转及设备购置费均先呈平稳上升趋势，2013 年后又逐渐下降；校舍建设费呈现先下降后缓慢上升的趋势。

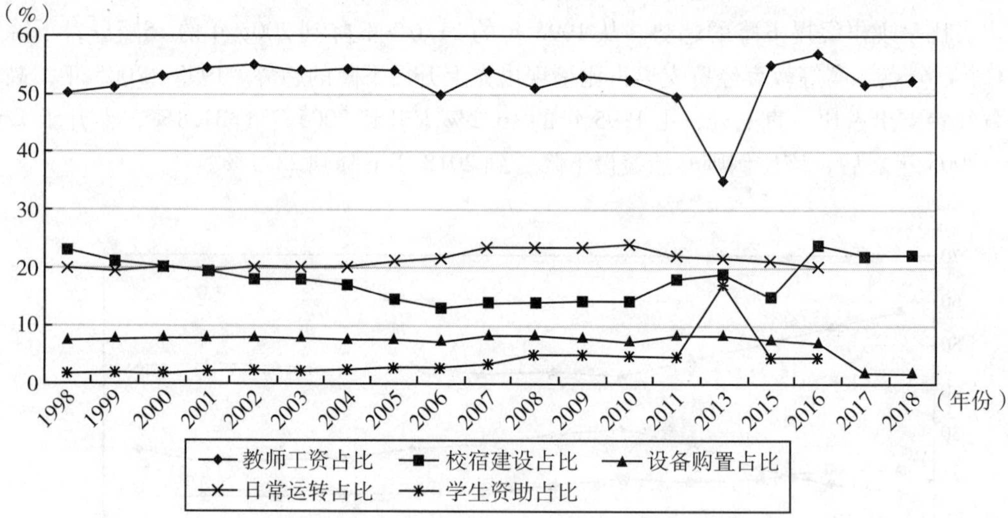


**图 5－4　按功能划分的教育经费支出结构情况**

注：日常运转支出与学生资助支出截至 2016 年。

资料来源：1998～2018 年《中国教育经费统计年鉴》。

**【财政视野】优化我国财政教育支出结构的思路**

## 三、科学技术支出

### （一）科学技术支出的内涵

当今世界，科学技术日益渗透到社会的各个领域，成为生产力中最活跃的因素，科学技术是第一生产力。中国的发展离不开科学技术的进步，在尖端技术的掌控和创新方面，我国已经建立起坚实的基础，在一些重要领域已经走在世界的前列。但是，我国科技的总体水平同世界先进水平仍有较大的差距，同我国经济社会发展的要求还有一些不相适应的地方。要迅速提高我国的生产力水平，缩小与发达国家的差距，就必须加快发展科学技术。正是因为科学技术具有如此的重要性，国家必须不断加大科学技术财政支出。科技支出内容包括研究与发展、科技成果转化与应用、科技服务三个方面。切实将科技投入作为财政预算保障的重点，按照有关法规的要求，使财政科技经费支出增幅明显高于财政经常性收入增幅，年初预算编制和预算执行中的超收收入分配，都体现了法定增长的要求，初步建立了财政科技投入稳定增长机制。

### （二）支持科技发展的财税政策

为了进一步提高科学技术水平，推动社会各方面的发展，必须高度重视社会各主体的创新。我国实施支持科技创新和自主创新的财税政策体现在以下四个方面：

一是完善财税政策的激励约束机制，增强企业自主创新的内在动力。在全国范围内实施增值税转型改革；统一内外资企业所得税政策，对高新技术企业减按15%征收企业所得税；完善并合理使用税收抵扣、减免和加速折旧等政策，鼓励企业加大研发、职工技术培训和设备更新改造的力度；对使用落后工艺、设备及高耗能、高污染的企业实施限制或惩罚性税收政策。

二是发挥财政资金的引导作用，鼓励企业加大科技创新投入。加大对科技型中小企业发展的支持，充分激发中小企业科技创新活力；拓展政府采购政策的扶持功能，支持国内具有自主知识产权的重要高新技术装备及产品的生产。

三是完善企业财务和分配制度，营造有利于企业自主创新的制度环境。加快企业财务制度改革，建立符合现代企业制度、有利于企业自主创新的财务管理制度体系；改革和完善企业分配制度，允许企业对有突出贡献的科技骨干实行股权激励等政策，鼓励企业引进科技人才。

四是增加财政科技投入，促进科技进步和劳动力素质的提高。完善稳定增长的财政科技投入机制，确保财政科技投入的增长幅度高于国家财政经常性收入的增长幅度，为实施《国家中长期科学和技术发展规划纲要》提供强有力的经费保障。

### （三）科技经费投入的情况

全国科技经费投入持续提升，表现在以下三个方面。

1. R&D 经费保持两位数增长，投入强度进一步提高

2018 年我国 R&D 经费投入总量为 19677.9 亿元，比上年增加 2071.8 亿元，增长 11.8%，连续 3 年保持了两位数增速，延续了“十三五”以来较快的增长势头。R&D 经费投入强度（R&D 经费与 GDP 的比值）为 2.15%，比上年提高 0.04 个百分点，连续 5 年超过 2%，并再创历史新高。自 2013 年 R&D 经费总量超过日本以来，我国的 R&D 经费投入一直稳居世界第二。2018 年我国 R&D 经费投入强度超过 2017 年欧盟 15 国平均水平（2.13%），相当于 2017 年 OECD 35 个成员中的第 12 位，正接近 OECD 平均水平（2.37%）。

2. 投入结构进一步优化，基础研究投入加大

我国 R&D 经费投入在基础研究方面、在中西部地区增长较快。其中，在基础研究方

面，R&D 经费突破千亿元。2018 年，我国基础研究经费为 1 090.4 亿元，首次突破千亿元大关，占 R&D 经费比重为 5.5%，与上年持平。高等学校、政府属研究机构和企业等三大主体均实现较快增长，这三大主体的基础研究经费分别为 589.9 亿元、423.1 亿元和 33.5 亿元，分别比上年增长 11.1%、10.1% 和 15.7%，其中高等学校对全社会基础研究经费增长的贡献为 51.1%，是基础研究投入的主体。另外，在地区投入方面，2018 年，我国东、中、西部地区 R&D 经费分别为 13 650 亿元、3 537.3 亿元和 2 490.6 亿元，分别比上年增长 10.8%、14.3% 和 13.4%。东部地区 R&D 经费占全国比重达 69.4%，继续保持领先优势；中西部地区追赶步伐加快，其中中部地区占全国比重由 2013 年的 17.4% 提高到 2018 年的 18%，西部地区占比由 2013 年的 12% 提高到 2018 年的 12.7%。

3. 政府投入不断增加，发展环境持续改善

财政投入明显增加。近年来，我国持续深入实施创新驱动发展战略，财政科技投入连年保持较快增长，为创新实力提升提供了有力保障。2018 年国家财政科学技术支出为 9 518.2 亿元，比上年增长 13.5%，增速较上年提高 5.5 个百分点；财政科学技术支出与国家财政支出之比为 4.31%，比上年提高 0.18 个百分点。政策环境不断改善。2018 年，国家加大对研发活动的政策支持，引导各方面加大 R&D 投入，政策环境进一步改善。相关调查显示，2018 年在规模（限额）以上企业中，企业研发费用加计扣除减免税政策和高新技术企业减免税政策的惠及面分别达到 56.1% 和 50.1%，比上年分别提高 2 个百分点和 0.6 个百分点。

同时也要看到，我国 R&D 经费投入强度与美国（2.79%）、日本（3.21%）等世界科技强国相比仍有较大差距，基础研究、政府资金占比偏低等问题仍比较突出，能真正形成关键核心技术、解决“卡脖子”问题的重要科技成果仍不足，投入效率有待进一步提高。为此，我国应进一步加大财政支持力度，完善鼓励研发投入的政策体系，引导社会各界对基础研究的投入与布局，加强统筹协调，推进管理考评机制改革，提高资金利用效率，提升科技经费投入的有效性和针对性。

**【财政视野】提高科研院所等自主管理权——科技成果转化再“松绑”**

## 四、文化支出

### （一）文化支出的意义

公共文化服务，是指由政府主导、社会力量参与，以满足公民基本文化需求为主要目的而提供的公共文化设施、文化产品、文化活动以及其他相关服务。文化支出是指财政用于发展文化艺术活动、传播科学知识、丰富人们精神生活的经费支出，包括政府对图书馆、博物馆、美术馆、纪念馆和艺术表演团体等的经费支出。

加强公共文化服务体系建设意义重大，有利于建设和谐文化、构建社会主义和谐社会；有利于社会主义核心价值观和道德建设；有利于推进民族团结、国家长治久安和提升核心竞争力；有利于推动中华民族优秀文化和社会主义先进文化走进千家万户，充分发挥公共文化服务在价值引领、社会凝聚、国家治理中的特殊功能；有利于切实保障和改善文化民生，不断满足人民日益增长的美好生活需要，增强群众的文化获得感和幸福感。

现代公共文化服务体系建设将伴随整个现代化进程，要正确处理好文化设施建设和内容建设的关系、政府和市场的关系、传统传播方式和新媒体的关系，高度重视基层文化建设，政府部门要进一步改进对公共文化服务的管理。政府要继续发挥自身优势，广泛动员社会各方面力量参与公共文化建设，努力推动形成有利于构建公共文化服务体系的良好氛围。

### （二）文化支出的内容

公共文化服务体系的建设主要包括两个方面：（1）建设公共文化服务网络。以大型公共文化设施为骨干，以社区和乡镇基层文化设施为基础，加强图书馆、博物馆、文化馆、美术馆、电台、电视台等公共文化基础设施建设。建设一批代表国家文化形象的重点文化设施，完善大中城市公共文化设施，在巩固现有图书馆、文化馆的基础上，基本实现乡镇有综合文化站，行政村有文化活动室，在中西部及其他老少边穷等地广人稀地区配备流动文化服务车。（2）建设公共文化服务的各项工程：一是广播电视村村通工程；二是全国文化信息资源共享工程；三是社区和乡镇综合文化站工程。

文化事业支出内容较多、范围较广。为便于对支出进行分析、统计和管理，文化事业支出按以下预算科目分类：文化事业费、出版事业费、文物事业费、体育事业费、档案事业费、地震事业费、海洋事业费、通信事业费、广播电影电视事业费、党政群干部训练事业费、其他文体广播事业费等。

【财政视野】构建现代公共文化服务体系的方向

【财政视野】中华人民共和国公共文化服务保障法

## 五、卫生支出

### （一）卫生支出的内涵

财政公共卫生支出，是指政府在一定时期通过财政手段对公共卫生产品（服务）提供的资金，由中央和地方政府财政共同承担。

按照《2012年政府收支分类科目》的《支出功能分类科目》210类“医疗卫生”要求，公共卫生支出具体包括医疗卫生管理事务支出、公立医院、基层医疗卫生机构支出、公共卫生、医疗保障、中医药、食品和药品监督管理等七个方面的支出。

### （二）我国医疗卫生费用的投入情况

20世纪80年代以前，我国在卫生医疗事业上取得了举世瞩目的成就，曾经被世界卫生组织赞誉为“用最低廉的成本保护了世界上最多人口的健康”（WHO，1978）。改革开放后，我国建立了遍及城乡的卫生医疗服务体系，居民平均期望寿命、婴儿死亡率、孕产妇死亡率等主要健康指标达到发展中国家的先进水平。

然而，随着市场化改革的不断深入，中国卫生事业的发展却有所松动，滞后于经济和其他社会事业发展，带来的诸多问题日益积累并暴露出来。鉴于此，特别是历经2003年非典危机之后，我国政府卫生支出规模有了明显的增加，但在同其他国家的对比中，我国卫生医疗费用的投入仍然存在较大的差距，当前仍然处于世界的低水平档次。

世界银行的数据显示，2014年全世界平均卫生费用支出占GDP比重为9.9%；美国是卫生费用占GDP比重最高的国家，2014年的占比达17.1%。瑞典和瑞士也分别达11.9%和11.7%。法国和德国的比重分别达11.5%和11.3%。在亚洲，日本和韩国的卫生费用占GDP比重分别为10.2%和7.4%，而中国卫生总费用占GDP在2018年才达到6.60%，见表5-1。

表5-1　中国医疗费用总额与其GDP占比

| 年份 | 卫生总费用规模（亿元） | 卫生总费用占GDP（%） |
|---|---|---|
| 2003 | 6 584.10 | 4.85 |
| 2004 | 7 590.29 | 4.75 |
| 2005 | 8 659.91 | 4.68 |
| 2006 | 9 843.34 | 4.55 |
| 2007 | 11 573.97 | 4.35 |
| 2008 | 14 535.40 | 4.63 |
| 2009 | 17 541.92 | 5.15 |
| 2010 | 19 980.39 | 4.98 |
| 2011 | 24 345.91 | 5.15 |
| 2012 | 27 846.84 | 5.36 |
| 2013 | 31 668.95 | 5.57 |
| 2014 | 35 378.90 | 5.56 |
| 2015 | 40 974.64 | 6.00 |
| 2016 | 46 344.90 | 6.20 |
| 2017 | 52 589.28 | 6.20 |
| 2018 | 57 998.30 | 6.60 |

资料来源：笔者根据健康界、国家统计、中国产业信息、国家卫生计生委相关资料整理。

### （三）政府在医疗卫生支出领域有待完善之处

新中国成立以来，党和政府高度重视医疗卫生事业发展，有效维护了人民的健康权益，提升了人民健康水平。从政策范式角度来看，新中国成立以来的医疗卫生政策范式经历了从“福利化”到“市场化”，再到“健康中国”的转型。“健康中国”医疗卫生政策范式是对“福利化”和“市场化”卫生政策范式的超越，是党和政府对人民日益增长的健康需要的积极回应。政府强有力的角色担当是推进国家健康治理体系与健康治理能力现代化，促进健康中国战略目标实现的基本保障。

尽管政府日益认识到“市场化”政策范式的弊端，并逐渐把国民健康放在国家战略的高度，以此推动医疗卫生政策从“市场化”政策范式向“健康中国”政策范式的转型，但当前政府在医疗卫生领域的角色担当依然存在一些突出问题，由此制约了健康中国战略目标的实现。

1. 政府和个人医疗卫生支出比例失衡，加重了个人健康支出负担

1997～2017年，我国政府的医疗卫生支出规模增长了近29倍。政府医疗卫生支出的增加，在一定程度上降低了居民看病就医的负担，但相较于医疗卫生费用的快速增长，我国各种医疗用药、检查治疗费用的增速更快，居民的医疗负担依然很重。从国际横向比较，在政府卫生支出占国内生产总值比重方面，我国与发达国家甚至部分金砖国家的水平尚存在较大差距。这在一定程度上反映出我国政府医疗卫生支出规模尚有较大的提升空间。

虽然2003年以来，各级政府逐渐强化其医疗卫生经费支出责任，但2003～2014年政府卫生支出占卫生总费用的比重一直低于个人卫生支出占卫生总费用的比重。这一状况直到2015年才开始得以改变（见图5－5），这反映出我国政府在医疗卫生事业发展中履行基本责任的显著进步。但从国际比较的维度来看，相较于大部分发达国家个人卫生支出低于20%的比重，我国个人卫生支出占卫生总费用的比重仍然较大。个人卫生支出比例过高，反映出个人医疗负担仍然过重。

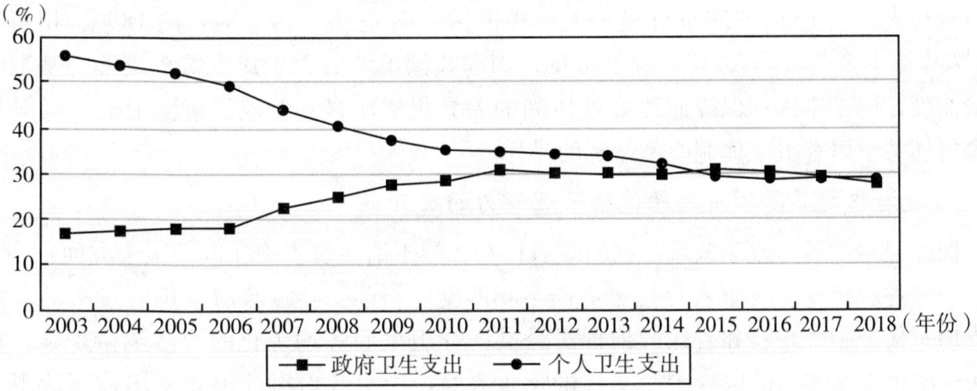


**图5－5　2009～2018年卫生总费用中政府与个人卫生支出比例变化趋势**

资料来源：笔者根据中国产业信息相关资料整理。

【财政视野】世界各国医疗卫生总支出排名

2. 医疗卫生资源配置不均衡，导致公民基本健康权益的失衡

医疗卫生资源的公平分配是实现健康公平的重要条件，也是医疗卫生体制改革的核心内容。而我国的医疗卫生资源配置失衡现象长期存在，主要体现在城乡之间、区域之间，其中城乡之间的差距尤为明显。长期以来，大量的优质医疗资源集中在大城市和大医院，而农村、偏远地区的医疗资源相对匮乏，导致当地居民所享受的基本医疗卫生服务，无论在数量上还是在质量上，都远远低于大城市和经济发达地区。在推进基本医疗卫生服务均等化背景下，政府将大量资源下沉到农村、基层地区，使这些地区在医疗设备等硬件设施上有了很大的改善。但受福利待遇低、发展条件差等因素的影响，广大农村和边疆民族地区很难吸引和留住高素质医疗卫生人才，其医疗服务质量也就难以提高。普通民众为了寻求更优质的医疗服务资源，不得不涌入大城市、大医院，从而既增加了就医人员的成本，又增加了大城市、大医院的医疗压力。

3. 医疗保障制度包容性不足，导致部分群体难以共享医改红利

健康中国的实施，需要覆盖全民的医疗保障制度来保障和维护国民的健康。虽然到2014年底，我国基本医疗保险覆盖人数已超过13亿人，基本实现了全民覆盖。但我国基本医疗保障制度的包容性明显不足，如现行医疗保障制度按人群分设，群体之间受益差距明显。其中，农村居民在政府补贴、报销比例等方面要远远低于职工医疗保险和城镇医疗保险，受益程度偏小。2016年，工薪劳动者发生医疗费用支出后能够获得人均2 806.11元的医疗费用补偿，而城乡居民在发生基本相当的医疗费用支出后，仅能够获得人均552.83元的费用补偿。同时，现行医疗保险制度对流动人口特别是农民工的健康权益的保障不足。由于参加医疗保险往往以户籍或工作单位为依据，农民工在务工地看病就医，回户籍地报销程序复杂且报销比例远低于就诊地。而我国以农民工为主体的流动人口规模大。据统计，“2017年流动人口规模达2.44亿人，占总人口的18%，相当于每6个人中有1个是流动人口”。综上可见，当前我国虽然致力于建设城乡统筹的基本医疗保险制度，但基本医疗保障制度在群体间的差异仍然明显，造成了事实上的制度对部分社会群体共享医疗卫生体制改革红利的排斥。

4. 政府权责界限不清制约健康治理能力的提升

医疗卫生发展与改革领域存在的政府权责界限不清主要表现在以下三个方面：

一是各层级政府间收入与支出责任不相匹配。当前，县级政府承担着过重的医疗卫生支出责任。中央政府和省级政府促进公共医疗卫生服务均等化的力度亟待加强。从政府医疗卫生支出占总的医疗卫生支出的比重来看，中央政府医疗卫生支出占医疗卫生支出的比重远低于地方政府医疗卫生支出与医疗卫生支出的比值（见图5-6）。中央政府在促进经济欠发达地区基本医疗卫生服务均等化的财政支出责任尚需强化。

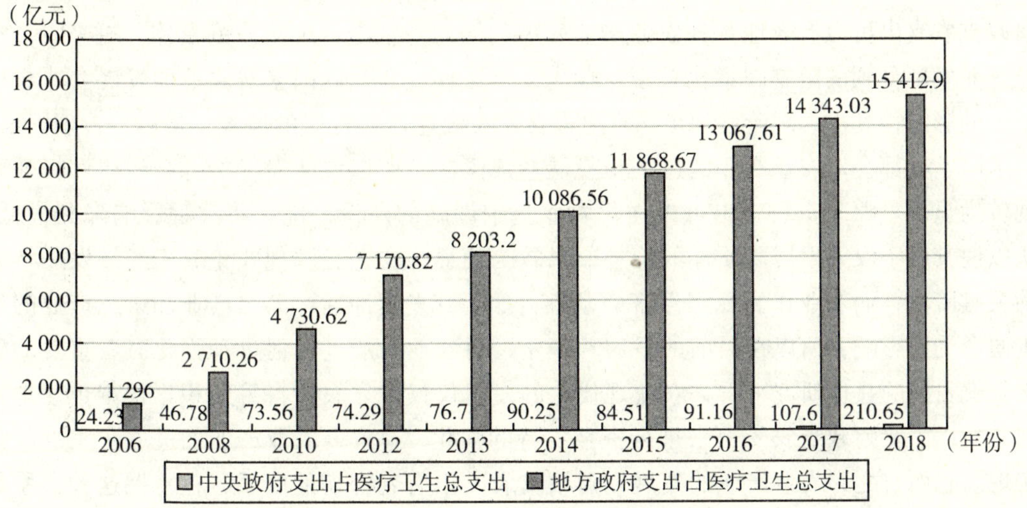


**图 5-6　2005～2018 年中央政府和地方政府医疗卫生支出占医疗卫生支总出的比重**

资料来源：2005～2018 年《中国教育统计年鉴》。

二是中央和地方在医疗卫生领域的监管责任划分不合理。如对药品的监管，国家药监局要求药品生产地的药监局履行属地管理责任，而现实的困境是，药品虽然在某一个地方生产，但其销售却可能面向全国。受地方保护主义影响，一些地方药监局显然难以严格执行各项法律法规，从而损害公共利益。因此，对药品的监管，既需要地方政府履行属地监管责任，更需要中央政府的统一监管。

三是政府各部门之间条块分割，责任不明且难以形成合力。以药品和医疗器械生产和销售为例，目前药品的生产质量监管、广告发布主要由药监和工商部门共同负责，各部门的权责并不清晰。

上述问题是我国健康治理体系存在的突出问题，必然制约我国健康治理能力的提升。

**【财政视野】推进“健康中国”建设的思路**

# 第四节　财政支农与扶贫支出

## 一、财政支农支出

### （一）财政支农支出的意义

从目前的研究来看，农业产业发展的一项重要资金来源是财政支农支出资金，所以说财政支农支出对于促进农业的经济增长有着重要的意义，主要表现在两个方面：一是财政支农支出可以有效地弥补农业产业发展的弱质特征。就现阶段的具体分析来看，农业产业发展受到的限制因素比较多，首先，自然环境和气候因素对农业的发展会造成比较大的影响；其次，现阶段的市场环境也会加大农业产业发展的风险；最后，管理因素、技术因素等都会对农业产业的进一步发展造成限制。所以农业发展的综合弱质性特征表现较为显著。财政支农支出可以强化农业基础设施的建设，进而将这种影响降到最低，所以说其对于农业发展弱质性的弥补效果较为明显。二是我国现在正处于经济发展转型的关键阶段，而农业作为我国经济的基础，如果其发展滞后，第二产业和第三产业的进步便会受到影响，所以在目前的发展环境中，对农业发展进行促进和强化有着重要的意义。就目前的具体研究来看，农业现代化的发展仅仅依靠农业自身的积累很难迅速地实现，所以需要财政支农支出来进行资金支持的强化，这样，农业产业的进一步发展才会实现。总而言之，农业产业的发展和财政支农支出有着密切的联系，在掌握这种关系的基础上进行财政支农政策的强化现实意义巨大。

### （二）财政支农支出的主要内容

在农业方面，政府的投入主要表现为财政支援农业的投入，这又分为预算内资金投入和预算外资金投入两部分。预算内资金投入是指列入国家预算支出直接拨付的支农资金；预算外资金投入是指不列入国家预算内地方财政部门和农业有关主管单位用于发展农业的投入。

列入国家预算支出的支农资金，主要包括以下内容。

#### 1. 农林、水利、气象等方面的基本建设投资支出

对农业和农垦部门的基本建设投资，主要包括对国有农场和生产建设垦区的基本建设投资；对林业的基本建设投资，主要包括建设场房、购买设备、种苗和栽树等费用；对水利的基本建设投资，主要包括根治大河、修筑水库、桥梁等基本建设费用；对气象方面的基本建设投资，主要包括建设气象台（站）、购买设备等费用。此外，还包括属于上述系统的事业单位的基本建设投资。

#### 2. 农林企业挖潜改造资金支出

农林企业挖潜改造资金支出是指国家财政用于农垦、农牧、农机、林业、水利、水产、气象等企业的挖潜改造资金。

#### 3. 农林部门科技三项费用

农林部门科技三项费用是指国家财政用于农业、畜牧、农机、林业、水利、水产、气象等部门的新产品试制费、中间试验费和重要科学研究补助费等科学技术三项费用。

#### 4. 农林、水利、气象等部门的事业费支出

农林、水利、气象等部门的事业费支出是财政用于农垦、农场、农林、畜牧、农机、林业、水利、水产、气象、乡镇企业，以及农业资源调查和土地管理等方面的事业费。

5. 支援农业生产支出

支援农业生产支出是国家财政对农村集体经济单位和农户的各项生产性支出的支援。主要包括：小型农田水利和水土保持补助费、支持农村合作生产组织资金、农技推广和植被保护补助费、农村草场和畜禽保护补助费、农村造林和林木保护补助费、农村水产补助费、农业发展专项资金和发展粮食生产专项资金支出等。

6. 支持农村社会公益事业支出

支持农村社会公益事业支出包括用于农村教育、乡村道路、农村电网、广播电视、医疗卫生等方面的支出。预算外资金也是国家增加农业资金投入的重要来源，自改革开放以来，预算外资金迅速增长，由于预算外资金具有分散性的特点，这就需要财政部门加强管理，积极引导使之成为发展农业生产的重要投入。

除此之外，国家还利用信贷、价格以及税收优惠等多种手段，全方位地支援农业生产发展。

### （三）近年来我国政府财政支农支出情况

“十三五”时期，全国一般公共预算农林水事务支出累计达到11万亿元，年均增长达15%，围绕促进农民增加收入、增强农业综合生产能力、深化农村综合改革等中心任务，实施了一系列强农惠农富农政策。在继续加大财政投入的同时，创新投入方式，探索采取政府购买公共服务、贷款贴息、税费减免、建立基金、民办公助、一事一议、以奖代补等多种有效形式，更好地发挥财政资金的杠杆作用，引导金融、社会资本投向农业农村，组建国家农业信贷担保联盟体系，解决“融资难，融资贵”问题，建立完善农业保险政策，重点发展符合适度规模经营需求的多层次、高保障农业保险产品与服务。扎实推进农业供给侧改革，补齐农业农村发展短板，不断提高农产品供给体系的质量和效率。

按照生态文明建设总体要求，中央财政不断加大投入力度，支持实施森林生态效益补偿。2018年，中央财政积极盘活存量，用好增量，通过林业补助资金拨付200亿元，支持做好森林生态效益补偿工作，加强国家级公益林保护和管理。同时，积极完善森林生态效益补偿机制，将国有国家级公益林补偿标准提高33%，进一步加大对生态环境的支持保护力度。中央财政安排资金190.6亿元用于实施禁牧补助、草畜平衡奖励和绩效评价奖励，并将绩效评价奖励资金向西藏和其他四个藏区省份予以倾斜，以推动当地畜牧业发展和草原保护建设。

重视农村义务教育投入，促进义务教育均衡发展。一是“保基本”。落实农村义务教育经费保障机制和城市学生免除学杂费政策，全国约1.1亿名农村学生享受免学杂费和免费提供教科书政策，中西部约1 240万名贫困寄宿生获得生活费补助，约2 944万名城市学生享受免学杂费政策。二是“补短板”。全面改善贫困地区农村薄弱学校基本办学条件，实施营养改善计划，惠及学生约3 320万名。三是“提质量”。加强教师队伍建设，继续实施“特岗计划”“国培计划”和落实乡村教师生活补助政策。四是“促公平”。支持农民工随迁子女就学，惠及学生约1 295万名。

### （四）今后的投资重点

国家支持的农业发展方向主要包括“菜篮子”、特色农产品优势区创建、粮食适度规模经营、优势特色主导产业发展、国家现代农业产业园建设、农村一二三产业融合发展、绿色高效技术推广服务、农业结构调整等。

重点投资的项目有：农业综合开发产业化发展、田园综合体建设试点、特色小镇建设、国家现代农业产业园创建、区域生态循环农业、畜禽粪污资源化利用、数字农业建设试点、全国一村一品示范村镇创建、农业特色互联网小镇建设试点、农业产业化联合体、农民专业合作经济组织建设、政策性金融支持农村创业创新等。

## 二、财政扶贫支出

### （一）财政支出减贫效应的机制与助力农村减贫的作用

财政支出减贫效应的机制。财政支出结构反映了不同类型分项支出在总支出中的占比。财政扶持贫困支出体现在农业支出、医疗卫生支出、教育支出、科技支出和抚恤救济支出等方面。从减贫治理角度来说，反映了政府扶贫工作的重心，关系到政府动员扶贫资源力度，在一定程度上影响减贫的效果。贫困人口致贫原因是多方面的，既有自然灾害、基础设施不完善、环境恶劣等外部原因，也有内生动力不足、患病、教育缺乏等内部原因。政府保障性公共支出解决了贫困地区群众的基本生存问题，财政支出结构性安排和专项扶持，提高了农田水利、医疗保障、教育教学、交通设施等水平，有效化解农村发展问题。在扶贫过程中，财政支出要强化因地制宜、因人制宜的扶持原则，根据贫困地区资源禀赋和优势，就地取材，通过发展生态旅游业、养殖产业、特色产品等，确保扶持资金靶向精准，切实提升农村减贫效应。财政支出助力减贫的作用。一是降低贫困规模。财政支出结构优化，解放了农村生产力，提高了农业综合生产能力，拓展了农民增收渠道，为深度贫困地区减贫提供了资金保障，也为农业部门扶贫带来溢出效应，全面降低了贫困人口规模。而且，经济增长又倒逼财政支出结构更加合理，促进了农业健康可持续发展。二是减缓贫困效应。财政支出结构优化提供了大量就业岗位，增加了农民收入来源渠道，转移了农村剩余劳动力，带动了农村经济，从而使得深度贫困地区贫困人口数量大幅降低。三是积极发挥政府财政职能。无论是投资性支出还是消费性支出，都是政府主体行为。扶贫专项贷款及扶贫发展专项资金，加速了农村贫困地区的基础设施建设进程，确保了贫困群众获得必需的农业生产资料，改善了贫困地区劳动者人力资本状况，增加了贫困户收入，充分发挥了政府财政职能。

### （二）财政扶贫支出的主要内容

（1）围绕培育和壮大特色优势产业，支持扶贫对象发展种植业、养殖业、民族手工业和乡村旅游业；承接来料加工订单；使用农业优良品种、采用先进实用农业生产技术等。

（2）围绕改善农村贫困地区基本生产生活条件，支持修建小型公益性生产设施、小型农村饮水安全配套设施、贫困村村组道路等，支持扶贫对象实施危房改造、易地扶贫搬迁等。

（3）围绕提高农村扶贫对象就业和生产能力，对其家庭劳动力接受职业教育、参加实用技术培训给予补助。

（4）围绕帮助农村扶贫对象缓解生产性资金短缺困难，支持贫困地区建立村级发展互助资金，对扶贫贷款实行贴息等。

（5）围绕编制、审核扶贫项目规划，管理财政专项扶贫资金和项目实施发生的项目管理费。

### （三）我国财政扶贫支出的成效

扶贫专项资金大幅增长，转移支付力度不断加大。改革开放 40 多年来，中央和各级财政不断加强扶贫投入力度，财政扶贫资金支出在 GDP 中的占比以及在转移支付中的比重都呈现逐年递增态势。2019 年 5 月 17 日，据媒体报道，2019 年中央财政补助地方专项扶贫资金已全部下达，共计 1 261 亿元，连续 4 年保持每年 200 亿元增量。但也要看到，我国正处于决胜脱贫攻坚战的关键节点，贫困地区条件差、经济结构不合理、产业带动不强，亟须加大财政扶持力度，让群众享受更多改革红利，发挥财政支撑和保障作用。

地方债务资金支出助力脱贫攻坚力度增强。2016～2017 年，每年安排不低于 600 亿元地方政府债务资金支持贫困村实施基础设施建设。2018 年，中央财政明确用于扶贫的债务资金规模达到 1 091 亿元。但也要看到，贫困地区文化、教育支出占比仅为 5% 左右，农村地区贫困群众尚未享受到与城市、发达地区同等的改革红利。

扶贫资金监管力度加强，财政支出减贫效应省级差异减少。近年来，在中央财政扶持贫困地区力度不断加大的情况下，财政支出减贫效应的省级差异逐年缩减。加之，扶贫资金运行动态监管平台建设持续发力，财政预算编制导向与约束作用不断增强，财政扶贫资金绩效管理成效显著，补齐脱贫短板助力脱贫攻坚目标基本实现。但也要看到我国中西部地区贫困发生率仍然较高，人均财政支出额相对较低，贫困人口基数依旧较大，并且东部地区、中部地区和西部地区财政民生资金的支出总额与贫困人口基数尚不匹配，人均财政支出额度与贫困发生率存在一定差异。

【财政视野】优化财政扶贫支出结构的举措

【财政视野】政府购买公共服务的创新逻辑

【课外阅读】国务院关于落实《政府工作报告》重点工作部门分工的意见

【应用训练】

(1) 行政管理、国防支出主要包括哪些内容?

(2) 我国科技支出的总体趋势是怎么样的?

(3) 根据我国教育经费的规模及使用现状,你有什么建议?

(4) 根据阅读或者自己的亲身经历,政府在医疗卫生领域还存在哪些不足?请举例说明。

(5) 为建立现代医院管理制度,建立和完善医院法人治理结构的内部运行机制,你有什么建议和想法?

(6) 查一查我国近两年政府支农和扶贫支出情况及成效。

(7) 谈谈如何建立一个“高效政府”。

参考答案

第五章 财政经常性支出 PPT

# 第六章

# 财政投资性支出

【本章导读】财政投资性支出是指各级政府在境内进行固定资产建设活动，包括新建、扩建、改建、技术改造等方式，使用预算安排的财政支出。日常生活中财政投资性支出随处可见，如水利工程、高速公路、机场等公共基础设施，都属于财政投资性支出。在积极财政政策背景下，财政投资性支出在全社会投资中占据重要位置，为经济社会发展提供了强劲推力，为促进我国成为现代化社会主义国家作出了巨大贡献。从经济效应来看，财政投资性支出具有积极效应。但财政投资性支出存在规模是否适度、结构是否合理、效益是否充分等问题。2018 年以来，学者开始研究财政投资对“私人投资”的挤出效应等负面作用，财政投资的积极作用受到学界质疑。

通过本章学习，要求读者全面而深入地掌握财政投资性支出的基本理论和主要架构，熟悉财政投资性支出的功能，了解财政投资性支出存在的问题。

**【财政视窗】政府投资条例 7 月 1 日实施**

## 第一节　财政投资性支出概述

### 一、财政投资性支出的含义及特征

财政投资性支出是指各级政府在境内进行固定资产建设活动，包括新建、扩建、改建、技术改造等方式，使用预算安排的财政支出。通常称为“政府投资支出”“政府投资”“财政投资”“公共投资”等。从概念看，财政投资性支出具有以下特征。

#### （一）投资区域性

财政投资支出一般是中央、省、市、县、乡镇五级政府辖内的投资支出行为，仅用于行政区划范围内，具有区域性。

### （二）用途确定性

财政投资性支出的用途确定，主要用于“固定资产建设”，而非教育、医疗等公共服务，是“看得见、摸得着”的实物支出。

### （三）方式多样性

财政投资性支出的方式包括新建、扩建、改建、技术改造等多种方式。新建一条高速公路、扩建水利设施、改建扩充机场等，都属于财政性支出的方式。

### （四）受益跨期性

财政投资性支出往往投资于基础设施建设，由于基础设施建设本身时滞，投资性支出的受益往往是在一定时期之后，受益时点具有跨期性。

### （五）支出规范性

与企业、个人支出受其收入限制不同，财政投资性支出是在政府（人民代表大会）预算安排下的支出。财政投资性支出的资金来源，一方面可以来源于预算内资金，如一般预算收入、政府性基金收入等。另一方面可来源于预算安排的市场融资资金，如国债转贷配套贷款、一般债券、专项债券等。无论支出资金来源于哪块，财政投资性支出应纳入政府预算体系统一管理。

**【财政视野】政府投资性支出的英文定义**

## 二、财政投资与私人投资的不同

财政投资是与非财政投资相对而言的。从经济学角度总结，财政投资属于政府行为，而非财政投资属于私人行为（除个人决策外，还包括企业股东决策、企业经营者决策），二者共同构成社会投资。

财政投资与私人投资有以下几点不同。

### （一）投资主体不同

私人投资是具有独立行为能力的企业或个人的投资，而财政投资是承担公共职能的政府作为主体进行的投资。在投资目标上，私人部门（企业和个人）追求利益最大化，根据自身所能感受到的微观效益和微观成本计量。而政府由于公共职能，它的投资以社会效益和社会成本来评价和安排财政投资。

### （二）投资能力不同

私人投资能力有限，而政府财力雄厚。私人部门投资主要依靠自身的资本积累和金融市场融资来为投资提供资金，投资规模受自身还款能力和金融市场成熟程度约束，往往难以承担规模宏大的建设项目。另外基于私人部门寿命，其投资往往追求期限短、见效快的短期投资。政府财力雄厚，能以税收收入、公共资源产权作为抵押筹集资金，且资金成本低廉，可以投资于大型项目和长期项目。

### （三）投资目标不同

私人投资满足自身效用，政府（财政）投资满足社会效益。政府由于在国民经济中的特殊地位，可以从事社会效益好而经济效率一般的投资。也就是说，政府可以将财政性投资用于“正外部效应”较大的公共设施、能源、通信、交通、农业以及治理大江大河和环境污染等有关国际民生的产业和领域。2019 年国务院发布的《政府投资条例》明确指出，政府投资资金应当投向市场不能有效配置资源的社会公益服务、公共基础设施、农业农村、生态环境保护、重大科技进步、社会管理、国家安全等公共领域的项目，以非经营性项目为主。

## 三、财政投资性支出的规模

### （一）一般预算口径

根据定义，财政投资性支出是指政府用于固定资产的支出。虽然定义明确，但支出规模较难测算。以 2018 年为例，全年财政一般公共预算支出约 22 万亿元，财政投资性支出中具有代表性的城乡社区、农林水、交通运输三项合计约 5.5 万亿元，占一般预算支出的 25% 左右。

另外，2018 年政府性基金收入 7.5 万亿元，其中各级政府土地出让收入 6.5 万亿元，占政府性基金收入的 87%。政府性基金支出 8 万亿元，这部分支出除用于拆迁补偿外，大部分用于土地整理等基础设施建设，这 8 万亿元大多为投资性支出。粗略统计预算内直接财政投资性支出约为 13.5 万亿元。

### （二）“黄金法则”口径

财政“黄金法则”是指，在整个经济周期中，政府举债只能用于投资性支出，而不能用于政府经常性支出。整理中央、地方政府公开债券数据：（1）国债余额（2018 年末）为 15 万亿元；（2）地方政府一般债券余额（2018 年末）为 18.5 万亿元；（3）地方政府专项债券余额（2018 年末）为 7.4 万亿元。从“黄金法则”反向推算，举债用于财政投资性支出，三项合计 40.9 万亿元。

### （三）隐性债务口径

除一般债券、专项债券，地方政府通过政府投融资平台在预算外举债，支撑财政投资性支出。根据波拉科娃（Polackova，1998）提出的“财政风险矩阵”，或有隐性债务极难统计。

花费大量时间完成统计后，审计署于2013年末公布《全国政府性债务审计结果》。其中，中央和地方政府直接债务余额20.6万亿元，或有债务余额9.6万亿元，合计30.2万亿元，介于一般预算口径与“黄金法则”测算口径中间。

从以上三类统计口径综合来看，我国财政投资性规模巨大，已成为我国经济重要组成部分。

【财政视野】财政投资中的 **PPP** 规模

# 第二节 财政投资性支出的理论支撑：凯恩斯主义

## 一、古典凯恩斯主义

美国经济在1929～1933年期间遭遇大萧条，引发经济学者对古典自由主义的反思。大萧条结束后，1936年，凯恩斯《就业、利息和货币通论》首次出版，对经济学界产生了深刻的影响。在书中，凯恩斯反思大萧条经济原因，认为市场机制并不能使经济从衰退中自动恢复，他认为应该通过扩大政府预算赤字，增加财政投资性支出，以刺激总需求，使经济复苏。更重要的是，凯恩斯及之后西方学者认为，财政投资性支出对经济增长有“乘数作用”和“加速原理”。

所谓“乘数作用”，是指每增加1元投资所能引起的收入增长的倍数，乘数与边际消费倾向同方向变化，边际消费倾向越大，乘数就越大。加速系数则是收入或消费增加会引起投资增加到什么程度的系数。在增加投资时，要有资金来源，而资金只能来源于居民的储蓄，储蓄增长会加速投资，而投资超过储蓄则会导致通货膨胀。

凯恩斯主义的公式为：

$$\Delta Y_w = \Delta C_w + \Delta I_w = \left(1 - \frac{1}{K}\right)\Delta I_w$$

其中，$\Delta Y_w$ 是收入变化；$\Delta C_w$ 是消费变化；$\Delta I_w$ 是投资变化（储蓄变化）；$K$ 是投资乘数，增加1个工资单位的总投资时，收入的增量是投资增量的 $K$ 倍。政府可以通过财政投资性支出发挥投资乘数作用。

古典凯恩斯主义在20世纪，一直被大量国家采纳，用于刺激经济。最典型的方式为扩大财政（政府）投资性支出，弥补需求不足引发的市场萧条。

值得一提的是，20世纪90年代，马斯格雷夫和布坎南对财政支出的逻辑有不同认识。马斯格雷夫认为，公共部门的扩张是必要的和建设性的发展。基础设施如高速公路、公费教育的增长以及社会保险的出现对于经济增长和社会福利作出了重要贡献。为保持社会的繁荣市场和一个合理的强大的公共部门都是必需的。而布坎南强烈支持平衡预算修正案，认为不能通过支出大于目前所能获得收入透支未来，将政府投资的负担落在公民头上。布坎南进一步指出，政府的投资存在公共财产效应：税基被认为是公共财产，以税收作为融资来源的政府特定支出项目是由特定集团消费的私人产品，所以总是存在一种过度扩张政府部门的倾向。

【财政视野】凯恩斯理论简述

### 二、新凯恩斯主义

20 世纪 90 年代快速发展出新凯恩斯主义经济学（New-Keynesian Economics），该学派将实际经济周期理论（RBC）与 20 世纪 80 年代的“新凯恩斯”模型相结合。新凯恩斯主义经济学试图消除微观经济学和宏观经济学方法上的不同，即为什么会出现经济波动。它在方法上采用 RBC 的动态随机一般均衡模型，假定市场是不完全竞争且工资和价格存在黏性，同时对最优工资和最优价格决策的影响因素进行了建模，模拟真实冲击的影响。由于工资和价格调整的滞后性，真实冲击通常使经济运行无效率，并且无效率的程度依赖于货币政策对真实冲击作何反应。因此，积极的货币政策、财政政策能够减轻工资和价格无法对真实冲击及时作出调整所带来的扭曲。

无论是古典凯恩斯主义还是新凯恩斯主义，都认为财政投资支出能弥补有效需求不足，熨平经济周期，主张扩大财政投资性支出，增加政府对经济的干预。

## 第三节 财政投资的现状

### 一、中央层面：“积极的财政政策”

2018 年末，中央经济工作会议在北京举行，部署经济工作。其中，对财政政策作出以下两点要求：

一是强化逆周期调节，继续实施积极的财政政策和稳健的货币政策，适时预调微调，稳定总需求。

二是积极的财政政策要加力提效，实施更大规模的减税降费，较大幅度增加地方政府专项债券规模。

因此，从中央层面政策来看，我国财政投资在很长一段时间内，将加力提效，继续在国民经济中扮演更加重要的角色。

【财政视野】2018 年中央经济工作会议“稳投资”及具体举措

## 二、地方层面：“替代市场”

虽然中央层面已制定指导政策，但具体到地方，执行方式发生了巨大变化。首先，我国的公务员所从事的政府工作是“内部劳动力市场”，脱离政府后极难在社会上就业，因此，政府官员大多热衷于“政治晋升锦标赛”。由此，地方政府官员热衷于从事生产，带动 GDP 考核指标提升，以获取政治职位晋升。其次，地方政府官员作为理性人，财政投资性支出可以实现自身利益，即使不能完成政治晋升，也能在财政投资性支出中获取权力和经济利益。

因此，地方政府大多脱离财政“公共职能”，转向从事“市场行为”。由于计划经济时代的经济管理惯性，地方政府大多热衷于“替代市场”，而非“服务市场”，突出的表现就是将大量财政资金投资于可能会带来较高收益的竞争性项目，导致地方政府的职能范围过宽，表现在财政上，就是不仅原有的财政支出负担无法减轻，而且又有了新的财政支出重点。

地方政府投资采取的典型方式是绕过《预算法》，创办地方政府投融资平台，脱离行政角色，在国有资产体系设立城投公司、城建公司等企业主体，从事投资活动。这些投资活动具有以下三大特征：

一是隐蔽性。由于投融资平台从事投资活动，是以国资体系下属企业进行，因此在国家预算体系无法监测到，其投资、融资行为存在隐蔽性。

二是杠杆性。地方政府财力有限情况下，无法提供足额财政拨款进行政府投资，但可以将土地、特许经营权等公共权力注入投融资平台，用于向社会融资，在预算体系外获取投资资金。

三是风险性。地方政府投融资平台由于不受《预算法》约束，实际经营过程中有过度投资、过度举债冲动，导致财政风险累积，容易诱发财政危机。中央经济工作会议提出“守住不发生系统性金融风险的底线”，其中一部分即为地方政府过度投资引发的隐性债务风险。

从地方层面来看，投融资平台快速兴起使得投资、融资等风险快速出现。2018 年末，中国银行保险监督管理委员会公布的政府投融资平台清单，多达 1.1 万多家，并且有多家地方政府融资平台在 2018 年出现债务违约，违约呈现三个特征：（1）违约的平台分布地域相当广泛，西南的贵州、云南、四川；华中的湖南、湖北；东北的辽宁；西北的陕西、新疆；华北的内蒙古、天津。（2）违约的产品种类相当丰富，如信托、券商资管、期货资管、租赁甚至债券。（3）违约的投融资平台级别相当之高，2018 年有两家省级平台牵涉债务违约。

【财政视野】地方政府利益主体意识

## 第四节　基础设施投资

### 一、基础设施投资概述

基础设施是支撑一国经济运行的基础部门，它决定着工业、农业、商业等直接生产活动的发展水平。国家的基础设施越发达，则该国的国民经济运行就越顺畅、越有效，人民的生活也越便利，生活质量相对来说也就越高。基础设施有狭义和广义之分。狭义的基础设施，是指经济社会活动的公共设施，主要包括交通运输、通信、水利、供电、机场、港口、桥梁和城市供排水、供气等。广义的基础设施，还包括提供无形产品或服务的科学、文化、教育、卫生等部门。本书讨论的是狭义的基础设施，而狭义的基础设施是财政投资性支出的主要领域。

基础设施依赖财政投资，特别是大型基础设施。它们大多属于资本密集型行业，需要大量的资本投入，而且它们的建设周期比较长，投资后形成生产能力和回收投资的时间往往需要许多年，这些特点决定了大型的基础设施很难由私人投资来完成，尤其在经济发展的初期阶段，没有政府的强有力支持，很难有效地推动基础设施的发展。在经济发展过程中各国政府均对基础设施实行强有力的干预政策，不过干预的程度有较大的差别。由于经济发达的国家经历了工业化的发展过程，基础设施已有了相当的基础，且因为发达国家价值观念上认为人能“自理”，对具有较强“正外部性”的基础设施支出，由于国会等待议机构的质疑（对支出的承担主体质疑较大），往往较难开展，因此政府的干预程度相对较弱。而经济欠发达国家在经济增长过程中常常经受基础瓶颈的困扰，政府只能通过财政集中动员一部分资源，以加快基础瓶颈部门的发展。如果集中的资源来自境外，融资造成金融危机。实际上，发展中国家的财政，除具有一般弥补“市场失灵”的作用外，还部分地充当着社会资本原始积累的角色。在我国经济发展过程中，长时间存在结构性矛盾，基础设施的短缺长期成为社会经济发展的主要制约因素。随着经济的快速增长，我国瓶颈被逐个攻破，如南水北调、高速铁路、三峡工程、新能源工程、高速公路等，我国基础设施的滞后状态已经大为改观。

### 二、基础设施投资的方式

1. 财政预算内出资建设，建成后免费提供社会，或收取使用费

由财政预算出资的项目主要出于三种考虑：一是关系国计民生。诸如长江三峡工程、青藏公路、南水北调之类的关系国家社会经济发展以及人民的当前和长远利益的重大项

目，只能由政府采取多种渠道集资来提供。二是维护国家安全。如宇航事业、核电站、战备公路等。三是反垄断的需要，垄断排斥竞争，垄断利润可能是以损害社会福利为代价的，如垄断行业可能提供高的垄断价格和低质的服务，因此对垄断行业政府可以通过公共定价，严加管理，也可以由政府直接承担投资责任。还有一些基础设施，诸如市区道路、上下水道、过街天桥等，具有明显的非排他性或很高的排他成本，单项投资不大，数量众多，也适于作为纯公共物品由政府投资提供。

2. 特许经营权出资模式

由私人或政府筹资（借款），建成后由政府设定排他性经营权利，向使用者收费偿还借款。典型的例子是地方性公路和桥梁等公共设施的建设，如“贷款修路，收费还贷”，就是这种提供方式。

3. 政府与民间共同投资的提供方式（PPP 模式）

对于具有一定的外部效应、盈利率较低或风险较大的项目，政府可以采用投资参股等方式，与民间共同投资，混合提供。如集装箱码头及高新技术产业等基础设施建设，适于采取这种提供方式，政府在其中主要发挥资金诱导和政策支持作用。

4. 政府投资，法人团体经营运作

这种提供方式有两个优点：一是政府拥有最终的决策权，又可以使政府从具体的经营活动中解脱出来；二是法人团体拥有经营自主权，责任明确，可以提高成本效益的透明度，提高服务质量。道路、港口甚至中小型机场等适于采用这种提供方式。

## 三、财政基础设施投资规模

我国财政基础设施支出规模巨大。根据 2017 年《中国财政年鉴》整理估算，一般公共预算内财政投资性支出达 2.9 万亿元，如表 6－1 所示。

**表 6－1　2017 年一般公共预算“基础设施支出”　单位：亿元**

| 项　　目 | 预算数 | 决算数 |
|---|---|---|
| 十一、城乡社区支出 | 19 202 | 20 585 |
| 其中：城乡社区管理事务 | 2 359 | 2 763 |
| 城乡社区规划与管理 | 308 | 382 |
| 城乡社区公共设施 | 9 859 | 9 527 |
| 城乡社区环境卫生 | 2 019 | 2 270 |
| 建设市场管理与监督 | 58 | 53 |
| 其他城乡社区支出 | 4 600 | 5 589 |
| 十二、农林水支出 | 19 348 | 19 089 |
| 其中：农业 | 6 529 | 6 195 |
| 林业 | 1 746 | 1 725 |

续表

| 项　目 | 预算数 | 决算数 |
|---|---|---|
| 水利 | 4 700 | 4 425 |
| 南水北调 | 83 | 116 |
| 扶贫 | 2 469 | 3 250 |
| 农业综合开发 | 641 | 571 |
| 农村综合改革 | 1 533 | 1 487 |
| 普惠金融发展支出 | 437 | 498 |
| 目标价格补贴 | 384 | 339 |
| 其他农林水支出 | 827 | 484 |
| 十三、交通运输支出 | 10 369 | 10 674 |
| 其中：公路水路运输 | 4 977 | 5 085 |
| 铁路运输 | 1 224 | 1 238 |
| 民用航空运输 | 287 | 340 |
| 成品油价格改革对交通运输的补贴 | 367 | 466 |
| 邮政业支出 | 81 | 80 |
| 车辆购置税支出 | 2 404 | 2 237 |
| 其他交通运输支出 | 1 029 | 1 229 |
| 合　计 | 30 045 | 29 222 |

注：因我国财政部门未对基础设施进行分类，笔者根据支出分类性质，将基础设施支出标注深色。
资料来源：2017 年《中国财政年鉴》。

除一般公共预算外，政府性基金预算中，用于基础设施建设的支出约为 5.4 万亿元，如表 6 – 2 所示。

**表 6 – 2　　2017 年政府性基金预算“基础设施支出”**　　单位：亿元

| 项　目 | 预算数 | 决算数 |
|---|---|---|
| 二、铁路建设基金支出 | 420 | 420 |
| 五、港口建设费相关支出 | 228 | 207 |
| 九、城市公用事业附加相关支出 | 71 | 128 |
| 十、国有土地使用权出让金收入相关支出 | 45 070 | 50 610 |
| 十一、国有土地收益基金相关支出 | 1 220 | 1 369 |
| 十二、农业土地开发资金相关支出 | 179 | 150 |
| 十六、城市基础设施配套费相关支出 | 1 413 | 1 278 |
| 十八、国家重大水利工程建设基金相关支出 | 412 | 392.94 |
| 合　计 | 49 013 | 54 163 |

资料来源：2017 年《中国财政年鉴》。

从以上可以看出，政府性基金预算中，基础设施投资支出规模巨大。值得一提的是，地方政府国有土地使用权出让金收入相关支出中，未披露具体科目支出，如“三通一平”“土地整理”“征地补偿”等详细支出明细，因此粗略估算，将该科目支出全部纳入基础设施建设。综合基础设施建设规模看，我国地方政府承担了国家基础设施建设主体职责。地方政府通过出让土地使用权，筹集大量资金，用于道路、桥梁、公用设施等基础设施建设。

【财政视野】中国基础设施建设的发展前瞻

【课外阅读】政府投资条例

【应用训练】

（1）财政投资与私人投资有什么不同？

（2）我国现阶段中央、地方政府的财政投资政策有何不同？

（3）请举例你身边的财政投资项目，不少于3个。

（4）请描述马斯格雷夫和布坎南对政府投资（公共部门）规模的分歧。

（5）请解释凯恩斯的投资乘数，以及投资乘数的具体公式。

参考答案

第六章　财政投资性支出 PPT

# 第七章

# 财政转移性支出

**【本章导读】**财政转移性支出是财政购买性支出的对称，指政府无偿向居民和企业、事业以及其他单位供给财政资金，是政府按照一定方式，把一部分财政资金无偿地、单方面转移给居民和其他受益者的支出。财政转移性支出主要由社会保障支出、财政补贴和税收支出构成。在财政支出总额中，财政转移性支出所占的比重越大，财政活动对收入分配的直接影响就越大。这是一种收入再分配的方式。由于财政转移性支出只是简单地把收入进行重新分配，从一个人或一个组织转移到另一个人或另一个组织，并没有相应的产品或服务交换发生，所以财政转移性支出不计入 GDP。

通过本章学习，要求读者全面而深入地掌握社会保障和财政补贴以及税收支出的基本理论和主要架构，熟悉我国“五险”的具体内容，了解财政转移性支出所存在的问题。

**【财政视窗】**一分钟了解转移性支出

## 第一节　财政转移性支出概述

### 一、财政转移性支出的含义

财政转移性支出，指政府无偿向居民和企业、事业以及其他单位供给财政资金；是指政府按照一定方式，把一部分财政资金无偿地、单方面转移给居民和其他受益者的支出。常见的财政转移性支出包括社会保险支出、财政补贴、税收支出、贫困补助、金融救济、福利支出等。本章主要探讨社会保障支出、财政补贴和税收支出。

## 二、财政转移性支出的作用和影响

### （一）财政转移性支出的作用

转移性支出虽然直接改变了国民收入的分配状况，但其主要影响却在生产方面，无论出于何种目的，采取何种形式，均有刺激企业生产的作用。

一是转移性支出引起了货币收入的流动，在间接的意义上仍然配置了资源和要素。

二是政府通过转移性支出，增加了支出受惠者的货币收入，在私人和企业间进行了收入再分配，从而成为政府实施社会公平政策的重要手段。

三是政府转移性支出增加了有关私人和企业的可支配收入，间接增加了社会购买力，影响了宏观经济的运行态势。特别是其中的济贫支出和社会保险支出等，能够自动地随着宏观经济运行状态而逆向变动，从而成为宏观经济运行的自动稳定器，是政府最重要的宏观经济政策运作手段之一。

### （二）财政转移性支出的影响

由于转移性支出具有单方面和无偿的特征，一般来说，西方很多学者把它与税收相对照，称之为“负的税收”。税收是居民和企业将资金无偿转移给政府，而转移性支出则是政府将资金无偿转移给居民和企业。

这两种转移尽管方向相反，但对国民收入在本国居民间的分配格局影响不大，都会影响政府和非政府经济主体之间，以及非政府经济主体之间的资金分配关系。正因为有这种共性，国民收入发生了有利于债权人的变化。一些国家常将税收和转移性支出手段配合使用。

（1）对居民的补贴，主要影响的是国民收入的初次分配格局。补贴资金通常主要取自高收入的企业和居民，主要支出对象则是低收入的居民。通过这种“课税—补贴”转移过程，国民收入分配的差距可以缩小，低收入、无收入居民的最低生活水平可能得到某种保证。这项补贴支出还可以间接影响社会生产。

（2）对企业的补贴，包括常见的投资补贴，即为鼓励企业对关系国计民生的关键或短缺部门投资进行补贴。限价补贴，指对产品价格受政府限制的企业给予补贴，补贴支出增加将会增加对此类消费品的需求，使其获得等于甚至高于平均水平的利润；亏损补贴，指对因价格或市场原因造成亏损的企业进行补贴，以维持就业和生产。

由于受补贴居民多属低收入阶层，所购买的生活资料一般是大众消费品。因此，补贴支出增加将会刺激对此类消费品的需求，如对产品价格受政府限制的企业给予补贴，进而刺激生产此类消费品的企业扩大生产、增加投资，继而又会刺激生产有关原料和生产资料的企业扩大生产。

高收入居民的边际消费倾向一般低于低收入居民。国民收入从高收入居民向低收入居民转移，会使全社会的边际消费倾向提高，从而改变全社会的消费/储蓄比例，进而对社会的投资率产生影响。

## 三、转移性支出和购买性支出的区别和联系

### （一）转移性支出和购买性支出的区别

1. 是否构成商品或劳务

转移性支出是政府无偿的、单方面的支出，不取得相应的商品和劳务；购买性支出是指政府购买商品或劳务的行为。

2. 对经济影响的差异

转移性支出只是资金使用权的转移，对收入分配产生直接影响，对经济产生间接影响；购买性支出对经济的影响是直接的，直接增加当期的社会购买力，并由政府直接占有商品或劳务，直接影响就业、生产和社会中的需求。

3. 职能方面的不同

转移性支出反映政府的收入再分配职能；购买性支出反映政府的资源配置职能和经济稳定职能。

### （二）转移性支出和购买性支出的联系

1. 转移性支出和购买性支出都对社会生产和就业产生影响

转移性支出是通过支出使政府掌握的资金转移到接受者手中，它只是资金使用权的转移，对国民收入分配产生直接影响。购买性支出是通过支出使政府掌握的资金与微观经济主体提供的货物和劳务相交换，政府直接以货物和劳务的购买者身份出现在市场上，因而对社会的生产和就业有直接的影响，但对国民收入分配的影响是间接的。

2. 转移性支出和购买性支出都对政府的效益有约束

在安排转移性支出时，政府并没有什么原则可以遵循，其支出规模与结构在相当大的程度上只能根据政府与企业、中央政府与地方政府的协商而定，因此，转移性支出体现出的财政分配活动对政府的效益约束是较弱的。在安排购买性支出时，政府必须遵循等价交换的原则，因此，通过购买性支出体现出的财政分配活动对政府形成较强的效益约束。

3. 转移性支出和购买性支出都对微观经济主体的预算有约束

微观经济主体在同政府的转移性支出发生联系时，并无交换发生，在很大程度上并不取决于其能力与主观努力的结果，而取决于其经济状况及同政府讨价还价的能力，显然，对微观经济主体的预算约束是软的。微观经济主体在同政府的购买性支出发生联系时，也必须遵循等价交换的原则，对微观经济主体的预算约束是硬的。

# 第二节　社会保障支出

## 一、社会保障支出的概念及必要性

社会保障支出是指各级政府向收入不足或没有收入的居民提供的任何金钱或非金钱援助，也指由法律规定了的、按照某种确定的规则实施的社会保障政策和措施体系所造成的财政支出。社会保障在某些国家也被称为“社会福利”。

社会保障是随生产力进步、国家和政府的形成和发展而来的。在早期人类社会，人们实行的是自给自足的自然经济，每户人家自行生产，劳动时间不固定，劳动的组织不严密，且劳动成果归个人家庭所有。总体来说，早期人类社会并未形成相互密切联系的社会，因而没有社会保障的需要。随者生产力的发展，“分工”作为生产力进步的标志，大量生产剩余出现。为维护族群劳动剩余价值，以地理划分为标志的“国家”“政府”产生，统治阶级为进一步提高劳动力，将分工更加细化。分工的细化意味着劳动规范化，即政府开始制约人的劳动时间和劳动成果，这时，便有了社会保障的需要。

“国家”“政府”治下的个人，生活质量不断提高，相应的社会公共需要的内涵和范围也不断扩大，满足社会成员多方面需求，成为政府职能之一。其中，劳动者除了付出劳动得到一份报酬外，当他们因为年老、残疾、疾病等原因不能劳动或者暂时不能劳动时，应该享有一份能满足自己及赡养家庭成员人口最低生活需要的收入。另外，在劳动时，劳动者需要劳动保护，如医疗、失业、生育等。这些都属于由政府和社会要妥善安排的社会保障。

【财政视野】《济贫法》主要条款

因此，生产力进步产生了国家和政府，之后公共需要扩张，要求政府必须提供社会保障，这条社会保障理由可称为“社会正义”要求。

【财政视野】从经济角度阐述社会保障的主要代表人物及学派

## 二、社会保障的意义

### （一）矫正市场分配不公

市场经济体制下，必须由政府来组织实施社会保障，第一个意义在于弥补市场失灵。市场经济是一种效率型经济，可以使社会经济资源得到有效配置。然而，市场经济存在种种缺陷，其中之一是市场的分配机制必然拉大社会成员之间的收入差距，出现分配不公。因此，保障人与人之间的收入差距在一定限度内，这是必要和合理的。一旦超过这个限度出现贫富分化，那么社会将出现不稳定，不利于经济效率的提高。因此，在现代人类的哲学价值观念下，人的生老病死以及人们的最低生活需要不应该由市场来裁决，而政府应该做好社会保障。例如，政府可以通过收入再分配矫正市场经济中的不公。

**（二）具有“内在稳定器”功能**

必须由政府执行社会保障，还有一个原因是社会保障有“内在稳定器”作用。现代社会的社会保障是通过法律、法规实现的，因此其收支状况与国民经济的运行构成某种函数关系。社会保障支出反而能够通过相机抉择，弱化经济周期所引发的经济过冷过热，这就是社会保障可以起到“内在稳定器”的作用。

**（三）弥补私人保险缺陷**

商业性质的私人保险局限性有四点：一是私人保险存在逆向选择和道德风险。二是商业性私人保险不能解决个人储蓄不足和“搭便车”问题。三是商业性私人保险无法抵抗经济周期风险。四是私人保险无法进行有效的收入再分配。

因此，市场经济体制下的社会保障制度具有非常重大的经济意义。

## 三、我国社会保障的发展阶段

我国是社会主义国家，社会保障是政府承担的一项非常重要的职能。马克思在《哥达纲领批判》中阐述社会总产品的分配问题时，提出要在最终进行个人分配前，扣除一部分社会产品，用来满足社会的保健以及丧失劳动能力者的需要。

新中国于1949年成立，经历了社会主义改造、“文化大革命”、改革开放、现代化国家治理体系建设等阶段。因此，我国不同阶段的社会保障各不相同。

**（一）第一阶段：平均主义的社会保障阶段**

该阶段为1951～1993年，覆盖1949年到改革开放初期。当时我国生产力发展水平低，国家的经济形势非常严峻，人民群众的温饱问题没有得到解决，因而整个社会充斥着对社会公平和人道主义的诉求。1951年国家颁布实施《中华人民共和国劳动保险条例》，开始逐步建立城镇职工劳动保险制度、国家机关和事业单位的国家保障制度、农村社队集体保障制度，即“三轨”式保障。这个阶段以集体主义为核心价值理念，制度的安排和实际运行带有明显的国家负责、单位包办、板块分割、封闭运行、全面保障的特征。

但平均主义的社会保障不能实现公平，尤其是农村社队集体保障非常弱。一方面，城乡二元社会结构（户籍制度、人口流动管制）致使农村地区人群并不能享有同城镇职工一样的劳动保险；另一方面，城镇职工的劳动保险是以平均分配制度为核心的单位保障，不同所有制导致的单位之间的差别直接导致了城镇职工劳动保险的差别，损害了劳动者积极性，最终结果是不公平又无效率。

### （二）第二阶段：效率优先、兼顾公平

1993 年，党的十四届三中全会提出我国经济体制改革应遵循“效率优先、兼顾公平”，这种处理效率与公平的经济思想贯彻至社会保障制度中。因此，该阶段从 1994 年持续至 2002 年。

1995 年，我国试行“社会统筹和个人账户相结合”的养老保险、医疗保险改革方案。这次改革改变了计划经济体制下的平均主义倾向，充分体现了劳动者权利与义务、贡献与待遇相对应的按劳分配原则。统账结合的社会保障制度中，个人账户权重较大，缴费率高达工资的 16%；而社会统筹账户权重较小，仅占 4%。在该保障制度下，社会统筹账户打破了封闭性的国营单位保障，体现了社会保障的社会性与共济性，克服了原有社会保障制度中不同保障单位之间的非公平性。个人账户与个人收益挂钩，有利于调动职工自我保障的积极性，提高了制度运行的经济效率。

该阶段存在的问题是，“效率优先”在社会保障制度中体现为优先发展效率性较强的社会保险项目，如养老保险、医疗保险，而社会将效率性较差的项目（如福利保障等）放在相对次要的位置上。

### （三）第三阶段：初次分配重效率、再分配重公平

该阶段为 2003 ~2017 年。2002 年，党的十六大提出“初次分配注重效率，再分配注重公平”。尽管这一提法没有突破“效率优先、兼顾公平”的原有框架，但其注重公平的倾向在社会保障制度的改革中得到了充分的体现。

该阶段社会保障制度开始注重再分配，并突破片面强调为经济效率服务的做法，维护和实现社会公平的职责重新得到注重。这种转变体现在个人账户的缴费比例上，例如，养老保险个人账户的缴费比例在 2006 年下调至 8%。在此期间，社会统筹账户的缴费比例由 1995 年的 4% 上升至 2000 年的 20%。

### （四）第四阶段：覆盖全民，健全再分配调节机制

该阶段为 2018 年至今。我国过去的社会保障基本上是“只保城镇、不保农村”，而农村人口占我国人口 40% 左右，广大的农村人口不能享受完善的社会保障，说明我国社会保障尚未实现“全覆盖”。

党的十九大报告强调，中国特色社会主义进入新时代，我国社会主要矛盾已经转化为人民日益增长的美好生活需要和不平衡不充分的发展之间的矛盾。社会主要矛盾转变为“不平衡不充分的发展”的矛盾，意味着我国社会保障制度将进一步提高“公平”。

2019 年，党的十九届四中全会通过《关于坚持和完善中国特色社会主义制度推进

国家治理体系和治理能力现代化若干重大问题的决定》（以下简称《决定》），《决定》要求，健全以税收、社会保障、转移支付等为主要手段的再分配调节机制。……完善相关制度和政策，合理调节城乡、区域、不同群体间分配关系。重视发挥第三次分配作用，发展慈善等社会公益事业。鼓励勤劳致富，保护合法收入，增加低收入者收入，扩大中等收入群体，调节过高收入，清理规范隐性收入，取缔非法收入。……完善覆盖全民的社会保障体系。

**【财政视野】2019 年党的十九届四中全会《决定》（节选）**

## 四、我国的社会保障体系

社会保障制度是现代社会普遍存在的一项重要的经济制度，它在保障公民基本生活、促进经济发展、实现社会公平、增进国民福利以及维护社会稳定等方面具有重要意义。

在我国，社会保障是指国家通过立法，积极动员社会各方面资源，保证无收入、低收入以及遭受各种意外灾害的公民能够维持生存，保障劳动者在年老、失业、患病、工伤、生育时的基本生活不受影响。同时，根据经济和社会发展状况，逐步增进公共福利水平，提高国民生活质量。

我国的社会保障体系主要包括社会保险、社会救助、社会福利、优抚安置和社会互助等内容。工会权益保障工作作为工会工作十分重要的组成部分，在促进国家社会保障制度的完善和落实、维护和实现职工合法权益方面发挥着重要的作用。

### （一）社会保险

社会保险是指国家通过法律强制实施，为工薪劳动者在年老、疾病、生育、失业以及遭受职业伤害的情况下，提供必要的物质帮助的制度。它是社会保障制度的核心内容。从社会保险的项目内容看，它是以经济保障为前提的。一切国家的社会保险制度，不论其是否完善，都具有强制性、社会性和福利性等特点。按照我国劳动法的规定，社会保险项目分为养老保险、失业保险、医疗保险、工伤保险和生育保险。社会保险的保障对象是全体劳动者，资金主要来源是用人单位和劳动者个人的缴费，政府给予资助。依法享受社会保险是劳动者的基本权利。

### （二）社会救济

社会救济也称社会救助，是政府对生活在社会基本生活水平以下的贫困地区或贫困居民给予的基本生活保障。社会救济是基础的、最低层次的社会保障，其目的是保障公民享有最低生活水平，给付标准低于社会保险。社会救济主要包括自然灾害救济、失业救济、孤寡病残救济和城乡困难户救济等。

### （三）社会福利

社会福利是政府为社会成员举办的各种公益性事业及为各类残疾人、生活无保障人员提供生活保障的事业。社会福利所包括的内容十分广泛，不仅包括生活、教育、医疗方面的福利待遇，而且包括交通、文娱、体育等方面的待遇。社会福利是一种服务政策和服务措施，其目的在于提高广大社会成员的物质和精神生活水平，使之得到更多的享受。同时，社会福利也是一种职责。

我国颁布了老年人权益保障法、残疾人保障法、农村五保供养工作条例等法律法规，保障和促进了社会福利事业的发展。目前，我国有社会福利院、敬老院、疗养院、儿童福利院等福利机构。我国政府鼓励和支持社会兴办多种形式的福利企业，帮助适合参加劳动的残疾人获得就业机会。此外，我国政府还通过发行社会福利彩票募集资金支持社会福利事业。

### （四）优抚安置

优抚安置，是指政府对军属、烈属、复员转业军人、残废军人予以优待抚恤的制度。在我国，优抚安置的对象主要是烈军属、复员退伍军人、残疾军人及其家属；优抚安置的内容主要包括提供抚恤金、优待金、补助金，举办军人疗养院、光荣院，安置复员退伍军人等。

### （五）社会互助

社会互助是指在政府鼓励和支持下，社会团体和社会成员自愿组织和参与的扶弱济困活动。社会互助具有自愿、非营利性的特点，其主要形式有：工会、妇联等团体组织的群众性互助互济；民间公益事业团体组织的慈善救助；城乡居民自发组成的各种形式的互助组织等。社会互助的资金来源主要是社会捐赠和成员自愿交费、政府从税收方面给予的支持。1999 年 6 月 28 日，第九届全国人民代表大会常务委员会第十次会议通过了《中华人民共和国公益事业捐赠法》，该法对社会捐赠活动的经常化、制度化进行了立法规范和鼓励。

## 五、我国社会保险的职责和投入

### （一）我国社会保险的管理和收支

综观世界各国的社会保险制度，其筹资方式有两种：开征社会保险税；收（缴）社会保险费。我国目前执行的是收（缴）社会保险费。2015 年修订的新《预算法》规定，我国财政预算包括一般公共预算、政府性基金预算、国有资本经营预算、社会保险基金预算，从而建立了独立的社会保险基金预算。我国社会保险基金实行基金式管理，根据《社会保险法》，社会保险基金存入财政专户，具体管理办法由国务院规定；国家设立全国社会保障基金，由中央财政预算拨款以及国务院批准的其他方式筹集的资金构成，用于社会保障支出的补充、调剂。全国社会保障基金由全国社会保障基金管理运营机构负责管理运营，在保证安全的前提下实现保值增值。

全国社会保障基金于2000年8月设立，是国家社会保障储备基金，由中央财政预算拨款、国有资本划转、基金投资收益和国务院批准的其他方式筹集的资金构成，专门用于人口老龄化高峰时期的养老保险等社会保障支出的补充、调剂，由全国社会保障基金理事会（简称社保基金会）负责管理运营。全国社会保障基金与地方政府管理的基本养老、基本医疗等社会保险基金是不同的基金，资金来源和运营管理不同，用途也存在区别。社会保险基金包括基本养老保险基金、基本医疗保险基金、工伤保险基金、失业保险基金和生育保险基金。全国社会保障基金理事会是财政部管理的事业单位，作为基金投资运营机构（见图7－1），不明确行政级别。

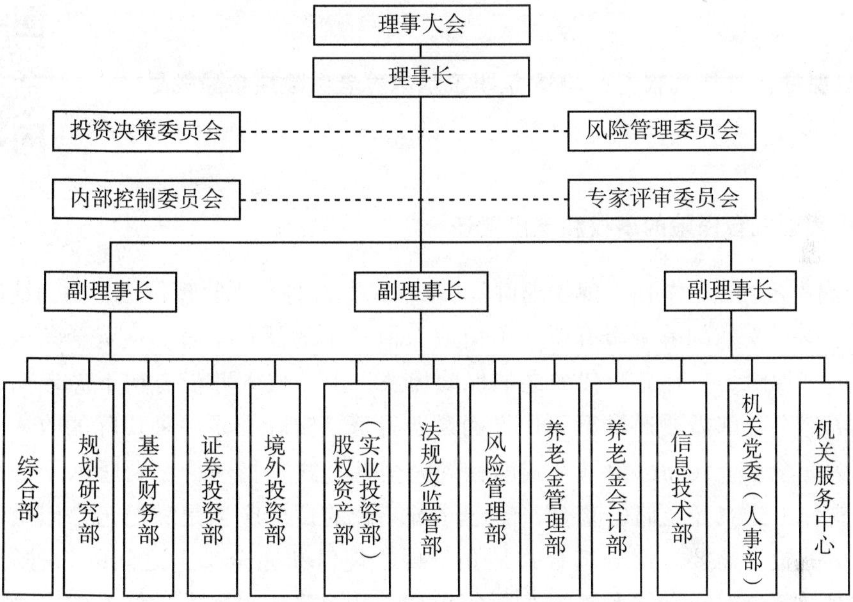


**图7－1　全国社保基金理事会组织架构（基金式）**

资料来源：全国社保基金理事会官方网站。

我国社会保险基金收支中，居民社会养老保险、居民基本医疗保险收入大大低于支出，由政府财政补贴为主。从合计数看，社会保险费收入约4.24万亿元，支出约4.76万亿元，缺口约为0.6万亿元，缺口部分由财政转移性支出填补（见表7－1）。

**表7－1　2017年全国社会保险基金收支决算情况**　　单位：亿元

| 项目 | 合计 | 企业职工基本养老保险基金 | 居民社会养老保险基金 | 职工基本医疗保险基金 | 居民基本医疗保险基金 | 工伤保险基金 | 失业保险基金 | 生育保险基金 |
|---|---|---|---|---|---|---|---|---|
| 一、收入 | 58 437.57 | 33 542.04 | 3 339.30 | 12 134.65 | 6 838.33 | 831.77 | 1 112.63 | 638.85 |
| 其中：社会保险费收入 | 42 417.66 | 26 228.39 | 829.62 | 11 224.43 | 1 812.72 | 783.71 | 962 69.00 | 576.10 |
| 二、支出 | 48 652.99 | 28 566.73 | 2 395.31 | 9 298.36 | 6 121.16 | 641.43 | 893.76 | 736.24 |

续表

| 项目 | 合计 | 企业职工基本养老保险基金 | 居民社会养老保险基金 | 职工基本医疗保险基金 | 居民基本医疗保险基金 | 工伤保险基金 | 失业保险基金 | 生育保险基金 |
|---|---|---|---|---|---|---|---|---|
| 其中：社会保险待遇支出 | 47 575. 47 | 28 179. 11 | 2 336. 70 | 9 192. 73 | 6 094. 91 | 634. 96 | 404. 65 | 732. 41 |
| 三、本年收支结余 | 9 784. 58 | 4 975. 31 | 943. 99 | 2 836. 29 | 717. 17 | 190. 34 | 218. 87 | -97. 39 |
| 四、年末滚存结余 | 75 348. 58 | 41 574. 33 | 6 341. 91 | 15 668. 97 | 4 065. 70 | 1 590. 56 | 5 552. 37 | 554. 74 |

资料来源：2017 年《中国财政年鉴》。

**【财政视野】社科院报告：2035 年职工基本养老保险结余恐耗尽**

### （二）我国社会保险的事权和支出责任

社会保险资金的运作有“现收现付”“基金式”两种。现收现付式是指当期的缴费收入全部用于支付当期的养老金开支，不留或只留很少的储备资金。从资金角度看，现收现付式的养老保险是一种靠后代养老的保险模式，上一代人并没有留下养老储备基金的积累，其养老金全部需要通过下一代人的缴费筹资，实际上是一种代际的收入转移。基金式又分为完全基金式和部分基金式两种。完全基金式是指当期缴费收入全部用于为当期缴费的受保人建立养老储备基金，建立储备基金的目标应当是满足未来向全部受保人支付养老金的资金需要。部分基金式是介于现收现付和完全基金之间的一种筹资模式，当期的缴费一部分用于应付当期的养老金开支，另一部分用于为受保人建立养老储备基金。按世界银行的标准，一个非完全基金式的养老保险的储备基金可以满足两年以上的养老金支出需要时，则属于部分基金式。完全基金式是一种自我养老的保险模式，各代之间不存在收入转移，每一代人都靠自己工作期间缴纳的保险费所积累起来的养老储备基金来维持老年生活。

我国现阶段实行的是现收现付式。但由于我国社会保险的“双轨”，需要中央财政资金予以补偿（见表 7 - 2），因此我国社会保险为中央地方共同财政事权，共同承担支出责任，具体来说，负责社会保险具体事权的是县级人民政府，即县级以上地方人民政府社会保险行政部门负责本行政区域的社会保险管理工作，县级以上地方人民政府其他有关部门在各自的职责范围内负责有关的社会保险工作。2018 年 1 月 27 日，国务院办公厅印发《基本公共服务领域中央与地方共同财政事权和支出责任划分改革方案》，明确各项社会保险支出责任分担方式。除职工养老保险外，城乡居民基本养老保险补助由中央制定基础标准，中央与地方按比例分担。设定第一档包括内蒙古、广西、重庆、四川、贵州、云南、西藏、陕西、甘肃、青海、宁夏、新疆 12 个省份；第二档包括河北、山西、吉林、黑龙江、安徽、江西、河南、湖北、湖南、海南 10 个省份，中央对第一档和第二档承担全部支出责任，其他省份比例全部为5∶5。

表7-2 基本公共服务领域中央与地方共同财政事权和支出责任划分改革方案（节选）

| 共同财政事权事项 | | 基础标准 | 支出责任及分担方式 |
|---|---|---|---|
| 基本就业服务 | 9. 基本公共就业服务 | 由地方结合实际制定标准 | 主要依据地方财力状况、保障对象数量等因素确定 |
| 基本养老保险 | 10. 城乡居民基本养老保险补助 | 由中央制定基础标准 | 中央确定的基础养老金标准部分，中央与地方按比例分担。中央对第一档和第二档承担全部支出责任，其他为5∶5 |
| 基本医疗保障 | 11. 城乡居民基本医疗保险补助 | 由中央制定指导性补助标准，地方结合实际确定具体补助标准 | 中央与地方分档按比例分担。第一档为8∶2，第二档为6∶4，第三档为5∶5，第四档为3∶7，第五档为1∶9 |
| | 12. 医疗救助 | 由地方结合实际制定标准 | 主要依据地方财力状况、保障对象数量等因素确定 |
| 基本卫生计生 | 13. 基本公共卫生服务 | 由中央制定基础标准 | 中央与地方分档按比例分担。第一档为8∶2，第二档为6∶4，第三档为5∶5，第四档为3∶7，第五档为1∶9 |
| | 14. 计划生育扶助保障 | 由中央制定基础标准 | 中央与地方分档按比例分担。第一档为8∶2，第二档为6∶4，第三档为5∶5，第四档为3∶7，第五档为1∶9 |
| 基本生活救助 | 15. 困难群众救助 | 由地方结合实际制定标准 | 主要依据地方财政困难程度、保障对象数量等因素确定 |
| | 16. 受灾人员救助 | 中央制定补助标准，地方可以结合实际确定具体救助标准 | 对遭受重特大自然灾害的省份，中央财政按规定的补助标准给予适当补助，灾害救助所需其余资金由地方财政承担 |
| | 17. 残疾人服务 | 由地方结合实际制定标准 | 主要依据地方财力状况、保障对象数量等因素确定 |
| 基本住房保障 | 18. 城乡保障性安居工程（包括城镇保障性安居工程和农村危房改造等） | 由地方结合实际制定标准 | 主要依据地方财力状况度、年度任务量等因素确定 |

资料来源：中国政府网站。

### （三）我国企业职工基本养老保险中央调剂制度

2018年6月13日，在明确社保中央与地方事权和支出责任划分后，中央就企业职工基本养老保险建立了中央调剂制度。即建立中央调剂基金，将全国企业职工养老保险部分上调该基金，由中央重新分配。主要调剂方式如下：

一是中央调剂基金筹集。中央调剂基金由各省份养老保险基金上解的资金构成。按照各省份职工平均工资的90%和在职应参保人数作为计算上解额的基数，上解比例从3%起步，逐步提高。

某省份上解额 =（某省份职工平均工资 ×90%）× 某省份在职应参保人数 × 上解比例

各省份职工平均工资，为统计部门提供的城镇非私营单位和私营单位就业人员加权平均工资。

各省份在职应参保人数，暂以在职参保人数和国家统计局公布的企业就业人数二者的平均值为基数核定。将来条件成熟时，以覆盖常住人口的全民参保计划数据为基础确定在职应参保人数。

二是中央调剂基金拨付。中央调剂基金实行以收定支，当年筹集的资金全部拨付地方。中央调剂基金按照人均定额拨付，根据人力资源社会保障部、财政部核定的各省份离退休人数确定拨付资金数额。

某省份拨付额 = 核定的某省份离退休人数 × 全国人均拨付额

其中，全国人均拨付额 = 筹集的中央调剂基金 ÷ 核定的全国离退休人数。

通过中央调剂基金再分配，将经济发达地区部分企业职工养老金用于补贴非发达地区，实现收入二次分配。

截至2019年6月末，中央调剂比例已调高至3.5%，2019全年中央调剂基金规模将达到6 000多亿元。

【财政视野】**2019年中央调剂基金预算情况（亿元）**

## 第三节　财政补贴

### 一、财政补贴的概念和形式

作为一种财政转移性支出，财政补贴通常是针对经济部门（企业、个人）的一种无偿的经济援助或支持形式，目的是促进经济发展、实现政策目标、维护社会稳定。跳出政府范畴，财政补贴也可以指非政府组织（NGOs）对任何组织和个人的隐性金融支持。财政补贴的形式非常多样，通常分为两种：（1）直接的财政补贴，如现金赠款、无息贷款等。（2）间接的财政补贴，如税收优惠、免费保险、低息贷款、会计上加速折旧扣除等。

常见的补贴形式是对生产者或消费者的补贴。生产者补贴是指政府通过提供市场价格支持，直接现金支持或降低生产要素价格来确保生产者的利润更多、状况更好。消费者补贴是指政府降低向消费者提供的商品和服务的价格，确保达成某个政策目标。在中国，最常见、与日常生活密切相关的财政补贴即为老年人公交补贴、学生餐补等。

## 二、财政补贴的分类

通常情况下，将财政补贴分为以下几类。

### （一）生产补贴

生产补贴通常用于向特定厂商提供现金补贴，例如，降低生产成本或生产过程的收益损失，来增加政府扶持的某种特定产品的产量，从而促进产业政府或政府希望扶持某类产品市场快速发展，同时不会提高该类产品最终价格。这种补贴主要在民生类混合产品中较为常见。

其他类型生产补贴包括协助创建新公司（孵化器），制定扶持产业政策（规划文件），甚至包括制定区域发展政策等。过去很多学者对生产补贴进行了规范的学术讨论，他们认为生产补贴会引起许多问题，包括存储额外生产的产品的超额损失、倾销行为，以及导致某些行业过剩产能，如中国的钢铁水泥等过剩产能行业。

【财政视野】财政部：2020 年新能源车补贴预算 314 亿元

### （二）消费补贴

消费补贴是一种补贴消费者行为的补贴。这种补贴在发展中国家中最为普遍，政府补贴食品、水、电和教育等。这些国家的经济基础无论多么弱，都应允许所有人民享受最基本的生活需求。例如，一些政府提供"生命线"电费，即每月补贴某限额范围内的最低用电量。最新研究的证据表明，许多国家的政府补贴支出仍然很高，通常占 GDP 几个百分点。但大规模的消费补贴意味着大量的机会成本。财政补贴行为有三点合理性。首先，补贴是政府支出政策的主要手段，可以帮助政府实现特定目标。其次，在国内层面，财政补贴会优化国内资源配置，优化收入分配格局。最后，财政补贴能够提升企业生产力。

### （三）出口补贴

出口补贴是政府对其厂商出口产品的现金支持，是协助该国收支平衡的一种手段。较为常见的出口补贴为"出口退税"。一般情况下，执行出口补贴政策，会有效地改变该国的制造业结构，并改变其对外贸易方式。传统上，经济学家认为，补贴使消费者受益，但损害了商品进口国利益。在中国加入世界贸易组织（WTO）的 10 年后，出口补贴帮助中国在以前没有比较优势的行业（如钢铁、玻璃、造纸、汽车零部件和太阳能）中占据了相对较高的成本优势。

现阶段，出口补贴存在被滥用的问题。例如，一些出口商在很大程度上夸大了其出口货物的价值，以便从出口补贴中增加收益。另一种方法是将一批货物出口到国外，但是同一商人将通过其他路线重新进口该批货物，并更改产品说明以掩盖其原产地的方式，套取出口补贴。因此，贸易商并未帮经济体创造更多价值，反而可从出口补贴中获取超额收益。这样的出口补贴可以成为一种自毁和破坏性的政策。

【财政视野】绿箱补贴、黄箱补贴与红灯补贴（禁止性补贴）

### （四）进口补贴

进口补贴是进口国政府对进口产品的财政支持。进口补贴比出口补贴更为重要，它降低了消费者购买进口商品的价格。进口补贴的效果会因目标不同，产生不同的效应。例如，由于进口商品价格的下降，进口国的消费者境况更好，消费者的福利有所增加，并且会压制本土同类型企业压低商品价格，降低本土厂商的福利。归根结底，由于国内生产减少，给进口国家带来整体福利损失，因此很少使用进口补贴。但是，某些特殊行业，如药物行业，出于公平和人道角度，可以采用进口补贴的方式刺激药物进口。

### （五）就业补贴

就业补贴主要用于为企业降低用工成本，刺激企业提供更多工作岗位，降低国家失业率，鼓励特定行业进步发展。第一种就业补贴方式是直接向企业雇用人员提供现金补贴或退税。第二种方式是调整特定工种的社会保险费率，确保特定工种从业人员能从社会保险中获取更高财政净利益。第三种方式是对失业或无就业能力人员提供最低生活保障。

### （六）运输补贴

一些国家政府为环保、节能、运输效率等原因，向交通运输提供补贴，尤其是对具有较高运送能力的铁路和公共汽车提供财政补贴。与私家车出行相比，向公共交通提供财政补贴，降低公交成本，鼓励公交出行，可以减少交通拥堵和污染所导致的效率损失。

### （七）住房补贴

住房补贴是为确保“居者有其屋”，向建筑行业、房地产商、有住房需求的个人提供的补贴，包括直接向个人提供现金补贴、租房补贴、房贷贴息的货币形式，也包括向特定个人或家庭提供公租房、廉租房、共有产权房的实物形式。

【财政视野】广州市于 2019 年 12 月 3 日推出 420 套公共租赁住房

### （八）环保补贴

除了上述常见补贴外，各国还存在大量隐性补贴，主要解决特定经济行为所导致的外部性问题，如环保补贴。这些补贴包括任何遗漏但未能得到合理补偿或惩罚的经济行为，目标是调整经济行为对环境产生的外部性。例如，汽车司机排出尾气，污染所有人的空气，但他无须补偿所有人；农民使用农药，污染所有人的生态系统而无须补偿所有人，或者化工厂排放毒气导致酸雨，而无须补偿所有人。在这些行业，污染者的经济行为有效地获得了净收益，但没有补偿受影响的人。因此，需要财政补贴介入，对经济行为所导致的外部性进行纠正。2017 年我国节能环保支出共计 5617 亿元，主要用于污染防治、能源节能利用等方面。

## 三、财政补贴的经济效应

### （一）超额损失

完全竞争市场下，“商品数量—价格”均衡是买卖双方之间的一种平衡状态，其中商品的出清数量是生产商按指定价格提供的数量和需求者按指定价格购买的数量。财政补贴的作用是使供求曲线向右移动，幅度为单价中财政补贴的具体金额。如果消费者获得财政补贴，则由边际消费补贴所导致的商品价格降低会增加需求，从而使需求曲线向右移动。如果生产商获得财政补贴，对生产成本的财政补贴所导致的价格（收入）增加会增加供应，从而使供应曲线向右移动。

假设现在向生产者边际成本提供财政补贴，导致供给曲线向右移动（见图 7－2），供给曲线从实线移动到虚线。这时新的均衡点从 $E$ 移动到 $F$，原来的价格 $P_1$ 下降到 $P_2$，原来的出清商品数量从 $Q_1$ 上升到 $Q_2$。从生产者剩余和消费者剩余来看，两者剩余总和从三角形 $AEB$ 面积大小扩大至三角形 $AFC$ 大小，增加的剩余大小为多边形 $BEFCO$ 面积。

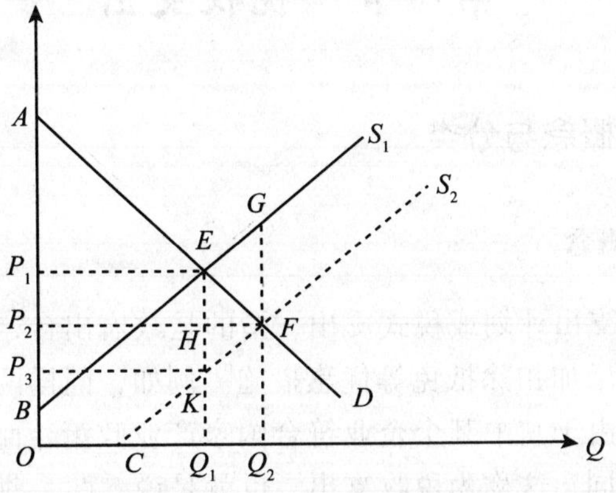


图 7－2 财政补贴的超额损失

但是，财政补贴是政府付出的成本，这些补贴全部转化为消费者剩余或生产者剩余了吗？答案是否定的。

从图7-2看，我们的财政补贴总金额为 $P_2F \times EK$，它等于 $P_2H \times EK + HF \times EK$，可以看出，和式第一项为矩形 $P_1EKP_3$ 的面积，这些全部在多边形 *BEFCO* 内部。但和式第二项为平行四边形 *EKFG* 的面积，这部分平行四边形只有三角形 *EKF* 在多边形 *BEFCO* 内部，三角形 *EFG* 不在多边形 *BEFCO* 内部，这部分是指政府付出的财政补贴，但未能转化为消费者或生产者剩余的部分。这个三角形 *EFG* 的面积即为“超额损失”。它是由政府财政补贴扭曲了消费者和生产者自由选择所导致的超额损失（也称“无谓损失”）。

#### （二）人为商品壁垒

国家或地区对本土生产的商品进行财政补贴，降低其价格，使其对国外或区域外商品更具市场竞争力，可以减少该商品来自海外或区域外的竞争。结果，很多发展中国家通过财政补贴建立了人为的商品壁垒，导致无法参与全球贸易，并在全球范围倾销被补贴商品。该举措也被称为贸易保护主义：建立贸易壁垒以保护国内工业的财政补贴政策。这些贸易保护主义通常是出于民族主义的原因（产业政策），并不是为了获得比较优势、技术优势击败商品竞争对手，最终会出现强烈的市场扭曲。市场扭曲、超额损失等是世界银行和 WTO 等国际经贸组织力争取消发展中国家财政补贴政策的内在逻辑。

财政补贴对其他经济部门和行业会产生溢出效应。由于受补贴产品在市场上出售对其他国家或地区的商品价格造成巨大压力，导致其他国家或地区生产者的收入降低。因此，财政补贴成为美国、欧洲与发展中国家之间紧张关系的根源。尽管补贴可以为某些行业带来直接好处，但从长远来看，补贴可能会带来不道德的负面影响。财政补贴旨在提高公众利益，但是，如果补贴导致价格扭曲和不公平竞争，实则会损害公众利益。因此，各国在境内对财政补贴予以严厉限制。例如，美国个别州授予的州内商品补贴歧视州外生产者，将会被判定为违反美国宪法和特定的商业公平竞争法案。

## 第四节　税收支出

### 一、税收支出的概念与分类

#### （一）税收支出的概念

税收支出也称税收支出计划或税式支出，指的是政府出台，对满足特定条件的纳税人所赋予的减免税收、增加扣除抵免等优惠措施。例如，同样两个企业，拥有同样的营业收入与营业利润，但由于其中某个企业符合国家产业政策，而少收所得税，最终导致两家企业税后净利润不同，这称为税收支出。也就是说，两个收入完全相同企业可以有不同的有效税率。

因此，从政府的角度来看，“税收支出”可以视为税务部门允许的，从经营收入中不与计列、豁免、扣除、特别抵免、优惠税率、延迟纳税义务等所形成的税收收入损失。

1967 年，美国前财政部助理部长斯坦利 · 萨里（Stanley S. Surrey）最早提出了税收支出的概念，以此来表示税收减免的政治作用，税收减免通常是通过预算支出来实现的。萨里称，国会议员将税收政策作为“巨大的补贴手段，用以奖励其偏爱的选民或补贴狭窄的特定领域，以获取政治选票。”1974 年的《国会预算与扣押法》（CBA）将税收支出定义为“由于联邦税收法的规定，导致的税收损失，包括特殊抵免、优惠税率、递延纳税义务等”。

**【财政视野】珠海横琴新区所得税优惠目录扩围（2019 年 8 月）**

### （二）税收支出的分类

从税收支出所能发挥的作用来看，税收支出可以分为照顾性税收支出和刺激性税收支出。

#### 1. 照顾性税收支出

照顾性税收支出指的是针对纳税人由于客观原因在生产经营上发生临时困难而无力纳税所采取的照顾行措施。例如，对某些经营困难企业，准予减免所得税，减少或免除纳税人纳税义务。从逻辑上看，照顾性税收支出具有很强的财政补贴色彩，目的在于扶持国家希望发展的企业或行业，以求国民经济各部门发展保持基本平衡。但需要注意的是，在采用照顾性税收支出计划时，必须严格区分经营亏损的具体情况，尽可能避免使用税收支出计划去帮扶因主观经营管理不善而造成的财务困难。

#### 2. 刺激性税收支出

刺激性税收支出主要是指用来改善资源配置、提高经济效率的特殊减免规定，主要目的在于正确引导产业结构、产品结构、进出口结构以及市场供求，促进纳税人开发新产品、新技术以及积极创造就业岗位等。这类税收支出是税收优惠行政策的主要依据：一是针对特定纳税人的税收支出；二是针对特定课税对象的税收支出。前者主要是那些享受税收支出的特定纳税人，不论其经营业务的性质如何，都可以依法得到优惠照顾，如我国对伤残人士创办的集体企业有税收优惠照顾，对军队经营活动不予征税等。后者主要是从行业和产品的性质来考虑，不论经营者是什么性质的纳税人，都可以享受优惠待遇，如我国的农业、牧业、高新技术产业等。

## 二、税收支出的主要形式

### （一）税收豁免

税收豁免是指在一定期间内，对纳税人的某些所得项目或所得来源不予课税，或对其某些活动不列入课税范围等，以豁免其税收负担。

常见的税收豁免项目：一类是免除关税与货物税；另一类是免除所得税。

### （二）纳税扣除

纳税扣除是在准许企业把一些合乎规定的特殊支出，以一定的比率或全部从应税所得中扣除，以减轻其税负。在累计税制下，纳税人的所得额越高，这种扣除的实际价值也就越大。

### （三）税收抵免

税收抵免是指准许纳税人将其某些合乎规定的特殊支出，按一定比例或全部从其应纳税额中扣除，以减轻其税负。常见的税收抵免一般有两类，投资抵免和国外税收抵免。投资抵免是指允许纳税人将一定比例的设备购置费从其当年应纳公司所得税税额中扣除。这相当于政府对私人投资的补助，故投资抵免也被称为“投资津贴”。投资抵免的目的在于刺激民间投资，促进资本形成，增加经济增长的潜力。国外税收抵免，常见于国际税收业务中，即纳税人在居住国汇总计算国外的收入所得税时，准予扣除其在国外的已纳税款。

国外税收抵免与投资抵免的主要区别在于，前者是为了避免国际双重征税，使纳税人的税收负担公平；后者是为了刺激投资，促进国民经济增长与发展，它恰恰是通过造成纳税人的税收负担不平等来实现的。

### （四）优惠税率

优惠税率是指对合乎规定的企业课以比一般税率较低的税率。其适用范围可视实际需要而予以伸缩。一般而言，长期优惠税率的鼓励程度大于有期限的优惠税率，尤其是那些需要巨额投资且获利较迟的企业，常可以从中获得较大的利益。

### （五）延期纳税

延期纳税也称“税负延迟缴纳”，是指允许纳税人对合乎规定的税收，延迟缴纳或分期缴纳其应负担的税额。该方式适用范围较广，一般适用于各种税，且通常应用于税额较大的税收上。

### （六）盈亏相抵

盈亏相抵是指准许企业以某一年度的亏损抵消以后年度的盈余，以减少其以后年度的应纳税款；或是冲抵以前年度是盈余，申请退还以前年度已缴纳的部分税款。一般而言，盈亏相抵办法通常只能适用于所得税方面。

### （七）加速折旧

加速折旧是在固定资产使用年限的初期提列较多的折旧。采用这种折旧方法，可以在固定资产的使用年限内早一些得到折旧费和减免税的税款。

### （八）退税

退税是指国家按规定对纳税人已纳税款的退还。作为税收支出形式形成的退税是指优惠退税，是国家鼓励纳税人从事或扩大某种经济活动而给予的税款退还，包括两种形式：出口退税和再投资退税。

出口退税是指为鼓励出口而给予纳税人的税款退还：一是退还进口税；二是退还国内销售税、消费税、增值税等。

再投资退税是指为鼓励投资者将分得的利润进行再投资，而退还纳税人再投资部分已纳税款。

## 三、税收支出的问题

我国执行社会主义市场经济，随着税制的建立和完善，我国对税收优惠的运用越来越广泛，国家以税收优惠形式提供的财政补助数额与日俱增。税收优惠在鼓励纳税人经济活动、减轻纳税人的经济负担以及调节和促进经济发展等方面起到了重要作用。但随税收优惠越来越广泛，失控问题愈发突出：一是国家损失了大量的税收收入，但企业对这部分资金的使用漫不经心，效益较差；二是广泛的税收优惠导致企业寻租行为滋生，企业依赖思想日趋严重。

整体来看，无论是财政补贴还是税收支出，都存在扭曲经济活动、损害经济效率的情况。

**【课外阅读】中华人民共和国社会保险法（节选“五险”）**

**【应用训练】**

（1）请列明我国的企业职工的“五险”，并分别解释。

（2）以广东为例，解释我国社会保障制度下，各项保障的支出责任央地分担情况。

（3）请解释职工基本养老保险执行中央调剂制度的目的。

（4）社会保障要兼顾“效率”“公平”，请从经济视角，说明现在应重点关注哪一项？

（5）请作图解释财政补贴的超额损失。

（6）请列举 3 个你所知道的税收支出计划。

参考答案

第七章 财政转移性支出 PPT

# 财政收入篇

# 第八章

# 财政收入总论

**【本章导读】**财政收入表现为政府部门在一定时期内（一般为一个财政年度）所取得的货币收入，主要包括税收收入和非税收入（国有资产收益、债务收入、政府收费和其他收入）。在市场经济国家中占财政收入主体的是税收收入。财政收入规模是衡量一个国家财力和政府在社会经济生活中职能范围大小的重要指标，可以从绝对量和相对量两个方向来衡量。财政收入规模会影响资源有效配置、经济结构优化等，会受经济发展水平和生产技术水平、价格等因素的影响。财政收入结构主要包括财政收入的价值构成、部门构成和征收级次构成。

通过本章学习，要求读者掌握财政收入的概念、形式与分类以及税收在其中地位的演变，了解财政收入规模的制约因素，熟悉在不同分类标准下的财政收入结构。

**【财政视窗】**什么是财政收入

## 第一节　财政收入概述

### 一、财政收入的概念

财政收入是指政府为履行其职能，实施公共政策和提供公共物品与服务而获取的一切资金的总和。财政收入表现为政府部门在一定时期内（一般为一个财政年度）所取得的货币收入。财政收入是衡量一国政府财力的重要指标，政府在社会经济活动中提供公共物品和服务的范围和数量，在很大程度上取决于财政收入的充裕状况。具体来说，财政收入的意义表现在：

第一，财政收入是财政支出的前提。财政分配是收入与支出的统一过程，支出是收入的目的，而收入则是支出的前提和保证，在一般情况下，收入的数量决定着财政支出的规模。

第二，财政收入是实现国家职能的财力保证。国家为了实现其职能，必须掌握一定数量的社会产品，财政收入是筹集资金的重要手段，对实现国家职能有重要意义。

第三，财政收入是正确处理各方面物质利益关系的重要方式。财政收入的取得不仅仅是一个聚集资金的问题，在具体操作过程中，取得多少、采取何种方式，关系到党和国家的方针政策的贯彻落实，涉及各方面的物质利益关系的处理。只有在组织财政收入的过程中正确处理各种物质利益关系，才能充分调动各方面的积极性，达到优化资源配置、协调分配关系的目的。

## 二、我国四本预算收入介绍

现行预算法规定，我国预算包括一般公共预算、政府性基金预算、国有资本经营预算和社会保险基金预算四本预算。

一般公共预算是四本预算的主干部分，收入以税收为主体，具体包括各项税收收入、行政事业收费收入、国有资源（资产）有偿使用收入和其他收入等。2019 年，全国一般公共预算收入为 19.3 万亿元。

政府性基金预算收入来源于向特定对象征收、收取或者以其他方式筹集的资金，包括民航发展基金、国家重大水利建设基金、国有土地使用权出让金等。2019 年，全国政府性基金收入为 7.8 万亿元。

国有资本经营预算是对国有资本收益做出支出安排的收支预算，收入来源于国有企业及国有股权的收益上缴，按照现行管理办法，中央企业国有资本收益上缴比例为 25%、20%、15%、10% 和“免收”五档，最高的是烟草企业，收取比例为 25%，政策性企业免交当年应缴利润。2019 年，全国国有资本经营预算收入为 0.34 万亿元。

社会保险基金预算的收入来源是个人和机关、企事业单位的社会保险缴费，一般公共预算安排的财政补贴、基金投资收益、利息收入及捐赠收入等资金。2019 年，全国社会保险基金收入为 8 万亿元。

【财政视野】**2019 年中国年度财政收入税收收入数据解读**

## 三、财政收入的形式

财政收入的形式是指国家取得财政收入的具体方式，即来自各个方面、各个部门和单位以及个人的收入通过什么方式上缴给国家。世界各国取得财政收入的主要形式是税收。目前，我国财政收入的形式主要有税收收入和非税收入。

【财政视野】**中国财政报告 2019**

### （一）税收收入

税收收入是国家凭借政治权力，按照法定标准和程序，强制地、无偿地取得的财政收入。税收是征收面最广、最稳定可靠的财政收入形式，具有强制性、无偿性和固定性三大特征。我国税收收入占财政收入比重颇高，是财政收入的主要来源。根据财政部公布的2019年财政收支情况，全国一般公共预算收入为19.04万亿元，其中税收收入为15.80万亿元，达到83%以上。主要税种包括国内增值税、国内消费税、企业所得税、个人所得税、进口环节税收、土地增值税、契税等。其中，国内增值税为6.23万亿元，占全国税收比重约39%；国内消费税为1.26万亿元，约占8%；企业所得税为3.73万亿元，约占24%；个人所得税为1.04万亿元，约占7%；进口环节税收（包括进口货物增值税、消费税以及关税）为1.86万亿元，约占11%；契税为0.62万亿元、土地增值税为0.64万亿元，约占7%；其他税为0.86万亿元，约占4%左右。

中央财政收入中，前五大税种为国内增值税、企业所得税、进口环节增值税和消费税、国内消费税、个人所得税。此外，中央财政收入还包括证券交易印花税、车辆购置税、关税等税种。地方财政收入中，前五大税种为国内增值税、企业所得税、契税、土地增值税、个人所得税。另外，地方财政收入中还包括城镇土地使用税、房产税、耕地占用税等税种。

**【财政视野】2019年全国税收收入构成**

### （二）非税收入

非税收入，是指除税收以外，由各级政府、国家机关、事业单位、代行政府职能的社会团体及其他组织依法利用政府权力、政府信誉、国家资源、国有资产或提供特定公共服务、准公共服务取得用于满足社会公共需要或准公共需要的财政性资金。非税收入主要有以下几种。

1. 国有资产收益

国有资产收益是国家凭借国有资产所有权所应获取的经营利润、租金、股息（红利）等收入的总称。在现代企业制度下，企业是独立于投资者享有民事权利、承担民事责任的经济实体，具有法人资格。企业中的国有资产属于国家，企业则拥有包括国家在内的出资者投资形成的全部法人财产权。其中，所有权是指财产所有者对财产依法享有的占有、使用、收益和处分的权利；企业法人财产权是指由所有者委托或授权，企业依法对营运的财产形式的占有、使用、收益和处分的权利。在所有权和财产权分离的条件下，财政分配主体与企业分配主体也由过去的合二为一变为相对分离，以政府为主体的财政分配中不再包含以企业法人为主体的财务分配，财政不再统负企业盈亏。这样，财政与企业的分配关系，除了对各类企业的税收关系外，对国有企业或拥有国有股份的企业还有一层规范的资产收益分配关系，即国家以国有资产所有者身份采用上缴利润、国家股分红等形式，凭借所有权分享资产收益，然后通过国有资产经营预算支出用于新建国有企业投资、对股份制企业的参股和控股，以及对国家股的扩股、增资、兼并购买产权或股权等，以保持公有制资产在社会总资产中的优势。

2. 债务收入

债务收入是中央政府以国家信用的方式取得的一种收入，是财政收入的特殊形式。债务收入到期之后要还本付息，不能够永久归国家财政使用，但其在弥补财政赤字、调节经济运行等方面发挥着十分重要的作用。

国家债务收入的形式可分为国内债务收入和国外债务收入。国内债务收入，是国家向国内居民以及各部门、各单位举借资金的债务形式，通常采用发行国债券的办法来募集。国外债务收入主要包括向外国政府和国际金融组织的借款、发行国外债券等方式取得的收入。

【财政视野】2019 中国财政报告：政府债务风险与化解

3. 政府收费

政府收费包括规费和使用费两种。前者指政府部门为公民个人或单位提供某些特定服务或实施特定行政管理所收取的工本费和手续费，如营业执照费、商标注册费、户口证书费、结婚证书费、商品检验费等。后者指政府部门对其所提供的公共设施的使用者按一定标准收取的费用，如高速公路使用费、桥梁通行费等。

4. 其他收入

其他收入包括各种罚没收入、公产收入及杂项收入。罚没收入是政府依法处理的罚款和没收品收入，以及依法追回的赃款和赃物变卖收入。公产收入是指国有山林等公产的产品收入、政府部门主管的公房和其他公产的租赁收入及变价出售收入等。杂项收入包括以政府名义接收捐赠的收入、国际组织援助捐款收入、对外借款归还收入等。

【财政视野】武汉突发新冠肺炎：各类企业组团捐赠驰援

政府可以根据需要和财源状况，充分利用各种收入手段，有效地筹集资金和调节经济。

【财政视野】法国政府财政收入主要来源

## 四、财政收入的分类

财政收入可以从动态和静态两个方面理解。从动态角度看，财政收入是政府凭借各种权力，利用各种手段，从微观经济主体那里取得一定量社会产品的一种活动或过程。它是财政分配活动的第一阶段，并在其中形成特定的财政分配关系。从静态角度看，财政收入又表现为一定的货币资金，即政府为履行其职能的需要而占有的以货币形式表现的一定量的社会产品价值，主要是剩余产品价值。

财政收入问题是现代财政理论与实践的重要组成部分。财政收入的分析可以从多个角度进行，如财政收入的形式、财政收入的来源、财政收入的规模和结构等，这些分析的首要条件是必须对财政收入作科学的分类。

纵观财政学史，在不同的历史发展阶段，各国学者根据当时的经济发展和财政分配状况，提出了很多财政收入分类方法。由于早期市场经济时期政府的主要收入来自国有资产，因此，亚当·斯密将财政收入分为国家资源收入和税收收入两类。英国的道尔顿则根据收入的征收方式将财政收入分为三类：强制收入，包括税收、战争赔款、罚金、强迫公债收入等；代价收入，指公产收入、公业收入、自由公债收入等；其他收入，则是指专卖收入、特许权使用费、发行货币收入、捐赠收入等。

还有很多学者从不同角度根据不同标准对财政收入进行分类。如有的将财政收入分为直接收入、间接收入和预期收入三类；有的将财政收入分为经常收入和临时收入两类；有的将财政收入分为公经济收入（指国家行使政治权力，从国民经济中强制征收的收入，如税收和行政规费等）和私经济收入（指国家处于与一般私人经济同样的地位，从事各种经济活动所取得的收入，如公有财产收入、公营企业收入等）两类；等等。

从理论与实践相结合的意义上看，我国的财政收入分类有三种，即按财政收入形式、收入来源和收入归属分类。

### （一）按财政收入形式分类

目前，世界各国取得财政收入的主要形式基本上是税收，其他的归属非税收形式。至于非税收的种类和地位，则视各国的政治制度、经济结构和财政制度的不同而有所区别。我国财政收入从财政统计口径看，分为税收收入和其他收入两类，从整体预算看（包括经常性预算和建设性预算），则具体分为以下几种形式：税收收入、国有资产收益、债务收入、政府收费、其他收入等。

**【财政视野】2018 年全国财政收支情况**

### （二）按财政收入来源分类

按财政收入来源分类，从不同角度，可将财政收入分为若干类：按来源的价值形态不同，可以分为来源于C的收入、来源于V的收入和来源于M的收入；按来源的所有制结构不同，可以分为国有经济、股份制经济、集体经济、私营经济、外资经济、个体经济收入等；按来源的部门结构不同，可以分为工业部门、农业部门、商业部门、服务业部门收入等；按产业结构不同，财政收入可分为第一产业部门、第二产业部门、第三产业部门收入；按来源的地区结构不同，把财政收入分为东部、中部、西部收入等。

#### （三）按财政收入归属分类

财政收入的归属是指筹集的财政收入支配权属于中央政府还是地方政府。支配权属于中央政府的称中央财政收入，支配权属于地方政府的称为地方财政收入。我国地方政府又分为省（自治区、直辖市）、市（地级市）、县和乡镇四级。一级政府一级财政，我国地方财政中包括上述四级。

考虑到中央政府的特殊地位和职能需要，按照财权和事权相结合的原则，单一制国家（如法国）一般把财政稳定、充裕和涉及宏观调控的税收及非税收入划为中央收入。联邦制国家（如美国）一般通过联邦宪法，规定联邦政府拥有征税优先权和举债优先权，以保证中央（联邦）政府在财政收入分配中的主导地位。我国从1994年开始实行分税制财政体制，明确界定中央财政收入和地方财政收入的来源和范围，有助于正确处理好中央财政和地方财政以及地方各级财政之间的收入分配关系。

## 第二节　财政收入规模

### 一、财政收入规模的含义

财政收入规模是指财政收入的总水平，通常用某一时期（一个财政年度）财政收入总额（绝对数额）或用财政收入占国内生产总值的比重及财政收入占国民生产总值的比重（相对数额）来反映。财政收入规模是衡量一个国家财力和政府在社会经济生活中的职能范围的重要指标。保持财政收入持续稳定地增长，满足财政支出的需求是各国政府追求的主要财政目标。但是财政支出的需求往往是无限的，而财政收入的供给却总是有限的。一国一定时期财政收入规模有多大，财政收入增长有多快，不是或不仅仅是以政府的意志为转移的。财政收入的规模和速度是受一国政治、经济等条件的影响和制约的。

财政收入规模可以从绝对量和相对量两个方向来衡量。财政收入的绝对量是指一定时期内财政收入的实际数，即财政总收入。财政收入相对量是指一定时期内财政收入与有关经济指标的比率，通常用财政收入占国内生产总值的比重来表示。财政收入占国内生产总值的比重，称为国民经济的财政负担率，它综合反映政府与微观经济主体之间占有和支配社会资源的关系，反映政府调控经济运行和影响社会资源配置的程度和地位。

【财政视野】2013～2019 年中国财政收入柱状图

## 二、合理确定财政收入规模的标准和意义

### （一）合理确定财政收入规模的标准

衡量一国财政收入规模是否适度、合理，主要看是否兼顾以下两个标准：一是效率标准。即财政收入规模的确定是否有利于促进社会资源的充分有效利用和国民经济的协调健康发展。如果财政集中过多，虽然有利于政府为企业和居民提供良好的公共物品或服务，但会影响社会投资和消费的正常增长，从而会损害效率；反之，如果财政集中不足，则难以满足政府职能的需要，也必然影响到经济社会的稳定和效率的提高。二是公平标准。即在确定财政收入规模时，应当公平地分配财税负担，不同所有制、不同部门、不同地区等提供的财政收入，应与其经济能力相适应。

### （二）合理确定财政收入规模的意义

1. 财政规模影响资源有效配置

在市场经济中，市场主体主要包括企业、居民和政府三个部分，由于社会经济资源是有限的，各利益主体对资源的占有、支配和享有，客观上存在此消彼长的关系。就整个社会经济资源配置而言，按照边际效益递减规律，无论哪一个主体的资源投资增量超过客观上所需要的数量，都不会实现资源配置的最优化。这样，问题的焦点就集中在：政府对有限经济资源的集中配置程度（财政收入占 GDP 的比重）的理想状态，应是政府集中配置的资源与其他利益主体分散配置的资源形成恰如其分的职能互补关系，或者说，形成合理的私人产品与公共产品结构，使一定的资源消耗获得最优的整体效益。

2. 财政规模影响经济结构的优化

在一定时期内，可供分配使用的国内生产总值是一定的。但是，经过工资、利息、利润、财政税收等多种分配形式并最终形成的 GDP 分配结果则有可能是多种多样的。在 GDP 一定时，若政府财政集中过多，就会改变个体纳税人的可支配收入用于消费与投资的结构，而且税负过高也会降低企业纳税人从事投资经营的能力和积极性。若因政府加税而使消费与休闲的代价变得相对较低时，人们宁愿选择消费和休闲，而不是投资和工作，致使国内生产总值在投资与消费之间的结构失衡。当然，在宏观财税负担一定时，财税负担在不同产业部门、不同地区、不同所有制等之间的分布不合理，也会误导生产要素向财税负担相对较轻产业、地区和所有制的不合理涌动，使得 GDP 的生产与分配结构失衡，影响整个国民经济的稳定协调发展。

3. 财政规模既影响公共需要的满足，又影响个别需要的满足

经济生活中的任何需要（公共需要和个别需要）都要以GDP所代表的产品和劳务来满足。政府征集财政收入的目的就在于实现国家职能，满足社会的公共需要。公共需要是向社会提供的安全、秩序、公民基本权利和经济发展的社会条件等方面的需要。其中，既有经济发展形成的公共需要，又有社会发展形成的公共需要。前者的满足可直接推动社会经济发展，后者的满足则可直接推动社会发展并间接推动经济发展。GDP中除财政集中分配以外的部分，主要用于满足个别需要。个别需要是企业部门和家庭部门的需要。满足个别需要是经济生活中形成个别动力的源泉，且公共动力对经济社会的推动作用也需要借助于个别动力的保障来实现。在GDP一定时，需要找出公共需要满足程度与个别需要满足程度的最佳结合点，这实际上也就是财政收入占GDP的合理比例问题。

4. 财政规模是财政收入政策的直接目标，是财政政策的中介目标

财政收支作为一个整体，其运作必然要服从财政政策目标。同时，财政收支作为相对独立的政府经济行为，不仅要有财政政策目标作为终极目标指向，而且还要有更为明确、直接、具体的目标，来指示其运作的方向和力度。这些直接具体的目标决定了财政政策目标，并指导着财政分配活动，可将其称为中介目标。指导财政收入活动的中介目标是财政收入政策目标，而最主要的财政收入政策目标就是财政收入占GDP的比例。

## 三、财政收入规模的制约因素

财政收入规模和财政收入增长速度要受各种政治经济条件的制约和影响，这些条件包括经济发展水平、生产技术水平、收入分配政策和分配制度、价格因素等，其中最主要的是经济发展水平和生产技术水平。

### （一）经济发展水平

经济发展水平反映一个国家社会产品的丰富程度和经济效益的高低。经济发展水平高，社会产品丰富，则该国的财政收入总额较大，占国民生产总值的比例也较高。经济发展水平对财政收入影响表现为基础性的制约，二者之间存在源与流、根与叶的关系，源远则流长，根深则叶茂。

从世界各国的现实状况考察，发达国家的财政收入规模大多高于发展中国家。而在发展中国家中，中等收入国家又大多高于低收入国家，绝对额是如此，相对数也是如此。如2014年的中央政府经常性收入占国民生产总值的比重，低收入国家平均为18.6%，中等收入国家平均为26.3%，而法国为43.9%、意大利为39.7%、荷兰则高达54.6%。再从几个发达国家历史发展的纵向比较看，英、法、美三国1880年的财政收入只相当于国民生产总值的10%左右，到20世纪80年代则上升为20%～40%。上述资料证明了一个基本的财政原理，即经济决定财政，经济越发达，财源越茂盛。

### （二）生产技术水平

生产技术水平指生产中采用先进技术的程度，它内含于经济发展水平之中，是影响

财政收入规模的重要因素。较高的经济发展水平是以较高的生产技术水平为支柱的，对生产技术水平分析是对经济发展水平分析的深化。

生产技术水平对财政收入规模的制约体现在两个方面：一是技术进步导致生产速度加快，二是产品质量提高以及技术进步带来的物质消耗降低和经济效率提高。现代社会的技术加速进步，使社会积累更为丰富，带来 GDP 的快速增长，为财政收入的增长提供了保障。

**【财政视野】蔡昉：提高全要素生产率发掘经济增长的不竭源泉**

### （三）分配政策和分配制度

分配政策对财政收入规模的制约主要表现在两个方面：一是政府的国民收入初级分配政策，其决定剩余产品价值占整个社会产品价值的比例，进而决定财政分配对象的大小。如福利基金政策、折旧政策及财务会计制度等，都会影响剩余产品价值的形成和数额。二是政府的再分配政策决定财政集中资金的比例，如税收政策、利润分配政策等，直接影响财政收入占剩余产品价值的比重。

### （四）价格因素

财政收入是一定量的货币收入，它是在一定的价格体系下形成的，又是按一定时点的现价计算的，所以，由于价格变动引起的 GDP 分配必然影响财政收入的增减。价格变动对财政收入的影响，首先，表现为对价格总水平升降的影响。一般情况下，商品和劳务的价格升降，会加大或缩减税基，直接影响名义财政收入的增减。至于实际财政收入是否变化，则视具体情况而定。若政府推行赤字财政政策，实行国民收入超分配，导致物价上涨，甚至通货膨胀，政府会取得价格再分配所得，即通常所说的“通货膨胀税”，政府收入会因价格变动，取得实际增长。若通货膨胀主要是需求扩张引起的，财政在再分配中，会形成名义收入增长，实际收入下降。其次，价格的变动作用于具体的税收制度，会对财政收入产生不同的影响。如果是以累进所得税为主体的税制，纳税人适用的税率会随着名义收入的增长而提高，即出现所谓“档次爬升”效应，从而财政在价格再分配中所得份额将会增加。如果实行的是以比例税率的流转税为主体的税制，这就意味着税收收入的增长率等同于物价上涨率，财政收入只有名义增长，而不会有实际增长。如果实行的是定额税，在这种税制下，税收收入的增长总要低于物价上涨率，所以财政收入即使有名义增长，实际必然也是下降的。另外，价格总水平的变动往往是和产品比价的变动同时发生的，而产品比价关系变动通常以另一种形式影响财政收入。产品比价变动之所以会影响财政收入源于两个原因：一是产品比价变动引起货币收入在各经济主体之间的转移，形成 GDP 的再分配，使财源分布结构发生变化；二是财政收入在企业部门和个人之间的分布呈非均衡状态，或者说，各经济主体上缴财政的税利比例是不同的，这样，产品比价变化导致财源分布结构改变时，相关企业、部门和个人上缴的税利会有增有减，而增减的综合结果就是对财政收入的最终影响。

## 第三节　财政收入结构

财政收入结构主要包括财政收入的价值构成、部门构成和征收级次构成。对财政收入进行结构分析，有助于了解影响财政收入的各种因素，有利于正确处理组织财政收入过程中各方面的利益关系，确定增加财政收入的合理途径。

### 一、财政收入的价值构成

按照马克思的再生产理论，社会产品的价值由 C、V、M 三部分构成。C 是补偿生产资料消耗的价值部分，V 是新创造的价值中归劳动者个人支配的部分，M 是新创造的归社会支配的剩余产品价值部分。从我国实际情况看，M 是财政分配的主要对象，是财政收入的主要来源，但也有一部分财政收入来自 C 和 V。

#### （一）财政收入来自 C 的部分

财政收入来自 C 的部分，主要是指国有企业上缴财政的折旧基金部分。从理论上讲，政府对国有企业的部分折旧基金进行统筹使用是可行的，固定资产的价值补偿和实物替换在时间上和空间上是分离的。从而使国家集中调剂使用部分折旧基金成为可能，国家作为国有企业的产权代表，也具有这种经济权利。我国在 1967 年以前国营企业折旧基金全部上交国家财政，由国家统筹安排，用于固定资产再生产。1977 年以后实行部分折旧留归企业支配，部分上缴国家财政和企业主管部门，主管部门的折旧基金实行分级管理制度。从 1985 年开始，我国再次改革折旧基金的管理制度，企业的折旧基金不再上缴国家财政。

国家集中企业部分折旧基金，并不符合市场经济体制。在市场经济条件下，国有企业和其他企业一样是市场竞争主体，自主经营，自负盈亏。国家不应过多参与国有企业的生产经营活动。一般财政也不宜直接对企业的补偿基金进行分配。

#### （二）财政收入来自价值 V 的部分

V 是指工资、奖金及其他个人收入，它属于个人消费基金范畴。财政参与 V 的分配主要出于两个方面的原因：（1）调节劳动者之间收入差距的需要。从总体上讲，V 是由社会维持劳动力再生产的平均费用所决定的，应留归劳动者个人。但由于客观上存在的个人拥有的财产、劳动能力等方面的差别，各个劳动者实际得到的货币收入在数量上是不同的。一部分劳动者的收入远远高于社会平均必要产品的价值，而另一部分劳动者的收入则大大低于社会平均必要产品的价值。为了维护收入分配的公正、合理，保持社会稳定，政府应以社会管理者的身份，凭借政治权力，采用税收和补贴等方式，对劳动者的收入进行再调节。（2）政府增加财政收入，提高公共服务质量的需要。劳动者收入在具体使用上可分三部分，即维护劳动者自身及其家属最低限度的生活需要、发展个人专门技能或知识能力方面的需要、业余休闲或享受部分的支出。在现代文明社会中，维护合格劳动者再生产的费用应主要包括前两部分，它不应成为财政分配的对象。而第三部分通常与高收入有关，政府从中集中部分财政收入用于提供公共物品或服务的支出是可行的，同时也是合理的。

目前，我国财政收入来自价值V的部分，分直接和间接两个方面。直接来源于V的财政收入包括：（1）直接向个人征收的税。如个人所得税、个人交纳的房产税、契税、车船税等。（2）直接向个人收取的规费收入（如户口证书费、结婚证书费、护照费等）和罚没收入等。间接来源于V的财政收入有销售烟酒、化妆品等产品的消费税等，服务行业和文化娱乐业等企事业单位上交的税收，其中，一部分是通过对V的再分配转化来的。

从现实情况看，V虽然构成财政收入的一部分，但它在整个财政收入中所占的比重很小。随着我国经济体制改革的逐步深化和居民收入水平的不断提高，居民个人就其收入缴纳税收情况会越来越普遍。从发展趋势看，V在财政收入中的贡献会越来越大。

### （三）财政收入来自价值M的部分

从财务角度看，企业在销售商品或提供劳务等经营业务中实现的营业收入，扣除成本、费用后为企业纯收入，相当于剩余产品价值。按现行税制和财务会计制度规定，国家对企业纯收入要进行三个层次的分配。第一层次，征收流转税金，它包括增值税、消费税、城市维护建设税、资源税、土地增值税等。第二层次，征收所得税，包括企业所得税。第三层次，参与企业税后利润分配，主要是对国有企业，集中其一部分国有资产收益和其他收入。

从国家参与剩余产品价值分配的环节和形式看，财政收入的绝对部分由社会产品价值中的M构成。在C、V价值部分既定或比重不变的情况下，社会产品价值量越多，可供财政分配的M也越多，财政收入也随之增长。当社会产品价值量不变，C、V价值部分减少，财政收入随M的增加而增加。M是国家财政收入的主要源泉。因此，增加财政收入的有效途径为：一方面，大力发展经济，增加经济总量；另一方面，提高经济增长的质量，大力降低单位产品的物化劳动消耗和活劳动消耗。

## 二、财政收入的部门构成

社会剩余产品价值是由国民经济各部门共同创造的。所以研究财政收入的来源，有必要从财政收入与国民经济各部门关系这个角度来分析，即分析各部门如何为财政提供收入、提供多少收入等，这就是所谓的财政收入的部门结构。这里的部门有双重含义，一是按传统意义上的部门分类，分为工业、农业、建筑业、交通运输业及服务业等；二是按现代意义上的产业分类，分为第一产业、第二产业和第三产业。研究财政收入的部门结构有利于我们正确认识国民经济各部门在创造财政收入中的地位和作用。

农业是国民经济和财政收入的基础，为国民经济其他部门的发展提供基本条件。农业部门提供的财政收入表现为两种形式。一种是直接上交的农（牧）业税。我国农业税按常年产量计征，由7%的主税及其20%的附加税组成。2006年1月1日起，我国全面取消农业税，只保留了对烟叶的烟叶税，农业税已成为历史。另一种形式是通过工农业产品价格“剪刀差”间接提供财政收入，即农业部门创造的一部分价值通过工农业产品交换，而转到工业部门实现。据估计，农业部门间接提供的财政收入比其直接上交的收入多得多，只是在直接统计中没有表现出来。

工业是国民经济的主导，是创造和实现国民收入的主要部门，也是财政收入的主要来源。工业产值在国民生产总值中所占比重最大，工业部门的劳动生产率比农业高得多。由于过去我国工商税收主要在生产环节征收，工业部门提供的财政收入在整个财政收入中所占比重较高，来自工业部门的各项税收和国有资产收益是财政收入的主体。

工农业以外的其他部门对财政收入的影响重大。交通运输业和商业服务业是连接生产与消费的纽带。交通运输业作为生产活动在流通领域的延续，是一种特殊的生产活动，直接创造和提供财政收入。商业以货币为媒介，从事商品交换活动，对生产活动具有重大影响。

现代产业结构分类与传统的部门结构不同但又相互交叉。如果把传统的部门结构与现代化产业结构分类简单对比，第一产业相当于农业、林业、牧业和渔业，第二产业相当于工业和建筑业，第三产业相当于上述部门以外的其他部门。应当说明，部门结构属于传统的核算方法的分类，已经不能完全适应市场经济体制的要求，而按第一、第二、第三产业的分类是我国改革后的现行核算方法的分类，当前更具实践价值。在发达国家，第三产业占GDP的比重已达80%以上，提供的财政收入占全部财政收入的60%以上。目前，我国第三产业还不够发达，但已显示迅速增长的态势。2018年，第三产业对GDP的贡献率达54.3%，第二产业的贡献率在逐年减少。随着改革的深化和经济的发展，第三产业将以更快的速度增长，并成为财政的重要财源。由此，加强第三产业部门的管理，建立系统化、科学化的管理制度，并加强税收征管，应是今后财政的工作重点。

### 三、财政收入征收级次构成

从财政收入的归属或征收级次看，许多国家是由中央政府征集较多份额，然后再拨付给地方政府使用。在我国财政收入构成中，中央财政收入所占比重一直偏低，严重影响了中央的宏观调控能力。1994年我国进行了分税制改革，划分了中央税、地方税和共享税，第一次比较明确地形成了地方税体系的基本框架。分税制改革以提高“两个比重”（财政收入占GDP比重、中央财政收入占全国财政收入比重）和增强宏观调控能力为主要目标，改革后中央财政收入所占比重显著提高，从1993年的20%急剧提高到1994年的54.7%，并在之后一直维持着50%以上的水平。相对而言，地方政府的税收收入支配能力被极大削弱，尤其在预算管理改革等深入推进的背景下地方税收不足问题更为凸显。鉴于此，扩大地方税收比重，形成地方政府以税收为主的稳定可靠的收入来源，成为深化我国分税制财政体制的重要目标。

【财政视野】通货膨胀税

【课外阅读】2019 年超 2.3 万亿元税费减在哪儿?

【应用训练】

(1) 我国主要有哪四本预算收入?

(2) 简述我国财政收入的主要形式及分类。

(3) 合理确定财政收入规模有何重要意义?

(4) 制约财政收入规模的因素有哪些?

参考答案

第八章　财政收入总论 PPT

# 第九章

# 税收原理

【本章导读】税收是社会生产力发展到一定历史阶段的产物，它直接表现为国家（或者政府）凭借政治权力强制征纳而取得的收入。税收有强制性、无偿性和固定性三个特征；税收有法定原则、财政原则、公平原则和效率原则，是政府在设计税制、实施税法过程中所遵循的准则，也是评价税收制度优劣、考核税务行政管理状况的基本标准；税收负担是国家税收政策的综合反映，也是税收收入和经济发展关系的最终反映。税负转嫁方式有前转、后转、辗转转嫁和税收的资本化；税收具有收入效应和替代效应。

通过对本章的学习，要求掌握税收的概念和分类、税收的原则、税负转嫁、税收效应等基本理论问题，掌握税收负担及税负转嫁的一般规律，明确税收效应的基本原理以及税收对生产要素的影响，为税收制度的学习打下坚实的基础。

【财政视窗】秒懂税收

## 第一节　税收概述

### 一、税收概念

税收作为一个特定的分配范畴，是随着国家的产生而出现的。从它产生至今，经历了不同的社会形态。历史上，国家财政收入有官产收入、债务收入、专卖收入等多种形式，但税收一直是最重要的收入形式。

【财政视野】中国历史上对“税”的定义

税收是指国家为了向社会提供公共产品、满足社会共同需要，按照法律的规定，参与社会产品或者国民收入分配与再分配所进行的一系列经济活动。

对于税收的一般概念，应从以下四个方面来理解；第一，税收的课税权主体是国家，具体包括各级政府及其财税部门。第二，税收活动的目的是实现国家职能，具体表现为政治职能、经济职能和社会职能等方面。第三，税收课征的依据是国家的政治权力，即国家作为主权者的权力。政治权力为国家所独有，其在经济上实现的形式就是税收。第四，税收课征的对象是一部分社会产品或国民收入。国家本身并不直接从事物质生产，而要实现其职能，只有凭借手中的政治权力去占有一部分社会产品。

【财政视野】马克思以及西方学者关于税收的学说

## 二、税收特征

税收的一般特征是税收本质的外在表现，是区别于其他财政分配范畴的表征。换言之，只有同时具备这些特征的分配形式才能称其为税收，否则就是其他财政分配形式。税收一般特征可以概括为强制性、无偿性和固定性。

### （一）强制性

税收的强制性是指国家以社会最高代表身份，凭借政治权力，以法律形式确定征税人和纳税人之间的税收分配关系。税收的强制性包括两层含义：第一，税收分配关系是一种社会最高代表和社会成员必须遵守的权利、义务关系。税收分配关系规定的国家与纳税人之间的权利、义务关系，必须通过国家法律加以规范。这种规范的法律形式最直接的表现就是税法。社会成员，包括经济组织和个人，如果不遵守这种关系，都将受到法律的惩罚。第二，税收分配关系是国家以社会最高代表身份与社会经济组织和个人所发生的一种特殊的剩余产品分配关系。国家进行这种分配所凭借的是政治权力，而不是财产权利。国家取得税收收入不受生产资料所有权的限制，可以超越一切财产所有权而取得剩余产品。从这个意义上讲，国家征税权是凌驾于财产所有权之上的占有和支配社会资源的公共权力。

### （二）无偿性

税收的无偿性，是指作为社会最高代表的国家不需要对单个具体纳税人付出任何代价而占有和支配一部分资源。税收的无偿性，也是由公共产品的特征所决定的。由于满足社会公共需要的公共产品具有非竞争性和非排他性，而社会成员从中获得的受益又难以直接计量，因此，国家要筹集满足公共需要的社会资源也只能采取无偿方式，而不可能采取等价交换的市场买卖方式。

#### （三）固定性

税收的固定性，是指国家通过法律形式和税收制度，预先规定了征税对象、纳税人和征税标准。纳税人只要取得了应当纳税的收入，发生了应当纳税的行为或拥有了应当纳税的财产，就必须按照预先规定的标准纳税。同样，国家则只能按照预先规定的标准征税，而不能任意提高或降低征税标准。

首先，税收的固定性，意味着作为课税对象的各种收入、财产或有关行为是普遍存在的，经国家法律预先规定为课税对象后，能保证国家及时占有和支配所需要的社会资源，及时补偿社会公共费用。其次，税收的固定性意味着课税对象和征收额度之间具有规定的限度。从这个意义上讲，税收的固定性特征就包含了时间上的连续性和征收上的限度性。税收的这种固定性，既保证了国家财政收入的及时和稳定，也保证了纳税人的利益，使纳税人避免了无规则的干扰和苛敛。

应当指出的是，税收的固定性不能理解为课税对象、范围和征收比例的长期固定不变。事实上，随着社会经济条件的发展变化，税收的课税对象、范围和征收比例是不断变化的。

### 三、税收分类

税收分类是从一定的目的和要求出发，按照一定的标准，对各不同税种隶属税类所做的一种划分。现代国家的税制一般都由多个税种组成，各税种既相互区别又密切相关，依照一定的标准将各税种分别归类，是研究和建设税制的重要前提。税收分类的标准和方法有很多。一般根据不同的分类标准进行划分。

#### （一）按课税对象的性质分类

按征税对象的性质划分，可将税种分为流转税、所得税、财产税、资源税、行为税等。这种分类方式是世界各国在进行税收分类时采用的一种最基本、最重要的方式。因此，以下着重介绍按课税对象的性质进行的税收分类。

流转税是以商品或劳务流转额为征税对象的税种的统称。流转税的经济前提是存在商品的交换和劳务的提供，其计税依据是商品或劳务流转额。商品流转额指的是在商品交换过程中发生的交易额。劳务流转额指的是经济主体在向社会提供交通运输、邮政电信、金融保险、文化体育、娱乐服务等劳务服务时所取得的各项劳务性收入额。流转税的课征既可以全部流转额为课税对象，也可以部分流转额作为课税对象，如增值税就是以全部流转额中新增加的那一部分流转额为课税对象的。我国现行税制中的增值税、消费税、关税等都属于流转税系。流转税属于间接税，具有税源稳定、征收及时便利、税负隐蔽等特点。

所得税是以所得额为课税对象的税种的统称。纳税人的应税所得通常是指自然人或法人在一定期间内，由于劳动、经营、投资或把财产提供给他人使用而获得的继续性收入，扣除为取得收入所需费用后的余额。因此，纳税人的应税所得总体上可以分为经营所得、财产所得、劳动所得、投资所得和其他所得。我国现行税制中的企业所得税、个人所得税属于所得税系。所得税为直接税，税负不易转嫁，在采用累进税率时，税负具有弹性，具有“内在稳定器”的特征。

财产税是以财产价值为课税对象的税种的统称。作为课税对象的财产包括不动产和动产两类。不动产指的是不能移动或移动后会损失其经济价值的财产，如土地和地上附着物；动产指的是除不动产以外的，各种可能移动的财产，包括有形动产和无形动产。有形动产如车辆、船舶等，无形动产如股票、债券、银行存款等。一般说来，各国的财产税并不是对所有的财产都征税，而只是选择某些特定的财产进行征税，其中主要是以对不动产征税为主。财产税具有征税范围固定、税负难以转嫁的特征。我国现行税制中的房产税、契税都属于财产税系。

资源税是以资源的绝对收益和级差收益为课税对象的税种的统称。作为课税对象的资源指的是那些具有商品属性的自然资源，即具有交换价值和使用价值的资源。资源税可分为一般资源税和级差资源税两种类型。一般资源税是以自然资源的开发和利用为前提，无论资源的好坏和收益的多少，都对开发利用者所获取的绝对收益进行征税；级差资源税则是根据开发和使用自然资源的等级以及收益的多少所形成的级差收入为课税对象来进行征税。资源税具有征税范围固定、采用差别税额、实行从量定额征收的特点。我国现行税制中的资源税、城镇土地使用税、土地增值税、耕地占用税都属于资源税系。

行为税是以某些特定的行为作为课税对象的税种的统称。行为税具有课税对象单一、税源分散、税种灵活的特点。开征行为税，主要是为了加强对某些特定行为的监督、限制和管理，或者是对某些特定行为的认可，从而实现国家政治上或经济上的特定目的或管理上的需要。同时也可开辟财源，增加财政收入。从世界范围来看，各国开征的行为税名目繁多，如一些国家开征的赌博税、彩票税、狩猎税等。我国现行税制中的印花税、城市维护建设税都属于行为税系。

### （二）按课税标准分类

按税收计征标准的不同，可将税种分为从价税和从量税。从价税是指按征税对象及其计税依据的价格或金额为标准计征的税，这类税一般实行比例税率或累进税率，故又称为从价定率计征的税收。从价税是现代税收的基本税种，它包含大部分流转税和所得税。从量税是指按征税对象的重量、件数、容积、面积等数量作为计税依据的税，这类税一般实行定额税率，又称为从量定额计征的税收。在我国，如资源税、车船税和耕地占用税等，均属此列。

### （三）按税收与价格关系分类

按税收与价格的关系，可将税种分为价内税和价外税。凡税金构成商品或劳务计税价格组成部分的，称为价内税，如消费税。凡税金不构成商品或劳务计税价格组成部分的，而只是作为其计税价格之外的一个附加额，就称为价外税，如增值税。价外税一般在发票上明确填写税金，可区别不含税价格和价税合计金额。

### （四）按税种的隶属关系分类

按税收管理和受益权限的不同，可将税种划分为中央税、地方税及中央和地方共享税。中央税是指属于中央财政固定收入，归中央政府支配和使用的税种，如我国现行税制中的关税、消费税等。地方税是指属于地方财政固定收入，归地方政府支配和使用的税种，如我国现行税制中的房产税、车船税等。中央和地方共享税则是指属于中央政府和地方政府共同享有，按一定比例分成的税种，如我国现行税制中的增值税、企业所得税、个人所得税等。

### （五）按税收负担能否转嫁分类

将税收划分为直接税和间接税的做法由来已久。早在 18 世纪，许多学者就把税源稳定、可以持久课征的税种称为直接税，而把偶然课征、难以稳定的税种称为间接税。后来，又有人将对财产的课征和对所得的课征称为直接税。到了现代社会，直接税和间接税的划分方法随着税收理论的发展而进一步完善，并最终以税负能否转嫁为标准进行划分，即凡是税负能够转嫁的税种，归属于间接税；凡是税负不能转嫁的税种，归属于直接税。一般认为，所得课税和财产课税属于直接税，商品课税属于间接税。税收分类标准的这些变化，便将税种分为直接税和间接税这种划分方法由过去仅是对税制的简单描述上升为一种经济分析理论，对税收理论的发展有重要的促进作用。但也必须指出，这种分类方法也有非科学的一面，主要问题是，税负能否转嫁不仅取决于税收的性质和特点，而且取决于客观的经济条件。有些税种看起来似乎可以转嫁，但在一定的经济条件下却未必可以转嫁。

## 第二节　税收原则

税收原则是政府在设计税制、实施税法过程中所遵循的准则，也是评价税收制度优劣、考核税务行政管理状况的基本标准。它决定了税收的课税对象、课税规模、课税方式和方法等，历来得到理论界和政府的高度重视。

【财政视野】古典经济学中的税收原则

### 一、税收法定原则

税收法定原则是指由立法者决定全部税收问题的税法基本原则，即如果没有相应法律作前提，政府则不能征税，公民也没有纳税的义务。税收主体必须依照法律的规定征税；纳税主体必须依且仅依法律的规定纳税，税收法定原则是税法中一项十分重要的基本原则。税收法定原则始于英国，现已为当今各国所公认，其基本精神在各国宪法或税法中都有体现。中国宪法、税收征收管理法中都有税收法定原则的要求。税收法定原则的作用在于：一方面使经济生活具有法的稳定性；另一方面使经济生活具有法的可预见性，以充分保障公民的财产权益。该原则具体内容包括三个部分：税种法定原则、税收要素法定原则、程序法定原则。

### （一）税种法定原则

税种必须由法律予以规定，一个税种必定相对应于一税种法律。非经税种法律规定，征税主体没有征税权力，纳税主体不负缴纳义务。这是发生税收关系的法律前提，是税收法定原则的首要内容。

### （二）税收要素法定原则

税收要素必须由法律明确规定。所谓税收要素，具体包括征税主体、纳税主体、征税对象、税率、纳税环节、纳税期限和地点、减免税、税务争议以及税收法律责任等内容。税收要素是税收关系得以具体化的客观标准，是其得以全面展开的法律依据。征税的各个要素不仅应当由法律作出专门的规定，这种规定还应当尽量明确。如果规定不明确则定会产生漏洞或者歧义，那么权力的行使不当甚至权力的滥用就会有机可乘。在税收的立法过程中，我们在对税收的各要素加以规定之后还应当采用恰当准确的用语，使之明确化。税收要素法定成为税收法定原则的核心内容。

### （三）税收程序法定原则

税收关系中的实体权利义务得以实现所依据的程序要素必须经法律规定，并且征纳主体各方均须依法定程序行事。一项法律制度能否得到良好的实行不仅取决于其实体内容方面的完善设计，程序方面的保障也是必不可少的。程序保障原则主要有两个方面的内容：一是要求立法者在立法的过程中要对各个税种征收的法定程序加以明确完善的规定。这样既可以使纳税得以程序化，提高工作效率，节约社会成本，又尊重并保护了税收债务人的程序性权利，促使其提高纳税的意识。二是要求征税机关及其工作人员在征税的过程中，必须依税收程序法，并按照税收实体法律的规定来行使自己的职权，履行自己的职责，充分尊重当事人的各项权利。

【财政视野】“税收法定”的目标正在实现

## 二、税收财政原则

税收的目的是多样化的，最主要最原始的目的在于获得财政收入，满足政府提供公共服务所需财力。从税收与财政的发展历史来看，税收一直是国家财政收入的基本手段，税收也是国家财政的重要来源。税收财政原则包括充分原则、适度原则、弹性原则。

1. 充分原则

充分原则是指通过征税获得的收入要充分，能满足一定时期财政支出的需要。税收收入的充分是一个相对的概念，是相对于政府向社会提供公共产品的财力需要而言的。税收收入要相对稳定，把税收同国民生产总值或国民收入的比例关系稳定在一个适度水平，不宜经常变动，以避免税收对经济正常秩序的冲击。

2. 适度原则

适度原则是指税收要取之有度，税负率不能过高或过低。税负率过高可能伤害企业和个人的积极性，影响经济持续稳定发展，最终影响税收收入的增加。税负率过低则难以满足政府提供公共产品所需的资金需求，导致教育、卫生、道路等公共设施短缺，从而影响经济发展。

【财政视野】如何理解拉弗曲线

3. 弹性原则

弹性原则是指在设计税收政策和税收制度时应当选择对国民经济增长和税率变化与有一定弹性的税种，保证税收收入增长的自动性。由于政府支出需求不是一成不变的，因而税收制度的设计，应当使得税收能够随着政府支出需要的变动而进行一定程度相应的变化。

【财政视野】"拉弗曲线"的由来

## 三、税收公平原则

公平与效率是贯穿税收制度和税收政策的重要主线。税收必须以公平为本，同时又必须考虑效率的要求。税收公平与效率往往处于两难的选择，因此，把税制的设计同本国的具体情况和长远发展战略结合起来的税收原则，才是对公平与效率两者更深层次和更高层次的兼顾。税收公平原则是指税制的建立和税收政策的运用，应确保公平，遵循公平原则，使具有纳税能力的纳税人都必须普遍纳税，消除税收上的一切特权；使具有同等负担能力的纳税人应同等纳税，以体现税收的横向公平；使具有不同负担能力的纳税人能有区别的纳税，以体现税收的纵向公平。

### （一）受益原则

受益原则是指各社会成员应按各自从政府提供公共物品中享用的利益来纳税，或者说政府提供公共物品的成本应按各社会成员享用的份额来承担。

根据受益原则，每一社会成员所承担的税负应与他能够从政府活动中获得的利益相匹配。其理论基础是“交换说”，又称为“利益说”或“代价说”，它出现于18世纪资本主义经济初期，主要代表人物是英国的栖聂和法国的巴斯德。“交换说”认为，国家向公民提供利益与公民缴纳赋税实质上是一种交换关系，税收是政府所提供公共产品和服务的价格。受益原则认为税收是一种市场交换关系，遵循市场分配原则和规则公平，在收入分配上是中性的。受益原则说明，税收作为一种交换关系或市场交易过程，能够很好地实现受益与代价的对等，不仅可以有效地确定政府提供公共产品和服务的合理规模，而且可以改进个人的福利水平，实现有效的资源配置。

这一观点在理论上易被接受，但在实践中则体现出了局限性。每一个纳税人对公共产品的消费难以计量，由于公共产品的共同消费性所决定的“免费搭车”心理，会使消费者刻意隐瞒或者歪曲地表达自己的受益情况。政府无法分清每个消费者从公共产品中所获得的确切利益，这是受益原则的一个重要局限。另一个局限体现在政府转移支付方面，受益原则无法解释各种福利支出的税收来源问题。市场失灵的表现之一是收入分配不公，这就需要政府对低收入者给予财政补贴。低收入者从政府补助中获得的受益远远超过高收入者，这是受益原则无法解释的。因此，受益原则在税制实践中不具有普遍意义。

### （二）能力原则

能力原则是指征收以各社会成员的支付能力为标准，而不考虑各自对公共物品的享用程度，或者说，提供公共物品的成本按个人的实际支付能力分摊，“能者多劳，量能负担”。能力原则是根据个人纳税能力的大小来确定个人应承担的税收。能力原则的理论基础是“义务说”。“义务说”又称为“牺牲说”，起源于19世纪英国所倡导的“税收牺牲说”，又经德国社会政策学派的瓦格纳进一步完善。“义务说”强调国家的权力，认为国家与人民的关系是主从关系，国家可以强制人民纳税，人民纳税是对国家应尽的义务。根据能力原则，横向公平可解释为具有相同纳税能力的人应当承担相同的税负，纵向公平可解释为具有不同纳税能力的人应当承担不同的税负，能力大的人多交税。

根据现代西方经济学的理论，纳税能力的衡量办法有两种，即客观能力说与主观能力说。客观能力说认为，纳税能力应依据纳税人所拥有的财富、取得的收入或实际支付能力等客观指标来确定。近代学者马斯格雷夫认为，理想的衡量负担能力的标准是“应能反映每个人从所有可供他选择的机会中得到的全部福利，包括消费（现在的和将来的）、财富占有和对闲暇的享受等”。所以纳税人的纳税能力就以所得、支出和财产三个标准来衡量。但是这种标准在现实生活中并不具有实践性。而主观能力说认为纳税人的纳税能力应当以其感受到的付出程度为标准。西方税收学界普遍认为，此种付出及所谓“牺牲”指的是纳税人对其财富在税前税后差额的感受程度。主观能力说强调纳税人因纳税所感到的效用的牺牲或是效用的减少来衡量其纳税能力大小。

【财政视野】近现代经济学中的税收原则

## 四、税收效率原则

税收效率原则是指税制的建立和税收政策的运用，应讲求效率，遵循效率原则。包括两层含义：一是税收经济效率，征税应有利于促进经济效率的提高，或者对经济效率的不利影响最小；二是税收行政效率，征税过程本身的效率，它要求以最少的征税成本取得最多的税收收入。

### （一）税收经济效率原则

税收的经济效率原则是指税收制度和税收政策在保证筹集财政收入的同时，应有利于经济发展，在既定税收收入下使税收的额外负担最小化。税收超额负担，是指政府通过征税将社会资源从纳税人转向政府部门的转移过程中，给纳税人造成了相当于纳税税款以外的负担。明确税收超额负担或称无谓负担问题是理解税收中性的一个重要途径。

税收中性是指政府课税不扭曲市场机制的正常运行，或者说，不影响私人部门原有的资源配置状况；如果政府课税改变了消费者以获取最大效用为目的的消费行为，或改变了生产者以获取最大利润为目的的市场行为，就会改变私人部门原来（税前）的资源配置状况，这种改变就被视为税收的非中性。

图 9－1 说明了完全竞争市场中，对商品供给方课税。在无税收的情况下，其供给曲线为 $S$，需求曲线为 $D$，均衡点为 $E$，均衡价格为 $B$，均衡销售量为 $G$。当政府对供给者销售的每单位商品征税 $t$ 单位的税收，商品成本上升。新的供给曲线为 $s+t$，新的均衡点到了 $F$，均衡价格为 $A$，均衡销售量为 $H$。图 9－1 中面积 $SACDEF$ 表示征税的总共损失；政府的课税收入为 $SACDF$；$SACDEF < SACDF$，所以其差额 $SFDE$ 就是课税的超额负担。税收超额负担的产生是由于消费数量由 $G$ 降到 $H$。税收的存在阻碍了部分交易的进行，这部分交易带给供给双方的利益无法实现。这个三角形区域形象地称为“税收楔子”。税收想要减少对经济效率的消极影响，就应当尽量减少这个三角形区域的面积。

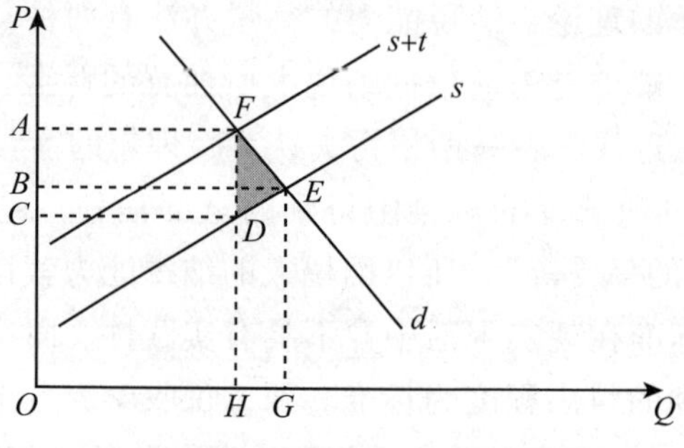


**图 9－1　税收的超额负担**

【财政视野】哈伯格三角形

（二）税收行政效率原则

税收费用最小化和确实简化原则，涉及税制本身问题，所以又称为税收的制度原则。税收费用最小化，是指以最小的成本费用来实现最大限度地税收收入筹集。在征收既定税收收入的前提下，尽可能将征纳双方的收纳费用减少到最低限度。确实简化原则中的“确实”是指依法治税、有法可依的原则，“简化”是指税收的规章制度要简便易行。

## 第三节　税收负担

### 一、税收负担的含义

由于税收是无偿的，是国家对纳税人所占有的社会商品或价值的无偿征收，因而，对纳税人来说，必然存在一个税收负担多少的问题。税收负担是指纳税人因履行纳税义务而承受的一种经济负担。它反映一定时期内社会收入在政府与纳税人之间税收分配的数量关系，通常用相对量税收负担率来表示。税收负担是国家税收政策的综合反映，也是税收收入和经济发展关系的最终反映。

（一）税收负担的概念

税收是国家凭借政治权力对国民收入的再分配。就纳税人而言，国家征税直接减少了纳税人的收入或所得，给纳税人带来了负担。从税收与国民经济的关系分析，一国的税收总规模及其增长速度必须与该国的国民经济发展水平和增长速度相适应。如果税收的规模及其增长速度超越了经济发展水平和增长速度，必然破坏国民经济的正常运行而成为“负担”。税收负担有狭义和广义之分。狭义的税收负担是指因国家征税而相应地减少了纳税人的可支配收入，给纳税人造成的经济利益损失或使其承受的经济负担。这种经济利益损失用绝对数表示称作负担额，是纳税人缴纳税款的数额，表示纳税人负担税款的绝对规模大小；用相对数表示，称作税收负担率，是纳税人的纳税额与同期课税对象数额的比例，通常用来表示纳税人税负水平的高低。

税收负担又简称为税负。适度的税收负担水平是保证资源配置优化、收入分配合理和国民经济健康运行的必要条件。一般来说，税负水平的确定既要考虑政府的财政需要，又要考虑纳税人的实际负担能力，两者必须兼顾，不能偏废。

### （二）税收负担的衡量指标

1. 名义税负与实际税负

名义税负是纳税人的法定税收负担，可用纳税人在一定时期内按照税法规定应该缴纳的税款额来表示，也可用名义税收负担率，即纳税人法定应纳税额与其所得或收益的比率来衡量。名义税收负担率与税法规定的税率不一定相符，因为它可以是纳税人全部应纳税额与其所得或收益的比率，而税率一般是指某一税种的税额与课税对象的比率。同一纳税人则可能承担若干税种，不同税种的税率又有比例税率、定额税率和累进税率之分，这种情况下两者就可能不相符。如果仅就某个税种而言，两者可能一致。名义税负率是衡量纳税人税负承受能力的一个主要指标。

实际税负是纳税人实际承受的税收负担。可以用纳税人实际承担的税款额来表示，也可用实际税负率即纳税人实际承担税款额与其所得与收益的比率来衡量。应该指出的是，纳税人实际承受的税负不一定是其实际缴纳的税款。因为考虑税负转嫁等因素，纳税人实际缴纳的税款并非都由自己承担，而实际承担的部分也并非都由自己缴纳。不过，税负转嫁是一个复杂的经济过程，纳税人实际缴纳的税款中有多少属于转嫁部分是难以确定的，因而，在计算实际税负时，出于简便，有时就用纳税人实际缴纳的税款代表。

2. 宏观税收负担指标与微观税收负担指标

宏观税收负担是指国民经济的总体税收负担水平，通常用一定时期内税收收入总额与同期国民经济总量之比来衡量。宏观税收负担反映了一定时期内的国民收入在公共部门与私人部门之间的配置状况，反映了政府在国民经济总量中集中程度的大小，反映了政府的社会经济职能和财政职能的强弱。宏观税收负担通常用国内生产总值税收负担率来衡量。

$$\text{国内生产总值税收负担率}=\frac{\text{一定时期的税收总额}}{\text{一定时期的国内生产总值}}\times 100\%$$

微观税收负担是指微观经济主体的税收负担水平，反映经济活动中各微观经济主体所负担税收的程度。衡量微观税收负担率的指标，主要有个人税收负担率和企业税收负担率。

$$\text{居民个人税收负担率}=\frac{\text{居民实际缴纳税款}}{\text{居民同期收入总额}}\times 100\%$$

$$\text{企业税收负担率}=\frac{\text{企业实际缴纳税款总额}}{\text{企业同期收入总额}}\times 100\%$$

## 二、影响税收负担的因素

### （一）经济制度

在不同的社会经济制度下，对政府的财政职能和作用有很大区别，进而影响税收负担。如高度集中的计划经济体制与社会主义市场经济体制相比，由于国家管理经济的方式不同，其税负水平就表现为前者高后者低。再如，在自由资本主义和垄断资本主义体制下，由于国家职能范围不同，前者的税负水平仅为10%左右，而后者的税负水平则在30%以上。在当今西方发达国家，美、英等市场经济国家的税负水平在30%左右，而北欧福利国家的税负水平则在60%左右。

### （二）经济发展水平

经济发展水平是决定宏观税收负担水平的最根本因素。国内生产总值、国民生产总值、国民收入等是一国经济发展水平的直接衡量指标。一国经济发展水平越高，宏观经济总量越大，可供分配的社会剩余产品越丰富，因而拥有相对丰富的税源和相对宽广的税基。在税额相同的条件下，宏观经济水平越高，则税收负担水平越低。同时，一国经济发展水平越高，表现为人均宏观经济指标也越高，国民的税收负担承受能力就越强。

### （三）税收制度

在税收制度中，有不同的税制体系，大多数国家采用复合税制体系。在税收制度各个要素的设计时，不同税种的选择与配备、不同税率的设定、不同计税依据的确定、不同的减免税及加成，会对税收负担水平有较大影响。比如，在计税依据等因素不变的情况下，税率同税收负担之间成正比关系，即税率越高，税负越重；反之则越轻。而且不同形式的税率对税收负担的影响也各不相同。

### （四）税收征管能力

在税收制度既定的情况下，税收征管能力和水平在一定程度上也影响着税负水平。税收征管能力越强，征管越严密，所能征收到的税收收入越高，因此税收负担水平也就越重；反之则越轻。

### （五）纳税人纳税意愿

尽管缴纳赋税是国民与企业的应尽义务，或者说是国民与企业享受政府各种公共服务的必要付费，但征税毕竟是对国民与企业所获收入的必要扣除，是国民与企业的利益损失。国民与企业的纳税意识强、纳税意愿高，对政府征税行为的遵从性较好，有助于政府以较低的成本获取税收收入，因而税收负担水平相对较高。相反，国民与企业的纳税意识薄弱、纳税意愿低，则可能有比较强烈的抵触政府的征税行为，或通过偷漏税等方式逃避税收负担，因而税收负担水平会有所降低。

**【财政视野】2009～2017年中国企业总税负分析**

## 第四节　税负转嫁

### 一、税负转嫁的含义

税负转嫁是指商品交换过程中，经济主体将其承受的税收负担通过各种途径转移给他人负担的一种经济现象。税负转嫁是纳税人在经济利益驱动下的主动行为，是各经济主体之间税收负担的再分配，通常不会引起税收收入总量的变化。其有两层含义：一是价格变动是税负转嫁的基本途径，政府征税后，纳税人通过提高销售价格或压低购进价格的方法，将全部税负或者部分税负转移给购买者或供应者；二是税负转嫁使税收缴纳主体和税负承担主体相分离，区别了纳税人与负税人的不同。

税负归宿是指处于转嫁过程中的税收负担的最终落脚点，它表明转嫁的税负最后是由谁来承担。税负转嫁导致税负运动。如果税负转嫁一次完成，这一税负运动就是只有起点和终点，而无中间环节的过程；如果税负转嫁多次才能完成，这一税负运动就是包括了起点、终点和若干中间环节的过程。由于每次税负转嫁实现的程度不同，转嫁的税负可能只归着于运动的终点，也可能归着于起点到终点的整个运动过程的各个环节。可见，税负归宿的状况是由税负转嫁的状况决定的，税负归宿是税负转嫁的结果。税负的实际承担者就是负税人。

### 二、税负转嫁的方式

#### （一）前转

前转又称顺转，是指经济主体将其承受的税收负担通过提高商品或生产要素价格的方法，顺着商品流转的方向转嫁给商品或生产要素的购买者。前转是最典型和最普通的税负转嫁形式，一般发生在对商品或劳务的课税上。

#### （二）后转

后转又称逆转，是指经济主体将其承受的税收负担，通过压低商品或生产要素价格的方法，逆着商品流转的方向转嫁给商品或生产要素的供应者。提高商品价格——将税款转给商品购买者——由卖方向买方转嫁。

#### （三）辗转

辗转转嫁是指税负转嫁的过程发生在一次以上，即经济主体 A 转嫁给 B，B 又转嫁给 C，等等。如果税负转嫁过程都是前转，则称之为“向前辗转转嫁”；如果税负转嫁过程都是后转，则称之为“向后辗转转嫁”；如果税负转嫁过程既有前转又有后转，如果同时向前和向后转嫁，就称为“散转”或“混转”。

### （四）税收的资本化

政府如向资本品的收益征税，在这项资本品出售时，买主会将以后应纳的税款折成现值，从所购资本品价值中预先扣除，从而使资本品的价格下降，税收实际上将由资本品所有者负担。

## 三、税负转嫁的一般规律

税负转嫁的程度取决于征税后的价格变动，税负转嫁的主要途径是价格的变动。在价格可以自由浮动的前提下，税负转嫁的程度，除价格外还受诸多因素的制约，常因供求弹性的大小、税种的不同、课税标准不同、课税范围的宽窄以及企业所处行业地位等不同而各异，但是也存在一般性的规律。

### （一）商品或者要素的供需弹性

供给弹性较大、需求弹性较小的商品的课税较易转嫁，供给弹性较小、需求弹性较大的商品的课税不易转嫁。社会中大量的商品生产和销售都处于竞争状态，商品价格的确定最终取决于供求关系，而税负转嫁自然与供求弹性有关。一般来说，供给弹性较大的商品，生产者可灵活调整生产数量，最终得以在所期望的价格水平上销售出去，因而所纳税款完全可以作为价格的一个组成部分被转嫁出去；而供给弹性较小的商品，生产者调整生产数量的可行性较小，从而难以控制价格水平，税负转嫁困难。同理，需求弹性较小的商品，其价格最终取决于卖方，也可以顺利地实现税负转嫁；但需求弹性较大的商品，买方可以通过调整购买数量影响价格，税负转嫁比较困难。如果把供给和需求结合起来考虑，则供给弹性大于需求弹性时，税负容易转嫁；供给弹性小于需求弹性时，税负转嫁困难。在极特殊的情况下，供给弹性等于需求弹性，则往往由供给和需求两方共同负担税款，税负转嫁只能部分实现。在商品价格和供求关系变动的影响下，税负转嫁与归宿的一般规律可用图9－2和图9－3来表示。图中的符号$S$代表税前供给曲线，$S'$代表税后供给曲线，$D$代表需求曲线，$P$代表价格，$Q$代表供给或需求量。图9－2说明了供给弹性大于需求弹性条件下税负转嫁与归宿的情况。由于供给弹性大于需求弹性，税后的消费者支付价格由$P_1$上升到$P_2$、供给者所得价格由$P_1$下降到$P_3$，$P_2-P_3$为全部税收，且$P_2-P_3=(P_2-P_1)+(P_1-P_2)$。这时税收由消费者和供给者共同负担，即消费者负担$P_2-P_1$，供给者负担$P_1-P_3$。说明由于供给弹性大于需求弹性，税收的大部分向前转移给消费者负担，小部分由供给者本身负担。图9－3则说明了需求弹性大于供给弹性条件下税负转嫁与归宿的情况。由于需求弹性大于供给弹性，税后的均衡价格由$P_1$上升到$P_2$，$P_2-P_1$为消费者承担的税收，供给者所得价格由$P_1$下降到$P_3$，$P_1-P_3$为供给者承担的税收，说明由于需求弹性大于供给弹性，税收的小部分转嫁给消费者负担，而大部分由供给者本身负担。

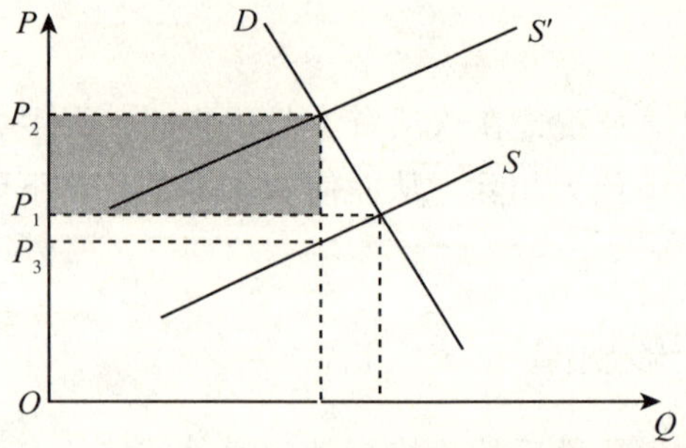


图 9 – 2　供给弹性大于需求弹性的税负较易转嫁

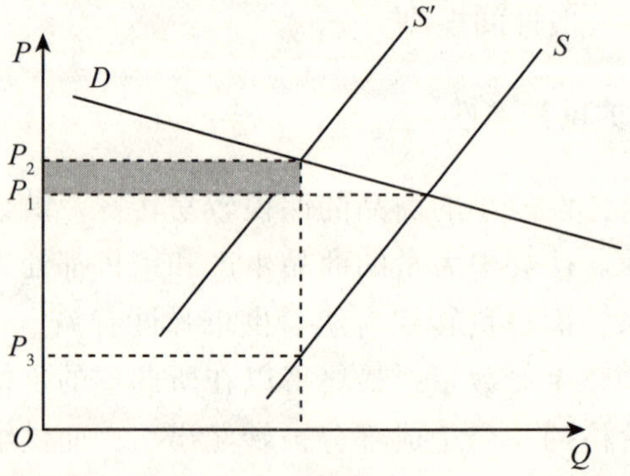


图 9 – 3　需求弹性大于供给弹性的税负不易转嫁

### （二）课税对象的性质

商品课税较易转嫁，所得课税一般不易转嫁。从前边的讨论中可以看出，税负转嫁的最主要方式是变动商品的价格，因而，以商品为课税对象，与商品价格关系密切的增值税、消费税、关税等比较容易转嫁是明显的；而与商品及商品价格关系不密切或距离较远的所得课税往往难以转嫁，如对个人财产和劳动所得课征的税收一般只能降低个人的消费水平，无法转嫁出去。对各类企业课征的法人所得税尽管存在转嫁的渠道，如提高本公司商品的售价、降低或延迟提高雇员的工资或者提高劳动强度以及降低股息和红利等，但这些渠道并不畅通，或者会受到企业雇员和股东的强烈抵制，或者受制于社会供求关系的变化情况，都难以实现。

### （三）课税对象的范围

课税范围宽广的商品税负较易转嫁，课税范围狭窄的商品税负难以转嫁。税负转嫁必然引致商品价格的升高，若另外的商品可以替代加价的商品，消费者往往会转而代之，从而使税负转嫁失效。但若一种税收课税范围很广，甚至波及同类商品的全部，则消费者无法找到价格不变的代用品，只好承受税负转嫁的损失。

### （四）市场竞争程度

对垄断性商品课征的税容易转嫁，对竞争性商品课征的税较难转嫁。因为垄断商品在较大的市场范围内有独占性，生产者和经营者基本上掌握价格的控制权，提价转税负的能力强。竞争性商品要根据市场供求状况调整价格，提价转嫁税负的能力较弱。

# 第五节 税收效应

## 一、税收效应的概念

税收效应是指纳税人因国家课税而在其经济选择或者经济行为方面作出的反应；或者从另一个角度看，是国家课税对消费者的选择以至生产者决策的影响。政府课税除为满足财政所需外，总是要对经济产生某种影响。但其影响的程度和效果如何，不一定会完全符合政府的最初意愿，纳税人对政府课税所作出的反应可能和政府的意愿保持一致，但更多的情况可能是与政府的意愿背道而驰。比如，课税太重或课税方式的不健全，都可能使纳税人不敢去尽心尽力地运用他的生产能力。又如，政府课征某一种税，是想促使社会资源配置优化，但执行的结果可能是社会资源配置更加不合理。税收既有政府课税所引起的各种经济反应，也有通常所说的税收调节作用。税收的效应表现为收入效应和替代效应两个方面，税收对相关经济变量的影响都可以从这两个方面进行分析。

### （一）收入效应

所谓税收的收入效应，是指课税减少了纳税人可自由支配的所得和改变了纳税人的相对所得状况，纳税人收入下降，从而降低商品购买数量和消费水平。税收的收入效应本身并不会造成经济的无效率，它只表明资源从纳税人手中转移到政府手中。但因收入效应而引起纳税人对劳动、储蓄和投资等所作出的进一步反应则会改变经济的效率与状况。

图9-4中的横轴和纵轴分别代表纳税人对服装和食品的消费量。假定某纳税人的收入全部用于购买食品和服装两种商品，食品和服装的价格是固定的，$AB$ 直线代表课税前纳税人的预算线，$I_1$、$I_2$ 曲线分别代表纳税人在不同收入水平下的效用无差异曲线。课税前，预算线 $AB$ 与无差异曲线 $I_1$ 相切于 $X$ 点，这一点表示课税前纳税人能够消费且能获得最大效用的食品和服装的数量组合点，此时购买的食品数量为 $OA$，购买的服装数量为 $OB'$。课税后，纳税人可支配收入下降，其预算线由课税前的 $AB$ 下移为 $CD$，$CD$ 与无差异曲线 $I_2$ 相切于 $Y$ 点，$Y$ 点表示课税后纳税人能够消费的且能获得最大效用的食品和服装的数量组合，此时购买的食品数量由课税前的 $OH$ 降为 $OC$，购买的服装数量由 $OB$ 降为 $OD'$。可见，因政府课税而使纳税人可支配收入水平下降，从而被迫减少商品消费。

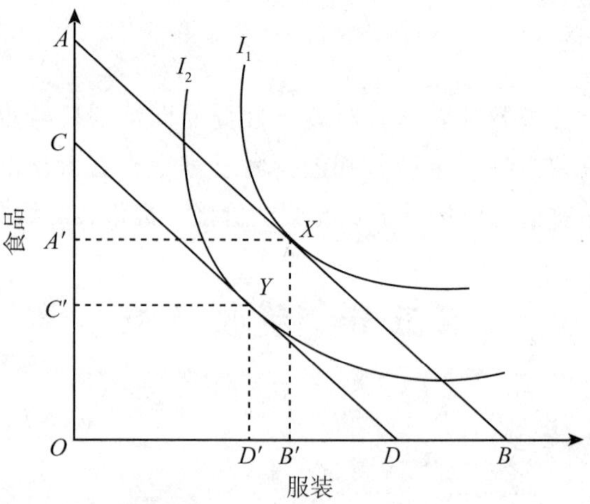


图9－4　税收的收入效应

### （二）替代效应

税收的替代效应是指当某种税影响相对价格或相对效益时，人们就选择某种消费或活动来代替另一种消费或活动。例如，累进税率的提高，使得工作的边际效益减少，人们就会选择休息来代替部分工作时间；又如对某种商品课税可增加其价格，从而引起个人消费选择无税或轻税的商品。税收的替代效应一般会妨碍人们对消费或活动的自由选择，进而导致经济的低效或无效。

税收对消费者选择的替代效应，表现为国家对商品征税之后，会使被征税商品价格上涨，造成纳税人减少对征税或重税商品的购买量，而增加对无税或轻税商品的购买量，即以无税或轻税商品替代征税或重税商品。如图9－5所示，假定某纳税人在政府不对商品征税条件下的最佳选择点仍为$X$，现政府决定对服装征税，但对食品不征税，则该纳税人购买这两种商品的预算线由$AB$移至$AE$。$AE$与无差异曲线$I_2$相切于$Z$点，此切点是对服装课税后纳税人能够购买的且能获得最大消费效用的服装和食品数量组合点。可以看出，由于政府对服装征税而对食品不征税，改变了纳税人对商品购买的抉择。其最佳抉择点由$X$移至$Z$，意味着纳税人在政府对服装征税后，减少了对服装的购买量，而相对增加了对食品的购买量，即以增加食品消费相应替代了部分服装的消费。

## 二、税收对生产要素的影响

### （一）税收对就业的影响

税收对就业的影响，即对劳动力供给的影响。其表现在于：一方面从收入效应来看，征税会减少个人的可支配收入，这就要求人们增加工作时间，以弥补收入的不足；再者政府通过税收资金的再分配，可以扩大投资，提供就业机会；同时，也可以采取税收优惠措施，鼓励投资，同样起到增加就业的机会。所以说征税从总体上是有利于增加劳动力供给的。另一方面从替代效应来看，税收不利于劳动力供给的增加。

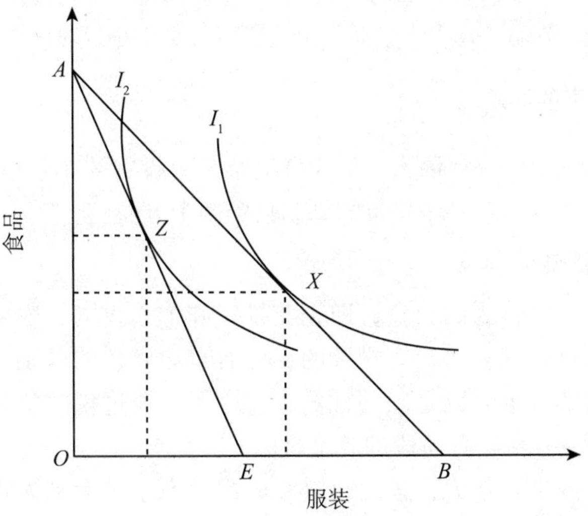


**图 9－5　税收的替代效应**

1. 税收对劳动供给力的收入效应与替代效应分析

政府开征一种税或增加税额会对劳动供给产生收入效应和替代效应。收入效应是由于增加税收而使纳税人境况变坏的效应。一般来说，开征某税的目的是希望这种税的收入效应能激励纳税人更勤奋工作，即产生激励效应，因为由于征税使纳税人收入减少，他就不得不减少闲暇等其他方面的享受。收入效应或激励效应的大小，取决于纳税人对税后纯所得的需求意愿。税收对劳动供给的替代效应是指税收对人们在工作与闲暇之间作选择时所发生的影响。例如，如果所得税税率提高，工作的边际效益减少，人们就会选择用闲暇来替代部分工作时间，一种使工作的边际效益减少的税种一般会产生阻碍工作努力的效应。收入效应超过替代效应，其总效应是促使人们更发奋工作，增加劳动供给。但这并不是唯一的结论，所得税在这里的两种效应也可能相互抵消，或者替代效应占优势，从而就会导致人们减少工作而将更多的时间用于闲暇。

2. 所得税对劳动者就业的影响

税收对就业的影响，主要通过个人所得税来实现。在个人收入主要来源于工资收入，且工资水平基本不变的前提下，政府征收所得税会使个人的休闲与劳动的相对价格发生变化，随着劳动价格的降低，导致个人必须增加劳动时间，减少休闲时间，以补充可支配收入上的损失。这种状况在所得税率分别采取比例税率和累进税率时，其影响程度又不一样，由于比例税率缓冲性弱，它比累进税率对劳动供给的影响要强，对于个人收入水平相同的人，征收比例税会使劳动供给增加得更多。

3. 个人收入多元化条件下的税收影响

当劳动者的收入来源不仅局限于工资收入，还包括资本利得收入、福利收入时，对收入征税则会降低其对就业的影响，在不影响人们休闲的情况下，因为有非工资所得的因素，劳动者可能不愿意提供更多的劳动。一般而言，收入多元化的情况比较复杂，不同劳动者之间情况差别很大，所以，关于税收影响的分析具有不确定性。当工资水平因征税有相应改变时，对工资收入征税，劳动者收入水平低，个人所得税负担小，对就业的影响不大。

### （二）税收对投资的影响

投资是经济增长的重要决定因素，而投资决策是由投资的净收益和投资成本决定的。税收对投资的效应，主要表现刺激投资与抑制投资两个方面。

1. 税收对私人投资的影响

私人投资是指非政府行为的投资，即企业投资和个人投资。这类投资的基本特征是以投资利益最大化为目标，它与政府投资的目标有着原则性的区别。税收对私人投资的影响，可以是鼓励性的，也可以是限制性的，它主要是通过税收负担的高或低，来完成政府在不同时期和不同经济发展阶段的政策目标。

投资是经济增长的主要动力，各国政府一般都致力于扩大私人投资，并且利用税收政策来鼓励和刺激。特别是当经济增长缓慢、需要扩大投资时，在税收政策上常采取降低边际税率（表现为降低税收负担）、扩大税收优惠和允许加速折旧等措施来刺激投资。在这方面，直接影响资本成本的公司所得税充当重要角色。公司所得税从两个方面来影响公司的投资决策：一是对资本的边际收入征税，可能使投资的边际收入下降，抑制了投资行为；二是允许某些资本成本项目进行扣除，产生“节税”，降低资本成本，鼓励投资行为。因此，在其他条件不变的情况下，任何旨在提高资本成本的税收措施，将抑制投资的增长；而任何旨在使资本成本下降的税收优惠措施，将刺激投资意愿。

首先，从降低税收负担看，对投资人影响最为直接的是公司所得税税负的调整，即公司所得税税负的高低直接影响投资者税后利润的多少。公司所得税负愈高，可供投资人分配的实际所得愈少；反之，投资人所得就多。因此，从理论上讲，在其他条件相同的情况下，无税（即公司所得税税率为零）对投资的刺激效果是最理想的，但实际上除少数避税地以外，世界上大多数国家都对投资行为征税。问题的关键不在于是否征税，而在于征多少税，理想的目标是，设计合理的税负水平，能够尽量减少公司所得税对投资决策的影响。

其次，从税收优惠的方法看，鼓励税收的措施通常采取免税、减税和再投资退税等办法。免税分为全部免税和分项免税两种。全部免税指对投资者的投资所得在一定时期内不征税，以鼓励投资者的积极性，但政府仍保留征税的权力，当政府的目的达到之后，则恢复征税；分项免税是指政府对部分需要扶持的特殊行业、特殊项目、特殊产品给予免税的优惠，而对其他投资行为依法征税。例如，对基础产业、农业投资所得的免税，对部分外商投资者投资所得的免税等。减税是对投资者的所得，少征一定比例的所得税，以达到鼓励投资的目的。再投资退税是政府将已经征收的税款，在投资者将投资收益进行再投资时予以退还，以鼓励其扩大投资规模。

最后，从折旧的方法看，公司所得税制中的折旧政策对投资具有较大的效应。在税法上允许加速折旧和允许考虑通货膨胀对折旧的影响是鼓励投资的主要措施。如果公司税制中允许的折旧率高于实际应该折旧率，则企业的计税所得就会相应减少，其公司所得税负就会减轻，投资人就得到了税收鼓励的好处而可能加大投资。在通货膨胀的税收政策方面，传统意义上的折旧方式，通常采取直线折旧法，重点考虑的是资本的原始成本，其折旧费不足以补充资本的重置消耗。在通货膨胀的情况下，公司所得税是否允许考虑资本的真实成本，则影响企业的经营成本和再投资能力。当折旧比例与通膨率达到同步时，对投资人是有利的，体现了税收上的鼓励措施，至少没有限制投资的效应。

与税收对投资的鼓励效应相对应，税收对投资也有抑制效应。当经济发展过热，需要抑制投资时，国家可在税收上采取限制性措施，如提高税负、减少税收优惠和降低在税法上允许的折旧率，相应加大投资人的税收负担而使其减缓或削减投资。

2. 税收对政府投资的效应

税收对政府投资的效应，主要体现在税收数量或总规模的改变，可以改变政府的投资规模和投资结构。换言之，即宏观税负水平的高低，不但影响政府的投资能力，而且影响企业和居民个人的投资能力。

政府投资的目标是公共利益最大化。所谓公共利益，主要是指社会大众的公共利益，包括基础设施、公共设施和社会服务等。从性质上说，为社会公共需求而进行的支出，一般无法用经济关系中的投入—产出比例进行衡量，因为大部分投资项目可能是无利可图，甚至是负产出。但政府又必须承担这些义务，因为它们是社会的必需品。政府要进行公共投资，必须通过相应方式取得资金来源。税收是政府取得收入的基本形式，在现代经济生活中，各国税收是政府收入的主要来源。政府课税对投资的效应，主要体现在对投资总量、投资结构和私人投资三方面的影响上。

首先，看税收对投资总量的影响。在一定时期之内，社会投资总量由私人投资（含企业投资）和政府投资组成。当私人投资规模一定时，政府投资规模的大小，就决定投资总量的大小，政府投资越多，投资总量越多，对经济增长的影响越大；反之就小。通常，政府利用这一原理，可以通过投资数量的改变，发挥其对经济运行的周期性调节作用。由于投资具有“乘数效应”，通过扩大投资，可以刺激消费，拉动相关产业，扩大社会需求，并增加工资和利润。政府投资的目标比私人投资更明确，特别在经济萧条时期，政府通常通过运用财政政策，扩大投资，拉动需求，推动经济增长。当然，政府为扩大投资，必须增加税收，以便于政府的再分配，因此税收总量与政府投资规模之间是互为依存的关系。在政府经常性支出一定的条件下，税收规模越大，则可供政府投资的规模越大。

其次，看税收对投资结构的影响。投资结构系指各种投资行为在不同产业和不同地区之间的分布和格局，它是衡量投资效果的重要指标之一。通过政府投资会对投资结构产生影响，政府投资的不同方向、不同组合，直接构成投资结构的组合。

### （三）税收对居民储蓄的影响

影响储蓄行为的主要因素，取决于个人收入总水平和储蓄利率水平。个人收入水平越高，可供储蓄的资金越多，则储蓄率越高；同时，对储蓄收益率而言，储蓄利率越高，对储蓄人的吸引力越大。此外，储蓄率与储蓄习惯也有关系，一般而言，东方国家的居民偏好储蓄，而西方国家的居民偏好消费。因此，亚洲地区的国家，尤其是中国、日本等国，其储蓄率大大高于欧美国家。税收具体通过个人所得税、商品税和利息税对居民储蓄发生影响。

1. 个人所得税对储蓄的影响

个人所得税对储蓄的影响，主要原因是它对个人实际收入水平的影响。对个人所得是否征税及征税的多少，会影响个人实际可支配收入，并影响个人的储蓄率。在对储存利息所得不征税的情况下，征收个人所得税对居民储蓄只有收入效应，即征收个人所得税会减少纳税人的可支配收入，使纳税人降低当前消费和储蓄水平。

2. 利息税对储蓄的影响

对储蓄利息征利息税，会减少储蓄人的收益，从而降低储蓄报酬率，影响个人的储蓄和消费倾向。一方面，对储蓄利息征税，会减轻储蓄倾向，促进个人增加消费额；另一方面，由于储蓄行为属于潜在消费，在对储蓄利息征税之后，会迫使储蓄人提高储蓄水平，也保证未来的消费水平。因此，利息税对储蓄的影响是双重的，既有减轻的效果，也有提高的效果。

3. 间接税对储蓄的影响

间接税主要通过改变消费倾向来影响储蓄。从理论上讲，在提高储蓄率方面，间接税的作用要强于所得税。因为尽管征收间接税也会减少个人可支配收入，但它所影响的主要是消费支出。在储蓄率或社会平均的储蓄水平一定的情况下，个人的储蓄水平通常是不会降低的，即在西方经济学中所表述的“替代效应”不存在，居民个人只能采取减少消费支出的办法，去抵消税收上的支出。

**【课外阅读】中美税制及税负比较研究（节选）**

**【应用训练】**

（1）同为财政收入形式，税收与其他收入形式有何不同？

（2）在税制设计时，如何实现各项税收原则，可举例讨论。

（3）影响税收负担的因素主要有哪些？

（4）税负转嫁有哪些形式？

（5）税负转嫁的一般规律有哪些？

（6）上网查找资料了解我国与欧美发达国家税制结构及税负有何异同？

（7）了解我国近些年的税收制度改革，谈谈税制改革对企业税负的影响。

参考答案

第九章　税收原理 PPT

# 第十章

# 税收制度

【本章导读】税收制度是国家财政经济制度的重要组成部分，是国家处理税收分配关系的规范。税收制度的表现形式主要有税收法律、税收行政法规、税收部门规章、税收地方性法规、地方规章及自治条例和单行条例、税法解释和国际税收条约、协定。税制结构是一国税制中税种的组合状况，一个国家税制结构模式是否合理，是税收制度是否健全与完善、税收作用能否充分发挥的前提，税制结构可以分为“单一税制结构”和“复合税制结构”两种模式，我国实行的是双主体的税制结构模式。我国的税收制度经历了税制建立与巩固、税制曲折与发展、税收制度重新设立、税收制度全面改革、税收制度不断完善和全面深化税制改革 6 个主要时期，目前已经形成由流转税、所得税、资源税、财产税以及行为目的税等五大税类共 18 种税构成的相互补充的税制体系。

通过本章学习，要求读者全面而深入地掌握税收制度的基本理论和我国的税制现状。

【财政视窗】中国税收的真相：全球税制改革如同一张拼图

## 第一节　税制概述

### 一、税收制度的含义

#### （一）税收制度的概念

税收制度，简称税制，是一国政府通过法律程序确定的征税依据和法律规范。税收制度是一个历史的、财政的范畴，是国家财政经济制度的重要组成部分，是国家处理税收分配关系的重要规范。它既是国家向纳税人征税的法律依据和税收工作规程，又是纳税人履行纳税义务的法定准则。

税收制度的概念可从广义和狭义两种角度理解。广义的税收制度是指税收的各种法律制度的总称，它包括国家的各种税收法律法规、税收管理体制、征收管理制度以及税务机关内部管理制度等。狭义的税收制度是指税收法律制度，主要是从税政管理的角度来研究的税制。

税收制度又有另一种含义，即指一个国家在一定的历史条件下所形成的税收制度的结构体系，即各税类、税种、税制要素等相互配合、相互协调构成的税制体系即税制结构，如分别以流转税、所得税为主体的税制结构，以流转税和所得税并重为主体的税制结构等。它的研究对象是根据一个国家现实的生产发展水平和经济结构等情况，研究税种、税目、税率的配置和设计，为税制改革、税收立法提供理论和可行的依据。

**【财政视野】税收制度和税收政策有什么区别和联系？**

### （二）税收制度的表现形式

1. 税收法律

税收法律，是指由全国人民代表大会及其常务委员会针对特定的税收关系制定和颁布的规范性文件。我国税收法律立法权由全国人民代表大会及其常务委员会行使，其他任何机关都没有制定税收法律的权力。在国家税收中，凡是基本的、全局性的问题，如国家税收的性质，税收法律关系中征纳双方权利与义务的确定、税种的设置、税目税率的确定等，都需要全国人民代表大会及其常务委员会以税收法律形式制定实施，并且在全国范围内普遍适用。除宪法外，税收法律具有最高法律效力，是制定税收法规、规章的法律依据。

2. 税收行政法规

税收行政法规，是指国家最高行政机关即国务院根据宪法和法律制定的调整税收关系的规范性文件，其法律效力仅次于宪法和法律。国务院作为最高国家权力机关的执行机关是最高的国家行政机关，有广泛的行政立法权。我国《宪法》规定，国务院可“根据宪法和法律，规定行政的措施，制定行政法规，发布决定和命令。”行政法规作为一种法律形式，其效力低于宪法、法律，但高于地方法规、部门规章和地方规章。

3. 税收部门规章

税收部门规章，是指财政部、国家税务总局、海关总署及其他行政部门根据法律和行政法规，在本部门权限内制定的调整税收关系的规范性文件。国务院各部、委员会根据法律和国务院的行政法规、决定、命令，在本部门的权限内，发布命令、指示和规章；各部、各委员会工作中的方针、政策、计划和重大行政措施，应向国务院请示报告，由国务院决定。其制定规章的范围包括对有关税收法律、法规的具体解释、税收征收管理的具体规定、办法等。税收规章在全国范围内具有普遍适用效力，但不得与税收法律、行政法规相抵触。

4. 税收地方性法规、地方规章及自治条例和单行条例

税收地方性法规，是指由省（自治区、直辖市）的人民政府所在地的市和国务院批准的较大市的人民代表大会及其常务委员会根据本地区的具体情况和实际需要，在遵循宪法、法律和行政法规的基础上，制定适合于本地区的税收方面的法规。

税收地方规章，是指由省（自治区、直辖市）的人民政府所在地的市和国务院批准的较大市的人民政府根据法律和行政法规，制定适合于本地区的规章。

税收自治条例和单行条例，是指由民族自治地方的人民代表大会及其常务委员会根据当地民族的政治、经济和文化的特点制定的关于税收方面的自治条例和单行条例。

5. 税法解释

税法解释，是指由一定主体在具体的法律适用过程中对税收法律文本的意思所进行的理解和说明。也就是有关权力机关就税收法律规范在具体适用过程中，为进一步明确法律规定及如何具体运用所作出的解释，即是由国家有权机关在其职权范围内对税法作出的解释，也称有权解释。主要包括税法立法解释、税法司法解释和税法执法解释。

税法立法解释，是指全国人民代表大会及其常务委员会、相关行政机关和地方立法机关对相应的税收法律法规或地方税收法规作出的解释。税法立法解释与被解释的法律规范具有同等法律效力。

税法司法解释，是由最高人民法院和最高人民检察院在适用税法过程中作出的解释。在我国，司法解释可以作为办案适用法律法规的依据。

税法执法解释也称税法行政解释，是指国务院及其所属具体税收行政管理职能的机关和省、市、自治区以及省、自治区的人民政府所在地的市和国务院批准的较大市的人民政府根据法律和行政法规，在法定权限内所作的行政解释。税法行政解释在行政执法中一般具有普遍的法律约束力，但不具备与被解释的税收法律法规的同等效力，不能作为法庭判案的直接依据。

6. 国际税收条约、协定

国际税收条约、协定，是指我国与其他国际签订的双边或多边关于税收方面的条约、协定和其他具有条约、协定的文件。国际税收条约、协定对各缔约方具有法律上的约束力。

## 二、税制构成要素

税收制度要素是指构成税收范畴的基本因素，是税收内容的具体表现。一国税收制度首先要解决的问题包括：对什么征税、对谁征税、征多少税、如何征税、纳税人违反税法规定应受何种处罚等。这些基本问题构成了税收制度的要素，其中征税对象、纳税人、税率是税制构成的基本要素，纳税环节、纳税期限、纳税地点、税收优惠和违章处理是税制构成的其他要素。

### （一）税制构成基本要素

税制构成的基本要素是指纳税人、征税对象和税率。由于这三个要素回答了由谁纳

税、对什么征税、征多少税等最基本的税收问题，能够直接反映税收分配关系，所以相对于其他税制要素而言，是最基本的要素，也是税制诸要素的核心与重点内容。

1. 纳税人

纳税人亦称纳税义务人或纳税主体，指税法上规定直接负有纳税义务的单位和个人，它规定了税款的直接承担者。不同的税种有不同的纳税人。纳税人必须依法纳税并服从国家的税务管理，如有违犯，税务机关有权依法给予处罚。如增值税的纳税人是在中国境内销售货物、进口货物或者提供加工、修理修配劳务和应税行为的单位和个人。纳税人包括自然人和法人。在实际纳税过程中，与纳税人相关的概念有：代扣代缴义务人、负税人、纳税单位。

【财政视野】纳税人与负税人的区别

2. 征税对象

征税对象亦称征税客体，指对什么征税，即国家征税的标的物。它规定了每一种税的征税界限，是一种税区别于另一种税的主要标志。每一种税一般都有特定的征税对象。

征税对象可以从质和量两方面进行划分，质的具体化是征税范围和税目；量的具体化是计税依据和计税标准，它们与税类、税种、税基、税源等共同补充和延伸了征税对象的功能并使其具体化。

【财政视野】如何理解税基、纳税人和税源的关系？

3. 税率

税率是应纳税额与征税对象数额（量）之间的法定比例，是计算税额和税收负担的尺度，体现征税的程度，是税收制度的中心环节，是税收制度中最活跃、最有力的因素。税率的高低，直接关系到国家财政收入和纳税人的负担，同时也反映着国家经济政策的要求。在征税对象既定的前提下，税率形式的选择和税率档次的设计，决定着税收规模和纳税人的负担水平以及纳税人之间的税负水平。税率一般分为比例税率、累进税率和定额税率；不同税率又可细分为若干税率形式。

【财政视野】零税率与加成加倍征收、名义税率与实际税率、边际税率与平均税率

### （二）税制构成其他要素

1. 减税免税

减税是从纳税人的应纳税额中减征部分税额的措施。免税是免除纳税人全部应纳税额的措施。减免税是对某些纳税人和征税对象给予鼓励和支持的一种特殊规定。减免税按其性质划分，可分为法定减免、特定减免和临时减免；按其方式划分，可分为税基减免、税率减免和税额减免。另外，诸如起征点与免征额、延期纳税、出口退税、再投资退税、即征即退、先征后返、税收抵免、加计扣除、加速折旧、投资抵免和减计收入也属于减税免税的范畴。

2. 纳税环节

纳税环节是指税法规定的征税对象确定的应该缴纳税款的环节。征税对象在整个社会经济运行中是不断流转运动的，如货物有生产、流通、消费的过程。所得有创造、分配和收受的过程等。在这些过程中，哪些环节纳税，哪些环节不纳税，税法中必须作出明确的规定。如流转税在生产和流通环节纳税，所得税在分配环节纳税等。按纳税环节的多少，可以将税收课征制度分为一次课征制和多次课征制两种。

3. 纳税期限

纳税期限是税法规定纳税人发生纳税义务后缴纳税款的期限。它是税收强制性和固定性在时间上的体现。具体规定有按期纳税、按次纳税和按年计征、分期预缴三种。

4. 纳税地点

纳税地点，是税法中规定纳税人（包括扣缴义务人）具体缴纳税款的地点。它是根据各税种的征税对象、纳税环节，本着有利于源泉控制税款的原则来确定的。既要方便于税务机关和纳税人征纳税款，又要有利于各地区、各征收机关的税收利益。

5. 违章处理

违章处理是指对纳税人违反税法的行为所作的处罚。纳税人的违章行为通常包括偷税、抗税、欠税、骗税以及违反税收征管法等。

违章处理的方式主要有：加收滞纳金、处以罚款、通知银行扣款、吊销税务登记证、会同工商行政管理部门吊销营业执照、移送司法机关追究刑事责任等。

## 三、税收制度的结构

### （一）税制结构的概念

税收制度的组成结构简称税制结构，亦称“税制体系”，即一国税制中税种的组合状况，主要反映各个税种在整体税收收入体系中的地位和作用，也是税收制度整体内部的分类、层次、构成、比例以及相互关系的总和。它是社会经济制度及其变化在税收领域中的反映，是社会经济现象在税收制度上的具体体现。一般地说，税制结构主要包括以下内容：（1）税制中税收分类及构成。（2）税类中税种的布局及构成。即每一税类中由哪些税种构成，哪一种或哪几个税种为主，相互之间如何配合等。(3) 税制要素（即纳税人、征税对象、税率等）构成的选择和设置。(4) 征管层次和地区、部门间的税类、税种组合和协调。

根据税制结构中的税种多少，税制结构可以分为“单一税制结构”和“复合税制结构”两种模式。

1. 单一税制结构

单一税制是指以一种课税对象为基础设置税种所形成的税制，它表现为单一的土地税、单一的财产税、单一的消费税、单一的所得税等较为单纯的税种构成形式。

2. 复合税制结构

复合税制则是指由多种征税对象为基础设置税种所形成的税制，它是由主次搭配、层次分明的多个税种构成的税收体系。实行复合税制结构模式的国家，由于主体税种的选择不同，可以分为“以所得税为主体的复合税制”“以流转税为主体的复合税制”“以资源税为主体的复合税制”“以财产税为主体的复合税制”“以社会保障税为主体的复合税制”等多种模式。其中，经济发展水平较高、国民收入较多的国家通常选择以所得税为主体税种的税制结构模式；经济发展水平较低、人均国民收入较少的国家通常选择以流转税为主体税种的税制结构模式。也有的国家选择以社会保障税作为主体税种的税制结构模式。

### （二）我国现行税制结构

作为经济转轨时期的发展中国家，我国的税制结构选择要能够体现经济发展的特征，与现阶段经济发展水平、社会经济结构相适应；能够充分发挥税收组织收入和调控经济的职能；能够更好地体现政府的政策意图和实现公平、效率的税收原则；能够体现不同发展阶段或“效率优先，兼顾公平”或“公平效率”的税制结构原则。即我国税制结构的选择应是在国情基础上的理性化选择。我国自 1994 年税制改革以后，逐步形成了以增值税为主的商品劳务税在整个税制中的核心地位。为了适应经济政治形势的发展变化，我们国家曾几次对税制结构进行调整，已经形成比较完善的以流转税和所得税双主体的税制结构。截至 2019 年 9 月，我国现行的税收制度结构按其征税对象的性质，大致可分为以下 5 类 18 个税种。

(1) 流转税制。包括增值税、消费税、关税和烟叶税 4 种。主要在生产、流通和服务业及进出口贸易等方面发挥调节作用。

(2) 所得税制。包括企业所得税、个人所得税 2 种。主要是在国民收入形成以后，对生产经营者的利润和个人的纯收入发挥调节作用。

(3) 资源税制。包括资源税、土地增值税、城镇土地使用税和耕地占用税 4 种。主要是对因开发和利用自然资源差异而形成的级差收入发挥调节作用，加快推进生态文明建设步伐。

【财政视野】不同观点：有人认为，我国的资源税在性质上属于消费税

（4）财产税制。包括房产税、车辆购置税、车船税和契税 4 种。主要是对某些特定财产发挥调节作用。

（5）行为目的税制。包括印花税、环境保护税、城市维护建设税和船舶吨税 4 种，以及具有税收性质的教育费附加和社会保险费。主要是为了达到特定目的，对特定对象和特定行为发挥调节作用。

【财政视野】不同观点：有人认为，我国环境保护税的性质属于消费税

【财政视野】不同观点：有人认为，从税基的角度划分，税收在本质上就是所得税、消费税和财产税三大类

## 四、我国税制发展的主要历程

新中国税制确立的标志就是 1950 年 1 月由政务院公布实施的《全国税政实施要则》。作为统一全国税政的纲领性文件，它在统一全国税政和平衡城乡税收负担、税收管理体制、确保国家财政的需要等方面起了非常关键的作用。此后，随着政治经济社会条件的不断变化，我国税制几经变革，发生了很大变化。

### （一）税制建立与巩固时期（1949～1957 年）

新中国成立之初，继续了一些旧社会的税收，建立了崭新的新中国税制。特别是以 1950 年 1 月政务院公布实施《全国税政实施要则》为标志。该要则规定全国除农业税外，统一征收 14 种税，即货物税、工商业税、盐税、关税、薪给报酬所得税、存款利息所得税、印花税、遗产税、交易税、屠宰税、房产税、地产税、特种消费行为税和车船使用牌照税。此后，开征契税，建立关税制度。到 1953 年试行商品流通税，修订货物税、工商业税中的营业税和所得税，取消特种消费行为税，调整印花税税目，简化城市房地产税，修订屠宰税。这一时期不仅统一了全国税政、建立了新税制，而且通过调整修订后的新税制契合了当时各种经济成分并存的经济结构状况，对于促进生产的恢复和发展、争取财政经济状况的基本好转、配合对公私关系的调整，都发挥了积极的推进作用。

### （二）税制曲折与发展时期（1958～1977 年）

首先，1958 年 6 月全国人大常委会通过并由毛泽东主席签署的《中华人民共和国农业税条例》，从而结束了我国农业税制不统一的历史。其次，1958 年 9 月全国人大常委会审议原则通过改革工商税制。税收制度由原来的 14 种税简并为 10 种税，即工商统一税、工商所得税、关税、盐税、牲畜交易税、城市房地产税、车船使用牌照税、屠宰税、契税、农（牧）业税，税制体系较新中国成立初期大大简化。

“文化大革命”时期，受“非税论”的影响，1973 年税制进行了简化，主要内容就是两项：一是合并税种。把企业原来缴纳的工商统一税及其附加、城市房地产税、车船使用牌照税、盐税、屠宰税等合并为工商税。二是简化税目税率。税目由 108 个减并为 44 个，税率由 141 个减为 82 个，而实际上不同税率仅为 17 个。税制已经简化到在财政收入中无足轻重的地位，实际执行的时候，仅对国有企业征收一种工商税，对集体企业仅征收工商税和工商所得税，对个人和外侨征收城市房地产税、车船使用牌照税和屠宰税等。简化后的税制，大大削弱了我国的复税制基础，使工商税制成为事实上的单一税制，而工商税则成为性质不清的多种税的混合体。税收的财政功能与调节经济功能严重受挫。

### （三）税收制度重新设立时期（1978～1993 年）

1978 年中共第十一届三中全会的召开，拉开了改革开放的大幕，加快推进经济体制改革，新税制建设经历了逐步恢复、逐步完善、逐步发展的历程。一是 1978～1981 年的税制改革。为了配合我国改革开放政策的发展需要，以 1979 年 1 月湖北省老河口市的 15 户地方国营企业率先进行利改税第一步改革试点为标志，启动了我国改革开放后的税制改革。1980～1981 年，初步建立了较完善的涉外税制，陆续开征了个人所得税、中外合资经营企业所得税、外国企业所得税。随着对外开放扩大和吸引外资，将两个涉外所得税法合并为外商投资企业和外国企业所得税。二是 1983～1993 年的税制改革。主要是顺利实施两步“利改税”。第一步“利改税”从 1983 年 1 月 1 日起。为了增强企业活力，解决好国家与企业的分配关系，国务院经过试点决定在全国范围内试行国营企业“利改税”，将国营企业向国家上缴利润改为征收企业所得税，其中大中型国营企业交纳所得税后的利润，除了企业的合理留利外，采取递增包干、定额包干、固定比例和调节税等多种形式上交国家。这是新中国成立以来首次对国营企业征收所得税，突破了国营企业只向国家上缴利润的传统，打破了国家不能向国营企业征收企业所得税的理论禁区。第二步“利改税”从 1984 年 10 月 1 日起。即将国营企业原来上交国家的财政收入由税利并存逐步过渡到完全的以税代利。同时根据不同所有制性质实行不同的所得税，分别是集体企业所得税、城乡个体工商业户所得税、私营企业所得税、个人收入调节税，从而健全了所得税体系。与此同时，改革工商税制，主要是取消工商税税种，将原工商税分解为产品税、增值税、营业税、盐税。设立资源税、城市维护建设税、房产税、城镇土地使用税、车船使用税、烧油特别税、建筑税、固定资产投资方向调节税、奖金税和工资调节税、筵席税等新税种。恢复征收房地产税、车船使用税、牲畜交易税、印花税，完善关税制度，改革农业税。经过税制全面改革与不断完善，我国的工商税制共有 32 个税种，初步建立了适应有计划的社会主义商品经济要求的、内外有别的新税制体系。

**（四）税收制度全面改革时期（1994～2003 年）**

党的十四大提出建立社会主义市场经济体制，根据国家经济体制改革的总体部署，国务院批准了国家税务总局提出的全面性、结构性的税制改革实施方案，并从 1994 年 1 月 1 日起在全国实行。这次改革是新中国成立以来，规模最大、范围最广泛、内容最深刻的一次税制改革。首先是流转税制的改革。建立并形成以增值税为主、消费税和营业税相配套的流转税制格局。新的流转税统一适用于内资企业、外商投资企业和外国企业，取消对外商企业征收的工商统一税。其次是所得税的改革。将国营企业所得税、集体企业所得税与私营企业所得税合并为统一的企业所得税，实行 33% 的比例税率；将原来对外国来华个人征收的个人所得税、对中国公民征收的个人收入调节税、城乡个体工商业户所得税合并为统一的个人所得税，实现中外个人按照同一部税法缴纳个人所得税。最后是其他工商税的改革。完善资源税，开征土地增值税，改革房产税、城镇土地使用税和车船使用税，保留屠宰税、筵席税、耕地占用税城市维护建设税，取消国营企业奖金税、集体企业奖金税、行事业单位奖金税、国营企业工资调节税、烧油特别税、集市交易税、牲畜交易税。车辆购置税自 2001 年 1 月 1 日起征收。最后是农业税的改革，将农业税中的原农林特产税部分与原产品税中对农林牧水产品征税的部分，合并为农业特产税。经过一系列改革，1994 年我国的税收制度实际上由 22 种税构成，形成了流转税为第一主体、所得税为第二主体的税制结构，适应了发展市场经济的客观需要，是我国税收制度的一个重要转折点，在新中国税制建设史上具有里程碑的意义。

**（五）税收制度不断完善的时期（2004～2012 年）**

首先是取消农业税，为了切实减轻农民负担，2006 年开始农业税彻底退出历史舞台。其次完善流转税。一是增值税的转型，从 2004 年 7 月 1 日起，我国对东北地区的 8 个行业实施增值税转型试点，到 2009 年基本实行消费型增值税。二是调整消费税税目，由 11 个增加到 15 个。再次是完善所得税。一是调整个人所得税，费用扣除标准将从每月 800 元提高到 2011 年 9 月 1 日的 3 500 元。2008 年 10 月 9 日起对储蓄存款利息所得暂免征收个人所得税。二是内外资企业所得税的合并。2008 年 1 月 1 日正式实施企业所得税法。最后是其他税种的完善。一是资源税将原油、天然气和煤炭由从量定额改为从价定率计征，征税范围进一步扩大到水资源；二是 2012 年取消固定资产投资方向调节税；三是 2011 年在上海、重庆试点住房房产税改革；四是对车辆购置税、车船税、城镇土地使用税等其他税制的改革。随着市场经济的不断发展，税收制度得到不断完善，对促进我国财政收入的持续增加起到了积极作用。

**（六）全面深化税制改革时期（2012 年～）**

2012 年党的十八大提出全面推进依法治国、建设社会主义法治国家，新一轮税制改革进入全面深化改革时期，也是税收法治建设时期。一是全面实施“营改增”。从2012年1月1日起，在上海交通运输业和部分现代服务业开展营业税改征增值税试点开始，到2016年5月1日起，将建筑业、房地产业、金融业、生活服务业全部纳入“营改增”试点范围。至此，营业税退出历史舞台，增值税制度将更加规范。二是加快税收立法进程。中共十二届全国人大常委会于2016年12月25日表决通过了环境保护税法，这是中共十八届三中全会提出“落实税收法定原则”要求后，全国人大常委会审议通过的第一部单行税法，也是我国第一部专门体现“绿色税制”单行税法。随后于2018年出台了烟叶税法、船舶吨税法，2019年再次出台耕地占用税法、车辆购置税法、资源税法。土地增值税法、增值税法和消费税法都正在征求意见，税收立法进程明显加快。三是进一步加强个人所得税改革。2018年8月31日第十三届全国人民代表大会常务委员会第五次会议通过个人所得税法修正案（第七次修正），其主要内容有：确定工资、薪金所得，劳务报酬所得，稿酬所得，特许权使用费所得为综合所得；提高工资薪金所得减除费用标准，由3 500元提高到了5 000元；调整工薪所得税率结构，相应调整个体工商户、承包承租经营者、独资企业和合伙企业自然人投资者所得税率级距；增加专项附加扣除，包括子女教育、继续教育、大病医疗、住房贷款利息或者住房租金、赡养老人等支出。四是加大减税降费力度。增值税税率由2017年7月1日的17%、13%、11%、6%四档简并到17%、11%、6%三档之后，2018年5月1日起又下调至16%、10%、6%三档，2019年又进一步调整到13%、9%、6%三档，将有利于继续推进增值税税率三档并两档。提高增值税小规模纳税人起征点，月销售额3万元调整到10万元。放宽小型微利企业标准并加大优惠力度，即企业资产总额5 000万元以下、从业人数300人以下、应纳税所得额300万元以下。对小规模纳税人交纳的部分地方税种，可以实行减半征收，即允许各地按程序在50%幅度内减征资源税、城市维护建设税、印花税、城镇土地使用税、耕地占用税等地方税种以及教育费附加和地方教育附加。另外，从2019年5月起，职工养老保险单位缴费费率从20%调整为16%。减税降费对于对落实供给侧结构性改革，推动企业发展转型和经济高质量发展具有重要意义。

经过完善税收立法和改革税制，截至2020年4月，我国现行税制中的税种设置一共有18个，其中已经立法的实体税种有9个，分别是个人所得税、企业所得税、车船税、环境保护税、烟叶税、船舶吨税、车辆购置税、耕地占用税和资源税。税法更加健全和完善，税制更加规范和统一。

## 第二节　流转税制

### 一、流转税制概述

#### （一）流转税的含义

流转税是以纳税人商品生产、流通环节的流转额或者数量以及非商品流转额为征税对象的一类税收制度。流转税又称流转课税、流通税，学界又称为货物和劳务税（简称货劳税）

或商品税。就世界各国来看，有部分国家也将零售环节的流转税称为消费税或销售税。

从税收发展史来看，流转税或商品税在各国税收中占有非常重要的位置，并且曾经或一度成为许多国家的主体税种，也曾是各国政府的主要收入来源。流转税一直是我国税制中的核心税种。目前，在我国税制体系中，流转税制主要包括增值税、消费税、关税和烟叶税等税种。

### （二）流转税的类型

按照征税对象划分，流转税可分为货物税和劳务税。其中，货物税仅对生产企业销售的相关商品（货物）课税；而劳务税仅对企业提供的各种劳务课税。1994 年我国进行税制改革时确立的增值税和消费税属于货物税，营业税属于劳务税，2016 年“营改增”之后的增值税则对所有商品和劳务课税。

按照课税环节划分，流转税可分为多环节流转税和单一环节流转税。我国现行增值税对商品生产销售各个环节产生的增值额课税，属于多环节流转税；而消费税是对特定消费品的生产、进口或零售环节课税，因此属于单一环节流转税。

按照价税关系划分，流转税可分为直接流转税和间接流转税。其中，直接流转税相当于价外税，其税额与价格在发票上分开列示，由购买者在商品价格之外单独支付；间接流转税相当于价内税，其税额与价格合并在一起，也就是说，商品价格中隐含着税额，由购买者按照商品含税价格支付。目前，我国一般纳税人购买商品或劳务所取得的是价税分离的增值税专用发票，此时的增值税属于直接流转税；而小规模纳税人和普通消费者购买商品或劳务所取得的是价税合一的增值税普通发票，此时的增值税属于间接流转税。一般来说，间接流转税的税负具有隐蔽性，而直接流转税的税负则相对公开。

### （三）流转税的特点

与其他税类相比，流转税具有以下四个方面特点：

（1）以商品生产、交换和提供劳务为征税前提，征税范围较为广泛，既包括第一产业和第二产业的产品销售收入，也包括第三产业的服务收入；既对国内商品征税，也对进出口的商品征税，税源比较充足。

（2）以商品、劳务的销售额和服务收入作为计税依据，一般不受生产、经营成本和费用变化的影响，可以保证国家能够及时、稳定、可靠地取得财政收入。

（3）一般具有间接税的性质，特别是在从价征税的情况下，税收与价格的密切相关，便于国家通过征税体现产业政策和消费政策。

（4）同有些税类相比，流转税在计算征收上较为简便易行，也容易为纳税人所接受。

## 二、流转税制的主要税种

### （一）增值税

1. 增值税的概念

增值税是对纳税人在生产经营过程中实现的增值额征收的一种税。在我国，是指对在我国境内销售货物或提供加工、修理修配劳务和应税行为以及进口货物的单位和个人，以其实现的增值额为征税对象征收的一种税。

【财政视野】增值税的类型

2. 增值税的作用

（1）有利于消除逃税。实行多环节、阶梯式商品税，随着生产经营环节的减少，缴纳的税收也随之减少。纳税人为减少税收，必然会采取各种办法减少生产经营环节。实行增值税，无论生产经营环节如何变化，缴纳的税收均不发生变化，纳税人也不会为减少税收而减少生产经营环节。

（2）有利于避免重复征税。实行多环节、阶梯式商品税，每一环节的税基都包含着上一环节的税基，如零售环节销售额中包含着批发环节销售额，批发环节销售额中包含着产成品环节销售额，从而对每个环节的销售额征税都包含着对上个环节销售额的重复征税，如对零配件销售额征税包含着对原材料销售额的重复征税，对产成品销售额的征税包含着对零配件销售额的重复征税。这种重复征税会对企业的生产经营方式产生扭曲作用，鼓励企业发展纵向联合，阻碍企业发展横向联合。实行增值税，每一环节的税基均为本环节新增加的价值，不包括前一环节的转移价值，彻底消除了多环节、阶梯式商品税的重复征税问题，从而，同一商品，无论采取何种生产经营方式，只要商品的最后销售额相同，缴纳的税收就相同，彻底消除了多环节、阶梯式商品税对企业生产经营方式的扭曲作用。

（3）有利于实施出口退税。实行多环节、阶梯式商品税，一种商品在出口前经历了多少个生产经营环节，在每个生产经营环节各缴纳了多少税款，是无法准确计算出来的。在这种情况下，要实施出口退税，就必然出现征多退少或征少退多的问题。征多退少会削弱本国商品在国际市场上的竞争力，征少退多会构成出口补贴，导致相关国家的反倾销报复。实行增值税，根据商品的最终销售额即可准确计算出商品在出口前的各个生产经营环节新增加的价值，根据最终销售额乘以适用税率计算的税额即可准确计算出商品在出口前的各个生产经营环节缴纳的增值税税额。因此，实行增值税，有利于实施出口退税。

3. 增值税的沿革

1954 年，法国创立并实施增值税后，很快引起国际上的广泛注意和效仿。20 世纪 60 年代以后的几十年，是增值税从理论上到实践上横扫世界的年代。目前，全世界有 170 多个国家（地区）实行了增值税。

鉴于国际上广泛实施增值税的成功经验，我国从 1978 年开始对增值税进行研究。大致可分为以下几个阶段：

（1）1979 年下半年～1982 年 12 月为增值税的部分试点阶段。其征税范围仅限于部分城市的机器机械、农业机具两个行业和部分日用机械产品。

（2）1983 年 1 月 ~ 1984 年 9 月为增值税的全国试行阶段。主要是在全国范围内对上述行业和产品统一试行增值税。

（3）1984 年 10 月 ~ 1993 年 12 月为增值税的初步建立阶段。1984 年 10 月 1 日起全面实施增值税，标志着增值税在我国的正式建立，其后增值税在征税范围和征收方法等方面进行了相应的改革和调整。

（4）1994 年 1 月 ~ 2004 年 6 月为增值税的逐步完善阶段。从 1994 年 1 月起在全国范围内统一实施增值税。经过 10 年的调整与完善，逐步使增值税走向规范化、科学化和法制化的轨道。

（5）2004 年 7 月 ~ 2008 年 11 月为增值税的转型试点阶段。2004 年 7 月起在东北三省 8 个行业进行增值税由生产型转为消费型的试点；2007 年 7 月 1 日起，在中西部地区 6 省 26 个老工业基地城市进行增值税转型的扩大试点，并酝酿在全国推广消费型增值税。

（6）2008 年 12 月至今为增值税的全面转型阶段。2009 年 1 月起，在全国范围内全行业实施由生产型增值税向消费型增值税转型，即允许企业抵扣其购进设备所含的增值税。增值税的全面转型，对提高我国企业竞争力和抗风险能力，应对国际金融危机等方面具有十分重要的现实意义。

（7）2012 年 1 月 ~ 2016 年 5 月为“营改增”阶段。从 2012 年 1 月起在上海交通运输业和部分现代服务业开展营业税改征增值税试点，2016 年 5 月起将建筑业、房地产业、金融业、生活服务业全部纳入营改增试点，至此营业税退出历史舞台。

（8）2017 年 7 月 ~ 2019 年 4 月为增值税税率调整阶段。2017 年 7 月 1 日起，简并增值税税率结构，取消 13% 的增值税税率，并明确了适用 11% 税率的货物范围和抵扣进项税额规定。从 2018 年 5 月 1 日起，将制造业等行业增值税税率从 17% 降至 16%，将交通运输、建筑、基础电信服务等行业及农产品等货物的增值税税率从 11% 降至 10%。2018 年 4 月 4 日起，纳税人发生增值税应税销售行为或者进口货物，原适用 17% 和 11% 税率的，税率分别调整为 16%、10%。

自 2019 年 4 月 1 日起，增值税一般纳税人（以下称纳税人）发生增值税应税销售行为或者进口货物，原适用 16% 税率的，税率调整为 13%；原适用 10% 税率的，税率调整为 9%。

（9）2019 年 11 月 27 日，财政部、国家税务总局就《中华人民共和国增值税法（征求意见稿）》（以下简称《征求意见稿》）向社会公开征求意见。

**【财政视野】“营改增”对宏观经济运行产生的积极影响**

4. 增值税发票

增值税发票分为增值税专用发票、增值税普通发票和机动车销售统一发票等三种。

增值税专用发票是增值税一般纳税人销售货物或者提供应税劳务开具的发票，是购买方支付增值税额并可按照增值税有关规定据以抵扣增值税进项税额的凭证。

增值税普通发票，是将除商业零售以外的增值税一般纳税人纳入增值税防伪税控系统开具和管理，也就是说一般纳税人可以使用同一套增值税防伪税控系统开具增值税专用发票、增值税普通发票等，俗称“一机多票”。

从事机动车零售业务的单位和个人，在销售机动车（不包括销售旧机动车）收取款项时，开具机动车销售统一发票。

5. 增值税的主要内容

（1）征税范围。增值税的征税范围为在中国境内销售货物、进口货物或提供加工、修理修配劳务及销售服务、无形资产或者不动产（后三者简称应税行为）。另外，还包括视同销售货物行为、视同提供应税服务、混合销售和兼营行为等四种特殊行为。

（2）纳税人。增值税的纳税人为在中国境内销售货物、进口货物或提供加工、修理修配劳务以及应税行为的单位和个人。按照年应税销售额500万元为限，以及会计核算是否健全将增值税纳税人分为小规模纳税人和一般纳税人。

（3）税率。按照增值税法征求意见稿规定，销售货物、加工修理修配服务、有形动产租赁服务以及进口货物等适用税率调整为13%；将销售交通运输、邮政、基础电信、建筑、不动产租赁服务、不动产，转让土地使用权，销售或者进口农产品等货物的适用税率调整为9%；销售服务、无形资产、金融商品的适用税率为6%，保持不变。同时，明确增值税征收率为3%。

### （二）消费税

1. 消费税的概念

消费税是以消费品的流转额作为征税对象的各种税收的统称。我国现行的消费税是指对在中国境内生产、委托加工和进口的应税消费品，就其销售额或销售数量在特定环节征收的一种税。

2. 消费税的作用

消费税的内涵及特点决定了其在税制和社会经济发展中的重要地位，其作用主要表现在以下四个方面：

（1）优化资源配置，体现产业政策。消费税对不可再生和替代的能源产品课税，可保证稀缺资源的有效利用；对有害人类健康、社会秩序和生态环境的特殊消费品及高能耗、高档消费品征税，则可达到“寓禁于征”的目的；对特定消费品征收消费税，体现了国家的产业政策，从而达到引导公众的生产和消费行为，优化产业结构与产品结构，实现资源优化配置的目的。

（2）抑制超前消费，调整消费结构。消费税不同于增值税，增值税属于中性税种，一般不承担调节职能，而消费税承担着调节职能。消费税是通过调节消费，调节生产，最终调节供给。消费税如何调节消费？就是通过征税，影响消费者的消费能力和消费意愿，抑制超前消费。消费税主要是调节三类消费：奢侈性消费、影响环保的消费、影响健康的消费，以达到抑制超前消费和集团消费、引导合理消费、调整消费结构的目的。

（3）调节支付能力，缓解分配不公。个人生活水平或贫富状况，在很大程度上体现其支付能力。通过对某些奢侈品或特殊消费品征收消费税，使高收入者的高消费受到一定程度的抑制，低收入者或消费基本生活用品的消费者不负担消费税。因此，消费税有利于配合个人所得税和其他有关税种进行调节，缓解目前存在的社会分配不公的矛盾。

（4）稳定税收来源，保证财政收入。消费税是价内税，税额的实现不受成本等因素的影响，且消费税应税品目大多属于使用广泛、消费量大、传统征收高税习惯的重点税源行业的商品，其税源稳定、可靠；同时按消费品的销售额或销售数量征收消费税，使税收与应税消费品生产的增长趋势相适应，以保证财政收入的稳定增长。

**【财政视野】如何认识消费税**

3. 消费税的沿革

消费税是一种古老的税种。古罗马帝国时期，由于农业、手工业的发展，城市的兴起与商业的繁荣，于是相继开征了诸如盐税、酒税等产品税，这就是消费税的原形。

在中国古代，早在周朝就开征了“山泽之赋”，春秋战国时期有渔税、羽翮税、盐税、茶税、矿产品税、皮毛税等。盐、铁、酒、茶一直是各朝代的主要征税对象，不过有时实行专卖，有时实行征税的方式。我国现代消费税的开端是在新中国成立之后。我国的消费税是中央税，它是我国国务院财政收入中仅次于增值税的第二大税源。早在1951年政务院就根据国家公布和实行的《全国税政实施要则》的规定，颁布了《特种消费行为税暂行条例》，开始征收特种消费行为税，后来由于种种原因，消费税被迫取消。现行课征的消费税则是1994年税制改革中新设立的一种税，其法律依据是1994年开始实施的《中华人民共和国消费暂行条例》《中华人民共和国消费暂行条例实施细则》，以及国家税务总局发布的《消费税征收范围注释》《消费税若干具体问题的规定》等；为适应经济发展的新要求，2008年11月国务院修订了《中华人民共和国消费税暂行条例》；2006年和2015年两次调整其征税范围。2019年12月3日，财政部、税务总局就联合起草的《中华人民共和国消费税法（征求意见稿）》（以下简称《征求意见稿》）公开征求意见。

**【财政视野】王冬生：如何看待关于消费税法征求意见稿的变化**

4. 消费税的主要内容

（1）征税范围。在我国境内生产、委托加工和进口《消费税暂行条例》规定的消费品为消费税的征收范围。

我国现行消费税征税范围包括以下五个方面：

一是特殊消费品。一些特殊消费品如果过度消费，会对人类健康、社会秩序和生态环境等造成危害，如烟、酒、鞭炮及焰火等。对这些消费品征收消费税，可抑制其消费。

二是非生活必需消费品。如化妆品、贵重首饰、珠宝玉石、高档手表、高尔夫球及球具等。通过对这些非生活必需品或奢侈品征收消费税，可调节消费者的收入水平。

三是高能耗及高档消费品。如摩托车、小汽车等。这类消费品不仅价格昂贵，且消耗能源较多，属少数人消费的高档消费品，对其征税体现国家对高消费的特殊调节。

四是不可再生和稀缺资源消费品。如成品油、木制一次性筷子、实木地板等。对这类消费品征税，体现国家对稀缺资源的合理配置，通过征税限制其消费、节约能源。

五是节能环保类消费品。如为促进节能环保，经国务院批准，自 2015 年 2 月 1 日起对电池、涂料征收消费税。

（2）纳税人。消费税纳税人是指在我国境内生产、委托加工和进口《消费税暂行条例》规定的消费品的单位和个人，以及国务院确定的销售《消费税暂行条例》规定的消费品的其他单位和个人。

（3）税目和税率。我国现行消费税设置了烟、酒、化妆品、贵重首饰及珠宝玉石、鞭炮焰火、成品油、摩托车、小汽车、游艇、高档手表、高尔夫球及球具、实木地板、木制一次性筷子、电池和涂料等 15 个税目。现行消费税设计根据课税对象的具体情况来确定定额税率和比例税率。比例税率共 14 档，最低为 1%，最高为 56%；定额税率最低为每征税单位 0.003 元，最高为每征税单位 250 元。

【财政视野】减税降费背景下的消费税问题探讨

### （三）关税

1. 关税的概念

关税是海关依法对进出国境或关境的货物和物品征收的一种税，是国际通行的税种，它包括进口税、出口税和过境税。关税和非关税措施是衡量一个国家市场开放度的主要标志。在我国，关税是指对进出中国国境或关境的货物和物品按其完税价时征收的一种税。

【财政视野】关税的类型

2. 关税的作用

新中国成立以来，我国关税在贯彻对外开放政策、促进对外经济贸易和国民经济的发展等方面发挥了重要的作用。主要表现在以下四个方面：

（1）维护国家主权和经济利益。对进出口货物征收关税，表面上看似乎只是一个与对外贸易相联系的税收问题，其实，一国采取什么样的关税政策直接关系到国与国之间的主权和经济利益。历史发展到今天，关税已成为各国政府维护本国政治、经济权益，乃至进行国际经济竞争的一个重要武器。我国根据平等互利和对等原则，通过关税复式税则的运用等方式，争取国际的关税互惠并反对他国对我国进行关税歧视，促进对外经济技术交往，扩大对外经济合作。

（2）保护和促进本国经济的发展。一个国家实行的是自由贸易还是保护关税政策，是由该国的经济发展水平、产业结构状况、国际贸易收支状况以及参与国际经济竞争的能力等多种因素决定的。国际上许多发展中国家的经济学家认为，自由贸易政策不适合发展中国家的情况。相反，这些国家为了顺利地发展民族经济，实现工业化，必须实行保护关税政策。我国作为发展中国家，一直十分重视利用关税保护本国的“幼稚工业”。促进进口替代工业发展，关税在保护和促进我国工农业生产的发展方面发挥了重要作用。

（3）调节国民经济和对外贸易。关税是国家的重要经济杠杆，通过税率的高低和关税的减免，可以影响进出口规模，调节国民经济活动。例如，调节出口产品和出口产品生产企业的利润水平，有意识地引导各类产品的生产，调节进出口商品数量和结构，可促进国内市场商品的供需平衡，保护国内市场的物价稳定等。

（4）增加国家财政收入。关税是国家财政的重要来源，特别是 1999 年以来，随着国家打私力度的加大，全国海关严格执法，加强对关税和进口环节税的征管，2000 年首次突破 2 000 亿元大关，占中央可支配财政收入 1/3。2009 年关税收入 1 484 亿元，2018 年达到 2 848 亿元（与 2009 年相比增长 91.9%），为增加中央财力作出了重要的贡献。

3. 关税的沿革

我国西周时期，随着经济的发展和贸易往来活动的频繁，开始在城门设立“关”的管理机构和官员。史载：“司关，掌国货之节，以联门市，司货贿之出入者，掌其治禁与其征廛。”在置官治关的同时，开征了关市之赋，这就是关税的雏形。

唐朝安史之乱以后，国家军旅支出浩大，于是逐渐开征关市之税，而且关税的品种日渐增加，征收制度日渐杂乱，然而国境关税却日臻完善与规范，唐代的国境关税主要是指市舶税，它是中国海关税之肇始。

宋代主要的境内城关税称过税，水关税则有河渡钱、舟车税、黄河竹索钱、力胜钱等。宋代关税较唐后期和五代十国进步之处，在于宋经常颁布商税则例，试图规范商税的征收。两宋时期设置市舶司的城市显著增加，有海外贸易关系的国家和贸易的商品显著增加，国家获得的财政收入更加丰厚，宋代的市舶制度比之前代有更大的发展和进步。

元朝对海关的征税十分重视，主要以市舶税为主，将国内商舶与海外诸国的往还贸易及海外诸国船只的来华贸易统称市舶，对进行贸易的中外船舶所载之货的抽分与课税简称市舶课。

明朝的关税与元朝截然相反，主要以境内关税为主，国境关税因为受到来自国境方面的挑战，时兴时废。明朝境内关税主要有境内城关税、津关税、钞关税、工关税及门税、过坝税和船税等。

清朝前期，人们对海上贸易征税改成洋税，对国内水路交通要道集散地设置的征税关卡称“税关”，这就是后来的“常关”，索征税为“常关税”；对国境设置的征税关卡则称“海关”，所征税为海关税，但变化仍未超出封建制度下的关市之征的范畴。

1840 年鸦片战争以后，由于《中英南京条约》的签订，中国的关税不再自主管理、自主征税，而成为协定关税。由于中国关税主权旁落殖民主义列强之手，关税主权遭受严重侵蚀，中国丧失了海关税税则制定权，海关行政管理权为洋人所实夺。这期间迫于广大民众要求关税自主呼声的压力，政府曾争取实现关税自主，但最终屈服于帝国主义的压力。

中华人民共和国成立之后，中国的关税才真正恢复主权。关税成为国家财政收入的重要组成部分，是维护国家权益的重要工具之一，保护民族工商业的重要经济屏障，也是我国与世界各国发展正常贸易关系的经济机制之一。

改革开放以来，尤其是加入世界贸易组织以后，我国关税总水平不断降低，税则税目设置更加注重科学化、精细化，关税结构不断优化，基本实现了从“高税率、窄税基”向“低税率、宽税基”的转变。

4. 关税的主要内容

（1）征税对象。关税的征税对象是进出口货物和进出境的物品。货物是贸易性商品；物品包括入境旅客随身携带的行李和物品、个人邮递物品、各种运输工具上的服务人员携带进口的自身物品、馈赠物品以及其他方式进入国境的个人物品。

（2）纳税人。进口货物的收货人、出口货物的发货人、进出境物品的所有人，是关税的纳税义务人。

（3）税率。关税税率是关税制度的核心。根据国际惯例和我国的对外贸易政策，在实际执行过程中会不断进行调整。为兑现加入 WTO 的承诺，我国的关税税率水平不断降低，2019 年，我国关税平均水平维持 7.5%。关税税率分进口关税税率和出口关税税率。进口关税设置最惠国税率、协定税率、特惠税率、普通税率、关税配额税率等。对进口货物在一定期限内可以实行暂定税率。目前，我国进口关税税率主要使用最惠国税率，并通过差别税率体现国家的经济、外贸政策。出口税率是对于出口货物在一定期限以内也可以实行暂定税率。我国仅对少数资源性产品及易于竞相杀价、盲目出口、需要规范出口秩序的半制成品征收出口关税。

**【财政视野】美方拟对 3 000 亿美元中国商品加征关税，美国行业代表强烈反对**

### （四）烟叶税

1. 烟叶税的概念

烟叶税是指对我国境内从事烟叶收购的单位，以收购金额为计税依据征收的一种税。

2. 烟叶税的作用

首先，烟叶税独立征收后，其性质由农业税变为商品税，烟叶收购中所开具的发票成为增值税抵扣的依据，使烟叶税与增值税的征收紧密相连，但它又延续了烟叶特产税的税收分配办法，其收入全部归地方政府。这不但起到稳定地方财政收入的效果，也有利于充分调动地方政府发展特色经济的积极性。

其次，烟叶种植主要分布在贫困的边远山区。全国510个种烟县中有185个县属国家扶贫开发重点县，其他有相当一部分属省级扶贫县，这些地区商品经济发展滞后，工业基础薄弱，且引资能力较差，传统的商品税难以发展成为地方支柱税种。

再次，烟草制品的市场需求弹性较小，烟叶需求量能够长期保持稳定。烟叶税是增加地方政府财政收入的有效方式，既有助于缓解地方财政的压力，也有利于地方经济健康发展。

最后，烟叶税的征收成本低，有利于税收的征管。烟叶税的开征并没有明显增加地方税务局的行政成本，地方税务机关并没有因新税种的开征而另设机构：由于烟叶收购期、收购点都较为集中，地方税务机关也能够及时、准确地掌握税源情况，并组织人员进行征收。

3. 烟叶税的沿革

1958年我国统一实施《中华人民共和国农业税条例》（以下简称《农业税条例》），1983年以《农业税条例》为依据，对特定农业产品征收农林特产农业税，但烟叶另外征收产品税或工商统一税。1994年1月国务院发布了《关于对农业特产收入征收农业税的规定》，将原农林特产农业税与原产品税和工商统一税中的农林牧水产品税目合并，改为统一征收农业特产农业税，烟叶在收购环节征收，税率为31%；1999年税率下调为20%。

2004年6月，财政部、国家税务总局制定了《关于取消除烟叶外的农业特产农业税有关问题的通知》，规定从2004年起除对烟叶暂保留征收农业特产农业税外，取消对其他农业特产品征收的农业特产农业税。2005年12月第十届全国人大常委会第19次会议决定，2006年1月起废止《农业税条例》，使烟叶征收农业特产农业税失去了法律依据。为加强对烟叶征税管理，2006年4月28日国务院公布了《中华人民共和国烟叶税暂行条例》，并自公布之日起施行，从而提升了烟叶税的法律地位而使其成为一个独立的税种。按照税收法定的原则，2017年12月27日第十二届全国人民代表大会常务委员会第三十一次会议通过《中华人民共和国烟叶税法》，自2018年7月1日起实施，在整体税制框架不变的情况下平移，由暂行条例上升为法律。

4. 烟叶税的主要内容

（1）纳税范围，是指晾晒烟叶和烤烟叶。晾晒烟叶包括列入晾晒烟名录的晾晒烟叶和未列入晾晒烟名录的其他晾晒烟叶。

（2）纳税人，是在中华人民共和国境内收购烟叶的单位。所谓收购烟叶的单位是指依照《中华人民共和国烟草专卖法》的规定，有权收购烟叶的烟草公司或受其委托收购烟叶的单位。

（3）税率，实行20%的比例税率。烟叶税税率的调整，由国务院决定。

【财政视野】我国的烟叶税属于什么性质的税收？

## 第三节　所得税制

### 一、所得税制概述

#### （一）所得税的含义

所得税是以纳税人的所得额或收益额为征税对象所征收的一类税，属于直接税，也就是指税收机关根据企业或个人所得情况，按规定税率开征的一种税收。税率一般是按所得额总额累进计算，即多得多纳、少得少纳或免纳，与纳税人的纳税能力相适应，公平合理。在我国，现行所得税主要包括企业所得税和个人所得税两种。

【财政视野】所得税制度的确立

#### （二）所得税的类型

按照企业所得税和个人所得税进行分类，所得税主要有以下类型：

1. 企业所得税的类型

（1）归并式企业所得税与独立式企业所得税。以企业所得税的存在形式为标准，可将企业所得税划分为归并式企业所得税与独立式企业所得税。归并式企业所得税是企业所得税的一种早期形式，其特点是在统一的所得税法中规定了对企业所得征税的有关事项，按统一的所得税法对企业所得征税。独立式企业所得税是目前世界各国普遍征收的企业所得税，其特点是在所得税法或个人所得税法之外单独制定企业所得税法，设置独立的企业所得税税种。我国现行的企业所得税是一种独立式企业所得税。

（2）统征式企业所得税、分率式企业所得税与免税式企业所得税。以对企业分配利润的处理办法为标准，可将企业所得税划分为统征式企业所得税、分率式企业所得税和免税式企业所得税。统征式企业所得税是对企业的全部利润，包括分配利润和保留利润，按照统一的税率征收所得税。在实践中，这种企业所得税又有两种具体形式：一种是无抵免的统征式企业所得税，在现有的文献中，又称为古典式企业所得税，其特点是在征收个人所得税时，对个人来自企业分配利润的所得不给予抵免；另一种是有抵免的统征式企业所得税，在已有的文献中，又称为归集式企业所得税，其特点是在征收个人所得税时，对个人来自企业分配利润的所得给予抵免。分率式企业所得税是将企业的全部利润划分为分配利润和保留利润两个部分，对分配利润按较低的税率征税，对保留利润按正常税率征税。免税式企业所得税是将企业的全部利润划分为分配利润和保留利润两个部分，对分配利润不征收企业所得税，只对保留利润征收企业所得税。我国现行的企业所得税属于无抵免的统征式企业所得税。

2. 个人所得税的类型

（1）分类所得税制，是根据不同的所得类型，适用不同的征收办法，各项所得分别对应不同的税率、扣除额和税收优惠等，我国现行个税即属这一模式。其特点是征管分门别类，特别是我国对工资薪金收入实行单位代扣代缴制度，征税成本低，保障政府收入效果好。但是，随着经济社会发展和人民收入水平提高，其缺点也日益明显，其中之一就是不利于体现税负公平原则，使个税再分配调节作用难以发挥。

（2）综合所得税制，是将个人一段时间内的所有收入看作一个整体，设置统一的生活费用扣除标准、适用税率和必要的专项扣除等优惠。综合个人所得税制是最优的个税模式选择，因为它可以较充分地体现个税作为直接税的“支付能力”原则，真正使收入高的社会成员更多承担纳税责任，从而较好地实现个税调节收入分配的功能，体现税制的公平性，支持政府财政收支的“抽肥补瘦”机制有效运转。但其缺点也比较明显，即对税收征管能力的要求非常高，需要税务部门全方位地了解和掌握纳税人的各项所得及其收入来源。这一征管系统的可持续运转，要求国民具有较成熟的纳税人意识和较高的诚信纳税素质，否则可能导致“法不责众”的治理困境。

（3）综合与分类相结合的所得税制，是把一些类别的收入归并在一起，按照综合收入征收，这一部分的征管机制类似于综合所得税制，同时有选择性地把另一些收入仍使用分类所得税制的办法，可以吸收前述两种模式的优点，既较多地体现税收的支付能力原则，体现其公平性，加强再分配功能，同时又保留了一部分区别对待的空间，这一模式较适合从较低发展阶段向较高发展阶段过渡的经济体。

### （三）所得税的特点

所得税的特征（与流转税比较），归结起来有以下四点：

1. 所得税为直接税

所得税是纯粹的直接税，它直接作用于纳税人的所得，税负由纳税人本身承担，一般不会发生转嫁。

2. 所得税是累进税

所得课税通常按累进税率课征，以调节不同所有者的收入，做到所得多的多征，所得少的少征。

3. 所得税是弹性税

由于所得税是对净所得的课税，不会产生对成本和费用的重复课税，因此，当经济繁荣时，净所得较多，所得课税增加；当经济萧条时，净所得减少，所得课税随之下降。这与超额累进税率叠加，所得税具有较好的弹性。

4. 所得税是公平税

和其他税系相比，所得税负担最为公平。所得税在大多数发达国家的税收体系中居于主要地位。所得税的主要功能，首先是表现在贯彻社会财富公平分配政策，抑制社会财富的过量私集，缩小贫富差距；其次是筹集财政收入功能；最后是能自动熨平经济的波动，促进经济的稳定发展。但是所得税也具有局限性，“所得”的概念不十分明确，纯所得计算颇有困难，减少储蓄与投资，所得税的征管难度大。

## 二、所得税的主要税种

### （一）企业所得税

1. 企业所得税的概念

企业所得税是指对在中华人民共和国境内的企业和其他取得收入的组织（以下统称企业）取得的生产经营所得和其他所得所征收的一种税。

2. 企业所得税的作用

企业所得税是目前世界各国普遍征收的一种税。其特殊作用主要有以下三个方面：

（1）正确处理政府与企业的利益关系，实现政府的经济权益。企业是独立的经济实体，有独立的名称、独立的机构、独立的决策程序和独立的物质利益。在经济社会中，它们不仅是联结生产要素的纽带、创造财富的机器，而且是政府公共职能的独立受益者。按照正义的要求，政府为企业提供的独立利益总要在企业的收入分配中以某种适当的形式体现出来。其中，属于资源、资本方面的利益，要以租金、利息的形式体现出来；属于特殊的行政事务方面的利益，要通过行政收费的形式体现出来；属于一般的公共服务方面的利益，则要通过税收的形式体现出来。企业所得税就是政府为企业提供的一般性公共服务在收入分配中的经济体现。它是政府参与企业收入分配、实现自身经济权益的正当要求，也是企业必须履行的经济义务。

（2）平衡企业与其他经济活动主体的税收负担，实现税收负担的公平分配。经济活动主体是一个十分复杂的群体，其中有个人，也有企业；企业中又有独资企业、合伙企业和公司制企业等。根据公平原则的要求，所有的经济活动主体，都应当缴纳一部分税收，成为税收的负担主体。对个人所得征税，可以包括独资企业所得与合伙企业所得，也可以包括公司制企业的股东所得，但不能包括公司制企业的保留利润。只对个人所得征税，不对公司所得征税，保留在公司内部的未分配利润就全部逃避了税收负担，违背税收负担分配的公平原则。同时，对个人所得征税，按照公平原则、支付能力原则的要求，应当实行税率累进制度，所得多的多纳税，所得少的少纳税。这种制度不适于公司制企业。我们不能说，公司的所得多，公司中每个股东的所得也都多，因为大多数小股东的所得仍很少。同样也不能说，公司的所得少，公司中每个股东的所得也都少，因为少数大股东的所得仍很多。按个人所得税的办法对公司制企业征收累进的所得税，必然会使大公司收入低微的小股东多纳税，小公司收入丰厚的大股东少纳税，同样违背了税收负担分配的公平原则。为正确处理公司制企业与其他经济活动主体的税收关系，实现税收负担的公平分配，需要单独设置企业所得税。

（3）贯彻政府的经济政策，实现经济的稳定增长。在现代社会，企业是国民经济的细胞。无论是经济总量的变化，还是经济结构的调整，都与企业行为紧密相关。对企业所得征税，是政府调节企业行为的重要杠杆，也是实现经济稳定与增长的有效手段。比如，通过特定产业或区域的税收优惠，可以调节企业的投资方向，有利于改变经济结构。通过加速折旧和投资税收抵免，可以引导企业增加投资，有利于提高经济增长速度。通过资源与环境保护税收措施，可以促使企业合理开发与利用资源，有利于实现国民经济的可持续发展。

3. 企业所得税的沿革

所得税最早产生于18世纪末的英国。1793年英法战争后，英国为弥补财政上的入不敷出，于1798年颁布了具有所得税性质的“三级税”法案。19世纪以后，各国相继仿行，现已成为许多国家的主体税种。

我国对所得征税起步较晚，清末对所得税有所研究。1936年国民党政府时期公布了所得税法，并于1937年起实施。新中国成立初期，废除了旧的所得税制，对工商企业的所得征税是工商业税的一个组成部分，并开征存款利息所得税（1950年12月改为利息所得税，1959年后停征）和薪给报酬所得税；1958年合并工商业税等为工商统一税，所得税从原工商业税中独立出来而成为一个单独的税种，1963年定名为工商所得税；1980年和1981年我国先后开征中外合资企业所得税和外国企业所得税两个涉外所得税；1983年我国实行第一步利改税时开征了国营企业所得税，第一次将国家与国营企业的分配关系用税收法律形式固定下来；1985年和1988年我国又相继开征了集体企业所得税、私营企业所得税；1991年将两个涉外所得税合并为外商投资企业和外国企业所得税（涉外企业所得税）；1994年税制改革时将国营企业所得税、集体企业所得税和私营企业所得税统一合并为企业所得税（一般俗称内资企业所得税）。

为解决内资与外资企业所得税的税负不公等问题，2007年3月我国通过了《中华人民共和国企业所得税法》（以下简称《企业所得税法》），并决定于2008年1月起实施，结束了我国较长时期内外两套企业所得税并存的税制模式，也符合国际税收惯例，使我国企业所得税法建设走向法制化与规范化的轨道。

4. 企业所得税的主要内容

（1）纳税人。企业所得税的纳税人是指在中华人民共和国境内的企业和其他取得收入的组织。《企业所得税法》及其《实施条例》规定，依照中国法律、行政法规成立的个人独资企业、合伙企业，不适用《企业所得税法》。企业分为居民企业和非居民企业。

（2）征税对象。企业所得税的征税对象是对不同纳税人采取了不同的税收管辖权，即对居民企业实行居民税收管辖权，居民企业应当就其来源于中国境内、境外的所得缴纳企业所得税。对非居民企业实行收入来源地税收管辖权，即非居民企业在中国境内设立机构、场所的，应当就其所设机构、场所取得的来源于中国境内的所得，以及发生在中国境外但与其所设机构、场所有实际联系的所得，缴纳企业所得税。非居民企业在中国境内未设立机构、场所的，或者虽设立机构、场所但取得的所得与其所设机构、场所没有实际联系的，应当就其来源于中国境内的所得缴纳企业所得税。

（3）税率（见表 10－1）。

**表 10－1　　企业所得税税率（根据相关法律内容整理）**

| 类别 | 适用范围 | 税率（%） | 法律法规依据 |
| --- | --- | --- | --- |
| 基本税率 | 一般情形下适用 | 25 | 《企业所得税法》第四条 |
| | 非居民企业在中国境内未设立机构、场所的，或者虽设立机构、场所但取得的所得与其所设机构、场所没有实际联系的，其来源于中国境内的所得 | 20 | 《企业所得税法》第四条 |
| 优惠税率 | 符合条件的小型微利企业 | 20 | 《企业所得税法》第二十八条 |
| | 国家需要重点扶持的高新技术企业 | 15 | 《企业所得税法》第二十八条 |
| | 非居民企业在中国境内未设立机构、场所的，或者虽设立机构、场所但取得的所得与其所设机构、场所没有实际联系的，其来源于中国境内的所得（实际执行时减按 10% 征收，也就是预提所得税税率） | 10 | 《企业所得税法实施条例》第九十一条 |

### （二）个人所得税

1. 个人所得税的概念

个人所得税是以个人（自然人）取得的各项应税所得为对象征收的一种税。在我国，个人所得税是对中国境内有住所，或者无住所而在境内居住满 183 天的个人，就其来源于中国境内、境外的所得，以及在中国境内无住所又不居住，或者无住所而在境内居住不满 183 天的个人，就其来源于中国境内的所得征收的一种税。

2. 个人所得税的作用

个人所得税是世界各国普遍开征的一种税。在经济发达国家，个人所得税是税收制度中的主体税种，其特殊作用主要有以下三个方面：

（1）正确处理政府与个人的利益关系，实现政府的经济权益，稳定个人的税收负担。个人是生产者，同时也是消费者。个人从事生产与消费，不仅要有生产资料和消费资料，而且要有生产与消费的共同外部条件，如和平的环境、安定的秩序、便利的设施等。政府为个人提供了生产与消费的共同外部条件，根据经济正义的要求，必然要参与个人的收入分配，向个人取得一部分税收。个人所得税是政府参与个人收入分配的直接形式。与间接税相比，在负担的归宿、负担的规模等方面，个人所得税具有更大的确定性和更高的透明度。设置个人所得税，有利于正确处理政府与个人之间的利益关系，实现政府的经济权益，稳定个人的税收负担。

（2）缩小个人之间的收入差距，实现收入分配的社会公平。个人所得税不仅具有较强的收入能力，而且具有较强的调节能力，特别是收入再分配能力。比如，在征收个人所得税时，可以设置免征额，对免征额以下的收入免税，对超过免征额的收入征税，由此可缩小可支配收入的差距。再如，对超过免征额的收入，可以设置累进税率，使收入少的少纳税，收入多的多纳税，由此也可缩小可支配收入的差距。现阶段，无论在发达国家还是发展中国家，都存在着个人之间收入差距严重过大的问题。设置个人所得税，有利于缩小个人之间的收入差距，实现社会公平。

（3）调节社会的总需求，保持经济的稳定。在现代经济学中，从总需求角度看，总收入恒等于总消费加总投资。对总收入征税，可以改变可支配收入水平，进而影响总消费与总投资水平。个人所得税是对总收入征的税，自然是调节总消费与总投资的重要杠杆。并且，在实行累进税率的情况下，个人所得税的这种调节还是一种“内在的”或“自动的”调节。在经济高涨或繁荣时期，随着个人收入的增加，其适用的税率会自动“爬升”，缴纳的税收会相应增加，对总需求的形成产生自动的抑制作用。在经济衰退或萧条时期，随着个人收入的减少，其适用的税率会自动“滑落”，缴纳的税收会相应减少，对总需求的形成产生自动的刺激作用。在现代经济社会，由于各种技术的、经济的、政策的原因，经常性的经济波动乃至周期性的经济危机总是难免的。设置个人所得税，对调节总需求，实现总需求与总供给的平衡，保持经济的持续稳定，具有不可忽视的作用。

3. 个人所得税的沿革

个人所得税最早产生于1799年的英国，以纳税个人的综合所得为计税依据，税率为10%。我国在新中国成立初期曾设想对个人所得征税，后因与当时经济形势不相适应而未能开征。改革开放以后，来华并取得收入的外籍人员日益增多，为维护外籍人员的合法权益和国家的税收利益，我国于1980年制定了《中华人民共和国个人所得税法》，统一适用于中国公民和在我国取得收入的外籍人员。根据经济发展的形势，为适应对个体工商业户和个人收入调节的需要，1986年和1987年国家又先后颁布了《中华人民共和国城乡个体工商业户所得税暂行条例》和《中华人民共和国个人收入调节税暂行条例》，形成了对个人所得征税“三税”并存的格局。

为适应社会主义市场经济发展的要求，在个人所得征税领域按照统一税法、公平税负和简化税制的原则，1993年10月第一次修订《中华人民共和国个人所得税法》，将原来对个人所得收入征税的3个税种合并为个人所得税，并废止了个体工商户所得税暂行条例和个人收入调节税暂行条例，实现了“三税合一”；1999年8月第九届全国人大常委会第十一次会议第二次修正、2005 年 10 月第十届全国人大常委会第十八次会议第三次修正、2007 年 6 月第十届全国人大常委会第二十八次会议第四次修正、2007 年 12 月第十届全国人大常委会第三十一次会议第五次和 2011 年 6 月第十一届全国人大常委会第二十一次会议第六次修正的《中华人民共和国个人所得税法》，并于 2011 年 7 月起施行；2018 年 8 月全国人民代表大会常务委员会通过第七次修改《中华人民共和国个人所得税法》的决定；2018 年 12 月 18 日公布国务院令第 707 号，即第四次修订的《中华人民共和国个人所得税法实施条例》，自 2019 年 1 月 1 日起施行，使我国的个人所得税法建设走向了科学化、规范化、法制化的轨道。

**【财政视野】解读第七次个人所得税法修改：个税制度从分类迈向综合与分类相结合**

4. 个人所得税的主要内容

（1）纳税人。个人所得税的纳税人是指中国公民、个体工商业户以及在中国有所得的外籍人员（包括无国籍人员）和香港、澳门、台湾同胞。按照住所和居住时间两个标准，个人所得税的纳税义务人可分为居民纳税人和非居民纳税人两类。个人独资企业和合伙企业投资者也是个人所得税的纳税人。

（2）征税对象。个人所得税的征税对象包括工资、薪金所得；劳务报酬所得；稿酬所得；特许权使用费所得；经营所得；利息、股息、红利所得；财产租赁所得；财产转让所得和偶然所得。其中，居民个人取得第一项至第四项所得（以下称综合所得），按纳税年度合并计算个人所得税；非居民个人取得第一项至第四项所得，按月或者按次分项计算个人所得税；纳税人取得第五项至第九项所得，依照个人所得税法规定分别计算个人所得税。

（3）税率。我国个人所得税采用综合与分类相结合的所得税制，对不同的所得项目分别确定不同的适用税率和不同的税率形式。采用的税率形式分别为超额累进税率和比例税率。对综合所得实行七级超额累进税率，税率为 3% ~45%；对经营所得实行 5% ~35% 的五级超额累进税率；对利息、股息、红利所得，财产租赁所得，财产转让所得和偶然所得，实行 20% 的比例税率。

## 第四节　其他税制

### 一、资源税制

#### （一）资源税制的含义

资源税制是指以自然资源为课税对象的一类税收，主要包括资源税、城镇土地使用税、耕地占用税和土地增值税等四种。需要注意的是，人类不仅可以通过自然赋予的天然资源，同时还可以经过劳动获得社会财富。但是这两种财富界限很难划分清楚，比如土地有时既是自然资源又是社会财富。因此，对资源课税和财产课税往往不容易区分。

### （二）资源税制的分类

根据资源税的征税范围，可将资源税划分为特殊资源税与一般资源税两种类型。特殊资源税是对选择的某类或某几类特殊的自然资源征收资源税，如矿藏资源税、土地资源税等。一般资源税是对一切开发与利用的自然资源征收资源税，即对土地资源、矿藏资源、森林资源、水流资源等普遍征税。我国现行资源税是一种特殊资源税。

根据资源税的计税方法，可将资源税划分为分类资源税与综合资源税两种类型。分类资源税是对征收的各种资源按不同类别采取不同税率分别征收。综合资源税，是对所征收的资源不分类别，采用统一的税率征收。我国现行资源税是一种分类资源税。

### （三）资源税制的特点

基于自然资源的稀缺性，资源税制的征税具有以下特点：

1. 课税比较公平。企业或个人占用的国家资源有多和少、有和无的差别，有质量高低的差别，而这种差别又会直接影响纳税人的收益水平，课税可以调节纳税人的极差收入，也合乎受益纳税原则。

2. 具有促进社会节约的效能。可以促进自然资源的合理开发和使用，防止资源的无效损耗。

3. 课税不普遍，且弹性较差。只能有选择地征税，不能遍及所有的资源，征税范围较窄。资源的生成和增长都需要较长时间，速度较慢，弹性较差，因而不可能成为国家的主要税种，一般作为地方税种。

【财政视野】我国资源税制度演进历程及评价（节选）

### （四）资源税制的主要税种

（1）资源税是在中华人民共和国领域和中华人民共和国管辖的其他海域开发应税资源的单位和个人为其纳税人。新资源税法的征税范围包括能源矿产、金属矿产、非金属矿产、水气矿产和盐等五个方面。根据国民经济和社会发展需要，依照资源税法原则，对取用地表水或者地下水的单位和个人试点征收水资源税。资源税实行从价计征或者从量计征。实行从价计征的，应纳税额按照应税资源产品（以下称应税产品）的销售额乘以具体适用税率计算。实行从量计征的，应纳税额按照应税产品的销售数量乘以具体适用税率计算。

【财政视野】资源税法的新变化

（2）城镇土地使用税是指国家在城市、县城、建制镇、工矿区范围内，对使用土地的单位和个人，以其实际占用的土地面积为计税依据，按照规定的税额计算征收的一种税。城镇土地使用税采用定额税率，即采用有幅度的差别税额。以纳税义务人实际占用的土地面积为计税依据。实行按年计算、分期缴纳的征收办法。

（3）耕地占用税是在我国境内对占用耕地建设建筑物、构筑物或者从事非农业建设的单位和个人所征收的一种税。2018 年 12 月 29 日，第十三届全国人民代表大会常务委员会第七次会议通过《中华人民共和国耕地占用税法》。自 2019 年 9 月 1 日起施行。耕地占用税实行地区差别定额税率，以纳税人实际占用的耕地面积为计税依据，按照规定的适用税额一次性征收，应纳税额为纳税人实际占用的耕地面积（平方米）乘以适用税额。

（4）土地增值税是对有偿转让国有土地使用权、地上建筑物及其附着物并取得收入的单位和个人，就其取得的增值额征收的一种税。其征税范围是指有偿转让国有土地使用权、地上建筑物及附着物所取得的增值额。实行四级超率累进税率，计税依据是纳税人转让房地产所取得的增值额。即纳税人转让房地产所取得的收入减除规定的扣除项目金额后的余额。2019 年 7 月 16 日开始，《土地增值税法》开始公开征求意见，立法步伐加快。

【财政视野】我国的土地增值税属于什么性质的税收？

## 二、财产税制

### （一）财产税制的含义

财产税制是指以各种财产为征税对象的税收体系。财产税类税种的课税对象是财产的收益或财产所有人的收入，主要包括房产税、财产税、遗产和赠与税等税种。目前我国对房产和车辆两类财产分别在取得和持有两个环节征税，具体有房产税、车辆购置税、车船税、契税等。

### （二）财产税的分类

按照财产课征范围为依据，财产税划分为个别财产税和一般财产税。个别财产税，即对纳税人拥有的某些财产分别课税，这类财产税的课税对象一般为纳税人拥有的土地、房屋、机器设备等；一般财产税，又称财富税，它是对纳税人的全部财产（少数生活必需品可以免税）减去负债后的价值余额按照统一的税率表进行课征的一种财产税。

根据课税对象形态不同，财产税可分为静态财产税和动态财产税。静态财产税是对一定时期处于相对静止状态的财产，按其数量或价值进行课征的财产税，如地产税、房产税等均属于静态财产税。其特点是在征收时间上有一定的规律性，通常是定期征收，如房产税一般都是实行按年征收。动态财产税是对因无偿转移而发生所有权变动的财产按其价值所课征的财产税，如遗产税、继承税等。动态财产税是以财产所有权的变动和转移为前提课征的，其特点是在财产交易时一次性征收，如遗产税是在发生遗产继承行为时一次性征收。

### （三）财产税的特点

一是房屋等不动产位置固定，标志明显，作为课税对象具有收入上的可靠性和稳定性。

二是纳税人的财产情况，一般当地政府较易了解，适宜由地方政府征收管理，有不少国家把这些税种划作地方税收。如美国课征的财产税，当前是地方政府收入的主要来源，占其地方税收总额的80%以上。

三是以财产所有者为纳税人，对于调节各阶层收入，贯彻应能负担原则，促进财产的有效利用，有特殊的功能。

【财政视野】美国财产税主要的税制要素

### （四）财产税制的主要税种

（1）房产税是以房屋为征税对象，按照房屋的计税余值或租金收入为计税依据，向产权所有人征收的一种财产税。房产税的纳税义务人是房屋产权所有人。房产税实行比例税率，按房产余值计征的，年税率为1.2%；按房产的租金收入计征的，税率为12%。房产税按年征收、分期缴纳。

【财政视野】我国的房产税属于财产税吗

（2）车辆购置税是我国对购置应税车辆的单位和个人，以其购置应税车辆的计税价格为计税依据，按照规定的税率计算并一次性征收的一种税。《中华人民共和国车辆购置税法》由中华人民共和国第十三届全国人大常务委员会第七次会议于2018年12月29日通过并公布，自2019年7月1日起施行。车辆购置税实行一次性征收，税率为10%，应纳税额按照应税车辆的计税价格乘以税率计算。

【财政视野】我国车辆购置税是什么性质的税收

（3）车船税是指国家对行驶于境内公共道路的车辆和航行于境内河流、湖泊或者领海的船舶，依法征收的一种税。现行车船税是2011年2月25日由十一届全国人大常委会第十九次会议表决通过的《中华人民共和国车船税法》，于2012年1月1日起施行。车船税实行幅度定额税率，实行按年申报，分月计算，一次性缴纳。

（4）契税是指在我国土地、房屋权属转移时，向取得土地使用权、房屋所有权的单位和个人征收的一种税。其征税范围是在中华人民共和国境内发生使用权转移的土地和发生所有权转移的房屋。其纳税人是在中国境内转移土地、房屋权属，承受的单位和个人，以买方为纳税人。契税实行3%～5%的幅度比例税率。

【财政视野】契税是财产税还是消费税

【财政视野】个人买卖房屋如何纳税及享受税收优惠政策

## 三、行为目的税制

### （一）行为目的税制的含义

行为目的税制是规定对某些特定行为及为实现国家特定政策目的而征收的一类税。我国现行税制中的印花税、环境保护税、城市维护建设税和船舶吨税都属于行为目的税系。

### （二）行为目的税制的特点

（1）具有较强的灵活性。当某种行为的调节已达到预定的目的时即可取消。

（2）收入的不稳定性。往往具有临时性和偶然性，收入不稳定。

（3）征收管理难度大。由于征收面比较分散，征收标准也较难掌握，征收管理较复杂。

（4）调节具有及时性。能有效地配合国家的政治经济政策，“寓禁于征”，有利于引导人们的行为方向，针对性强，可弥补其他税种调节的不足。

### （三）行为目的税制的主要税种

（1）印花税是对我国经济活动和经济交往中书立、领受、使用税法规定应税凭证的单位和个人征收的一种行为税。凡发生书立、领受、使用应税凭证行为的，都应按照规定缴纳印花税。印花税共设13个税目，按照应税凭证的不同性质和特点，分别采取比例税率和定额税率。比例税率有四档，即1‰、5‱，3‱，0.5‱；定额税率为每件5元。我国的证券交易印花税是印花税的一个重要组成部分，主要是按照深沪证券市场当日实际成交价格，对卖出方征收1‰。

**【财政视野】印花税是一种什么性质的税收**

（2）环境保护税是在中华人民共和国领域和中华人民共和国管辖的其他海域的企业事业单位和其他生产经营者，就其直接向环境排放的大气污染物、水污染物、固体废物和噪声4类应税污染物所征收的一种税。作为我国第一部推进生态文明建设的单行税法，《环境保护税法》于2018年1月1日起施行。环保税实行幅度定额税率。具体税额标准，将以现行排污费收费标准作为环境保护税的税额下限，规定大气污染物税额幅度为每污染当量1.2～12元；水污染物税额幅度为每污染当量1.4～14元；固体废物按不同种类，税额为每吨5～1 000元；噪声按超标分贝数，税额为每月350～11 200元。

**【财政视野】环保费改税砸破新时代下旧思维**

（3）城市维护建设税是指以单位和个人实际缴纳的增值税、消费税的税额为计税依据而征收的一种税。城市维护建设税按纳税人所在地的不同，设置了三档比例税率。

（4）船舶吨税简称吨税，在国外又称“灯塔税”。我国是指海关代为对进出中国港口的国际航行船舶征收的一种税。其征收税款主要用于港口建设维护及海上干线公用航标的建设维护。2017年12月27日第十二届全国人民代表大会常务委员会第三十一次会议通过《中华人民共和国船舶吨税法》，自2018年7月1日起实施，在整体税制框架不变的情况下平移，由暂行条例上升为法律。船舶吨税实行定额税率。

**【课外阅读】中国40年税制改革基本经验的思考**

**【应用训练】**

（1）简述流转税制、所得税制、财产税制、资源税制和行为目的税制的主要特征。

（2）简述我国税制改革的主要历程及内容。

（3）我国实施“营改增”有何重要意义？“营改增”对我国宏观经济有何影响？

（4）简述2018年我国个人所得税法修订的主要内容，其重要意义是什么？

（5）我国推进资源税改革对资源节约集约利用和环境保护有何重要意义？

参考答案

第十章　税收制度PPT

# 第十一章

# 政府非税收入

【本章导读】政府非税收入属于政府经常性收入的范畴。政府非税收入的概念是在预算外资金概念的基础上提出的，它的提出正是为了淡化预算外资金概念。目前，非税收入中既有纳入预算管理的非税收入，也有还未纳入预算管理的非税收入，即预算外收入（资金）。政府非税收入具有法定性、强制性与自愿性、有偿性、不固定性、专款专用以及分散性与繁杂性等特点。

通过本章学习，要求读者了解“政府非税收入”与“预算外资金”区别与联系，我国政府非税收入的类型及特点。

【财政视窗】非税收入：政府参与国民收入初次分配和再分配的一种形式

## 第一节　政府非税收入概述

### 一、政府非税收入的概念

#### （一）政府非税收入的含义

政府非税收入是指除税收和政府债务收入以外，由各级政府、国家机关、事业单位、代行政府职能的社会团体及其他组织依法利用政府权力、政府信誉、国家资源、国有资产或提供特定公共服务、准公共服务取得并用于满足社会公共需要或准公共需要的财政资金，是政府财政收入的重要组成部分，主要包括行政事业性收费、政府性基金、国有资源有偿使用收入、国有资产有偿使用收入、国有资本经营收益、彩票公益金、罚没收入、以政府名义接受的捐赠收入、主管部门集中收入、政府财政资金产生的利息收入等。

这是财政部在2004年7月《关于加强政府非税收入管理的通知》中，首次明确的政府非税收入的定义，也是我国迄今为止正式使用的官方定义。

按照国际惯例，政府收入通常分为经常性收入、资本收入和赠与收入三大类别，而经常性收入又分为税收收入和非税收入。由此可见，政府非税收入属于政府经常性收入的范畴。

世界银行对非税收入给出了以下定义：经常性非税收入是政府为公共目的而取得的无须偿还的收入，如罚款、管理费、政府财产经营收入等，以及政府以外的单位自愿和无偿地向政府支付的款项等。同时，世界银行还指出，经常性非税收入不包括政府间拨款、借款、前期贷款收回以及固定资产、股票、土地、无形资产的出售变现收入。国际货币基金组织（IMF）认为，非税收入是政府在税收之外的收入，包括因公共目的而获得的不需要归还的补偿性收入以及非政府单位自愿和无偿地向政府支付的款项，具体包括经营和资产收益、罚款收入、收费等。

经济合作与发展组织（OECD）界定税收和非税收入以征收是否具有对应的报偿性作为标准。但在实践中，税与费的差别并不容易辨清，其原因在于如何界定"报偿性"。根据OECD对税收分类所做的界定，在满足以下条件时，征收可被视为无偿的：（1）费大大超过了该项公共服务的提供成本；（2）费的缴纳者并非利益的获得者；（3）政府并不根据取得的征收额来提供相应的具体服务；（4）尽管只有付费的人受益，但每个人所得到的利益并不必然同自己所支付的金额成比例。如果一种收入形式满足以上条件之一，那么这种收入从性质上说就应该是税，而不应该是费。

国际货币基金组织（IMF）的政府财政统计体系（GFS）是目前世界上运用最广泛的政府收入统计体系，它涵盖世界上149个国家，将政府收入按照相同的口径进行统计和比较。在IMF的政府财政统计分类里，政府收入被划分为经常性收入、资本收入和赠与收入三大类。其中，经常性收入包括税收收入和非税收入。但无论政府以哪种形式取得收入都要纳入预算管理，即政府收入就是指财政收入。IMF关于非税收入的定义与世界银行的定义基本一致，即非税收入是指政府在税收之外取得的收入，包括因公共目的而获得的不需要归还的补偿性收入以及非政府单位自愿和无偿地向政府支付的款项，具体包括经营和资产收益、罚款收入、收费等。

就我国而言，"非税收入"这个词汇第一次出现在2001年的财政部、中国人民银行《关于印发财政国库管理制度改革试点方案的通知》中，而"政府非税收入"这一概念的正式提出是在2003年5月财政部、国家发展改革委、监察部、审计署联合发布的《关于加强中央部门和单位行政事业性收费收入"收支两条线"管理的通知》中。虽然该文件未明确给出"政府非税收入"的概念，但指出了属于非税收入的收入类型："中央部门和单位按照国家有关规定收取或取得的行政事业性收费、政府性基金、罚款和罚没收入、彩票公益金和发行费、国有资产经营收益、以政府名义接受的捐赠收入。主管部门集中收入等属于政府非税收入。"

### （二）非税收入与预算外资金概念辨析

长期以来，我国一直使用"预算外资金"的概念和口径，因此，尽管"政府非税收入”概念在我国正式提出已有十几年，但在实践中仍然经常将两者混淆。在计划经济时代，我国把集中性收支放在预算内管理，而把与政府职能或代行政府职能无关的所谓分散性收支放在预算外管理。因此，我们有必要对这两者的联系和区别做一简单的概述。两者之间的联系主要表现在以下两个方面：第一，政府非税收入概念是在预算外资金概念的基础上提出的，政府非税收入概念的提出正是为了淡化预算外资金概念，因为财政改革的总体趋势是将预算外资金逐步转入预算内。第二，预算外资金的内容只是政府非税收入的一部分，非税收入中既有纳入预算管理的非税收入，也有还未纳入预算管理的非税收入，即预算外收入（资金）。非税收入的主体是此前的预算外收入，但随着预算外收入逐步纳入预算管理，预算内的非税收入比例和规模呈现逐年上升的趋势。两者的区别主要表现在以下几个方面：首先，政府非税收入概念在理论上更先进。政府非税收入是按照收入取得形式对政府财政收入分类的结果；预算外资金相对于预算内资金而言，是按照资金管理方式对政府财政资金进行分类的结果。其次，政府非税收入强调通过非税收形式取得财政收入，但都必须纳入预算统一管理；预算外资金强调这部分资金没有纳入政府预算管理。

## 二、政府非税收入的主要特点

政府非税收入是通过不同于税收的途径取得的政府收入，其特点主要有：

1. 法定性

非税收入作为政府财政收入的一部分，其征收、使用都是依据国家或国家授权部门的规定而进行的，具有法定性的特征。

2. 强制性与自愿性

有些形式的政府非税收入是国际行政机构、司法机构或其授权机构依照法律的规定，向个人、单位或组织强制收取的，带有明显的强制性色彩，这类政府非税收入主要有罚没收入、政府基金以及部分行政性收费。有些形式的政府非税收入是建立在个人与公共部门平等自愿的基础上，个人为获得某种形式的公共服务而向公共部门缴纳的费用。这种形式的政府非税收入具有典型的自愿性色彩，主要包括事业单位向个人、单位或组织提供服务和劳务时收取的补偿性费用。

3. 有偿性

与税收不同，政府非税收入往往是有偿的，政府相关部门在收取各种非税收入形式的费用后，通常会为非税收入的被征收对象提供对等或基本对等的服务或者劳务。也就是说，政府相关部门在征收非税收入后，有义务为被征纳对象提供相应的服务或收益。例如，个体工商户在工商登记部门缴纳规定的工本费和管理费之后就可以领取个体工商户登记证；个人在向公安局户籍管理机构缴纳规定的费用后就可以办理身份证、户口簿等。

4. 不固定性

与税收不同，政府非税收入具有不固定性。政府非税收入的不固定性，首先表现为非税收入的征收时间不固定。有些非税收入项目长期存在，其征收时间相对比较稳定；

但有些非税收入项目只是为了特定目的在特定时期特定条件下设立的，在政策目的达到后，这些项目也就随之终止，如各种类型的政府性基金。此外，政府非税收入的不固定性还表现在征收标准不固定。政府非税收入的立法层次一般比税收低，要对征收标准作出变动也相对比较容易；同时，有些非税收入项目与个人的行为及反应密切相关。因而会随人的行为变动而变动，最典型的例子就是罚没收入。罚没收入取决于行为人的行为以及政府相关部门执法的严厉程度；如果行为人的行为反应比较大，那么罚没收入必定受到极大的影响。

5. 专款专用

在一般情况下，政府非税收入都要求专款专用，不允许挪作他用。我国规定，彩票公益金主要用于促进社会公益事业和体育事业的发展，政府性基金主要用于为社会经济建设提供资金支持等。

6. 分散性与繁杂性

政府非税收入往往是为了满足局部需求而设立的，因而具有分散性。这样就可以更好地因地因时制宜，及时满足各部门、各地区和各单位的多方面需要。政府非税收入的分散性也同时体现出繁杂性。

【财政视野】我国非税收入的法治检讨

## 三、我国非税收入的主要项目

根据2004年财政部《关于加强政府非税收入管理的通知》的相关规定，按照依据不同，我国的政府非税收入项目有所不同，其中行政事业性收费、政府性基金、罚没收入和主管部门集中收入是利用行政权力征收的，具有强制性；国有资源和国有资产有偿使用收入、国有资本经营收益以及政府财政资金产生的利息收入是利用国家资源和国有资产所有权取得的，体现了国家作为所有者或出资人的权益；彩票公益金、以政府名义接收的捐赠收入是依托政府信誉募集的，遵守自愿原则。具体项目如下：

1. 行政事业性收费

行政事业性收费是指国家机关、事业单位、具有行政管理职能的企业主管部门和政府委托的其他机构，在履行或代行政府职能的过程中，为了特定目的，依照法律法规并经有关部门批准，按照成本补偿原则和非营利原则向单位及个人收取的费用。行政事业性收费一般具有强制性和排他性。

2. 政府性基金

政府性基金是指各级政府及其所属部门根据法律、行政法规的规定，为专项支持某项事业的发展，经过国家规定程序批准而征收的具有专项用途的资金。政府性基金具有典型的非补偿性，政府凭借行政权力强制、无偿征收，与具有特定目的的税收性质相似，具有“准税收”性质。设立政府性基金的目的主要是支持某项特定产业或事业的发展，其主要形式有基金、资金、附加和专项收费等。政府性基金按资金使用划分，可分为工业发展基金、交通建设基金、教育事业基金、城市建设基金等。按筹集方式划分，可分为附加在税收上征收的基金，如教育附加等；附加在价格上征收的基金，如电力建设基金、三峡建设基金、邮电附加等；以销售额为对象征收的基金，如文化事业建设费等。

3. 国有资产收益

国有资产收益是国家凭借其所有权取得的收益，包括国有资源有偿使用收入、国有资产有偿使用收入和国有资本经营收益三类。

国有资源有偿使用收入是各级人民政府代表国家以国有资源所有者的身份将一定年限内的资源使用权出让给资源使用者，资源使用者按规定的标准向国家缴纳的相关费用。国有资产有偿使用收入是行政事业单位和党政团体使用或处置国有资产时取得的收益。国有资本经营收益是国家或其授权的国有资本经营机构凭借对国有资本的所有权或出资所有权从国有资本经营收入中取得的收益。

4. 彩票公益金

彩票公益金是指经国务院批准，从彩票销售额中按规定比例提取的专项资金，主要用于支持各项社会公益事业和体育事业的发展，彩票公益金的实质是彩民的捐赠收入。我国的彩票主要有福利彩票和体育彩票两种，相应地，我国的彩票公益金分为福利彩票公益金和体育彩票公益金。

**【财政视野】《彩票公益金管理办法》**

5. 罚没收入

罚没收入是指与违反税收规定无关的罚款和没收收入，主要包括交通罚款、工商罚款、刑事罚款、法庭罚款、法院裁定罚款以及其他罚款和没收收入。

6. 其他非税收入

其他非税收入包括以政府名义接受的捐赠收入、主管部门集中收入、政府财政资金产生的利息收入、铸币税收入（我国目前尚没有集中）、财政性货币发行所产生的“通货膨胀税”收入（这是一种隐形收入）等。

政府非税收入按照其性质和管理方式，分别纳入一般公共预算、政府性基金预算和国有资本经营预算管理。2018 年纳入一般公共预算管理的政府非税收入 2.7 万亿元，主要包括专项收入、行政事业性收费收入、罚没收入、国有资本经营收入、国有资产（资源）有偿使用收入等。其中专项收入约 7 500 亿元、国有资产（资源）有偿使用收入约 7 000 亿元，二者合计占一般公共预算非税收入的 50% 以上。2018 年纳入政府性基金预算管理的政府非税收入 7.54 万亿元，政府性基金目录中的项目原则上都纳入政府性基金预算管理。除此之外，国有土地使用权出让金收入、彩票公益金收入、车辆通行费收入等按照规定有专门用途的非税收入也纳入政府性基金预算管理。2018 年纳入国有资本经营预算管理的政府非税收入 0.29 万亿元，主要是中央和地方国有企业向同级财政上缴利润。没有设立国有资本经营预算的地区，国有资本经营收入纳入一般公共预算管理。

【财政视野】财政部加快推进地方政府非税收入收缴电子化管理

## 第二节　行政事业性收费

### 一、行政事业性收费的类型和特点

#### （一）行政事业性收费的类型

我国现行的行政事业性收费按照不同的分类标准可以进行不同的分类。

按照行政事业性收费的目的不同，可以将其分为规费和使用费。规费是指政府部门对居民个人和单位提供特定服务或实施特定行政管理而收取的工本费及手续费，主要有行政规费（如证照费、商标注册登记费等）和司法规费（民事诉讼费、刑事诉讼费、商标登记费、律师执照费）；使用费是指政府对公共设施使用者按受益原则并依照一定标准而收取的费用。

按照行政事业性收费的不同性质，可以将其分为管理性收费和惩罚性收费。管理性收费又可以大致分为以下几类，（1）资格审查收费，如卫生许可收费；（2）交易管理收费，如市场管理费；（3）裁定性收费，如劳动合同仲裁费；（4）证照收费，如营业执照收费；（5）诉讼费，如刑事诉讼费等。惩罚性收费是对违反法律法规、损害社会经济秩序的行为给予的经济惩罚。惩罚性收费主要有：（1）对违反《中华人民共和国治安管理处罚条例》行为的罚款；（2）对经营假冒伪劣商品行为的罚款；（3）对污染行为征收的排污费等。

#### （二）行政事业性收费的特点

行政事业性收费具有以下特点：

（1）行政事业性收费是行政主体单方面意志的体现。尽管行政事业性收费可能会对被征纳人进行补偿，但在根本意义上，它体现的是行政主体管理社会的单方面意志。也就是说，只要个人和单位符合规定的条件就负有了缴纳行政事业性收费的义务。

（2）行政事业性收费以行政主体的政治权力为依据。理性的人都有“搭便车”的倾向，所以行政事业性收费的征收必须要有政治上的保障，而这种保障就是行政主体的政治权力。

(3) 行政事业性收费实质体现的是行政主体对行政管理相对人课以经济义务，具有垄断定价的特征。

(4) 设立与实施行政事业性收费的目的在于实现国家和社会的公共利益。行政法规定，行政机关不得因为行政收费而受益，这也体现了行政事业性收费的社会公共目的性。

## 二、行政事业性收费的经济、社会效应

行政事业性收费的效应大致可以分为经济效应和社会效应。

### (一) 经济效应

行政事业性收费对经济的影响有积极的一面，也有消极的一面。如果管理规范、收费合理，那么积极效应将大于消极效应；如果管理缺乏规范化、收费又不合理，那么可能会导致高额的社会成本，造成社会效率的巨大损失，并影响社会福利的实现。

行政事业性收费对经济的积极效应主要体现在：(1) 避免“搭便车”现象，抑制对公共产品的过度消费。政府提供的公共产品一般都是免费的，而这种免费的公共产品会导致人们对公共产品的过度消费或者浪费，造成“公地悲剧”。同时，人们都有一种“搭便车”的倾向，都希望享受公共产品服务，但又不愿意付费，这必然导致公共产品供给的无效率。而政府往往又会在公共产品提供方面缺乏资金，所以政府对公共产品适当收取费用是有必要的。这种行政事业性收费的征收将会抑制过度消费公共产品的现象。(2) 降低公共产品筹资成本，增进社会福利。一般来说，如果公共产品可以通过收费方式提供，那么用收费方式是最有效率的，这样可以使政府提供公共产品的效用最大化、个人福利损失最小化。同时，收费方式的行政成本比税收低，采用收费方式为公共产品筹资将降低其筹资成本，获得社会福利的提高。

行政事业性收费对经济的消极效应主要体现在：(1) 过多的行政事业性收费容易导致管理混乱，并扰乱经济秩序。(2) 规模巨大的行政事业性收费可能破坏公平竞争的市场机制，这一点主要体现在对特定行业的企业收取特许费以控制其规模方面。(3) 过多的行政事业性收费可能加重个人和单位的经济负担，损害经济效率，不利于经济的发展。

**【财政视野】澳洲大火烟雾飘散全球气候治理的公地悲剧**

### (二) 社会效应

行政事业性收费的社会效应也是非常显著的。首先，行政事业性收费可以对个人和单位的行为施加影响，引导社会行为的改变。例如，对于违反法律法规的行为进行经济处罚，可能会在一定程度上起到纠正违法行为的作用。其次，如果行政事业性收费的规模过大、项目太多，容易导致管理混乱，扰乱社会正常秩序，不利于政府预算的规范化、

法制化建设。同时，规模巨大的行政事业性收费可能导致部门腐败等问题。最后，行政事业性收费增大了交易成本，损害了社会福利。

### 三、我国现行行政事业性收费制度

我国政府先后出台了多个文件，对行政事业性收费进行了制度规范，现行的行政事业性收费制度主要包括以下几个方面。

1. 项目审批管理制度

项目审批管理制度是指中央和上级主管部门在对行政事业性收费项目的立项和收费标准进行审批时，有关审批权限、审批原则和审批权限方面的具体制度。

2. 收费许可证制度

收费许可证制度是指各级价格主管部门根据政府有关法规和规定对行政事业性收费单位实行的一种收费凭证制度。该制度规定，凡是行政事业性收费单位必须要向价格主管部门申领收费许可证后方可收费。

3. 收费票据管理制度

收费票据管理制度是指财政部门对行政事业性收费票据的印制、领购、核销和稽查等方面进行系统管理的一种制度。

4. 收费资金管理制度

这是行政事业性收费管理的核心，主要包括行政事业性收费的预算管理制度、专户管理制度和“收支两条线”管理制度。

5. 收费稽查制度

收费稽查制度分为年度稽查制度和专项稽查制度，年度稽查是由各级财政部门根据国家有关规定和地方人民政府的要求，统一部署、统一组织的一年一次的全民稽查。专项稽查是对某种特定事项或群众举报，上级机关、有关部门转来的有关行政事业性收费征管方面违规违纪事件的稽查。

【财政视野】发展改革委 财政部关于印发《行政事业性收费标准管理办法》的通知

## 第三节 政府性基金

### 一、政府性基金的类型和特点

#### （一）政府性基金的类型

政府性基金是指各级政府及其所属部门根据法律，行政法规和中共中央、国务院有关文件规定，为专项支持某项事业的发展，向公民、法人和其他组织无偿征收的具有专项用途的财政资金。政府性基金的征收必须按照规定统一报送财政部审批，重要的政府性基金项目则由财政部报国务院审批，根据不同的标准，可以对政府性基金做不同的分类。

政府性基金按资金使用划分，可分为工业发展基金、交通建设基金、教育事业基金、城市建设基金等。

政府性基金按筹集方式划分，可分为附加在税收上征收的政府性基金，如教育附加等；附加在价格上征收的政府性基金，如电力建设基金、三峡建设基金、邮电附加等；以销售额为对象征收的政府性基金，如文化事业建设费等。

### （二）政府性基金的特点

（1）具有典型的非补偿性，政府性基金具在典型的非补偿性，政府凭借行政权力强制、无偿征收，与具有特定目的的税收性质相似，具有“准税收”的性质。

（2）专款专用性。政府性基金积累起来的财政资源一般只能用于支持特定项目的公共事业的发展，而不能挪作他用，因而具有“专款专用”的特点。

（3）临时性。政府性基金往往是在政府财政资金不足以支持特定项目的公共事业发展，必须另辟蹊径筹资时，临时开征的；政府性基金一般都具有征收年限，一旦征收年限期满，收费项目也就自动失效。因此，政府性基金具有临时性的特征。

## 二、我国现行的政府性基金制度

我国现行的政府性基金制度主要包括基金项目审批管理制度和基金项目预算管理制度。

### （一）基金项目审批管理制度

我国现行的基金项目审批管理制度对审批权限、审批依据以及审批程序等作出了具体而严格的规定。在审批权限方面，审批管理制度规定基金项目的审批权限集中在财政部，对于特别重要的基金，财政部必须报国务院审批，其他部门以及地方政府都无权审批政府基金。在审批程序方面，审批管理制度规定要根据基金所属级次来确定。中央基金须由国务院相关部门提出申请并报财政部审批，重要的基金要由财政部报送国务院审批；地方基金须由省级人民政府所属相关部门向省级财政部门提出申请，经省级财政部门初审并报省级人民政府同意后，再报送财政部审批。

### （二）基金项目预算管理制度

我国现行的基金项目预算管理制度对政府性基金的预算原则、预算级次、预算编制以及预算执行等作出了详细的规定。基金项目预算管理制度规定政府性基金管理的预算原则为：全额纳入预算管理，“收支两条线”，全额上缴，先收后支，专款专用；基金预算级次划分为中央基金预算收入、地方基金预算收入以及中央、地方共享基金收入；基金预算方式在复式预算正式颁布前采用单独编列方法；基金筹集的资金使用必须严格按照资金渠道，在规定的开支范围和标准内使用，不得擅自改变用途，也不得随意调整支出标准；在预算年度终了时，各部门应当按照财政部的统一要求编报本部门基金决算草案。

【财政视野】全国政府性基金目录清单

# 第四节　其他政府非税收入

我国政府的非税收入除了行政事业性收费、政府性基金，还包括国有资产收益、彩票公益金、罚款和罚没收入等。下面对国有资产收益、彩票公益金、罚款和罚没收入做一个简要的介绍。

## 一、国有资产收益

我国的国有资产收益实际上包括三个部分：国有资源有偿使用收入、国有资产有偿使用收入、国有资本经营收益。

### （一）国有资源有偿使用收入

国有资源有偿使用收入是各级人民政府代表国家以国有资源所有者的身份将一定年限内的资源使用权出让给资源使用者，资源使用者按规定的标准向国家缴纳的相关费用。

### （二）国有资产有偿使用收入

国有资产有偿使用收入是行政事业单位和党政团体使用或处置国有资产时取得的收益。

### （三）国有资本经营收益

国有资本经营收益是国家或其授权的国有资本经营机构凭借对国有资本所有权或出资所有权从国有资本经营收入中取得的收益。

## 二、彩票公益金

彩票公益金是指经国务院批准，从彩票销售额中按规定比例提取的专项资金，主要用于支持各项社会公益事业和体育事业的发展。

### （一）我国彩票公益金的种类

由于我国目前的彩票只有福利彩票和体育彩票两种，因此我国的彩票公益金也只有福利彩票公益金和体育彩票公益金两种。

### （二）我国彩票管理制度的沿革

在新中国成立之初，由于认识原因，彩票被视为一种赌博，因而被严令禁止。直到20世纪80年代初，我国才开始利用彩票为社会公益活动筹资。1985年3月4日，国务院首次针对工商、事业单位滥发各种彩票、奖券的情况颁布了《国务院关于制止滥发各种奖券的通知》，要求只允许为兴办社会福利事业举办有奖试点。这是我国第一个针对彩票活动的约束性文件。1987年，我国开始在全国范围内发行福利彩票。1991年12月，国务院根据彩票市场的发展，第一次对彩票市场制定了具体的管理政策；1994年，我国又开始在全国范围内发行体育彩票。自福利彩票和体育彩票发行以来，我国对彩票公益金的计提比例和管理方式发生了一系列变化。

1987年6月3日，民政部发布《发行社会福利有奖募捐券试行办法》，规定福利彩票公益金比例为50%。此后，福利彩票公益金比例逐年降低。1990年4月，面值1元和2元的福利彩票公益金比例被统一调整为30%；1994年12月2日，民政部发布《中国福利彩票管理办法》，规定福利彩票公益金比例不得低于30%；1998年9月1日，国家体育总局、财政部、中国人民银行发布《体育彩票公益金暂行管理办法》，规定体育彩票公益金比例不得低于30%；2001年10月30日，国务院下发《关于进一出规范彩票管理的通知》，规定福利彩票和体育彩票的公益金比例都不得低于35%。

### （三）我国现行彩票公益金制度

我国现行的彩票公益金制度是根据2006年3月29日财政部发布的《关于调整彩票公益金分配政策的通知》执行的，主要包括以下三个方面的规定；

（1）彩票公益金在中央和地方之间按1∶1的比例分配。

（2）中央集中的彩票公益金在社会保障金、专项公益金、民政部和国家体育总局之间的分配比例分别为60%、30%、5%、5%。

（3）地方留成的彩票公益金，将福利彩票和体育彩票分开核算，坚持按彩票发行宗旨使用，由省级人民政府财政部门商民政、体育部门研究确定分配原则。

## 三、罚款和罚没收入

罚款和罚没收入是指国家行政机关、司法机关和法律法规授权的机构，依据法律法规，对公民、法人和其他组织实施处罚所取得的罚没款以及没收赃物的直接收入。罚款和罚没收入主要包括交通罚款、工商罚款、刑事罚款、法庭罚款、法院裁定罚款以及其他罚款和罚没收入等。

**【课外阅读】江西财政“六个不断加强”完善非税收入管理**

【应用训练】

(1) 简述“政府非税收入”与“预算外资金”的区别与联系。

(2) 我国政府非税收入有哪些类型？各有什么特点？

(3) 查阅相关资料，谈谈对我国政府非税收入制度改革的看法。

参考答案

第十一章　政府非税收入 PPT

# 第十二章

# 公　　债

【本章导读】公债在古今中外的社会经济生活中都发挥着十分重要的作用，因此，理解并融会贯通相关公债知识点是十分必要和重要的，其与财政学、投资学以及金融学等相关学科关系密切。从纳税人角度看，公债资金是一种公共资金，并会产生类似于税收的负担。从债务人角度看，公债是政府筹集资金以弥补财政赤字的重要手段，政府举债规模必须适度。从投资者角度看，公债被誉为“金边债券”或“银边债券”，是重要的投资工具。从宏观经济运行角度，公债是影响一国或地区经济增长与稳定的重要“杠杆”。

通过本章学习，要求读者全面了解并掌握公债的基础知识、李嘉图等价定理、公债挤出效应分析、公债负担与公债风险以及地方公债。

【财政视窗】彭博：有关欧债危机的一切

## 第一节　公债概述

### 一、公债的概念

对于什么是公债，不仅中外之间存在不同的界定，我国学者之间也有分歧。西方财政学者往往将政府或公共机构举借的债务称之为公债；而国内学者往往将国家举借的债务称之为国债或公债。国内学者往往将国家作为公债的举借主体，并未对国债和公债进行严格的区分。概括起来，国内关于公债概念的主要看法和观点有：（1）国家以债务人身份向国内和国外筹借的借款，称为公债，或称国债；（2）公债是国家或政府以其信用为基础，在向国内外筹集资金的过程中所形成的债权债务关系，也就是说国家或政府以债务人的身份，采取信用的方式，通过借款或发行债券等方式取得资金的行为；（3）政府举借的债务称为国债或公债，通常中央债称为国债，地方债称为公债；（4）公债是指国家举借的债，包括内债和外债；（5）公债即公共债务，是政府向团体、公司、个人或别的政府所借的债务，它反映着以国家为主体的一种分配关系。由上可见，国内学者对公债概念的界定并不统一，存有较大的分歧。

科学合理地界定公债概念，明确并考虑以下四点是必要的：（1）公债概念是私债概念的对应，而无论公债还是私债，主要是从债务主体的角度来界定的。因此，公债中的“公”理解为公共或公共部门较为妥当。当然，政府是公共部门的核心。（2）作为可能的债务主体，对国家和政府加以区分是必要的。通常，国家是一个高度抽象的集合体概念，代表国家的只能是中央政府或联邦政府；而政府是一个由特定人员和机构组成的政治经济实体，可以是一个由中央政府和地方政府组成的多级体系。（3）同私债一样，公债也是债，即需要借债还钱。这是信用的本质特征。（4）公债的形式是多样的，即不管是发行债券还是协议借款，也不管债务是显性的还是隐性的，只要存在一定的债权债务关系，公债就自然而然地产生了。

为使讨论建立在统一的逻辑基础之上，便于公债问题讨论的深入，本章倾向于从公共的角度对公债的概念作出以下界定：公债是公共债务或公共部门债务的简称，具体指各公共部门（主要是政府部门）以公共信用方式举借的各类债务。由于公共部门主要包括政府、公共企业、公共事业等三大组成部分，且政府部门又有中央政府和地方政府之分，因此，公债概念的内涵和外延事实上包含最狭义、狭义、广义、最广义四个层次（见图12-1）。

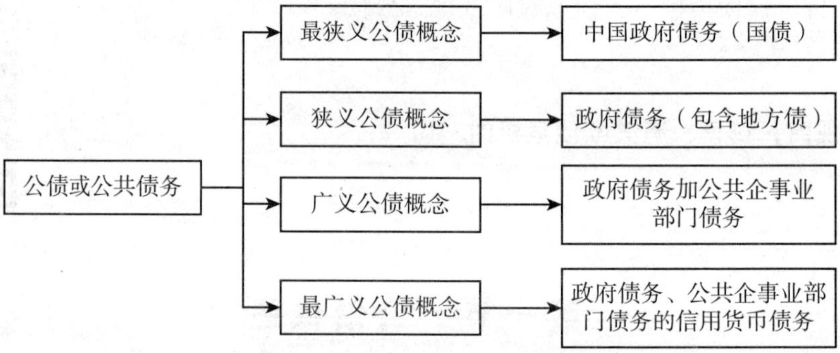


**图12-1 公债概念的四个层次**

具体分析如下：

（1）从最狭义的公债概念角度，公债是指中央政府对内和对外举借的债务。由于中央政府代表国家，因此，中央政府债务就可称为国债。从此角度讲，中央政府债务或国债是公共债务或公债的重要而非唯一组成部分。

（2）从狭义的公债概念角度，公债是指政府部门（包括中央政府和各级地方政府）对内和对外举借的债务。显然，政府部门是公共部门的核心，是垄断性地享有和行使政治权力或行政权力的那一部分公共部门。因此，政府部门债务就是公共部门债务的一部分。

（3）从广义的公债概念角度，公债是指公共部门（包括政府部门和各公共企事业部门）对内和对外举借的债务。从此角度讲，将公共企业和公共事业部门的债务称为“准公债”。

（4）从最广义的公债概念角度，公债包括所有公共部门对内举借和对外举借的直接和间接债务，甚至也包括中央银行代表国家所承担的信用货币债务。事实上，作为金融管理部门，中央银行以国家信用作担保发行创造出的信用货币，其本身并无多大的内在价值，因此在本质上是国家这个债务人向全体国民强制签发的信用“欠条”，且总债务等于总货币供应量。应指出的是，为了分析研究方面的集中性、针对性和可比性，本章中大多数场合里的公债概念是指政府债务，即中央政府与地方政府通过政府信用形式对内和对外举借的债务（狭义公债）。从此角度讲，国债显然是公债的重要但非唯一的组成部分。

## 二、公债的本质

公债或国债的本质争论主要可以概括为以下四种：（1）从收入分配角度，强调公债是以国家为主体的一种分配关系；（2）从财政收入角度，强调国债或公债首先是一种非经常性的财政收入；（3）从公债与税收的关系角度，强调国债是一种延期的税收或变相的税收（如马克思）；（4）从公债或国债在一国财政收入的地位角度，强调国债在财政收入中的补充性地位是国债的本质特征。由于立足不同的角度，不同的研究者对公债的根本属性认知有不同的看法。显然，公债的本质之争不可能也不应该按照少数服从多数原则来确定，而需要在求同存异的科研宽容精神下进一步探索，以寻求和增强共识。

综合上述看法，我们认为公债的本质是一种公共信用。也就是说，政府债务的本质就是政府信用，换言之，是政府承担的“债”。这是因为：（1）公债是以公共信用为担保而产生、发展的，同时，公债又是公共信用的必然产物。事实上，没有公共信用（其核心或主要形式是政府信用）为担保，就不可能产生公债。（2）公共信用的本质是以公共部门与其他主体之间形成的借贷关系或债权债务关系。这意味着公债具有到期还本付息的特性。（3）公共信用的偿还性决定了由此所形成的财政性收入必然是非经常性的、补充性的。（4）基于税收是政府财政收入的唯一可靠来源，因此，公共信用的偿还性也内在地决定了其未来税收化的可能。（5）公共信用在借、用、还等环节必然会产生收入再分配功能。（6）公债的公共信用本质决定了公债负担、公债风险以及公债危机产生的可能性。基于上述理由，将公债本质定位于公共信用能更广泛、更深入地解释诸多公债问题和公债现象，因此，公债的这种根本属性定位是妥当的和合理的。

## 三、公债的“三性”特征

与税收相比较，公债具有鲜明的自愿性、有偿性和灵活性的“三性”特征。

### （一）公债的自愿性

举债主体（政府等公共部门）在对内、对外举债筹资时，举债对象（潜在的债权人）借或不借、借多借少等都是在自愿原则上的自主选择。对举债主体来说，这意味着公债的市场发行或资金筹措必然存在一定的风险。与此相对应，税收具有强制性，即在国家税法规定的范围内，任何单位和个人都必须依法纳税，否则就要受到法律的制裁。显然，公债依据的是公共信用，而税收依据的是政治权力或公共权力。

### （二）公债的有偿性

举债主体在公债到期时具有还本付息的责任与义务。偿还性是信用活动的本质特征。与此相对应，税收具有无偿性，即政府征税以后纳税人缴纳的实物或货币税款随之就转变为政府所有，不需要付给纳税人以任何报酬，也不再在将来某个时期直接返还给纳税人。

### （三）公债的灵活性

即主要指举债主体在什么时候借债、借多少债、以多少利息为代价借债等债务要素都是不确定的或经常变化的。与此相对应，税收具有相对的固定性，即政府在征税以前，就通过法律形式，把每种税的纳税人、课税对象及征收比例等都以法律的形式规定或固定下来，以便征纳双方共同遵守。显然，同时具备公债“三性”特征的财政收入分配活动，就是通常或规范意义上的公债。

当然，公债与税收既有上述三大基本面的差异性，也存在一定的关联性。例如，两者往往都是以政府为主体而进行的收入分配活动；两者都不同程度地构成了财政收入的来源，满足了公共支出的需要；两者在满足政府筹资需要时存在一定的相互替代性；等等。

公债的“三性”特征相互影响，相辅相成。其中，公债的自愿性是前提，有偿性是核心，灵活性是补充。事实上，当公债的发行具有强制性时，公债就已经具有税收的特性或已经是“暗税”或隐性的税收。而正因为公债是自愿性的，所以，公债就必须是有偿性的。由于公债的有偿性是公共信用的本质体现，保障了公债在自愿情况下的吸引力，因此，有偿性是公债“三性”的核心。但也由此决定了举债主体（如政府）必然承受一定的偿债负担或偿债风险。当公债满足自愿性和有偿性的特征时，公债有灵活性就是自然的和必然的，即举债主体就需要根据社会闲置资金的充裕状况、自身偿债能力的大小、宏观经济运行的景气等因素来灵活运用公债机制。

最后应指出，公债与私债之间也存在很多的共性和差异。从共性方面来看，公债与私债在本质上都是“债”，即都需要“借债还钱”，这是天经地义的事；公债与私债都是服务于举债主体的支出需要，并且都会产生一定的偿债负担；不良的拖欠或“赖账”行为，都会损害举债主体（包括政府、企业和居民）的信誉。从差异方面来看，公债与私债的债务主体不同，即公债的举债主体往往是政府部门，而私债的举债主体主要是企业、居民等非政府部门；两者的信誉度和安全性不同，即公债的信誉度和安全性较高，往往只需信用担保，而私债往往需要财产抵押或再担保；两者的利息率或收益率不同（公债的利息率或收益率相对较低）；两者所面临的法律约束不同（公债面临的法律约束相对较繁多、较严格）。

## 四、公债的经济功能

### （一）平衡财政收支

政府作为一级预算单位，要对自己的财政收支平衡负责，但在实际经济运行过程中财政很难时时保持平衡，大多数情况下会出现财政赤字。从世界各国的经验来看，弥补财政赤字最主要的方式是举借债务。

### （二）促进公用基础设施的建设

公用基础设施的建设是经济发展的基础，如公路、电力、港口、环境、教育等社会公用项目。一般来说这些基础设施建设的周期长、投入资金量大、回收期长、收益率比较低等特点，私人投资无力或不愿意，需要政府来进行投资。但政府受财力所限，没有足量的资金投入，而发行公债则正好可以弥补公用基础设施资金不足的矛盾。

### （三）利于宏观经济调控

在现代社会，公债还是政府实施经济调控的有效工具。发行公债可以把居民个人手中和企业的闲置资金暂时有偿地转移到政府手中，使经济运行过程中过多的货币流入政府的账户，可以在一定程度上缓解经济总量的供给失衡状况；而政府把债务收入用于生产建设，特别是用于城市基础设施建设，将扩大城市经济中积累的规模，压缩消费水平，优化经济结构。

### （四）满足投资者的投资需求，完善债券市场体系

公债是“金边债券”“银边债券”，相对于商业债券而言，具有风险小、收益安全可靠的特点。公债能很好地满足居民个人、企业、金融机构等投资者的投资需要。同时，公债是债券市场体系的重要部分，缺少了公债市场的债券市场是一个不完整的债券市场体系。

## 五、公债的种类

### （一）按举借主体的不同，公债可划分为中央政府公债和地方政府公债

通常，中央政府公债，又称国债，即中央政府以债务人身份对内和对外举借的债务。根据“谁受益谁负担”的市场经济原则，中央政府公债的发行收入往往由中央政府支配，但相应的公债本息也由中央政府来负责偿还。

与之相对应，地方政府公债，是指地方政府以债务人身份对内和对外举借的债务。在西方，许多国家存在的市政债券都处于地方政府公债的范畴。通常，地方政府公债的规模大小、期限长短、具体用途、发行方式等由地方政府来决定，因此，地方政府也承担相应的公债偿还责任。在特定情况下，当地方政府出现财政破产或陷入债务危机时，为防止该地方政府债信的崩溃以及债务危机的扩散，相应的地方政府偿债负担会转移至该国中央政府的身上。

### （二）按借债地域的不同，公债可划分为内债与外债

内债，是指政府在国内举借并以本币为货币单位的债务。通常，内债的债务人是本国的各级政府部门，债权人是国内的企业、居民、金融机构、事业单位等非政府部门。由于内债的负担人和受益人都限于国内，因此，内债意味着本国资源支配在国内的结构性变化，国内可支配资源的总量并未增加。

外债，是指政府在国外举借并以外币为货币单位的债务。与内债相比，外债的债务人是基本相同的，但债权人却完全不同，即外债的债权人是外国的政府、企业、居民、金融机构等。与内债的结构性影响不同，外债对国家或地区的资源影响是总量性的，即在举借时意味着一国或地区可利用资源总量的增加，在偿债时则意味着一国或地区可利用资源总量的减少。此外，由于外债往往是以外币（如美元、日元、欧元等）为货币单位，且在偿还时也须以外币为单位来偿还，因此，一国或地区的外债负担不仅受到利率的影响，更受到相关汇率变动的深刻影响，即面临利率与汇率双重风险。

### （三）按借债期限的不同，公债可划分为短期公债、中期公债与长期公债

短期公债，主要指偿债期限在1年以内的公债。例如，美国短期公债中26周的公债（半年期公债）占半数以上。在13世纪中期，威尼斯、佛罗伦萨和热那亚3个城邦国就发行了很多短期政府公债，并靠简单的到期再借把短期债务进行展期。在实践中，短期公债的主要功能是弥补短期内财政收支的不平衡，调剂财政国库短期内的收支缺口。基于此，短期公债往往又称为国库券。应指出的是，国库券起源于1877年的英国，即专门指弥补国库短期收支差额的政府债券。在我国，将3～5年期的公债或国债也称为国库券是不规范的。西方国家的国库券品种较多，一般可分为3个月、6个月、9个月、1年期4种，其面额起点各国不一。国库券采用不记名形式，无须经过背书就可以转让流通。由于国库券期限短、风险小、流动性强，因此国库券利率比较低。此外，在金融市场上，由于短期公债的流动性较强，因此，其市场交易往往较为活跃并成为中央银行开展公开市场操作业务的重要对象。还应指出的是，西方国家的短期公债利率往往是银行利率或企业债券利率的重要定位基准。

中期公债，通常是指偿债期限在1～10年的公债。对政府来说，中期公债满足了政府在较长时期内支配和使用债务收入的需要。对投资者来说，中期公债也是一种较为优良的投资品种。例如，2006年10月我国财政部招标发行了300亿元的5年期中期国债，在认购榜单上，工商银行以42.7亿元成为标王，占绝对优势，跟随其后的农业银行、兴业银行和交通银行分别获得28.9亿元、22亿元和18亿元。四大国有商业银行总共承销96.8亿元，占总发行量的近1/3。在中期公债的发行中，银行资金是绝对的主力。不难发现，这种结果既是当时债市走势良好预期以及充足认购资金追捧的合理结果，也基于中期公债（如5年期公债）是商业银行等机构投资者优化投资配置期限结构的重要“筹码”。

长期公债，通常指借债期限在10年以上的公债。对政府来说，长期公债满足了政府

在长期内的财政支出资金融通需要（如建设周期在10年以上的重大公共工程投资），同时，长期公债也有利于政府避免或者延缓还债高峰的出现。值得指出的是，在极少情况下出现的永久性公债或无期限公债（不规定固定的偿债期限、每年支付一定利息且政府在某一时期有权按票面价值赎回的公债），可视为一种特殊的长期公债。

**（四）按可流通或转让性的不同，公债分为可流通公债或不可流通公债**

可流通公债，又称可转让公债或上市公债，是指公债在到期之日前可在证券市场上自由买卖交易的公债。近年来，我国发行的许多国债都允许在发行结束之日起可公开在证券市场上流通和交易。在实践中，公债流通的前提是要有债券市场。债券市场分为发行市场（一级市场）和流通市场（二级市场）。一般而言，公债在二级市场上的任何买卖与交易对政府已通过公债发行筹集到的资金数额都不再产生影响。但正是由于二级公债市场的存在为公债的投资者提供了更加灵活的投资选择机会，因此，公债流通市场反过来又可以促进公债的进一步发行。同时，公债流通市场的存在还为政府通过中央银行买卖公债调节货币流通量提供了可能，也使政府的债务偿还方式多了一种选择。一般情况下，中短期公债多为可流通公债，而长期公债和特种公债则不允许流通。

不可流通公债，又称不可转让公债或非上市公债，是指不允许在流通市场上交易和转让的公债。通常，不可流通公债不能自由转让，只能等到债务人到期偿还，其可以记名，也可以不记名。1981年，改革开放初期，国务院纠正了长期以来存在的"既无内债，又无外债，是社会主义的优越性"的错误思想，颁布《中华人民共和国国库券条例》，主要针对国有企事业单位发行国库券，大多是带有行政摊派性质的不可流通公债，于是，上海、南京等城市出现了一些公债"黑市"。1988年，我国在61个城市进行国库券流通转让的试点，开创了公债流通性改革的先河。这种尝试是中国公债市场发展史上的一个重要转折点。

**（五）按债权债务关系是否自愿建立为标准，公债可划分为强制公债、准强制公债和自由公债**

强制公债是指政府通过强迫的方式让人们认购的公债，一般以行政命令强制分摊的方式发行。强制公债常用于战争爆发等较特殊的时期，一般情况下很少采用。在某种程度上，强制性公债相当于一种隐性税收。自由公债是指人们自愿认购的公债。理论上，公债应该完全建立在自愿基础上，因此，现代各国的公债一般都是自由公债。准强制公债，又称爱国公债，介于强制公债与自由公债之间，是指利用人民的爱国心或者社会舆论以及道义的软强制力而发行的公债。例如，我国历史上清朝政府曾于宣统三年（1911年）以"爱国公债"之名发行了3 000万元的9年期公债；我国于1950年发行的"人民胜利折实公债"亦属此列。

**（六）按债务本位的不同，可将公债分为货币公债、实物公债和折实公债**

债务本位，是指公债的计量单位。按此标准，可分三种：（1）货币公债，是指以货币为债务本位而发行的公债。在此情况下，政府所借和所还的都是一定数量的货币，债权债务关系是以货币计值来表示的。现代各国发行的公债基本上都是货币公债，其中向本国发行的公债一般以本国货币计值，而向外国发行的公债则一般以外国货币计值。（2）实物公债，是指以实物作为债务本位发行的公债，直接借实物还实物的公债称为直接实物本位公债。例如，我国解放战争时期革命根据地发行的以稻谷为本位的“胜利公债”。（3）折实公债，是指以一定的实物购买量作为依据进行货币折算的公债。例如，我国政府在 1950 年所发行的“人民胜利折实公债”。实物本位的公债可以避免由于货币贬值给债权人带来的损失，一般在高通货膨胀的情况下才采用。

### （七）按公债利率确定方式的不同，公债可分为固定利率公债和浮动利率公债

固定利率公债，是指公债的利率或利息率在发行时就加以明确并不再变动的公债。浮动利率公债，是指公债的利率或利息率可随时根据物价指数或市场利息率的变动而进行调整的公债。一般在通货膨胀比较严重或通货膨胀预期较高时，采用浮动利率公债更有利于公债的发行或推销。

### （八）按利息偿付方式的不同，公债可分为剪息公债和贴现公债

剪息公债，又称附息公债，指公债券面上附有息票，在规定的时期以息票兑换的形式支付利息的公债，其中又分为发行利率固定不变的固定附息债券和发行利率随市场利率浮动的浮动利率债券。贴现公债，又称折扣公债，是指低于债券面额的价格发行的公债，将来债务人按面额偿还，而发行价格与偿还金额之差即为公债利息。

### （九）按债务资金用途规定的不同，公债可分为特种公债和一般性公债

特种公债，又称专向公债或定向公债，主要指政府为特殊支出项目而专门发行的公债。通常，特种公债都附带一个特定的名称用以指定公债的用途（如专门用于社保、农业、环保、教育以及专门支持我国西部建设的定向公债），仅根据当时的法律规定和当年的财政政策确定一个相对较大的支出范围。有时，特种公债也指那些对认购对象和发行方式有特殊规定的公债。原则上，建设公债（指筹措的债务资金主要用于建设项目的公债）、战争公债（指用于弥补战争或军事费用的公债）都属于特种公债的范畴。一般性公债，是指对公债资金用途不做明确规定的公债，这类公债通常也不对认购对象和发行方式做特殊规定。

此外，世界上还有彩票公债、有奖公债等种类。综上分析，按照不同的标准可划分出若干种不同类型的公债，而不同类型公债之间的数量关系就构成了一定的公债结构。可以说，公债的上述分类为我们研究公债结构及其优化提供了重要基础。

**【财政视野】崔凯：“10 年期美国国债实际收益率为负值”**

# 第二节 李嘉图等价定理

对政府或公共部门来说，征税和借债是其为公共支出筹资的两大互有联系并有所区别的重要途径。因此，在财政实践中，选择征税还是借债来为公共支出筹资，是个古典的财政问题。

## 一、李嘉图的公债观点及前提假设

关于征税与借债手段的选择取舍问题，最经典的故事源于19世纪初的英法战争。当时，拿破仑所率领的法国军队在欧洲大陆所向披靡，德意志只能臣服，土耳其苟延残喘，西班牙唯命是从，俄国沙皇亦步亦趋。为了对付法国，英国使用金钱和外交手段，组建了反法同盟，这使它军费开支日趋庞大，国库入不敷出。如何解决军费资金的财政筹措问题，是征税还是发行公债？此外，英国在英法战争中借了大量债务，战后英国议会对如何偿还债务也发生了争论。有人认为应该提高税收，用税收偿还债务；有人则认为征收高税对经济发展不利，英国国会围绕上述问题曾展开过激烈的讨论，转换成经济学问题，上述争论的焦点就在于，税收与借债两种筹资方式，其经济效应或效果有何差别？哪种方式对减少居民的消费支出以及紧缩国民经济的负面影响更大些？

以马尔萨斯为代表的一派经济学家认为，大量的征税会缩减国内经济，相比之下，发行公债的负效应可能会更小一些。李嘉图认为，上述分析纯粹是一种财政错觉。发行公债与征税的差别，仅在于公债要偿付利息，但利息的偿还，只不过是将部分人的收入转移给另一部分人，即把纳税人的收入转移给公债的债权人，并不改变国家财富的总量。1817年，李嘉图在其著名的代表作《政治经济学及赋税原理》第17章农产品以外的其他商品税中表述了以下公债思想：政府为筹措战争或其他经费，采用征税还是发行公债的影响都是等价的。这就是“李嘉图等价定理”思想的最初文献来源。李嘉图在其代表作中，通过举例说明了公债与税收经济效应的无差异性原理。如果为了一年的战费支出而以发行公债的办法征集2 000万镑，这就是从国家的生产资本中取去了2 000万镑。每年为偿付这种公债利息而课征的100万镑，只不过是由付这100万镑的人手中转移到收这100万镑的人手中，也就是由纳税人手中转移到公债债权人手中。实际开支的是那2 000万镑，而不是为那2 000万镑必须支付的利息。付不付利息都不会使国家增富或变穷。也就是说，无论是以征税的方式来筹措军费，还是用发行公债的方式来应付支出，开支的都是2 000万镑，其效应都是等价的。

这里，我们可运用更简化的例子来说明李嘉图等价定理所阐述的朴素经济学思想。例如，政府需要为特定的公共支出项目筹资，并用公债来代替一次总额税，由此使纳税人当年本该缴纳的税款100元并不实际发生。纳税人负担减少100元的原因是政府公债发行增加了100元，即纳税人多购买了100元的政府公债。假设该公债债券的期限为1年，公债年利率为5%，政府信守承诺并在第二年对公债进行还本付息。于是，政府必须在第二年对纳税人征收105元的税收（即刚好等于公债的本息之和）。在某种程度上，对纳税人而言，第一年的公债就成了第二年的税收，即印证了马克思关于“公债是延期的税收”的论断。问题在于：面临税收的这种变化，纳税人的消费行为会作出什么样的反应呢？在信息对称和完全的情况下，作为理性的纳税人，应该合理预期到第二年税负的增加，并通过增加100元的当前储蓄（事实上纳税人可用新认购的100元的公债债券来充抵储蓄），来使税负变化前后的即期消费与未来消费比例保持不变。这样，纳税人在第二年正好可用其所认购的公债的本利和105元去缴纳105元的新增税款。可见，当政府为某一支出项目而筹集资金时，究竟是增加税收还是增加公债，对消费者来说是无所谓的，其消费行为不会因公债对税收的替代而发生变化。更具体地说，都同等程度地使纳税人消费量减少了。换句话说，纳税人的消费行为不会因政府公债对税收的替代而发生任何变化，政府筹资手段的消费影响或消费效应是中性的。

任何经济理论都需要立足于一定的前提假设，李嘉图等价定理也不例外。事实上，李嘉图等价定理的成立是建立在以下假设基础之上的：（1）无论是利用税收还是公债进行融资，初始时期的政府支出总是不变的；（2）初始时期的公债必须用以后时期的税收收入来偿还；（3）资本市场是完全的，个人与政府的借贷利率是相同的；（4）个人既是现实的纳税人又是未来的纳税人，并对现在和将来的收入流量预期是确定性的；（5）个人能完全和准确地预见包含在公债中的预期纳税义务；（6）所有税收都是一次总付税。

## 二、李嘉图等价定理的政策含义

李嘉图等价定理阐述了公债与税收的经济效应相同的经济学命题，指出了政府筹资方式对经济变量（如消费行为）的影响是中性的结论，具有很强的政策含义。

本质上，李嘉图等价定理是对公债效应的一种界定，围绕这一定理不同观点的争论，是有关公债能否对消费、投资等经济变量因素有所影响的争论。由于这些变量因素决定着经济的长期与短期增长态势，所以，对李嘉图等价定理的理论争执，也就是对有关公债之于经济增长效应不同观点的争论。在等价定理成立的条件下，这意味着：在特定时期，某国或地区的政府若想通过公债替代税收的政策手段（减税型公债）来刺激需求，不会引起人们经济行为的积极调整，这种政策企图最终将是徒劳的或无效的。

可以说，宏观经济学家都非常重视李嘉图等价定理，因为宏观经济理论的创始人凯恩斯主张“相机抉择调节政策”，即在需求不足时，政府应采取赤字预算，用发行公债的方式筹集资金，增加政府的支出，带动国内需求的增加；相反在经济高涨时则保持预算盈余，以便抑制通货膨胀。如果李嘉图等价定理成立，即发行公债和增加税收一样，都会带来个人消费支出的减少，那么，政府预算赤字所增加的需求，就会被居民消费的减少所抵消，反经济周期的相机抉择调节政策就会失效或失灵。

自20世纪70年代以来，李嘉图等价定理已经成为新古典经济学派的重要观点和研究内容，重要的原因之一是当时美国经济开始出现“滞胀”问题，而统治经济学界几十年之久的凯恩斯主义经济理论对此也陷入一筹莫展的尴尬困境。在此情况下，人们通过李嘉图关于征税与发债没有什么不同的原始论述，在一定程度上印证了一国经济并不会因公债发行增加而产生减税以致促使消费需求增加的积极效应。也就是说，李嘉图等价定理的一时流行并被人重视，正是为了反对凯恩斯主义理论所倡导的赤字或减税政策具有扩大消费需求的效果，或者说，是反对凯恩斯主义的公债融资支撑的赤字性扩张财政政策的有效性。可见，李嘉图等价定理本身具有“反凯恩斯主义经济学”的理论内核，实际上具有一种要求减少政府干预的经济学政策主张倾向。在公债经济效应的争论中，似乎没有哪一个命题比李嘉图税收与公债等价定理的影响更为深远和争执持久。

## 三、巴罗对李嘉图等价定理的丰富和发展

随着研究公债经济效应问题的深入，经济学家遇到了这样一个问题：如果作为政府债券持有者的消费者，有一部分或者全部在公债到期之前去世，这些人既在即期享受了政府因举债替代征税而带来的减税好处，又无须承担因此而发生的未来税负，那么，他们的消费行为还能不发生变化吗？显然，这个问题是李嘉图等价定理本身所无法解释的，并直接影响到李嘉图等价定理的成立。

1974 年，美国经济学家罗伯特 · R. 巴罗（Robert J. Baro）发表了一篇题为《政府债券是净财富吗?》的著名论文。在该文中，他提出了一个独创性观点：即使消费者在公债债券到期之前死亡，李嘉图等价定理依然能够成立。巴罗的新观点是建立在消费者具有利他动机的遗赠行为假设基础之上的。他认为，一个具有利他动机的消费者不仅会从自身的消费中获得效用，也可以从后代的消费中获得效用。所以，具有利他动机的消费者会将其财产的一部分，以遗产的形式留给他的后代。那么，对于利他的消费者来说是由其本人还是由其子孙来缴纳为偿付新发行的公债本息所需课征的税收，是没有什么本质区别的。这样一来，李嘉图等价定理便可在具有利他动机的消费者死于公债到期之前的情况下继续成立了。

## 四、托宾对巴罗—李嘉图等价定理的批评与质疑

对巴罗—李嘉图等价定理最有影响力之一的批评，来自 1981 年诺贝尔经济学奖获得者、美国经济学家 J. 托宾在《财产积累与经济活动》中的论述。托宾认为，巴罗—李嘉图等价定理论限制条件太多，与现实不符。即在征税与举债条件下，人们的消费行为是不同的，巴罗—李嘉图等价定理在经济实践中是不成立的。一个明显的事实是，遗留财产给后代并不必然具有前述意义上的利他动机。这样，李嘉图等价定理就不成立了。遗留财产和关心后代的税赋可能是两回事，勉强将两者联系在一起，理论和时间上均难以说通。

托宾把巴罗—李嘉图等价定理失效的原因归结为其理论前提与现实经济生活的背离：

第一，巴罗—李嘉图等价定理不但要求各代的消费者都是利他的，而且要求在利他动机支配下的各代消费者所遗留给后代的财产净值为正。事实上，这种理论假设或前提要求太苛刻，在实际生活中往往不能成立。此外，常识告诉我们，一个给其子孙遗留下负值的财产的消费者，或者留给子孙债务的消费者，并不一定就是不具有关心其后代的利他动机。

实际上，消费者也许并没有遗赠动机，因为可能他们没有子女，或许他们根本就不

关心他人的福利。因而，当政府采用公债替代征税时，消费者便不会将债券留给后代，让其用于应付未来税负的增加。相反，由于偿还公债本息所需增加的税收要在他死后才开征，因而他所要承担的税负现值下降，财富会增加，消费者当期的消费支出完全可能会随之而增加。

第二，巴罗—李嘉图等价定理暗含的前提是政府以举债替代征税不会产生再分配效应，并且，各个消费者的边际消费倾向是无差异的。显然，这与现实经济生活具有相当远的距离。

无论李嘉图还是巴罗，都将消费者假设为具有相同边际消费倾向的整体，而没有分析其中的结构性因素。为了方便说明，假定政府减税政策的受益者为消费者人数的一半，受益者当期税负减少100元。由于政府的财政支出规模要保持不变，因此，减税而引起的收入减少，政府将通过向所有的消费者发行100元的债券来筹措。假如政府债券利息为年息5%，人口不变，若政府在第二年偿还本息，采取向每个消费者征收105元的新税来实现。公债持有者与税负承担者范围的不一致性，以及同为公债持有者、税负承担者，其公债持有比例与税负承担比例的不一致性，使社会资源转移到税负减少的消费者手中。其结果是，减税的受益者将会增加当期消费，受损者将会减少当期消费。消费结构的这一改变，是否会对总需求产生影响，取决于受益者和受损者之间边际消费倾向的对比。如果两者相等，不会影响社会总需求。如果两者不等，前者大于后者，社会总需求会增加；而前者小于后者，则社会总需求便会减少。消费者之间边际消费倾向存在的差异，使李嘉图等价定理不能成立。

第三，巴罗—李嘉图等价定理是基于政府所课征的税收都是一次性总额税的假定而得出的，因而举借公债对征税的替代只会造成一种税收的总额变化。但是，在现实的经济生活中，政府所课征的税收并非一次性总额税，大多数的税种都是针对特定的经济行为而专门设立的，从而具有一定的税收扭曲效应。现实税收的复杂性和多样性必然影响巴罗—李嘉图等价定理成立的有效性。

【财政视野】凯恩斯学派关于公债的理论观点

## 第三节 公债挤出效应分析

### 一、公债挤出效应的理论分析

通常，公债是政府部门向非政府部门举借的债务。在一定时期内，在社会资金总量一定的条件下，公债发行量的多少涉及资源在私人部门与政府部门之间的再次分配，因此，公债首先表现为政府部门对资源的占有。分析公债的挤出效应也就成为分析公债经济效应的重要部分。公债发行，政府支出增加，使整个经济的产出增加；公债发行会抬高金融市场的利率水平，从而提高企业的生产成本，相对地降低了企业的投资收益率，企业的投资意愿受到抑制，导致投资规模缩减，使资本市场处于一种较低的均衡水平，总需求下降；最终，产出的增加一部分被利率的上升所抵消，产出被抵消的过程我们称为公债挤出效应。

## 二、IS-LM 模型与公债挤出效应

我们讨论两种情况：第一种情况，假设货币供给不变；第二种情况，假设货币供给变化。

### （一）货币供给量不变假设情况下的公债挤出效应

公债发行，政府支出增加，最后整个经济的产出和利率都会上升，但是产出的增加一部分被利率的上升抵消，产出被抵消的过程被称为公债的挤出效应。

假定利率不变，公债增加，政府支出水平提高，增加了总需求水平。为了满足增加的商品需求，产出必须提高，这一过程在图 12－2 显示为 *IS* 曲线的移动，从 *IS* 到 *IS′*。相应地，均衡点从 $E_0$ 移动到 $E''$，在 $E''$处商品市场处于均衡，计划支出等于产出，产出为 $Y''$。但此时货币市场不再处于均衡状态，收入已经增加，因而需求的货币量也就提高了。由于有过量的真实余额需求，利率因此提高，以维持货币市场的均衡。在利率提高的情况下，厂商计划投资支出下降，因此总需求下降，产出下降。也就是说，考虑到增加政府支出对私人支出的扩张效应与提高的利率对私人支出的抑制效应，$E'$点才是宏观经济的新均衡点，在该点上，商品市场和货币市场同时出清。

将 $E'$点与初始均衡点 $E_0$ 比较，可以看出：增加公债提高了收入，也提高了利率。$E''$点是忽略利率冲击下的均衡点，通过比较 $E''$点和 $E'$点，我们可以看到利率增加抑制了公债增加的扩张效应，收入不是增加到 $Y''$，而是只增加到 $Y'$，原因就是利率上涨降低了投资支出的水平。当公债的增加挤出了私人支出，特别是私人投资支出，此时，挤出效应就发生了，图 12－2 中的 $Y'$、$Y''$表示了挤出效应的大小。

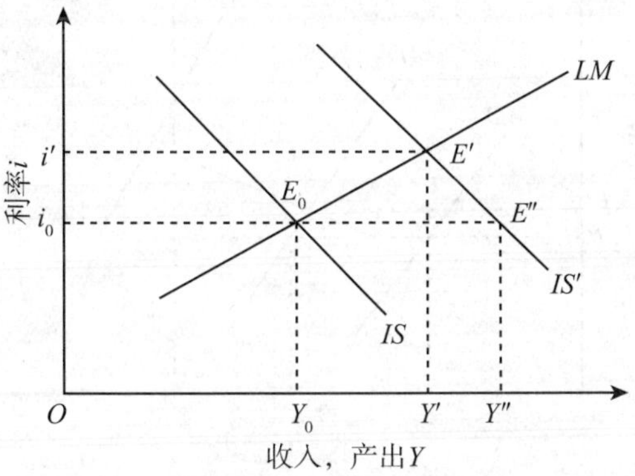


**图 12－2　货币供给不变下公债挤出效应**

### （二）货币供给变化假设情况下的公债拉出效应

假设货币当局增加货币供给，则 *LM* 向右移动，防止利率上升。如图 12－3 所示，*IS* 和 *LM* 均向右移动，产量增加，而利率并没有上升。在财政扩张过程中，货币当局通过扩大货币供给，防止利率提高，这被称为预算赤字货币化。其实质是货币当局印制纸币购买公债，政府用该项公债弥补其赤字。

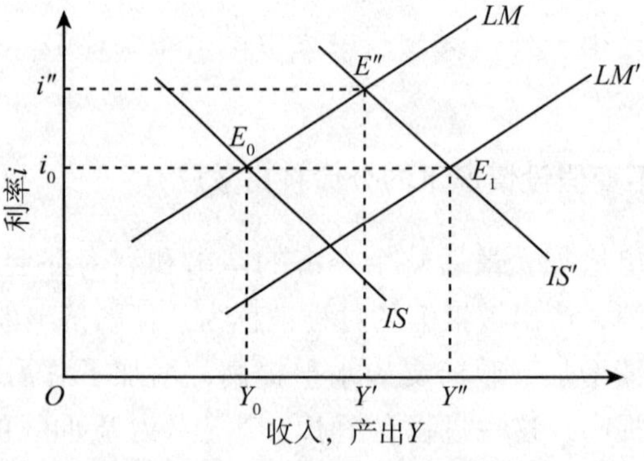


**图 12－3　货币供给变化下公债挤出效应**

## 三、*AS-AD* 模型与公债挤出效应

*IS-LM* 模型的分析是在总需求范围内进行的，没有考虑总供给方面的约束。在 *AS-AD* 框架内，实际的挤出还并不限于此。因为均衡收入是由 *AD*（aggregate demand）和 *AS*（aggregate supply）共同决定的，总需求扩张引起总收入的扩张量还要受到 *AS* 曲线形状的影响。这种挤出效应是 *IS-LM* 模型分析过程的延续，是把价格效应纳入分析视野后得出的结论，用图 12－4 来具体分析。

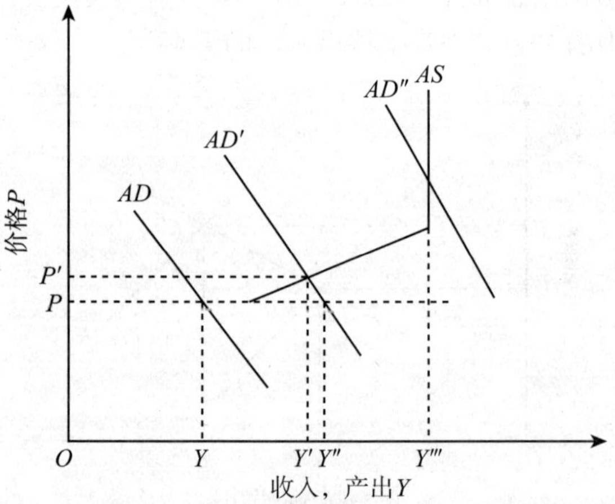


**图 12－4　*AD*－*AS* 曲线下公债挤出效应**

如图 12－4 所示，当 *AD* 与 *AS* 相交于 *AS* 水平区间内的时候，经济处于就业不足和生产能力闲置状态，公债的增加引起 *AD* 向右移动，总需求增加立即启动现有生产能力，增加就业和供给，价格水平并不因此而上升，财政扩张政策最大限度地发挥作用，此时没有挤出效应。

当 *AD* 与 *AS* 相交于 *AS* 向上倾斜区间内的时候，总需求的扩张开始遇到总供给的限制。向上倾斜的总供给曲线意味着总供给的持续增长导致劳动力供给紧张，带动货币工资上升，货币工资上升通过成本加成传递给价格，从而使总供给增加的同时价格水平随之提高。价格水平提高导致实际货币余额（$M/P$）下降和利率水平上升，利率的上升将启动 *IS-LM* 框架下的挤出机制，使均衡收入水平下降，产生挤出效应。而在图 12－4 中，挤出效应表现为沿新的总需求曲线向左上方移动到与总供给曲线相交处，挤出量为 $Y'$、$Y''$。此时，供给方消除了需求压力，价格不再上升。需求方也不再有货币真实余额下降和利率上升的压力，收入不再继续降低。从图形上看出，*AS* 越陡峭，*AD* 越平缓，挤出效应就越强；反之，挤出效应就越弱。

当 *AD* 与 *AS* 相交于 *AS* 垂直区间内的时候，由于无任何闲置资源可利用，总需求的增加全部转化为价格水平的上升，收入水平受资源限制不可能增加，公债增加的收入效应被完全挤出，收入总是在 $Y'''$ 水平上。

## 四、中国公债挤出效应的探讨及其争论

对于我国是否存在公债挤出效应历来有两种截然相反的观点，之所以得出完全不同的结论，是因为对我国现实的判断有分歧，下面是双方的主要论点及其理论依据。

### （一）我国公债发行并未产生挤出效应

首先，从增发公债对利率的影响来看，我国利率与公债发行之间并不存在直接的关联。具体分析：一是我国尚未实行名义利率完全市场化，它主要由中央银行制定和管制，所以公债增发不会影响名义利率的升降。二是虽然 1995 年以来我国真实利率有所上升，但这主要是因物价水平下降，中央银行没有及时随物价调整名义利率所致。事实上，我国自 1996 年 5 月以来，名义利率多次下调。甚至有人认为公债发行和利率上升之间没有必然的联系。原因可能是多种的，如经济发展的周期性波动、国内储蓄的变动和央行的货币政策的作用等。如果公债发行的规模只是使资金需求更大一些，但没有大到足以使货币市场均衡发生相当大的变化，那么原有利率水平将不会升高。只有当公债发行大到足以使货币市场条件有相当大的变化时，才可能推动对企业贷款利率水平的上升。

其次，从增发公债对借贷资金量的影响看，增发公债没有与民间竞争有限的资金。政府从商业银行筹集的是商业银行的闲置资金，这部分资金即使政府不借，民间部门也借不到或不会借，这可以从银行的超额储备率不断上升得到说明。商业银行近年资金过剩的主要原因是风险意识增强、企业投资利润较低及产业政策调整的缘故，而且这种过剩是在满足了政府借款需求之后的过剩。由于我国近年来公债发行利率的确定一般采取招标方式进行，因此公债利率的变动方向，基本能够反映市场利率水平的变动方向。而

近年来我国公债利率不断走低，说明社会资金供给持续大于需求，挤出效应很弱。

再次，从增发公债对居民消费的影响看，财政增加购买力支出可能挤出居民消费，但这要通过对财政支出结构进行具体分析来确定。通过分析财政购买支出结构和居民消费关系的计量模型发现，我国财政购买支出与居民消费总体上是互补关系，扩大政府支出对居民消费总体上具有扩张效应，没有挤出。

最后，增加公债可能会挤出私人投资。如果将私人部门投资按不同投资效益水平分组，则被财政投资挤出的那一部分私人投资并不是整个私人部门投资中具有高收益率或具有中等收益率的部分。相反，被财政赤字挤出的那一部分私人投资必然处于整个私人部门效益最差的那部分投资之中。公债是通过利率水平提高挤出投资的，对那些投资效益水平较好的投资者来说，尽管市场利率水平的上升必然影响其相对的投资收益水平，但由于其投资项目在新的较高的利率水平下仍有利可图，因而其投资仍将继续，不会被挤出。但对于那些投资收益率高于原有利率水平，但是低于新的利率水平的投资者来说，其理性的行为将是重新审视以致改变其原来的投资决定，从实际投资者队伍中撤出，也就是被挤出。因此，在分析公债的挤出效应时，要区分私人投资的收益水平，如果只分析对私人投资的挤出，则很可能导致对挤出效应的高估。

### （二）我国公债发行必然导致挤出效应

支持我国公债发行必然导致挤出效应观点的人并不多，他们认为通过公债发行扩大财政支出并未产生挤出效应的观点忽视了我国的具体情况。我国正处在体制转轨时期，由于政府对资金配置过程的强干预仍然存在，所以公债挤出私人投资还有其他多种表现形式。

首先，由于商业银行和投资银行与政府有千丝万缕的联系，政府公债投资需要银行信贷和证券市场的支持，在融资资金有限的情况下，商业银行和证券市场势必压缩其他企业或个人的投资需求。

其次，虽然我国的公债投资对民间投资没有挤出效应，或者说挤出效应不明显，但是近几年来民间投资增长率和国有部门投资增长率之间的差距却呈拉大之势，主要原因是我国还存在着对民间投资的另一种“挤出效应”，即对民间投资的歧视和限制。比如，某些领域进入门槛过高、融资渠道不通畅、税费负担过重等；再如，某些基础设施行业，如通信、邮电、交通等，存在着严重的行政性垄断现象，政府及其下属部门通过行政手段限制其他投资主体的进入，即使进入也对业务范围进行严格限制。这种行政性垄断损害了民间投资者的积极性，减弱了私人投资在相关行业扩张的可能性。

### （三）关于我国公债投资有效性的分析与说明

国民经济中的投资项目是有限的，公共资本和私人资本总是会相互影响的。我国公债的投资领域往往是私人部门不愿或无力介入的领域。虽然公债挤出效应依然会发生，但对公债投资领域的限定有利于提高效率，有利于经济的整体运行。因为公债投资具有外部经济效应，当某些公共产品的供给存在瓶颈制约并已影响到经济增长时，政府对该部门投资增加是必需的，其总的经济效应是正面的。当消除这些公共品的供给瓶颈时，整个私人部门都会从中受益，从而产生挤入效应。从近些年的经济环境来看，企业投资意愿不足、商业银行资金存贷差较大，公债的发行加大了对私人部门不愿涉及的投资领域的投入，扩大政府投资所进行的社会基础设施建设、技术改造和对高新技术产业的支持等，不仅不会替代私人投资，而且可以通过改善投资环境，增强投资者的信心，刺激和带动私人投资，还会为经济结构的改善、为产业和技术升级、为国民经济后劲的提高与增强创造良好的条件。

## 第四节　公债负担与公债风险

公债负担存在，就会引致一定的公债风险；而公债风险超越一定极限，势必引爆公债危机。显然，公债危机对财政经济活动造成的影响往往是灾难性的，并可能引起严重的社会经济危机，甚至政治危机。

### 一、公债负担的概念及其争论

探讨公债负担问题有困难，首先在于究竟什么是公债负担，中外不同的学者往往有着不同的理解。概括起来，主要有以下几种：

#### （一）公债负担是生产资本的损失

公债负担是生产资本的损失。这是亚当·斯密和李嘉图等古典经济学家为代表的一种观点。这种观点基于政府支出为非生产的理论假设，认为公债是将生产性资本转作非生产性的用途，从而助长消费，造成浪费和生产性资本的损耗，阻碍生产力的发展。

#### （二）公债负担是公债的本息支付

公债负担是公债的本息支付。这种观点认为，借债还钱是理所当然的，借债时获得收益，还债时构成负担（本金和利息的经济负担）。

#### （三）公债负担是公债利息的支付

公债负担是公债利息的支付。政府发行内债时，国内认购者会将其真实资源转让给政府；政府对外发行公债时，外国认购者也会将其真实资源转移给举债国政府。两者表现为可供本国政府支配的真实资源增加。债务到期时，政府按规定支付利息并到期偿还本金，真实资源转移给债权人。假如扣除物价、利息、汇率变动所带来的风险，那么，偿本所减少的政府所掌握的真实资源，与其举债所获得的真实资源是相等的，所不同的仅仅是增加了一笔政府支付的公债利息。所以从公债的发行到偿还的整个过程来看，公债本金收支相抵，只有利息支付才有可能构成政府的公债负担。

#### （四）公债负担是由于公债的存在而引起的产量的损失

公债负担是由于公债的存在而引起的产量的损失。政府为了支付利息，就必须征收额外税收。此外，如果政府的公债筹资引起了投资的下降，那么，未来的产量损失也不容忽视。我们以后各代的人将继承很小的资本蓄积，一个具有较小生产能力的经济，从而继承一个较小的产量。如果债务早期没有发生，也就不会遭受此种损失。因此，这是一种真正的公债负担。

### （五）公债负担是由于公债发行所需的还本付息资金

公债负担是由于公债发行所需的还本付息资金。该资金来源于税收收入或其他收入等，这样公债偿还就将增加税收或其他收入，使人民的所得减少或需要增大工作量；同时公债的偿债费增多，其他各种有益于社会经济等事业的经费则相应减少。这些都形成了一国人民为偿债所承受的负担。

上述各种理论观点从不同的角度对公债负担进行了阐释，各自具有一定的合理性和局限性。但无论做何界定，也暂且抛开公债负担是直接负担还是间接负担、形式负担还是实质负担、当代负担还是后代负担的争论，现实经济生活中的公债负担是一种客观的存在，这一点已在当前的理论界达成了较为普遍的共识。

综上所述，公债负担是指公债的发行及其偿还给经济主体（包括政府、企业以及居民等）引致的各种经济损失以及对国民经济运行所造成的负面效应。显然，全面而准确地理解公债负担的概念，至少应把握以下三点：（1）公债负担问题源于公债的发行和偿还；（2）公债负担的承受人既包括发债人政府本身，也包括其他非政府主体（甚至下一代人）；（3）公债负担的具体形式可能是多种多样的（如直接负担和间接负担、短期负担和长期负担等）。

## 二、公债负担规模的影响因素及其衡量指标

由于公债负担的大小往往直接取决于公债的规模，因此，衡量公债规模就成为分析公债负担限度问题的重要前提。

从根本上说，公债规模主要受制于经济发展水平、社会闲置资源存量、国家资产总量、国际收支情况、政府宏观调控能力、债务资金的使用效益、公债的发行与可能以及公众牺牲程度等诸多因素。根据历史经济数据以及有关研究资料，经济发达国家的负债总额占国家有形资产总量的比率约为50%～70%；经济发展处于中等水平国家的负债总额占国家有形资产总量的比率约为30%～50%；经济发展处于较低水平的国家负债总额占其有形资产总量的比率约为30%或略低。具体就国内债务融资途径而言，公债发行规模的数量界限主要取决于一国经济总量、财政收入水平、未来公债偿付能力、可供公债吸收的居民储蓄余额等经济变量因素。

**【财政视野】我国目前的债务水平有多高，债务已超 GDP 总额？**

目前普遍采用的衡量公债规模是否适度的指标主要有三个。

### （一）公债依存度

公债依存度，即政府当年公债收入额占当年财政支出的比重或比率，反映了政府财政支出对公债收入的依赖程度。公债依存度是判断公债规模是否合理适度的重要指标，具体又可分为中央财政债务依存度和地方财政债务依存度。从实践来看，发达国家的政府债务依存度往往在10%以下；发展中国家的债务依存度往往较高，处于20%以上。

### （二）公债负担率

公债负担率，即公债余额占当年GDP的比重或比率，反映了一国经济总量对未偿付公债的总体负担能力。公债负担率是国际上通行的衡量公债规模适度性的重要指标。目前，世界上许多国家的政府都把60%的公债负担率作为控制本国债务规模适度性的重要指标。

### （三）公债偿债率

公债偿债率，即当年还本付息额占当年财政收入的比重或比率，反映了政府财政的债务清偿能力。从国际经验来看，公债偿债率在7%～15%的范围内处于较为安全水平（不考虑偿债基金）。应指出的是，由于借新还旧的债务清偿机制，公债偿债率和公债依存度之间往往存在着互为因果、相互促进的关系，并易于使政府财政陷入财政困境。

此外，居民负担率（即当年公债发行额占居民储蓄余额的比重）也是一个衡量公债规模的重要指标。应指出的是，由于财政赤字往往需要利用公债来弥补，因此，赤字比率是一个与债务比率相近的重要指标。

总之，公债负担问题作为公债理论的重要内容之一，直接影响一国公债政策的有效运用，并与国民经济的可持续增长有着密切关系。在运用公债政策时理应特别注意，以避免因公债负担过重而造成巨大的债务风险以及债务危机。

## 三、公债风险的概念与类型

### （一）公债风险的概念

风险的定义主要分为三个层次：（1）风险是指不确定性或可测度的不确定性，即从风险的导因来认知风险的性质和态势；（2）风险是指发生损失的可能性，即主要从风险导致的负面效果或效应来刻画和理解风险；（3）风险是指实际结果与主观预期的偏差与偏离程度，即从风险引致的实际结果与行为主体的主观认识的差异程度来定义风险。

上述是从不同角度和层面对风险进行的描述。综合起来，我们概括出以下公债风险概念（见图12－5），即公债风险是在不确定性因素影响之下，公债运行的实际结果与公债政策主体的主观预期之间发生偏离，并对财政经济活动造成损失或损害的可能性。由此，可归纳出公债风险的三个特点：（1）公债风险是由不确定性引起或导致的，这里的不确定性，既可指公债风险客观状态的不确定性，也可指公债风险认识主体在主观判断上的随机性；（2）公债风险往往会造成一系列损失、危害或不良结果；（3）公债风险是客观存在的，并在可测定的情况下体现为一定的概率。

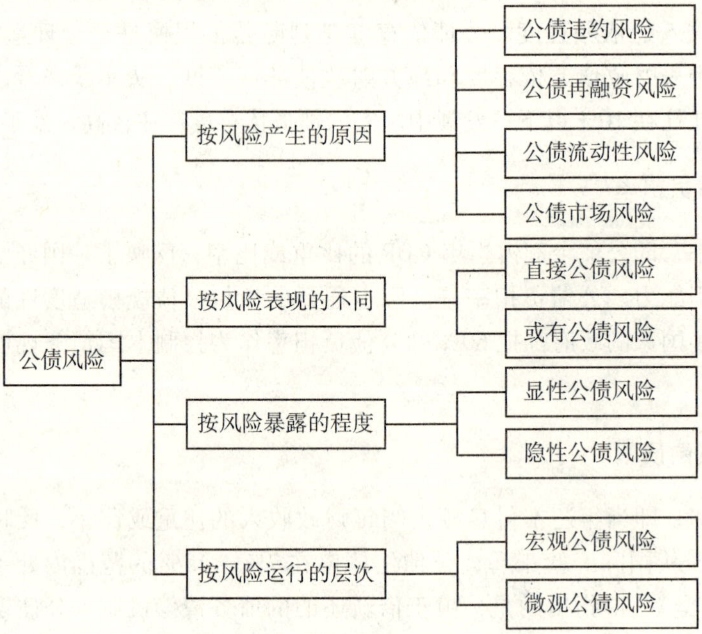


图 12－5　公债风险的类别及构成

### （二）公债风险的类型

1. 按风险产生的原因划分，公债风险可分为公债违约风险、公债再融资风险、公债流动性风险、公债市场风险

主要内容及其区别有以下四点：（1）公债违约风险即公债信用风险，是指由于各种主客观原因，使债务人（政府）不能按期如约偿还到期债务，进而使政府信誉降低并引起诸多不良后果的不确定性。（2）公债再融资风险，是指由于某些特殊因素，使政府借新债还旧债的成本异常增大所造成的不确定性影响。（3）公债流动性风险，是指由于公债的期限结构不合理、公债筹资与财政收支结构不匹配以及公债市场不发达等原因，造成的公债流动性下降，从而引起的各种不确定性影响。（4）公债市场风险，是指由于利率、汇率以及金融市场供求等因素冲击，对公债到期偿付实际负担所造成的不良后果或不利影响。值得指出的是，公债市场风险按市场的构成层次不同，也可划分为公债现货市场风险、公债期货市场风险和公债期权市场风险。

2. 按风险表现的不同划分，公债风险可分为直接公债风险和或有公债风险

（1）直接公债风险，是指政府直接举借的债务并需履行法定偿还义务所形成的公债风险。或有公债风险（又称间接公债风险），是指由政府或有债务（如政府财政担保）所形成的公债风险。应指出的是，隐性公债风险与或有公债风险关系密切，相互包容。隐

性公债风险既可能包含一部分或有公债风险；也可能包含一部分客观存在的，但却未公开披露并被充分认知的公债风险。理论上，一国的政治经济体制越不规范、财政金融监管机制越是脆弱、信息披露制度越不健全，其隐性债务公债风险往往越大。

（2）或有公债风险的未来不确定性极大，需要从未来的不确定性来判断现在的政府债务的“真实”状况，因此，或有公债规模测算相当困难，其已经成为严重影响世界许多国家和地区财政安全的重要债务形式。

3. 按风险暴露的程度划分，公债风险可分为显性公债风险和隐性公债风险

（1）显性公债风险，是指由政府显性债务所形成的公债风险。通常，显性债务主要有以下三个特点：债权债务关系较为明晰，并以合同或契约形式加以确定；债务负担可以较为准确地加以预见或预期；显性债务是一种既定事实下的“历史债务”或客观债务。

（2）隐性公债风险，是指由政府隐性债务（如政府所做出的具有法律效力的支付承诺等）所形成的公债风险。这里，隐性债务是指没有反映在政府预算账面或未被公开的债务；由此导致许多尚处于隐蔽状态而不易被察觉感知的公债风险。隐性债务主要有以下特点：债权债务关系目前尚不明晰；债务负担规模往往难以准确估算和测定；隐性债务往往是一种“推定债务”或道义上的债务。

4. 按风险运行的层次划分，公债风险可分为宏观公债风险和微观公债风险

宏观公债风险主要是指由于公债管理及其相关政策的不当对国民经济稳定运行所造成的不确定性影响。从具体表现来看，宏观公债风险的主要表现有：公债发行对私人投资产生挤出效应，公债的货币化引发通货膨胀效应，公债发行导致市场利率的上升和投资的减少，公债导致资本外流，经济动荡以及政治危机。微观公债风险主要是指公债的发行、使用和偿还等微观操作环节的不确定性变化对财政偿债成本以及财政收支运行所造成的可能性影响。总体上，宏观公债风险与微观公债风险相互交织和渗透。

## 四、中国公债风险的有无与大小问题

如前所述，公债风险是与公债负担或公债规模相伴随的一种经济现象，在其他因素保持不变的情况下，公债风险随着公债的产生而产生，并随着公债规模的扩大而趋于增加。由于中国公债规模的大量客观存在，因此，我国存在一定程度的公债风险似乎是一个可以接受的事实或结论。

对于我国公债风险的大小判断充满争议。例如，国外金融机构巴克莱集团曾发布研究报告：2012 年中国政府总负债占 GDP（2012 年为 51.93 万亿元）的 62% ~97%，即政府负债最高将达 50.44 万亿元，最少也有 32.24 万亿元，蕴含了巨大的财政风险。巴克莱认为中国官方低估了政府的潜在负债。例如，地方政府发行的债券，铁道部、国有政策性银行、资产管理公司、国有商业银行以及金融系统的不良贷款都可以说是潜在的负债。此外，中国政府也在改善社会福利如医疗、教育和养老保险等方面面临支出压力，到底是 62% 还是 97% 取决于养老金缺口的假设。在我国，审计署曾于 2013 年 8 ~9 月组织全国审计机关 5.44 万名审计人员，按照“见人、见账、见物，逐笔、逐项审核”的原则，对中央、31 个省（自治区、直辖市）和 5 个计划单列市、391 个市（地、州、盟、区）、

2 778 个县（市、区、旗）、33091 个乡（镇）的政府性债务情况进行了全面审计，内容包括政府负有偿还责任的债务，以及债务人出现债务偿还困难时，政府需履行担保责任的债务，债务人出现债务偿还困难时，政府可能承担一定救助责任的债务。审计结果发现：截至 2013 年 6 月底，全国各级政府负有偿还责任的债务 20. 69 万亿元，负有担保责任的债务 2. 93 亿元，可能承担一定救助责任的债务 6. 65 亿元，总体债务规模达到 30. 27 万亿元，占当年 GDP 的比率约为 51. 48%（低于国际通常使用的 60% 的负债率控制标准参考值）。但从局部来看，截至 2012 年底，我国有 3 个省级、99 个市级、195 个县级、3 465 个乡镇政府负有偿还责任的债务率高于 100%。但总体上，从我国经济发展水平、政府性债务的现状和资产与负债的相互关系来看，目前我国政府性债务风险总体可控，但有的地方也存在一定的风险隐患。

值得指出的是，2017 年 5 月美国三大信用评级公司之一的穆迪公司近 20 年来首次下调了中国的信用评级（从 Aa3 下调到 A1）。穆迪公司表示，降级反映了中国财政实力中期内将削弱的预期，体现在整个经济体内债务水平的攀升和经济增速的放缓，大环境是中国人口结构的变迁（老龄化）和生产力的增幅较小。不出预料的是，中国政府批评穆迪的做法是不了解中国的法律和金融制度，低估了中国调整经济结构、实现经济可持续增长的潜力。

综上所述，当前我国公债风险没有近忧但有远虑。从长期、远期来看，如果把控不好，未来中国发生债务危机的可能性不是没有。

【财政视野】美国多个城市政府因负债面临破产，很多人可能要寻找另一个家

## 第五节　地方公债

### 一、地方公债的概念和特征

地方公债是与中央政府公债（国债）相对应的概念。通常，地方公债是地方政府为满足地方经济与社会公益事业发展的需要。在承担还本付息责任的基础上，按照有关法律的规定向社会举借的债务，其中以债券形式发行的地方公债称为地方政府债券（以下简称地方债券）。地方公债一般用于交通、通信、住宅、教育和环保等地方性公共基础设施的建设，是政府公债体系的重要组成部分。

从国际经验来看，地方公债一般具有以下四个基本特征：（1）信用较好。地方公债以地方政府的税收收入或项目的收益作为担保，信用仅次于国债，运行规范，违约率低，被称为“银边债券”。（2）融资成本较低。由于地方公债借助于地方政府的信用，而且运作规范，通过担保、保险、评级等手段提高安全性，所以融资利率较低。（3）限定使用

范围。各国地方政府发行公债筹集的资金一般用于社会公益性项目和基础设施的建设，债券的用途在有关的地方政府法、地方财政法或专门的市政债券管理条例中有明确的规定。地方公债的这种偏重资本性项目的特点，是为了达到为地方经济发展提供软件和硬件支持，促进社会再生产的目的。（4）期限较长。这是由公债资金的用途所决定的，公债资金主要投向那些建设周期长，回报率低的项目，所以地方公债多为长期债券，最长可达三四十年。短期地方公债所占的比例较低，多用于地方财政资金的短期周转。

## 二、中国地方公债的现状

1994 年出台的旧版《预算法》严禁地方政府举债，但各级地方政府出于发展需要，采取多种方式变相融资。这些债务不仅规模庞大，且多数处于隐蔽状态，尤其是在 2009 年新一轮积极财政政策实施后，地方政府信用急速扩张。2014 年 8 月新颁布的《预算法》，赋予地方政府举债权限。据财政部数据，截至 2017 年底，我国地方政府负有偿还责任的债务规模高达 16.47 万亿元，形式多样。

我国地方公债不仅包括显性债务，即由法律与契约规定而形成的债务，还包括隐性债务，即政府必须支付的由道义责任所决定的债务。其中，显性的政府债务又可分为直接债务和或有债务，隐性的政府债务也可以分为直接债务和或有债务。这样，从不同的角度，政府的公债可以分为四种类型：显性的直接债务、隐性的直接债务、显性的或有债务和隐性的或有债务。前面两类是指已经成为政府财政事实的债务事项，不论是法律上明确的，还是没有明确的，政府的财政都必须承担责任；后面两类是指债务事项已经产生，尽管具体数量还不能确定，但将来可能成为政府的债务事项。需要说明的是，这几种债务之间的界限并非是十分明确的，随着经济条件和政策管理的变化，它们之间会相互转化。

### （一）显性的直接负债

#### 1. 国债转贷资金

国债转贷资金是由财政部统一发行的国债转借给地方主要用于基础设施建设的债务。这些国债资金为促进地方经济的建设与发展起到了十分重要的作用，但也大大增加了地方财政的债务风险压力。国债转贷资金实际上是预支了今后地方的建设资金，将由地方财政来承担偿还责任。如果国债投资项目无法产生效益和所产生的效益较差，势必挤掉若干年的建设资金以用来还债。

#### 2. 历史欠账资金和未弥补的政策型亏损

历史欠账资金包括欠发各级公务员、教师等企事业单位人员的工资、各种补贴、医药费等；未弥补的政策性亏损主要有粮食亏损、棉花亏损、外贸亏损等。全国各地都存在欠发工资和补贴的现象，并且在一些地区的县、乡两级政府尤为严重。粮食采购和流通中的累计亏损包括粮食企业新增财务挂账、不合理贷款、粮食补贴。同时，近年来粮食风险基金增支较快，资金缺口较大，也需要地方财政增加资金支出规模。

3. 地方政府承担的外债

地方政府在发展地方经济进行地方基础设施建设过程中，为弥补财政资金不足，由政府向银行贷款，包括向世界银行、亚洲开发银行以及外国政府贷款，从而形成地方政府的直接债务。由于这类贷款利率较低，还款期长，条件比较优惠，因而是地方政府积极争取的贷款类别。

**（二）隐性的直接债务**

1. 社会保险资金负担

社会保险资金的缺口，如果无力通过其他各种措施、途径和手段来解决，最终都将转化为财政的债务，要求政府来偿付。一般来说，社会保险活动包括养老保险、医疗保险、失业保险等几大方面，其中对财政影响最大的是养老保险。目前，我国已经初步建立社会统筹和个人账户结合的养老保险体制，但在从现收现付制转向统账结合的部分累积制的转制过程中，形成了巨大的转制成本。由于体制原因，目前已经退休的职工以前并没有为个人积累分文养老金，即使在新制度改革前参加工作的在职老职工也不可能在个人账户上积累起足够的养老金，而他们的养老问题又必须予以保证。我国已经开始进入老龄化社会，我国养老保险欠账在未来一个时期内将保持上升的趋势。如果考虑医疗、失业等保险制度存在资金不足的问题，全口径的社会保险欠账规模将更大。不论今后社会保险资金的缺口将如何筹集，其中都将有相当部分要由地方政府财政来负担，从而最终形成地方政府的负债。

2. 失业救济的负担

随着我国产业结构的调整，下岗、失业人员的数量有所增加，各级政府都将保障下岗失业人员的生活问题作为头等大事，为此与此相关的社会保障待遇标准也连年提高，这部分支出的增加无疑会加剧财政的负担。

**（三）显性的或有债务**

1. 地方政府担保所形成的债务

在地方基础设施建设中，为加快建设速度，解决基础设施资金不足问题，地方政府或其职能部门所属的企业以担保、贴息、抵押、入股等方式筹集资金，由此形成了显性或有债务。其中一部分由于举债人因种种原因无力偿还，最终需要地方政府履行连带义务。

2. 国债投资项目的配套资金

实行积极的财政政策，中央向地方政府的国债转贷规模有所增加，并要求地方拿出相应的配套资金。由于国债投资规模项目大多是社会效益明显，而经济收益较小，可以说，配套资金实际上是政策性贷款，或者说是政府担保贷款，其债务的偿还最终很可能会落到政府财政的头上。

### （四）隐性的或有债务

确认或估计隐性或有债务规模是有困难的：一是导致这些债务发生的事项不确定；二是处于风险状态的价值金额难以衡量；三是政府参与的程度难以估计；四是对于政府参与的预期可能导致市场中的道德风险，尤其是在政府干预市场的程度、界限较为模糊时，道德风险更为广泛和严重。

1. 国有金融机构的不良资产

在我国经济发展过程中，由于宏观政策对金融业的影响很大，造成信贷资金财政化，扭曲了金融机构的资金性质和经营行为，使地方商业银行等金融机构都不同程度地存在不良资产，构成了政府的或有债务，成为威胁国民经济健发展的重大隐患。另外，一些地方政府自批设立信托投资公司、证券公司、农村合作基金会和城市信用社等非银行金融机构，导致金融管理混乱、国有资产流失，因而使得地方政府不得不在出了问题之后弥补损失、兜底善后。这些金融机构的不良资产形式上表现为金融机构的经营风险，但是这种风险总是处在一个不断累积的过程，其中可能会因为银行经营状况转好而化解，然而它一旦突破某一临界点之后，就会由银行风险转化为财政风险。

2. 国有企业未弥补的亏损

为了加快企业改革的进程，地方政府承担了部分改革成本，在一些省市，效益不佳、濒临破产的企业为数不少，因而给财政带来的潜在支出也很大。虽然近年来财政部门对企业亏损的补贴有所减少，但是未弥补亏损额却在增加，由此造成的债务规模也在不断扩大。

**【财政视野】构建中国地方政府债务管理体系的政策建议**

**【课外阅读】浙江省人民政府关于加强政府性债务管理的通知（摘要）**

**【应用训练】**

（1）理解关注和重视公债问题的主要理由是什么？

（2）描述李嘉图等价定理的来龙去脉、主要内涵及其背后的理论假设。

（3）公债规模的国际警戒线真的存在吗？

参考答案

第十二章　公债 PPT

# 财政管理篇

# 第十三章

# 政府预算

**【本章导读】** 政府预算是政府经过法定程序编制并且执行的财政收支计划，是财政活动的重要组成部分，也是财政管理的核心所在。预算制度是关于预算管理方面一系列规范的总称。政府预算遵循立法控制性、行政主动性的原则。预算监督有广义和狭义之分，是政府预算管理的重要组成部分。

通过本章学习，要求读者深入掌握政府预算有关概念，了解预算原则，熟悉预算程序和内容，并形成一定的预算分析能力。

**【财政视窗】国家预算**

## 第一节　政府预算概述

### 一、政府预算的概念和内涵

#### （一）政府预算的概念

政府预算是指经法定程序审批的具有法律效力的政府财政收支计划，是政府筹集、分配和管理财政资金及宏观调控的重要工具。

政府预算包括狭义的政府预算和广义的政府预算，或者说静态的预算和动态的预算。狭义的政府预算指预算文件或预算法案，包括预算收支计划表及其说明文字，此是静态的预算。广义的政府预算是指包括预算的规划与决策、预算编制与审批、预算执行与调整、决算和监督与控制的全过程，也可称为动态的预算。

政府预算一般都要包括三个方面的内容：收入和支出的种类与数量，以及这些种类与数量所表现出来的收支的性质和作用；各级政府及各部门在处理收支问题上的关系及其所处的地位和所承担的责任；在收入和支出的实现上所必须经过的编制、审批、执行、决算、管理和监督等预算过程。

同为收支计划，因为主体不同，责任不同，政府预算与个人理财计划、企业财务收支计划在法律严肃性方面和程序严密性方面存在巨大差异。个人理财计划、企业财务收支计划只需对个人或企业负责，故其编制、执行、调整和决算可以根据个人或企业意志随时修改甚至撤销，具有较大的主观性，程序严密性要求不高，只对企业内部或个人本身存在约束性，对外没有法律效力或制度约束；政府预算体现政府的受托责任，其编制、执行、调整和决算必须根据公共选择程序进行，程序严密性要求极高，并且对政府和社会公众都具有极强法律效力和制度约束。

### （二）政府预算的内涵

政府预算的内涵主要包括以下四个方面：

（1）从形式上看，政府预算是政府财政收支计划；

（2）从性质上看，政府预算是具有法律效力的政府文件，也叫预算法案；

（3）从内容上看，政府预算是各项财政收入的来源和支出去向，体现收支规模和收支结构，反映政府财政活动的范围和方向；

（4）从程序上看，政府预算是公共选择机制，也就是社会公众委托政府提供公共品，政府通过制定和执行财政收支计划实现公共品提供，社会公众通过立法审批控制政府预算全过程，从而控制政府财政活动。

### （三）政府预算与财政的关系

政府预算是全部财政收支计划，是全部财政收支活动的总纲，或者说是公共财政的运行机制或基本制度框架。

财政各项收支及其管理源出于政府预算，是植根于政府预算所进行的专门化和具体化，也就是说，税收、公债、规费、国有资产经营收入、罚没收入以及财政拨款、财政投融资、财政转移支出等财政收支制度和政策，服务和服从于预算制度和政策。

中国历史上曾出现“预算内”与“预算外”的区分，把集中性收支放在预算内管理，而把与政府职能或代行政府职能无关的所谓分散性收支放在预算外管理。这符合非市场经济体制时代的国情。而在市场经济体制时代，公共财政强调政府受托责任，从政府委托责任这个角度出发，政府的全部财政收支活动都应该纳入政府预算中管理，所以不存在所谓的“预算外资金”这一范畴。但为了体现政府预算收支的不同性质和作用，现代政府预算一般在公共预算之外，以附列的方式单独出来“社会保障预算”“政府基金预算”“国有资产经营预算”“债务预算”等。

## 二、政府预算的基本特征

政府预算作为一个独立的财政范畴，是财政发展到一定历史阶段的产物，从预算的产生到发展为现代预算制度，其内涵不断得到完善和充实，并形成了其区别于其他经济范畴和财政范畴所特有的共性。政府预算的基本特征主要有以下几个方面。

### （一）法律性

法律性是指政府预算的形成和执行以及结果等全过程都要在相关预算法律法规及制度的框架范围内进行，并且预算的审批是个立法的过程，预算的执行是个执法的过程，预算的调整是个立法的过程，决算审批是个立法的过程。

### （二）公共性

公共性是指政府预算的内容和过程体现政府的受托责任。预算内容是公共财政收支，其实质是政府组织资源提供公共品的过程，故整个过程和结果必须透明，接受社会公众及其形成的立法机制的监督和管理。因此，政府预算具有鲜明的公共性和公开性。

### （三）预测性

政府预算是对未来财政收入与支出的提前测算与规划。政府预算编制于财政收支活动发生之前，无论如何严密布置与精密测算，实际执行过程中总会出现变化，因此预算与决算往往会出现差异，这种差异的出现，正好可以反映出预算过程中存在的不足，从而为以后的预算组织工作提供宝贵的经验和教训，形成预算管理的良性循环。

### （四）综合性

政府预算是全部财政收支计划，全面反映政府各种性质的收支，集中反映政府收支的规模和结构。

【财政视野】政府预算的产生和发展

## 第二节　政府预算原则

政府预算的原则是国家选择预算形式和体系的指导思想，是一国预算立法、编制及其执行所必须遵循的。早期的预算原则比较注重控制性，即立法机构将预算作为监督和控制政府的工具。而后随着财政收支内容的日趋复杂，开始强调预算的周密性，即注重研究预算技术的改进。自功能预算理论发展后，政府预算的功能趋于多样化，因此，预算原则又更注重发挥预算的功能性作用，即正确合理地运用预算功能来实现国家的整体利益。

## 一、带有立法控制性的预算原则

君主立宪初期，立法会议和君主行政之间关系的重心主要落在相互制约上面，预算就成为立法会议制约行政（包括财政）活动的重要手段。因此，早期的预算原则基本上围绕立法控制来展开，具体包括法律性、完整性、统一性、可靠性、年度性、公开性等原则。

### （一）法律性原则

预算过程必须符合法律性，即要求预算与决算的编制必须经立法会议审批，预算的执行是个执法的过程，预算全过程具有极高的法律效力。

### （二）完整性原则

预算内容必须符合完整性，即要求预算内容必须包括所有的财政收支项目，完整地反映全部的财政活动内容，不得虚报、瞒报收支。

### （三）统一性原则

预算程序必须符合统一性，即要求预算收支必须按照统一的程序、统一的口径来编制。

### （四）可靠性原则

预算收支测算必须符合可靠性，即要求预算收入的测算必须按照经济的实际运行状况科学测算，不能出现虚报收入任务从而导致正常情况下收入目标无法实现的情况；同时要求预算支出的测算必须按照经济的实际运行规律科学测算，不能出现瞒报支出计划从而导致正常情况下支出任务无法按预算金额完成的情况。

### （五）年度性原则

预算时限必须符合年度性，即要求政府预算收支涉及的时间必须是一个完整的周期，这种周期通常为一年。

### （六）公开性原则

预算信息必须符合公开性，即要求预算程序、内容等相关信息必须方便社会公众取得和了解，从而实现社会公众对政府受托责任的监督和管理。

## 二、带有行政主动性的预算原则

随着时间的推移，行政机构与立法机构之间关系的重心落在相互协调上面，政府加强对经济的干预成为双方共同的目标，预算原则也就从立法控制转移到行政主动性方向上来。最具代表性的就是美国联邦政府预算局局长史密斯（Smith）为了适应联邦政府加强对经济干预的需要，于1945年提出的旨在加强政府行政部门预算权限的八条原则。

1. 行政导向原则

联邦预算必须反映总统的计划，体现总统的施政纲领。

2. 行政执行原则

国会只能行使批准预算的权力，至于预算中已经核准的资金如何具体使用，则是总统的责任。

3. 行政主动原则

国会只对资金使用的大致方向和目的做原则性的规定，至于如何达到目标，要由总统及其所属的各个部门来决定。

4. 时间灵活原则

国会通过的预算收支法案必须授权总统在一定范围内可以进行调整，有权把本年度预算中的拨款，在以后年度的适当时机随时支用。

5. 行政报告原则

当总统向国会提出预算草案及执行报告时，应当提供国内外的情况资料作为国会立法的依据。

6. 工具充分原则

在总统领导下必须有预算编制和执行的专职机构及众多的成员，总统有权规定拨款额，有权建立准备金并在必要时使用。

7. 形式多样化原则

政府的各种活动在财政上应当采取不同的管理方式，财政收支数字上也应当采用不同的预算形式。

8. 行政合力原则

预算必须上下结合，无论在编制还是执行预算时，总统必须充分利用所领导的各种机构和成员的力量。

## 三、中国的政府预算原则

按照《中华人民共和国预算法》的要求，中国政府的预算原则有以下六条。

### （一）全面完整原则

预算必须反映全部财政收支，不允许有预算外收支的存在；预算必须完整地反映政府活动的全部内容，包括一般公共预算、政府性基金预算、国有资本经营预算、社会保险基金预算。

### （二）公开透明原则

预算管理信息公开，便利于国民获得、理解和监督反馈。预算透明包括预算制度透明、机构和人员职责分工透明、程序透明、内容透明、结果透明等方面。

**（三）执行有序原则**

预算收支的执行必须严格在遵循相关法律法规制度下，按计划、按级次、按进度组织各种收入和支出。

**（四）绩效管理原则**

全面实施绩效预算管理，将各政府部门和各单位的业绩目标指标化，并在此基础上，把业绩目标、预算投入和业绩结果通过绩效合同钩稽起来，从而提升预算收支效率。

**（五）平衡稳健原则**

中国政府长期坚持"量入为出""收支相抵，略有节余"的方针，强调财政收支之间的平衡，公共预算一般不允许有赤字，地方政府预算更是严禁出现赤字。国家预算每年保留3%左右的预算预备费；预算收支测算要根据国民经济和社会发展计划并结合实际情况做到稳健可靠，预算管理要保障社会经济稳定和发展。

**（六）监督问责原则**

预算全过程要接受来自人民代表大会（包括其常委会和专门委员会）的审查和监督、来自政府审计部门的审计监督、来自财政部门的内部监督、来自新闻媒体和国民的群众监督；预算管理实行问责制，出现问题的部门和单位必须说明原因，总结经验和教训，并承担相应责任。

**【财政视野】中国的政府预算原则演变**

## 第三节　政府预算程序

政府预算程序主要包括预算的编制与审批、执行与调整、决算三个过程。

### 一、预算的编制与审批

政府预算的编制是在相关的法律法规、制度框架下，结合国民经济发展规划和财政中长期计划，对计划年度的财政收支进行具体测算并形成收支计划表的过程。预算审批包括预算编制中的行政审批和预算编制完成后的立法审批。

### （一）预算编制

预算编制包括编制前的准备工作和编制过程两个方面。

1. 编制前的准备工作

预算正式编制之前，首先要明确预算编制的主体，并在预算主体的目标框架下，统一安排编制步骤，统一规范收支科目和口径，落实编制内容和责任。

2. 编制过程

预算的正式编制过程一般包括“二上二下”四个步骤。一是从基层开始，编制预算收支建议数，并逐级审核、汇总，直到财政部汇编成国家预算收支建议数上报国务院；二是国务院根据实际情况，确定下来预算收支控制指标，并层层分解下去；三是从基层开始，根据预算收支控制指标编制预算收支草案，并逐级审核、汇总，直到财政部汇编成国家预算收支草案上报国务院；四是全国人民代表大会审议、批准国家预算草案，形成正式的国家预算（法案）。然后，地方各级人民代表大会根据上级人民代表大会批复的预算收支批复本级的预算收支。

当预算执行出现重大变化需要重编预算时，一般采用由上级政府直接代编的方法进行，于是就只有编制和审批两个步骤。

### （二）预算审批

1. 行政审批

地方政府在收到下级政府的预算草案后，要进行审核之后才能汇总到本级总预算当中去。这种行政审批主要包括形式审查和内容审查。形式审查就是审查所报收支是否符合规定的科目和口径，内容审查就是审查所报收支数字是否符合政策和制度要求。

2. 立法审批

各级人民代表大会收到本级政府提交的预算草案以后，会对预算草案进行全面的审查。这种审查一般需要两个步骤：一是本级人民代表大会下属的财经委员会或专门的预算审查委员会对预算草案进行审查，并提出审查意见；二是本级人民代表大会全体会议对预算草案进行表决。

## 二、预算执行与调整

当预算年度开始以后，预算收支进入执行阶段。即按照预算计划进行收入的组织和支出的安排工作。当执行中遇到超出预算编制所考虑的情况时，就要对预算收支进行相应的调整。

### （一）预算执行

预算收入的组织是各收入相关政府机构根据预算的任务和相关制度要求，征收税款、发行公债、收取规费和罚没等。其中征税是预算收入组织的重头戏。

预算支出的安排是各支出相关政府机构根据预算的要求和制度规范，按照预算计划用途，按照预算进度，按照预算级次拨款到使用单位，从而落实政府受托责任的过程。

#### （二）预算调整

预算调整分两种情况：当出现影响主要收支的重大变化时，如严重的天灾、突发的重大经济危机或大规模战争爆发等情况时，需要对预算收支进行全面调整，即全局调整，实际上也就是重编预算；当出现只影响局部收支的变化时，如预算单位隶属关系改变、同一使用单位同类科目之间互有余缺等情况时，只需要对受影响的预算收支进行局部调整就可以了，包括动用预备费、预算追回追减、经费划转、科目流用等。

### 三、政府决算

政府决算是政府预算执行情况的总结。政府决算在审批程序上与政府预算同步，即本年度政府决算与下年度政府预算一并送本级人民代表大会审批。

政府决算与政府预算相比，更能反映政府财政活动的情况，体现政府受托责任的实际情况，因此重要性上有过之而无不及。

【财政视野】2018年国家决算和2019年国家预算

【财政视野】财政联邦主义

## 第四节　预算监督

### 一、预算监督的概念

预算监督是指在预算的全过程中，对有关预算主体筹集和供应预算资金等业务活动依法进行的审查、检查、督促和制约，是政府预算管理的重要组成部分。

广义的预算监督是指具有监督权的各主体，依照法定的权限和程序，对各级政府预算的合法性、合规性、真实性、有效性等所实施的审查、检查和监督行为，具体包括立法监督、司法监督、政府监督、财政监督、审计监督和社会监督等。

狭义的预算监督是指财政机关在财政管理的过程中，依照法定的权限和程序，对各级政府预算依法运行所实施的检查、监督等活动。

广义和狭义预算监督的主要区别在于，预算监督主体范围的不同以及由此引出的监督内容和监督方式的不同。

## 二、预算监督的类型

预算监督体系按照划分标准的不同，可做以下分类：

### （一）监督主体

按照监督主体的不同，可分为立法监督、司法监督、政府监督、财政监督、审计监督、社会监督等。

立法监督的主体是立法机关，在我国是指各级人民代表大会及其常务委员会；司法监督的主体是司法机关，在我国指各级检察院、法院；政府监督的主体是上级政府；财政监督的主体是各级财政机关；审计监督的主体是各级审计机关；社会监督的主体是各社会中介机构（如会计师事务所等）和社会舆论（主要是媒体），所以社会监督又称群众监督。

### （二）监督时间

按照监督时间的不同，可分为事前监督、事中监督和事后监督。

事前监督是指预算监督主体对监督客体中将要发生的经济事项，包括正在酝酿之中的经济事项和准备付诸实施的经济事项，以及与其相关的行为的合法性、合规性、合理性依法进行审核，进而保障经济事项步入预算轨道的一种预算监督管理活动。

事中监督也称日常监督，是指通过对预算监督客体中已经发生但尚未完结的经济事项及其运行过程，以及其中发生的种类行为的合法性、合规性依法进行审查，进而保障经济事项在预定的轨道中正常运行的一种预算监督管理活动。

事后监督是指对预算监督客体中已经完结的经济事项及其运行结果，以及相关的种类行为的合法性、合规性进行审查，进而保障经济活动不脱离运行轨道的一种预算监督管理活动。

### （三）监督对象

按照监督对象的不同可分为专项监督和个案调查。

专项监督是指对于预算管理中出现的难点、热点和重大问题，无针对性地开展专项监督检查。个案调查是指根据上级批示的群众举报案件，以及日常监督和专项监督中发现的线索，组织力量进行检查核证。

## 三、预算透明度及其标准

公共财政理论认为，政府受选民所托，组织公共资源提供公共产品和服务。因此，政府预算过程实质上是政府完成受托责任的过程，必须接受选民的监督，体现选民的意志。而其中，政府预算信息的透明度就成为考量政府的一项重要标准。

### （一）预算透明度的概念

所谓预算透明度，是指政府预算相关信息的公开程度。具体包括预算制度、机构和人员职责分工、预算程序、预算内容、预算结果等方面的透明程度。

### （二）预算透明度的标准

1. IMF 的预算透明度标准

IMF 于 1998 年首次提出《财政透明度良好做法守则》（Code of Good Practices On Fiscal Transparency），并于 2001 年和 2007 年两次对其进行修订。其核心原则有四——明确职责、公开预算程序、方便公众获得信息、确保真实性。

2. OECD 的预算透明度标准

OECD 于 2001 年正式发布了《预算透明度最佳做法》（Best Practices of Budget Transparency），共分三部分，分别是预算报告、特殊披露和完整可控性。预算报告部分对每个预算文件都提出了相应的披露内容与公开要求；特殊披露部分则为要求公开的一些特殊信息；而完整可控性则为对预算分开的质量提出的一些具体要求。

3. IBP 的《预算公开指数》

IBP 于 2006 年公布了世界上第一个有关预算透明度和公信力的独立性、比较性调查报告——《预算公开调查》（Open Budget Survey）。该报告依据的是严格设计的调查问卷，包括三大部分——预算文件的公开性、预算草案披露情况的评估和预算过程的公开性。IBP 对调查问卷的结果进行分析后，对各国的预算透明度进行打分，得出预算公开指数（OBI）。2010 年的平均 OBI 为 42 分，其中 20 个国家的 OBI 在 60 分以上，大约 1/3 的国家得分在 41 ~ 60 分，另外 41 个国家提供的信息严重不足，其中 19 个国家得分在 21 ~ 40 分、22 个国家得分在 20 分及以下。

### （三）中国政府预算透明度简况

随着社会主义市场经济体制改革的进行和公共财政理论的引进，中国政府预算信息的透明度问题逐步得到重视。进入 21 世纪以后，“政府上网”和“政务公开”得到广泛的推广和应用，预算相关制度的易得和易懂已经初步实现，预算相关机构设置和人员分工信息挂在各政府部门官方网站，预算相关程序也已经广泛公布，预算内容和预算结果信息披露目前尚处于初级阶段。

**【课外阅读】财政分权、政府创新与区域经济创新效率（节选）**

**【应用训练】**

（1）试测算本校下年度的学费收入规模。

（2）试了解一下本校上年度主要支出项目规模。

（3）试收集并分析本市政府去年的政府决算和今年的政府预算报告。

参考答案

第十三章　政府预算 PPT

# 第十四章

# 国有资产管理

**【本章导读】** 国有资产管理，是对所有权属于国家的各类资产的经营和使用，进行组织、指挥、协调、监督和控制的一系列活动的总称。具体地说，就是对国有资产的占有、使用、收益和处置进行管理。国有资产管理的基本目标是实现国有资产的保值与增值。我国国有资产的管理机构主要有国有资产监督管理委员会、财政部和国家发展和改革委员会。国有资产管理的要素主要有主体、客体、目标和手段；基础性的管理工作包括国有资产的评估、统计和监督活动；其管理内容涉及国有资产的产权管理、投资管理和收益管理以及资产处置。

通过本章学习，要求读者全面了解国有资产管理的基础知识和主要架构，掌握我国现行的国有资产管理体制的机构、职责，以及我国国有资产管理的基本内容，了解我国国有资产管理发展实践的基本情况。

**【财政视窗】国有资产管理体制改革意见公布**

## 第一节　国有资产管理概述

### 一、国有资产及其管理的含义

#### （一）国有资产的概念

国有资产是指在法律上由国家代表全民拥有所有权的各类资产，是属于国家所有的一切财产和财产权利的总称。

广义的国有资产又称国有财产，是指国家通过投资、接受馈赠、凭借国家权力取得或者依据法律认定的各种类型财产或财产权利；广义的国有资产概念既包括经营性国有资产，也包括非经营性国有资产，以及以自然资源形态存在的国有资产。狭义的国有资产又称经营性国有资产，是指投入社会在生产过程中从事生产经营活动并能够获得预期收益的各类资产，存在于各类国有及国有控股、参股的企业中，是国家作为出资者在企业依法拥有的资本及其权益。国家代表全体人民对各类国有资产拥有财产权，具体包括对国有资产的所有权、占有权、使用权、收益权和处置权。

国有资产分布广泛、性质各异。按照国有资产与社会经济活动的关系，可以分为经营性国有资产（含国有金融资产）、非经营性国有资产以及资源性国有资产。按照管理体制，国有资产可以分为中央国有资产和地方国有资产。这种划分可以分析中央政府与地方政府，以及地方政府之间国有资产的分布状况，并且明确它们在国有资产管理中的责任问题。按照存在的部门，国有资产可以分为工业部门国有资产、农业部门国有资产、交通运输部门国有资产、商务部门国有资产等。这种分类方法的结构分析，可以观察国家的政策意图是否得到实现，或者在多大程度上得到实现。按照存在的形态，国有资产可以分为固定资产、流动资产、无形资产和其他资产。这种划分方式，可以分析国有资产内部结构是否合理。按照存在于国内或国外，国有资产可以分为国内国有资产和境外国有资产，可分析国有企业参与国际竞争的程度，考核其竞争力，并加强境外国有资产管理，防止资产流失。

### （二）国有资产管理的含义

国有资产管理，是指国家对国有资产所有权的行使，管理权限的划分，资产的保值增值，收益的享有、处分等进行的监督，具体地说，就是对国有资产的占有、使用、收益和处置进行管理。

国有资产管理有广义和狭义两种含义。广义的国有资产管理是指，作为国有资产所有者的各级政府实施所有者权利的一系列行为的总称。而狭义的国有资产管理则是指，国有资产的授权经营者依照法律和国家的授权所实施的国有资产经营行为的总称。广义与狭义的区别：二者在国有资产管理者的范围上有所不同，广义的国有资产管理强调作为国有资产所有者——政府，其对于国有资产的相应权利行使；而狭义的概念中更关注资产本身的运作，国有资产的管理者则限定于政府授权经营者的范围。在广义和狭义两种不同的语境下使用国有资产管理这一概念有不同的内涵与外延，广义的国有资产管理的概念内涵较少，而外延宽广；狭义的国有资产管理的概念内涵丰富，而外延狭窄。从国有资产立法角度分析，应当采用广义的国有资产管理的概念作为我国国有资产立法的基本范畴。

对所有权属于国家的各类资产的经营和使用，进行组织、指挥、协调、监督和控制的一系列活动的总称。国有资产管理覆盖国有资产运营的各个环节、各个方面，包括国有资产的投资、经营、收益分配及资产评估、登记、界定等。国有资产管理的基本目标是实现国有资产的保值与增值，具体要体现在以下四点：

第一，国有资产的投资管理。国有资产的投资管理，是指国家根据国民经济发展战略目标，合理确定国有资产投资规模、结构，提高投资效益，兴建独资、合资、股份制等各类国有企业，调控国民经济运行，实现国家宏观经济政策目标的管理活动。国有资产投资管理涉及经济领域许多重大关系的调整，如投资管理体制的建立，财政部、发展改革委、政策性银行、各主管部门之间关系的协调，投资决策、投资收益、投资风险的结合等许多问题。在社会主义市场经济体制下，这些问题有待进一步探索。

第二，国有资产的经营管理。国有资产的经营管理，是指为实现国有资产的保值、增值，提高国有资产运行的经济效益、社会效益及生态效益而选择恰当的经营方式，考核评价经营者的业绩，取得最佳资产收益的管理活动。随着市场经济的发展，我国公有制实现形式多样化，国有资产的经营也可以选择各种不同的方式，如股份经营、委托经营、联合经营、承包经营、租赁经营等，以适应各种不同资产的性质、特点、行业分布，实现收益的最大化。

第三，国有资产的收益分配管理。国有资产的收益分配管理，是指国家作为资产所有者，依法取得资产收益并对收益进行分配、处置的管理活动。在生产经营中凭借资产的所有权，占有企业实现的利润，并进行合理分配，是国有产权在经济上的体现，也是国家的主要经济收益。在现代市场经济条件下，股份制是国有经济的主要经营形式，因而国有资产收益分配管理的重点是，维护国有股的合法权益，如依法取得国有股的股息、红利收入；享受同等的送股配股权利；在企业购并、破产清算中保护国家股的利益等。当然，国家在依法取得国有资产收益并对其支配、处置时，也要重视企业的长远发展及自我积累、自我更新、自我发展的能力提高。

第四，国有资产的产权处置管理。国有资产的产权处置管理，是指国家根据国民经济运行的客观需要及国有经济的战略布局，对国有资产存量及时调整，对部分国有资产依法进行收购兼并、拍卖、出售，优化资产结构，盘活资产存量，提高资产运行效益，防范国有资产流失的管理活动。在市场经济发展中，产权处置是一种正常的经常性的经营行为，也是国家调控国民经济运行，实现国家宏观经济政策意图，维护国家权益的重要手段。

除以上主要环节外，还有国有资产的界定、评估、登记、审核、统计等国有资产管理的基础工作。

## 二、国有资产管理的要素

### （一）国有资产管理的主体

按照国有资产管理层次，可分为产权管理主体（或宏观管理主体）和国有资产经济管理主体。国务院制定了《企业国有资产监督管理暂行条例》（以下简称《条例》）。《条例》规定，国务院和省、自治区、直辖市人民政府，设区的市、自治州级人民政府，分别设立国有资产监督管理机构。在现行国有资产管理体制下，企业中经营的国有资产，统一由国务院和省、自治区、直辖市人民政府，设区的市、自治州级人民政府国有资产管理委员会行使所有者的职责，成为这类国有资产产权管理的主体，国有及其控股企业是国有资产的经营主体，而行政事业性国有资产、资源性国有资产仍由各主管部门管理。

### （二）国有资产管理的客体

国有资产管理的客体即管理的对象，从一般意义上讲，是指所有产权归国家所有的所有资产。如按国有资产与社会经济活动的关系划分，可分为经营性国有资产、非经营性国有资产及资源性国有资产。但从目前我国国有资产管理的现状分析，无论理论研究，还是制度建设和具体管理，社会各界关注的焦点仍是国有企业中的经营性国有资产。当然，随着国有经济战略性调整逐步完成后，管理重点应适度向非经营性国有资产及资源性国有资产转移，以充分发挥这两类资产在提供社会公共服务、体现社会公平、实现经济社会可持续发展方面的功能。

### （三）国有资产管理的目标

国有资产管理的目标，可分为总体目标与具体目标。总体而言，国有资产管理要维护国有产权的合法权益，保卫资产安全，实现资产价值的保值、增值，提高资产利用效率，为政府宏观经济政策目标服务，充分发挥国有资产对国民经济运行和社会发展的调控功能。具体而言，经营性国有资产的管理目标是，保护国有产权，实现资产价值的保值、增值，以最少的资产消耗取得最大的经济效益，为政府提供更多的财政收入；非生产经营领域的国有资产，主要是政府部门和非营利组织占有的国有资产，其管理目标是，维护国有资产的安全性、完整性，提高资产利用效率，以最少的资产占用为社会提供最大限度的公共服务；资源性国有资产的管理目标是，保护国有产权的合法权益，实现资源的有序、合理利用，治理环境污染，对可再生资源实现开发与利用的良性循环，对不可再生资源提高资源利用率，尽可能延长利用时间，走经济、资源和环境可持续发展的道路。

### （四）国有资产管理的手段

国有资产管理的手段主要包括法律手段、经济手段和行政手段。法律手段主要是政府通过建立健全国有资产法律法规体系，依法打击各类瓜分国有资产、侵犯国有资产利益的违法违纪行为，维护国有资产权益；在市场经济条件下，国有资产管理法律法规，是国家法律体系的重要组成部分，成为保护国有资产权益的重要手段。经济手段是指国家运用税收、财政补贴、利润分配、工资制度等工具，为国有资产管理服务。在市场经济条件下，对利益的追求是企业和个人行为的基本动机，经济手段便成为政府管理国有资产的重要手段，如政府对因执行国家经济政策而形成亏损的国有企业给予补贴或税收减免，对国有企业经营管理人员，根据其业绩给予高低不同的报酬，充分调动其经营管理积极性。行政手段则是政府运用行政权力和命令，强行改变国有企业生产经营行为的方式，如对企业进行关、停、并、转等。

在国有资产管理中，行政手段和法律手段、经济手段相比，具有行动迅速、政策见效快等特点，可在很短的时间内，迅速纠正侵犯国有资产合法权益的行为，保障国有资产的完整性、安全性。但行政手段容易产生政府过多干预企业生产经营行为或者干预不当的问题，因此，国有资产管理主要以法律、经济手段为主，配合必要的行政手段，提高资产利用效率，维护国有资产合法权益。

## 三、国有资产管理的基础性工作

### （一）国有资产的评估

资产评估是运用一定的方法对资产价值进行估算，从而确定其价值的活动，具体是由专门机构和人员，依据国家规定和有关资料，根据特定的目的，遵循适用的原则，按照法定的程序，运用科学的方法，对资产价值进行评定和估价的活动，是国有资产管理的基础性工作。《中华人民共和国企业国有资产法》中对国有资产评估进行了规范：（1）规定了应进行资产评估的情形，该法第47条规定，国有独资企业、国有独资公司和国有资本控股公司合并、分立、改制、转让重大财产，以非货币财产对外投资、清算或者法律、行政法规以及企业章程规定应当进行资产评估的其他情形的，应当按照规定对有关资产进行评估。（2）规定了资产评估机构的委托，该法第48条规定，国有独资企业、国有独资公司和国有资本控股公司应当委托依法设立的符合条件的资产评估机构进行资产评估；涉及应当报经履行出资人职责的机构决定的事项的，应当将委托资产评估机构的情况向履行出资人职责的机构报告。（3）规定委托方如实提供评估资料的义务。另外《中华人民共和国资产评估法》也对资产评估机构评估行为的要求进行了规定。资产评估机构及其工作人员受托评估有关资产，应当遵守法律、行政法规以及评估执业准则，独立、客观、公正地对受托评估的资产进行评估，资产评估机构应当对其出具的评估报告负责。

国有资产评估的方法主要有市场法、成本法、收益法等多种方法。市场法是通过比较被评估资产与最近售出类似资产的异同，并将类似资产的市场价格进行调整，从而确定被评估资产价值的一种资产评估方法，使用这种方式需要一个基本前提，即充分发育的资产市场，同时参照物及比较的指标、技术参数等资料是可搜集到的。成本法是通过被评估资产的现时重置成本扣减各项损耗价值来确定被评估资产价值，该方法的使用前提是历史资料可获得，经济性贬值可计算。收益法采用对被评估资产未来预期收益进行折现或资本化来确定资产价值，这种方式与投资决策相结合，结论更易为交易双方接受，但对于预期收益额预测的难度加大，容易受主观判断和未来不可预见因素的影响。

### （二）国有资产的统计

在日常的国有资产管理工作中，要求各占用、使用国有资产的企业和单位必须对国有资产的进出、转移、折旧、修理、处置等局势进行登记，做到账实相符、保管使用责任明确。而国有资产统计报告制度，通过全面、系统、综合的反映和严格的监督，能够把各单位国有资产的运行置于规范、严密的监控之下，从而保证国有资产的安全与完整。

编制国有资产统计报告的企业包括：由国务院和省、自治区、直辖市人民政府，设区的市、自治州级人民政府履行出资人职责的具有法人资格、独立核算、能够编制完整会计报表的境内外国有及国有控股企业；国有参股企业的国有资产及投资收益依据合并会计报表的规定，纳入国有投资单位的国有资产统计范围，原则上不单独编制国有资产统计报告。

企业应当组织做好总部及各级境内外子企业的国有资产统计报告工作，并编制集团或者总公司合并（汇总）的国有资产统计报告，以全面反映企业国有资产运营情况。大型企业集团为第三级以上（含）各级子企业，第三级以下子企业并入第三级进行填报；中小型企业为第二级以上（含）各级子企业，第二级以下子企业并入第二级进行填报。

根据国务院国有资产监督管理委员会颁布的《企业国有资产统计报告办法》的规定，国有资产年度统计报告由企业会计报表和国有资产营运分析报告两部分构成。企业会计报表按照国家财务会计统一规定由资产负债表、利润及利润分配表、现金流量表、所有者权益变动表、资产减值准备计提情况表及相关附表构成，并由中介机构进行审计。国有资产营运分析报告是对本地区、本部门或者本企业占用的国有资产及营运情况进行分析说明的文件，具体包括：国有资产总量与分布结构；企业资产质量、财务状况及经营成果分析；国有资产增减变动情况及其原因分析；国有资产保值增值结果及其影响因素分析等。

### （三）国有资产管理的监督

国有资产管理的监督工作主要表现为立法监督、政府主管部门依法监督、社会中介组织受托审计监督以及社会公众和新闻媒体的舆论监督。

《中华人民共和国企业国有资产法》是我国市场经济法律体系中的一部重要法律，对于完善国有资产管理体制，加快推进国有企业改革和发展具有重要意义。《中华人民共和国企业国有资产法》确立了企业国有资产监督管理体制；明确规定了履行出资人职责的机构及其职权和责任；规定了国家出资企业的财产权及其对出资人的相关责任；确定了国家出资企业管理者的选择与考核相关规则；明确了涉及国有资产出资人权益的重大事项；规定了国有资本经营预算制度的相关原则。《中华人民共和国企业国有资产法》《中华人民共和国公司法》《中华人民共和国预算法》等法律中涉及国有资产管理的法条，以及国务院制定的关于国有资产管理的行政法规、地方性法规、部门规章等形成了国有资产监督管理的法律依据，强化国有资产监督。

国有资产监督管理委员会（以下简称国资委）是国务院直属的正部级特设机构，其监管范围为中央所属企业（不含金融类企业）的国有资产；地方所属企业的国有资产，由省、市两级地方政府国有资产管理机构负责监管；其他国有资产，依照相关的法律法规进行管理。国资委根据国务院授权，依照《中华人民共和国公司法》等法律和行政法履行出资人职责，指导推进国有企业改革和重组，推进国有企业的现代企业制度建设，加强国有资产管理工作，推动国有经济结构和布局的战略性调整。国资委代表国家向部分大型企业派出监事，负责监事会的日常管理工作；通过法定程序对国有企业负责人进行任免、考核并根据其经营业绩进行奖惩；建立符合社会主义市场经济体制和现代企业制度要求的选人、用人机制，完善经营者激励和约束制度；维护国有资产出资人的权益等。国资委通过国有企业监事会监督、国有企业负责人管理、国有资产经营效益监督和国有企业重大事项管理等活动，对国有资产管理活动履行政府主管部门的监管。

社会中介机构如会计师、审计师事务所，主要对国有资产管理财务资料的真实性、完整性和可靠性进行验证，资产评估机构主要对国有资产的保值增值情况进行评价，律师事务所、公证机关等主要在调节国有资产产权纠纷中发挥监督协调作用。

社会公众监督途径主要有举报和新闻媒体的舆论监督，国家应采取一定的措施宣传和鼓励公众监督，而社会公众监督要能取得成效，国有资产管理行为必须是公开透明的，这是公众监督的前提和保证。

【财政视野】国有资产管理的相关理论

## 第二节　我国国有资产管理体制

2008年10月28日，第十一届全国人民代表大会常务委员会第五次会议通过《中华人民共和国企业国有资产法》，对现行国有资产管理体制的主要内容进行了规范。

### 一、国有资产的管理机构

#### （一）国资委

国有资产监督管理委员会是国务院直属的正部级特设机构，依法履行出资人职责并负责对中央所属企业（不含金融类企业）的国有资产进行监督管理。国资委的主要职责包括任免和考核所监管企业负责人、代表国务院向所监管企业派出监事会、组织所监管企业上缴国有资本收益以及监督所监管企业做好国有资产保值增值。国资委还负责推进国有企业的现代企业制度建设，指导推进国有企业的改革和推动国有经济布局结构的战略性调整。

国资委共设19个机构，其中有关国有资产管理体制改革的机构如下：规划发展局负责提出如何对国有经济布局结构进行战略性调整的政策建议，指导所监管企业进行产业布局和结构调整。财务监督与考核评价局负责对所监管企业的财务状况进行监督和评价，并负责对所监管的国有企业负责人进行考核。产权管理局负责管理国有资产的流转，对国有产权交易进行监督和规范。企业改革局指导推进国有企业的现代企业制度建设并拟订国有资产经营公司的组建方案。收益管理局负责组织国有资本收益的收缴并承办国有资本经营预算的执行工作。研究局负责调查研究国有资产管理体制改革、国有企业改革发展等重大问题。

在中央国资委以下还设立了省、市国资委，从而形成三级国资委的国有资产管理架构。中央国资委负责对地方国有资产管理工作进行指导和监督。

国资委国有资产管理工作在财务会计方面执行国家统一的财务会计制度，接受财政部监督；国资委管理的国有资产统计结果报财政部备案；国有资产管理法律法规草案的起草拟定征求财政部意见；国资委负责所监管企业国有资产经营预算的编制工作，作为国家总预算的组成部分由财政部统一汇总和报告，预算收入的征管和使用接受财政部监督。

### （二）财政部

中华人民共和国财政部负责制定国有资本经营预算的有关制度和办法，编制、汇总和审核全国国有资本经营预决算草案，收取中央直属国有企业的国有资本收益，管理金融类企业的国有资产。财政部下设的资产管理司负责拟订和实施国有资本管理政策、规则和制度，承担除国有金融资产、国有文化资产，以及烟草、邮政、铁路三个行业之外国有企业的资产管理。资产管理司还负责统计和发布国有经济运行情况，负责国有资本经营预算管理和资产评估管理等工作。财政部下设的金融司负责监管金融企业的国有资产，组织并实施金融类国有资产的转让和划转处置管理，以及监交国有金融企业的收益和清产核资等工作。财政部下设的中化企业国有资产监督管理领导小组办公室负责监督管理国有文化企业的国有资产，履行出资人职责并对所监管企业负责人进行管理，负责承办中央文化企业的资产清查、产权管理和统计评价等工作。

### （三）发展改革委

国家发展和改革委员会（以下简称发展改革委）是国务院的组成部门，主要负责拟订并组织实施国民经济和社会发展战略，指导推进和综合协调经济体制改革，规划重大建设项目和生产力布局，拟订全社会固定资产投资总规模和投资结构的调控目标、政策及措施。发展改革委负责推进经济结构战略性调整，组织拟订高技术产业发展、产业技术进步的战略、规划和重大政策，并负责组织国家战略物资的收储、动用、轮换和管理，会同有关部门管理国家粮食、棉花和食糖等储备。

发展改革委下设的经济体制综合改革司负责研究经济体制改革中综合性、全局性和深层次重大问题，并参与研究和衔接国有资产管理体制这样的专项改革方案。发展改革委下设的国家物资储备局负责确保国家战略物资储备服务国防建设和经济社会发展，维护国家安全，会同有关部门管理国家粮食、棉花和食糖等储备，负责监督管理有关事业单位和出资企业的国有资产，组织国有资产管理、使用效益评估和考核考评。

## 二、国有资产的管理权限与管理职责

### （一）中央与地方国有资产管理权限的划分

国务院代表国家对关系国民经济命脉和国家安全的大型国有及国有控股、国有参股企业，重要基础设施和重要自然资源等领域的国有及国有控股、国有参股企业，履行出资人职责。国务院履行出资人职责的企业，由国务院确定、公布。

省、自治区、直辖市人民政府和设区的市、自治州级人民政府分别代表国家对由国务院履行出资人职责以外的国有及国有控股、国有参股企业，履行出资人职责。其他由设区的市（自治州）级人民政府履行出资人职责的国有及国有控股、国有参股企业，由设区的市（自治州）级人民政府确定公布，并报上级人民政府国有资产监督管理机构备案。

国务院、省（自治区、直辖市）人民政府、设区的市（自治州）级人民政府，分别设立国有资产监督管理机构。国有资产监督管理机构根据授权，依法履行出资人职责，依法对企业国有资产进行监督管理。企业国有资产较少的设区的市（自治州）经省（自治区、直辖市）人民政府批准，可以不单独设立国有资产监督管理机构。

### （二）国有资产管理部门的职责

国务院国有资产监督管理机构代表国务院履行出资人职责、负责监督管理企业，是国有资产的直属特设机构。省（自治区、直辖市）人民政府国有资产监督管理机构，设区的市（自治州）级人民政府国有资产监督管理机构是代表本级政府履行出资人职责、负责监督管理企业国有资产的直属特设机构。上级政府国有资产监督管理机构依法对下级政府的国有资产监督管理工作进行指导和监督。

国有资产监督管理机构的主要职责包括：（1）依照《中华人民共和国公司法》等法律法规，对所出资企业履行出资人职责，维护所有者权益；（2）指导推进国有及国有控股企业的改革和重组；（3）依照规定向所出资企业派出监事会；（4）依照法定程序对所出资企业的企业负责人进行任免、考核，并根据考核结果对其进行奖惩；（5）通过统计、稽核等方式对企业国有资产的保值、增值情况进行监管；（6）履行出资人的其他职责和承办本级政府交办的其他事项。国务院国有资产监督管理机构除规定职责外，还可以制定企业国有资产监督管理的规章制度。

## 三、国有资产管理部门资产监管的内容

### （一）企业负责人管理

国有资产监督管理机构应当建立健全适应现代企业制度要求的企业负责人的选用机制和激励约束机制，依照有关规定，任免或者建议任免所出资企业的企业负责人：（1）任免国有独资企业的总经理、副总经理、总会计师及其他企业负责人；（2）任免国有独资公司

的董事长、副董事长、董事，并向其提出总经理、副总经理、总会计师等的任免建议；（3）依照公司章程，提出向国有控股公司派出的董事、监事人选，推荐国有控股公司的董事长、副董事长和监事会主席人选，并向其提出总经理、副总经理、总会计师人选的建议；（4）依照公司章程，提出向国有参股公司派出的董事、监事人选。

### （二）企业重大事项管理

国有资产监督管理机构对企业重大事项的管理，主要包括以下内容：

（1）国有资产监督管理机构负责指导国有及国有控股企业建立现代企业制度，审核批准其所出资企业中的国有独资企业、国有独资公司的重组、股份制改造方案和所出资企业中的国有独资公司的章程。

（2）国有资产监督管理机构依照法定程序决定其所出资企业中的国有独资企业、国有独资公司的分立、合并、破产、解散、增减资本、发行公司债券等重大事项。其中，重要的国有独资企业、国有独资公司分立、合并、破产、解散的，应当由国有资产监督管理机构审核后，报本级人民政府批准。

（3）国有资产监督管理机构依照法定程序审核、决定国防科技工业领域其所出资企业中的国有独资企业、国有独资公司的有关重大事项时，按照国家有关法律、规定执行。

（4）国有资产监督管理机构依照公司法的规定，派出股东代表、董事，参加国有控股公司，国有参股公司的股东会和董事会。

（5）国有控股公司、国有参股公司的股东会、董事会决定公司的分立、合并、破产、解散、增减资本、发行公司债券、任免企业负责人等重大事项时，国有资产监督管理机构派出的股东代表、董事，应当按照国有资产监督管理机构的指示发表意见，行使表决权。

（6）国有资产监督管理机构决定其所出资企业的国有股权转让。其中，转让全部国有股权或者转让部分国有股权致使国家不再拥有控股地位的，报本级人民政府批准。

（7）国有资产监督管理机构依照国家有关规定组织协调所出资企业中的国有独资企业、国有独资公司的兼并破产工作，并配合有关部门做好企业下岗职工安置等工作。

（8）国有资产监督管理机构依照国家有关规定拟订所出资企业收入分配制度改革的指导意见，调控所出资企业工资分配的总体水平。

（9）国有资产监督管理机构出资企业中的国有独资企业、国有独资公司经国务院批准，可以作为国务院规定的投资公司、控股公司，享有公司法第 12 条规定的权利；可以作为国家授权投资的机构，享有公司法第 20 条规定的权利。

（10）国有资产监督管理机构可以对所处资企业中具备条件的国有独资企业，国有独资公司进行国有资产授权经营。被授权的国有独资企业，国有独资公司对其全资，控股、参股企业中国家投资形成的国有资产依法进行经营、管理和监督。被授权的国有独资企业，国有独资公司应当建立和完善规范的现代企业制度，并承担企业国有资产的保值增值责任。

# 第三节 我国国有资产管理的内容

国有资产管理的目的，是实现国有资产的保值增值，是提高国有资产利用效率，实现政府宏观经济政策目标。国家凭借对资产的所有权来实现对国有资产占有、使用的管理，这种以资产所有权为基础的管理具有以下特点：所有者和资产经营者之间的关系是委托经营的契约关系，不具有超经济的强制性，因而必须建立起有效的所有权约束机制。通过对国有资产进行产权界定、登记，明确产权范围，从而确定各产权主体在国有资产管理方面的权利、责任和义务，可以说，国有资产产权管理就是国有资产管理活动的基础。

理清产权关系，界定好各产权主体的“权责利”之后，国有资产管理主要体现为国有资产运营的各环节各方面的管理活动，包括国有资产的投资经营管理、收益分配管理和产权处置管理。

## 一、国有资产的产权管理

### （一）国有资产产权的界定

国有资产产权是公共产权的一种制度安排，每个公民对全民所有的国有资产享有产权，但该产权不属于公民个人所有，必须以“集体”的身份享有，在实际生活中必须产生一个产权代表主体——国家，由国家代表全体公民行使产权主体职责。因此，在国有产权范围内，全体公民和国家之间存在着委托—代理关系。

我国法律规定的与国有财产所有权相关的产权主要有：经营权、使用权、承包经营权和采矿权。

国有资产产权界定涉及全民所有制企业、集体所有制企业、中外合资企业、股份制企业等，按照谁投资、谁所有、谁受益的原则以及国有资产的具体成因，国有资产所有权的归属可以从以下三方面来判定：第一，由国家原始投资形成的资产为国有资产；第二，由国家原始投资形成的资产增值，应为国有资产；第三，因国家优惠政策形成的资产，如税前还贷、税收减免等形成的资产，应根据情况判定是否应为国家投资。根据《国有资产产权界定和产权纠纷处理暂行办法》的规定，对国有企业、集体所有制企业、中外合资、中外合作经营企业、股份制企业和联营企业中的国有资产所有权进行界定，并按照资产的现行分级分工管理关系，由各级国有资产管理部门组织界定和纠纷处理。在国有资产关系上，政府和企业之间不是行政隶属关系，而是一种产权关系：一方拥有所有权，一方拥有企业范围内的资产支配权。同时，中央和地方政府在国有资产管理上也存在产权关系。

国有资产产权管理的核心在于产权界定问题，具体可以通过以下两个方面来理解：

一是所有权与经营相分离。国有企业如果有了充分的经营权，作为所有权人的国家对这部分已经设立了经营权的财产则退到出资人的地位。除重大人事任免、取得资本收益、审批企业产权变动和资产经营形式外，不能再对企业占有、使用的财产行使直接支配的权力。属于企业经营范畴的事，国家不再干预，从而使企业真正成为自主经营、自负盈亏、自我约束、自我发展的法人实体和市场竞争主体。企业的以上经营权受法律保护，任何部门、单位和个人不得干预和侵犯。但所有者不干预企业的经营权，同时经营者也不能侵蚀所有者的所有权。在经营权逐步落实的情况下，加强所有权的监管是十分必要的。现实中，国有资产所有权被侵蚀的现象十分严重，一些企业不提或少提折旧、少摊成本、虚报利润、多发奖金的现象屡禁不止。一些经营者以各种形式挥霍国家资财，购买豪华轿车，大肆进行公款消费；还有一些企业，未经所有者批准，擅自转让企业的产权，或者不经评估低价转让，造成国有资产的流失。所有这些现象，都是对所有者权益的侵害，是不能允许的。因此，在研究所有权与经营权关系时，必须兼顾所有权和经营权两个方面，不能片面强调所有权而干预经营权，也不能片面强调经营权而侵蚀所有权。

二是承包经营权依法受到保护。我国《民法通则》规定，公民、集体依法对集体所有或者国家所有由集体使用的土地的承包经营权，受法律保护。承包双方的权利和义务，依照法律由承包合同规定。公民、集体依法对集体所有或者国家所有由集体使用的森林、山岭，草原，荒地、滩涂、水面的承包经营权，受法律保护。承包双方的权利和义务，依照法律由承包合同规定。

### （二）国有资产产权管理的思路

国有资产监管机构作为政府直属特设机构，根据授权代表本级人民政府对监管企业依法履行出资人职责，贯彻政企分开的原则，专司国有资产监管，以管资本为主，重点管好国有资本布局、规范资本运作、提高资金回报、维护资本安全，更好地服务于国家战略目标，实现保值增值。监管部门的产权管理要在战略规划制定、资本运作模式、人员选用机制、经营业绩考核等方面实施更加精准有效的监管。综合考核资本运营质量、效率和收益，在经济增加值基础上，将转型升级、创新驱动、合规经营、履行社会责任等纳入考核指标体系。

国资监管要遵循市场机制，不干预企业自主经营权，对国有企业依据其功能定位（商业类和公益类）不同进行分类监管，推进公司制和股份制改革，使国有企业成为独立的市场竞争主体，积极引入其他国有资本或者各类非国有资本，以实现股权多元化；健全公司法人治理结构，国有企业在产权多元化基础上，应建立股东大会作为企业的最高权力机构，充分发挥董事会的决策作用及监事会的监督作用，形成股权结构多元、股东行为规范、内部有效监督、运行灵活高效的经营机制，由“政府控制为主”转变为“企业自治为基础”。在国有企业管理人员的报酬结构中引入反映企业价值增长的远期因素，使用股权和股票期权对企业管理人员进行激励，同时利用职业经理人市场的竞争机制，推进国有企业委托代理问题的解决。利用资本市场的股东监督职能，将国有出资人意志有效体现在公司治理结构中，建立健全国有企业的责任机制。按照事前规范制度、事中加强监控、事后强化问责的思路，运用法法治化、市场化的监管方式，改变行政化管理方式，提高监管效率。通过统一的信息公开网络平台，依法及时准确地披露国有资产的运营和监管情况。

### （三）国有资产产权交易

国有资产产权管理的基础包括：实施产权界定、开展产权登记、进行资产统计和组织清产核资，产权管理中还包括产权纠纷的调处和产权交易的管理，其中产权交易涉及国有资产产权的重新配置，是产权管理的关键环节。国有资产产权交易方式，包括国有企业购并、国有企业改组、股权转让、产权拍卖、企业承包租赁以及国有企业托管等。从程序上看，必须经出资人代表审批或授权，并经一定法定程序，由法定中介机构或政府委托机构进行。其产权交易对象既包括出资者所有权的转让，也包括法人财产权经营权的转让；既可以是国有资产整体产权的转让，也可以是部分产权权能的转让；既可以是国有产权主体之间的转让，也可以在国有产权主体和非国有产权主体之间进行转让。

**【财政视野】《国务院办公厅关于进一步完善国有企业法人治理结构的指导意见》（节选）**

## 二、国有资产的投资管理

国有资产的投资是指将国家的资金和财产投入到物质生产领域，进入商品和劳务生产经营过程的活动。国有资产的投资管理是指对投资主体的确认、资本金的筹集，投资规模和投资方向的确定以及对投资过程进行决策、规划、组织、协调、监督和控制等活动的总称。

### （一）授权管理

国有资产的投资管理能够奠定国民经济的物质技术基础，国有资本的投入规模和方向，直接影响着国有经济的发展速度和国有资产的运营效益。以提升国有资本运营效率、提高国有资本回报为目标，建立国有资本运营公司，通过价值管理和股权运作等方式，促进国有资本的有序进退，保证国有资产的保值增值。

按照国有资本布局结构调整要求，国有资本应当向涉及国计民生和国家安全的重要行业和关键领域集中，向重点基础设施和前瞻性战略产业集中，向能够提高国际竞争力的产业链关键环节和价值链高端领域集中。从服务国家战略、提升产业竞争力的目标出发，改组设立国有资本投资公司，通过开展投融资、产业培育和资本整合等方式，推动产业培育和转型升级，优化国有资本布局结构。政府授权国有资产监督管理机构依法对国有资本投资公司和国有资本运营公司履行出资人职责，明确对国有资本投资和运营公司的授权内容、范围和方式，依法落实其公司董事会职权。

作为市场化运作的专业平台，国有资本投资和运营公司对企业的投资以财务性持股为主，主要通过财务管控模式重点管好国有资本流动性和增值，并通过战略性核心业务控股，通过以战略目标和财务效益为主的管控模式，重点管好所出资企业执行公司战略和资本回报状况。

### （二）资金来源

从国有资产投资资金来源看，主要有以下四类：

一是财政预算拨款。财政预算拨款是在每年的财政预算中，根据国民经济和社会发展需要，安排一部分资金用于国有资产投资，是国有资产形成的主要渠道。

二是银行贷款。银行贷款是指国家独资、控股和参股的企业事业单位，凭借国有单位的信誉，或者以国有资产为抵押、担保，从商业银行取得贷款，进行投资和生产经营，在贷款偿还后形成国有资产。随着财政预算内国有资产投资比例的下降，银行贷款成为国有资产形成的重要来源之一。

三是自筹资金。包括地方财政自筹资金（财政预算外资金、上年财政结余、财政储备费等地方机动财力）、各主管部门的自筹资金（这部分成为国有资产投资特别是固定资产投资的重要渠道）以及企业事业单位的自筹资金（企业自筹资金包括企业盈余公积、折旧资金、资产处置收益等自由资金；事业单位自筹资金包括各种事业性收费、劳务收入、资产处置收入等）。

四是利用外资。国有企事业单位凭借国有经济单位信誉，或者由国家财政担保，以及以国有资产为担保，承担还本付息责任，以举借外债等方式进行的投资，是国有资产投资的主要补充。

## 三、国有资产的收益管理

国有资产收益是国家凭借国有资产所有权和占有使用权所应获得的投资回报的总称，包括经营利润、租金、股息、红利、资产占用费等收入形式。国有资产的收益管理是指对国有资产收益的所有权主体、占有使用权主体、监督管理权主体和经营执行权主体进行确认并将国有资产收益在国有资产所有者、占有使用者、监督管理者、经营执行者和生产者的利益主体之间进行合理分配而进行的组织、指挥、协调、监督和控制等活动的总称。

### （一）国有资产收益分配原则

我国国有资产收益的分配一般遵循以下原则：一是税利分流原则，即国家以社会管理者身份从国有企业取得税收，用于执行国家管理者的需要，作为国有资产所有者身份取得的利润，用于对国有资产的再投资；二是资本金与收益相匹配原则，这既是现代产权理论的基本原则，也是建立现代企业制度的内在要求；三是兼顾国家、企业、职工三者利益的原则。

股份经营企业根据公司法的规定，应在缴纳企业所得税、弥补亏损之后，按照净利润的10%提取法定公积金和5%提取法定公益金，直至法定盈余公积金达到注册资本的

50%时可以不再提取。中外合资企业根据合营企业法及其实施细则的规定，应当提取企业储备基金、职工奖励和职工福利基金、企业发展基金，其中储备基金的提取比例不得低于税收利润的10%，直至累计达到企业注册资本的50%之后可以不再提取；职工奖励和职工福利基金的提取比例由企业自定，企业的储备基金主要用于弥补亏损，企业发展基金主要用于扩大企业生产经营或按企业章程规定作为投资人的增资，剩余利润部分可以按照章程、投资合同或投资比例在各投资方之间进行分配。

### （二）国有资产收益上缴的形式

国有股份公司：国有股收益应当按照同股同利的原则，由国家持股单位及时足额收取并上缴国库；国有法人股收益由持股单位收取，计入企业利润总额。具体做法如下：国有企业整体改造为股份制有限公司的，国家股应分得的股利由国家持股单位收取并上缴；国有企业部分改制，在原国有企业的基础上成立集团公司，改建之后的股份有限责任公司由集团公司控股的，国有企业应分得的股利由集团公司收取，作为投资收益纳入集团公司的利润总额；国有企业部分改制分立两个独立法人，改制后的股份有限公司委托行业主管部门管理的，国家股应分得的股利由行业主管部门收取并上缴；国有企业部分改制，分离出来的企业发生的经营性亏损，在国家规定的期限内用税前利润弥补，发生的政策性亏损，经同级财政部门审批，可在一定期限内，按照企业隶属关系，由同级财政部门给予适当补贴，财政部门补贴亏损数不得大于分离出来的股份有限公司实际上缴国家的股利。

有限责任公司中国家应分得红利的上缴方式具体为：第一，国有独资公司中国家应分得的红利由国家授权投资的机构或部门收缴；第二，新设立的有限责任公司公司，国家直接投资应分得的红利由投资单位收缴；第三，在原国有企业基础上吸收其他单位投资组建的有限责任公司应上缴国家的红利，由原国有企业的产权持有单位收缴。

各级政府授权的投资部门或机构，以国家资产投资取得的国有资产收益，由投资部门或机构就地上缴，也可由被投资单位直接上缴；其他非国有企业占有国有资产应上缴的收益由投资部门或单位直接上缴；各级主管部门使用国家拨款或各类建设基金进行投资的，其分回的税后利润、股息、红利收入由各级主管部门直接上缴。

## 四、国有资产的处置管理

国有资产处置管理是指对国有资产所有权和国有资产占有使用权进行处置以及对国有资产形态变化等经营处置和技术处置所进行的组织指挥、协调、监督和控制等活动的总称。国有资产处置按其内容可分为产权处置和经营性处置两类。产权处置是指对国有资产的管理权、经营权的处置，国家通过行政授权委托特定的管理主体和经营主体，对国有资产行使所有者赋予的管理权和经营权；经营性处置是国有资产经营者为提高国有资产经营效益，对国家授予其经营的国有资产进行配置、重组、处理等具体的支配活动。

国有资产处置管理的内容包括：一是为了优化产业结构，促进国有资产所有权和占有使用权的转移，使生产要素重新组合进而实现产业结构的调整；二是建立竞争机制，企业破产、拍卖兼并是市场竞争的结果，国有产权的流动有助于使企业感到市场竞争的压力，促使企业加强经营管理，提高经济效益；三是提高资产质量，企业要提高经济效益，必须保证资产处于完整高效运转状态，因此技术改造、维修养护、充分利用资产是国有资产处置管理的重要内容。

国有资产处置引起的企业国有产权转让，应当在依法设立的产权交易机构中公开进行，不受地区、行业、出资或者隶属关系的限制。企业国有产权转让可以采取拍卖、招投标、协议转让以及国家法律、行政法规规定的其他方式进行。企业国有产权转让，应按照内部决策程序进行审议，并形成书面决议；转让方应当组织转让标的企业按照有关规定开展清产核资，并编制资产负债表和资产移交清册，委托会计师事务所实施全面审计（包括对转让标的企业法定代表人的离任审计）；转让所出资企业国有产权导致转让方不再拥有控股地位的，由同级国有资产监督管理机构组织进行清产核资；受让方的资质、商业信誉、经营情况、财务状况等需符合必要受让条件，受让方为外国及我国港澳台地区的法人、自然人或者其他组织的，受让企业国有产权应当符合国务院公布的《指导外商投资方向规定》及其他有关规定。

国有资产监督管理机构决定所出资企业的国有产权转让，转让企业国有产权致使国家不再拥有控股地位的，应当报本级人民政府批准；所出资企业决定其公司的国有产权转让，其中重要子企业的重大国有产权转让事项，应当报同级国有资产监督管理机构会签财政部门后批准，涉及政府社会公共管理审批事项的，需预先报经政府有关部门审批；转让企业国有产权涉及上市公司国有股性质变化或者实际控制权转移的，应当同时遵守国家法律、行政法规和相关监管部门的规定。

【财政视野】宋志平谈国企改革（节选）

【财政视野】中核集团——借力重组促压减 以“退”为“进”强主业

## 第四节　我国国有资产管理的发展实践①

2019 年 4 月，全国人大常委会通过了《十三届全国人大常委会贯彻落实〈中共中央关于建立国务院向全国人大常委会报告国有资产管理情况制度的意见〉五年规划

① 本节数据来源于财政部网站。

（2018－2022）》，该规划紧扣“全面规范、公开透明、监督有力”目标，并明确指出将经过5年努力，全面摸清国有资产家底，理清国有资产管理体制机制，建立健全国有资产管理情况报告和监督制度，为向全国人民交出国有资产“明白账”“放心账”奠定坚实基础。

## 一、我国国有资产管理现状

国有资产管理从“管理国有企业”转向“管理国有资本”，国有资产管理情况报告把国有资产分为四类，分别采用数额计量与现状登记的方式反映国有资产家底。对企业国有资产、金融企业国有资产、行政事业性国有资产、国有自然资源等四类国有资产采取数额计量与现状登记的方式进行编制。

### （一）企业国有资产（不含金融企业）

由国务院授权国家国有资产监督管理委员会履行出资人职责，监管国有资产，确保国有资产保值增值。

2018年，中央国有企业资产总额80.8万亿元、负债总额54.7万亿元、国有资本权益总额16.7万亿元，平均资产负债率67.7%。中央企业境外资产总额达7.6万亿元。

2018年，地方国有企业资产总额129.6万亿元、负债总额80.3万亿元、国有资本权益总额42.0万亿元，平均资产负债率62.0%。

汇总中央和地方情况，2018年，全国国有企业资产总额210.4万亿元、负债总额135.0万亿元、国有资本权益总额58.7万亿元。

### （二）金融企业国有资产

我国的金融类资产管理机构尚未建成统一的国资委性质机构，管理比较分散，主要由以下几个机构实施管理职责。

1. 国家外汇管理局

国家外汇管理局承担国家外汇储备、黄金储备和其他外汇资产经营管理的责任；负责国际收支、对外债权债务的统计和监测，承担跨境资金流动监测的有关工作；负责依法监督检查经常项目外汇收支的真实性、合法性；负责依法实施资本项目外汇管理，并根据人民币资本项目可兑换进程不断完善管理工作；规范境内外外汇账户管理。

2. 中央汇金投资有限责任公司和中国投资有限公司

中央汇金投资有限责任公司（以下简称汇金公司），2003年12月注册成立，通过向各大商业银行注资和购入各大商业银行股票实现对各大商业银行的持股管理，根据国务院授权，对国有重点金融企业进行股权投资，以出资额为限代表国家依法对国有重点金融企业行使出资人权利和履行出资人义务，实现国有金融资产保值增值，被认为是以股权代替监督管理金融类企业国有资产的“金融国资委”。中央汇金不开展其他任何商业性经营活动，不干预其控参股的国有重点金融企业的日常经营活动。

截至2018年底，中央汇金公司管理的国有金融资本为4.3万亿元，直接持有17家金融机构股权，控参股机构资产总额118万亿元。2018年末，11家上市控参股机构总市值6.1万亿元，中央汇金公司所持股票总市值2.8万亿元。

中国投资有限公司（以下简称中投公司）2007年9月成立，是由国务院批准设立的国有大型投资公司。该公司的资金来源于中国的国家外汇储备，成立初期的注册资本金为2 000亿美元，是全球最大的主权财富基金之一，该公司成立后，汇金公司变更为中投公司的全资子公司。中投公司下设三个子公司，分别是中投国际有限责任公司（以下简称中投国际）、中投海外直接投资有限责任公司（以下简称中投海外）和中央汇金投资有限责任公司（以下简称中央汇金）。

2018年，全国国有金融企业资产总额264.3万亿元，负债总额237.8万亿元，形成国有资产17.2万亿元。

3. 全国社会保障基金理事会

2000年建立的“全国社会保障基金”是由“全国社会保障基金理事会”负责管理运营，该基金是中央政府集中的社会保障资金，主要用于弥补人口老龄化高峰时期的社会保障需要，其资金来源包括：中央财政预算拨款、国有股减持划入资金、经国务院批准的以其他方式筹集的资金、投资收益、股权资产，是国家重要的战略储备。

2018年末，社保基金资产总额22 353.78亿元。其中，直接投资资产9 915.40亿元，占社保基金资产总额的44.36%；委托投资资产12 438.38亿元，占社保基金资产总额的55.64%；境内投资资产20 610.18亿元，占社保基金资产总额的92.20%；境外投资资产1 743.60亿元，占社保基金资产总额的7.80%。

2018年末，社保基金负债余额1 780.22亿元，主要是社保基金在投资运营中形成的短期负债。2018年末，社保基金权益总额为20 573.56亿元，包括全国社保基金权益18 104.55亿元，其中，累计财政性净拨入9 130.89亿元，累计投资增值8 973.66亿元（其中累计投资收益8 431.06亿元，基金公积和报表折算差额合计542.60亿元）。个人账户基金权益1 321.33亿元，其中，委托本金余额861.52亿元，累计投资收益余额459.81亿元。

地方委托资金权益1 147.68亿元，其中，委托本金余额1 000亿元，累计投资收益余额147.68亿元。

2017年11月，《划转部分国有资本充实社保基金实施方案》出台，具体明确划转对象为中央和地方国有及国有控股大中型企业、金融机构，划转比例统一为企业国有股权的10%，并明确要在2020年底前基本完成划转工作。

2018年，财政性拨入全国社保基金资金573.77亿元，其中，中央财政预算拨款200亿元、彩票公益金358.45亿元、国有股减持资金15.32亿元。扣除实业投资项目上市时社保基金会作为国有股东履行减持义务而减少国有股份0.06亿元，2018年度财政性净拨入全国社保基金累计573.71亿元。

截至2018年末，财政性拨入全国社保基金资金和股份累计9 151.57亿元，其中，中央财政预算拨款3 298.36亿元、国有股减转持资金和股份2 843.07亿元（减持资金970.95亿元、境内转持股票1 028.57亿元、境外转持股票843.55亿元）、彩票公益金3 010.14亿元。扣除实业投资项目上市时社保基金会作为国有股东履行减持义务累计减少国有股13.88亿元，以及用于四川地震灾区工伤保险金补助财政调回6.80亿元，财政性净拨入全国社保基金累计9 130.89亿元。

### （三）行政事业性国有资产

2018年，中央行政事业性国有资产总额4.7万亿元，负债总额1.0万亿元，净资产3.7万亿元。其中，行政单位资产总额0.8万亿元、事业单位资产总额3.9万亿元。

2018年，地方行政事业性国有资产总额28.8万亿元，负债总额8.9万亿元，净资产19.9万亿元。其中，行政单位资产总额9.3万亿元、事业单位资产总额19.5万亿元。

汇总中央和地方情况，2018年，全国行政事业性国有资产总额33.5万亿元，负债总额9.9万亿元，净资产23.6万亿元。其中，行政单位资产总额10.1万亿元、事业单位资产总额23.4万亿元。

### （四）国有自然资源

自然资源部主要履行全民所有土地、矿产、森林、草原、湿地、水、海洋等自然资源资产所有者职责和所有国土空间用途管制职责；落实中央关于统一行使全民所有自然资源资产所有者职责，统一行使所有国土空间用途管制和生态保护修复职责的要求，强化顶层设计，发挥国土空间规划的管控作用，为保护和合理开发利用自然资源提供科学指引；进一步加强自然资源的保护和合理开发利用，建立健全源头保护和全过程修复治理相结合的工作机制，实现整体保护、系统修复、综合治理；创新激励约束并举的制度措施，推进自然资源节约集约利用。

2018年，全国国有土地总面积50 552.7万公顷、国有森林面积8 436.6万公顷、全国水资源总量27 462.5亿立方米、内水和领海面积38万平方千米、天然气剩余技术可采储量5.5万亿立方米。全国国有建设用地供应总量64.3万公顷，比上年增长6.6%。其中，工矿仓储用地13.2万公顷，增长7.2%；房地产用地14.4万公顷，增长24.6%；基础设施等用地36.8万公顷，增长0.7%。

全国土地利用数据预报结果显示，截至2016年末，全国耕地面积为13 495.66万公顷（20.24亿亩），2015年全国因建设占用、灾毁、生态退耕、农业结构调整等原因减少耕地面积33.65万公顷，通过土地整治、农业结构调整等增加耕地面积29.30万公顷，年内净减少耕地面积4.35万公顷；全国建设用地总面积为3 906.82万公顷，新增建设用地51.97万公顷。

## 二、我国国有资本布局与国有企业经营状况

### （一）国有资本布局

国有资本需要把握国民经济命脉，保卫国家安全和保障国计民生。国家安全具体包括能源安全、粮食安全和信息安全等。国有资本的行业布局主要体现为国有资本在各个行业和领域的投入数量比例，以国家统计局发布的各行业实收国家资本金统计数据作为

参考标准。

国家统计局所公布数据中的国有企业是指尚未实行公司制的国家全额出资企业，从表14－1可以看出，随着国有企业的改革，在这类企业中的国有资本占比已从2008年的43.5%降至2017年的18.11%；实行现代企业制度的有限责任公司和股份有限公司中的国有资本比重从2008年合计的49.9%逐步增至2017年的87.78%，这10年间实行现代企业制度中的国有资本比重上升情况，体现出这些年国有企业改革的进展；国有资本在集体企业、联营企业、私营企业和股份合作企业中的投入很小，不到总额的1%；国有资本在港澳台商投资企业和外资企业中的比例一直稳定在2%～5%。而图14－1也反映出国有工业企业资产占比同样出现了明显的下降趋势，国有独资公司资产占比稳定在10%左右。

**表14－1 2008～2017年国有资本在不同类型企业的分布**

单位：%

| 企业类型 | 2008年 | 2009年 | 2010年 | 2011年 | 2012年 | 2013年 | 2014年 | 2015年 | 2016年 | 2017年 |
|---|---|---|---|---|---|---|---|---|---|---|
| 轻工业企业 | 8.72 | 9.52 | 9.93 | 9.58 | 8.15 | 8.16 | 7.84 | 6.58 | 6.75 | 5.91 |
| 重工业企业 | 91.28 | 90.48 | 90.07 | 90.42 | 91.85 | 91.84 | 92.16 | 93.42 | 93.25 | 94.09 |
| 大型企业 | 52.40 | 55.53 | 53.24 | 71.18 | 67.02 | 66.69 | 65.80 | 64.33 | 65.8 | 51.72 |
| 中型企业 | 37.37 | 33.47 | 35.49 | 19.05 | 21.38 | 19.07 | 19.04 | 17.82 | 17.14 | 35.18 |
| 小型企业 | 10.23 | 11.00 | 11.27 | 9.77 | 11.60 | 14.24 | 15.16 | 17.85 | 20.26 | 13.10 |
| 国有企业 | 43.50 | 35.94 | 40.15 | 35.01 | 34.13 | 20.00 | 17.80 | 24.82 | 26.37 | 18.11 |
| 集体企业 | 0.06 | 0.06 | 0.07 | 0.04 | 0.05 | 0.02 | 0.23 | 0.01 | 0.01 | 0 |
| 股份合作企业 | 0.11 | 0.16 | 0.11 | 0.11 | 0.20 | 0.01 | 0 | 0.01 | 0.00 | 0 |
| 联营企业 | 0.30 | 0.18 | 0.17 | 0.20 | 0.19 | 0.03 | 0.04 | 0.03 | 0.01 | 0.01 |
| 有限责任公司 | 27.48 | 32.39 | 34.54 | 31.35 | 31.39 | 47.44 | 50.37 | 48.66 | 50.96 | 63.78 |
| 国有独资公司 | 14.92 | 15.94 | 15.78 | 14.89 | 14.08 | 20.96 | 20.94 | 21.64 | 21.44 | 19.81 |
| 股份有限公司 | 22.42 | 24.13 | 17.58 | 26.26 | 26.23 | 24.71 | 24.06 | 18.45 | 17.07 | 13.15 |
| 私营企业 | 0.22 | 0.34 | 0.43 | 0.39 | 0.45 | 0.43 | 0.45 | 2.89 | 0.36 | 0.39 |
| 港澳台企业 | 1.75 | 1.63 | 1.57 | 1.38 | 1.60 | 1.84 | 2.07 | 1.75 | 1.61 | 1.55 |
| 外商投资企业 | 4.13 | 5.12 | 5.32 | 5.01 | 5.20 | 5.39 | 4.80 | 3.34 | 3.60 | 3.00 |

资料来源：根据国家统计局网站数据整理。

表14－2反映出我国各行业中国家资本的分布情况，国有资产投资主要有以下几个方面：基础产业、基础设施、高新技术产业等新兴产业风险投资、环境保护投资和国防工业。2012年以来，中国国有资本战略性布局和结构不断优化，国有资本集中在关键领域，逐步退出竞争性领域的趋势正在形成，但是国有经济在很多行业领域的渗透力和影响力还很大。我国国有经济在能源投资中的占比情况，在石油和天然气开采业、电力蒸汽热水生产供应业、能源工业领域国有资本具有较强控制地位。

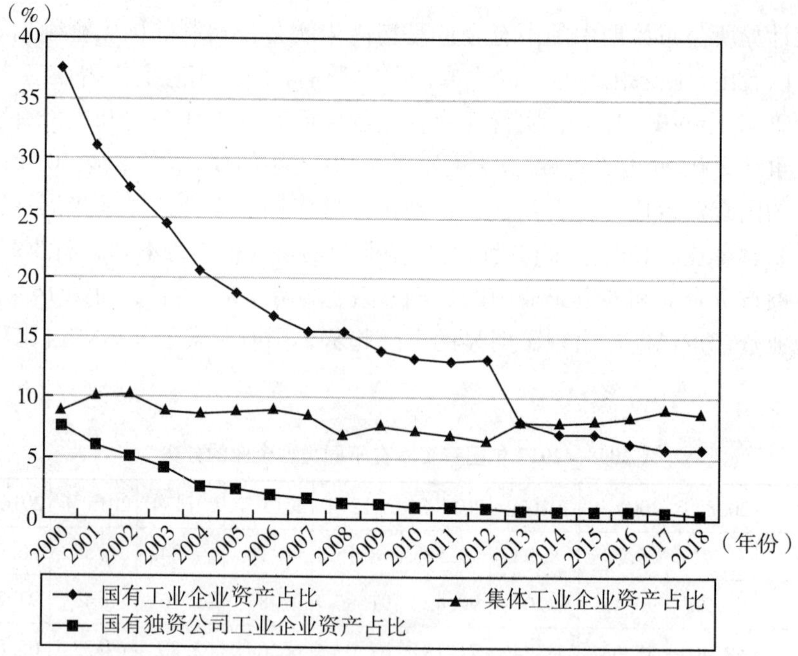


**图 14-1　按登记注册类型分规模以上工业企业资产占比情况**

资料来源：根据国家统计局网站数据整理。

**表 14-2　　2012～2017 年国有资本金行业分布情况**　　单位：亿元

| 分行业国家资本金 | 2017 年 | 2016 年 | 2015 年 | 2014 年 | 2013 年 | 2012 年 |
|---|---|---|---|---|---|---|
| 国有控股工业企业 | 77 448.26 | 56 310.84 | 49 737.34 | 37 857.17 | 33 129.26 | 27 852.15 |
| 电力、热力生产和供应业国有控股工业企业 | 42 621.69 | 24 766.25 | 19 945.70 | 11 157.20 | 9 974.40 | 7 866.10 |
| 石油和天然气开采业国有控股工业企业 | 4 126.69 | 4 335.75 | 4 200.92 | 4 898.36 | 4 482.51 | 3 705.68 |
| 黑色金属冶炼和压延加工业国有控股工业企业 | 3 070.99 | 2 804.04 | 2 639.03 | 2 210.45 | 1 726.34 | 1 592.09 |
| 煤炭开采和洗选业国有控股工业企业 | 2 856.89 | 2 866.33 | 3 431.71 | 2 503.57 | 2 241.24 | 1 868.41 |
| 化学原料和化学制品制造业国有控股工业企业 | 2 814.25 | 2 329.93 | 1 965.52 | 1 859.07 | 1 682.09 | 1 228.42 |
| 石油加工、炼焦和核燃料加工业国有控股工业企业 | 2 798.03 | 2 524.81 | 2 553.58 | 2 307.69 | 1 980.16 | 2 099.04 |
| 铁路、船舶、航空航天和其他运输设备国有控股工业企业 | 1 941.03 | 1 745.84 | 1 557.61 | 1 282.38 | 1 039.32 | 670.00 |

续表

| 分行业国家资本金 | 2017 年 | 2016 年 | 2015 年 | 2014 年 | 2013 年 | 2012 年 |
|---|---|---|---|---|---|---|
| 水的生产和供应业国有控股工业企业 | 1 906.49 | 1 317.18 | 1 286.54 | 1 194.96 | 1 079.54 | 988.97 |
| 燃气生产和供应业国有控股工业企业 | 1 821.46 | 1 329.06 | 751.59 | 413.91 | 306.72 | 216.59 |
| 有色金属冶炼和压延加工业国有控股工业企业 | 1 764.89 | 1 539.93 | 1 450.35 | 1 334.42 | 1 183.44 | 983.64 |
| 汽车制造业国有控股工业企业 | 1 588.28 | 1 465.63 | 1 194.46 | 1 086.98 | 975.7 | 772.00 |
| 非金属矿物制品业国有控股工业企业 | 1 127.41 | 983.92 | 887.25 | 857.04 | 660.24 | 502.76 |
| 计算机、通信和其他电子设备制造业国有控股工业企业 | 1 036.49 | 1 091.27 | 969.38 | 917.47 | 588.1 | 1 218.58 |
| 专用设备制造业国有控股工业企业 | 963.47 | 804.46 | 977.9 | 687.41 | 688.38 | 388.41 |
| 通用设备制造业国有控股工业企业 | 804.05 | 611.07 | 609.42 | 558.53 | 456.45 | 365.42 |
| 黑色金属矿采选业国有控股工业企业 | 797.33 | 738.69 | 766.66 | 779.31 | 651.73 | 647.94 |
| 电气机械和器材制造业国有控股工业企业 | 777.53 | 604.35 | 578.06 | 480.15 | 433.05 | 320.74 |
| 烟草制品业国有控股工业企业 | 676.92 | 661.91 | 497.51 | 344.95 | 373.61 | 240.95 |
| 开采辅助活动国有控股工业企业 | 598.18 | 799.39 | 851.09 | 570.99 | 527.87 | 433.55 |
| 金属制品业国有控股工业企业 | 592.70 | 456.49 | 407.15 | 389.06 | 331.95 | 311.73 |
| 有色金属矿采选业国有控股工业企业 | 307.84 | 257.80 | 214.53 | 213.47 | 162.21 | 145.41 |
| 医药制造业国有控股工业企业 | 301.76 | 317.36 | 284.13 | 203.69 | 242.97 | 189.25 |

续表

| 分行业国家资本金 | 2017 年 | 2016 年 | 2015 年 | 2014 年 | 2013 年 | 2012 年 |
|---|---|---|---|---|---|---|
| 酒、饮料和精制茶制造业国有控股工业企业 | 262.29 | 166.34 | 211.17 | 314.5 | 158.71 | 145.63 |
| 橡胶和塑料制品业国有控股工业企业 | 205.27 | 187.70 | 157.07 | 127.55 | 104.38 | 72.69 |
| 农副食品加工业国有控股工业企业 | 200.21 | 247.89 | 193.97 | 139.44 | 130.2 | 91.85 |
| 金属制品、机械和设备修理业国有控股工业企业 | 198.37 | 205.37 | 170.16 | 119.93 | 117.67 | 102.26 |
| 其他制造业国有控股工业企业 | 1 062.16 | 935.33 | 784.23 | 710.15 | 633.82 | 539.45 |
| 非金属矿采选业国有控股工业企业 | 95.07 | 108.81 | 107.19 | 104.16 | 111.71 | 90.69 |

注：其他制造业包括造纸和纸制品业、化学纤维制造业、仪器仪表制造业、印刷和记录媒介复制业、食品制造业、纺织业等。

资料来源：根据国家统计局网站数据整理。

### （二）国有企业经营状况

国有资本收益的源泉是国有企业的营业利润，因而国有企业总体的利润水平和营业收入情况是评价国有资本收益情况的重要参考指标，2013～2018 年，国资监管系统企业资产总额从85.4 万亿元增长到180.7 万亿元，营业收入从42 万亿元增长到55.4 万亿元，利润总额从2.2 万亿元增长到3.4 万亿元，年均增速分别达 16.2%、5.7%、9.3%。近 10 年来，全国国有企业的年均利润为 5.96%，其中中央企业的平均利润增幅为 5.06%、地方国有企业的平均利润增幅为 7.98%，波动幅度较大，2017 年与 2018 年度增幅较为显著，从表 14－3 可以看出相对于中央企业，地方国有企业的利润振幅较大，反映地方国有企业的经营缺乏稳健性。与利润指标相比，营业收入指标更多地反映企业的生产规模状况。从表 14－4 和表 14－5 数据上看，国有企业营业收入的平均增幅总体上与国民收入增幅相当，结合同阶段的宏观经济运行数据来看，国有企业的运营具有较明显的顺周期特点；国有企业净资产收益率低于同期 GDP 的增幅，说明在此收益水平下国有经济在整个国民经济中的比重将会下降，国有资本的收益水平有待提高。另外，相较而言，在总资产规模接近的情况下，中央企业的营业收入和利润更高，中央企业净资产收益率一直高于同期 GDP 的增幅，也表明央企在巩固和发展，但地方国有企业的净资产收益率明显低于同期 GDP 的增幅，且总资产报酬率过低。

表 14－3　　2011～2018 年国有及国有控股企业利润总额

| 年份 | 全国（亿元） | 增幅（%） | 中央企业（亿元） | 增幅（%） | 地方国有企业（亿元） | 增幅（%） |
|---|---|---|---|---|---|---|
| 2011 | 22 556.8 | 12.8 | 15 023.2 | 11.5 | 7 533.6 | 15.6 |
| 2012 | 21 959.6 | －5.8 | 15 045.4 | －0.4 | 6 914.2 | －15.8 |
| 2013 | 24 050.5 | 5.9 | 16 652.8 | 7.4 | 7 397.7 | 2.7 |
| 2014 | 24 765.4 | 3.4 | 17 280.2 | 3.6 | 7 485.2 | 2.8 |
| 2015 | 23 027.5 | －6.7 | 16 148.9 | －5.6 | 6 878.6 | －9.1 |
| 2016 | 23 157.8 | 1.7 | 15 259.1 | －4.7 | 7 898.7 | 16.9 |
| 2017 | 28 985.9 | 23.5 | 17 757.2 | 16.0 | 11 228.7 | 37.6 |
| 2018 | 33 877.7 | 12.9 | 20 399.1 | 12.7 | 13 478.6 | 13.2 |

资料来源：财政部网站。

表 14－4　　2008～2018 年国有及国有控股企业营业总收入

| 年份 | 全国（亿元） | 增幅（%） | 中央企业（亿元） | 增幅（%） | 地方国有企业（亿元） | 增幅（%） | 国民收入增幅（%） |
|---|---|---|---|---|---|---|---|
| 2008 | 210 502.3 | 17.8 | — | — | — | — | 18.2 |
| 2009 | 225 087.3 | 5.9 | 143 455.9 | 6.5 | 81 631.4 | 4.8 | 9.1 |
| 2010 | 303 253.7 | 31.1 | 191 981.7 | 30.1 | 111 272.0 | 33.0 | 18.3 |
| 2011 | 367 855.0 | 21.5 | 231 756.1 | 20.9 | 136 098.9 | 22.7 | 18.4 |
| 2012 | 423 769.6 | 11.0 | 260 558.5 | 10.5 | 163 211.1 | 11.6 | 10.3 |
| 2013 | 464 749.2 | 10.1 | 284 407.1 | 8.8 | 180 342.1 | 12.3 | 10.1 |
| 2014 | 480 636.4 | 4.0 | 293 790.3 | 3.1 | 186 846.1 | 5.5 | 8.1 |
| 2015 | 454 704.1 | －5.4 | 271 694.0 | －7.5 | 183 010.1 | －2.3 | 6.7 |
| 2016 | 458 978.0 | 2.6 | 276 783.6 | 2.0 | 182 194.4 | 3.5 | 6.9 |
| 2017 | 522 014.9 | 13.6 | 308 178.6 | 12.5 | 213 836.3 | 15.2 | — |
| 2018 | 587 500.7 | 10.0 | 338 781.8 | 9.8 | 248 718.9 | 10.4 | — |

资料来源：财政部网站。

表 14－5　　2013～2016 年国有及国有控股企业净资产收益率　　单位：%

| 年份 | 全国 | 中央企业 | 地方国有企业 |
|---|---|---|---|
| 2013 | 7.57 | 10.05 | 4.86 |
| 2014 | 6.96 | 9.37 | 4.37 |
| 2015 | 5.74 | 7.85 | 3.52 |
| 2016 | 5.18 | 6.99 | 3.46 |

资料来源：根据财政部网站数据计算所得。

2019 年 1 ~ 11 月，全国国有及国有控股企业利润总额 31 981.0 亿元，同比增长 5.3%。其中，中央企业 20 931.2 亿元，同比增长 7.7%；地方国有企业 11 049.8 亿元，同比增长 1.0%。2019 年前 11 个月，全国国有及国有控股企业主要经济指标继续保持增长态势，应交税费继续下降：国有企业营业总收入 557 455.3 亿元，同比增长 6.4%。其中，中央企业 321 649.1 亿元，同比增长 5.3%；地方国有企业 235 806.2 亿元，同比增长 7.9%。营业总成本方面，2019 年前 11 个月，国有企业营业总成本 539 858.3 亿元，同比增长 6.6%。其中，中央企业 307 340.1 亿元，同比增长 5.4%；地方国有企业 232 518.2 亿元，同比增长 8.2%。数据还显示，国有企业应交税费 41 297.4 亿元，同比下降 0.4%；国有企业成本费用利润率 6.0%，下降 0.1 个百分点；国有企业资产负债水平继续下降，截至 2019 年 11 月末，国有企业资产负债率为 64.4%，下降 0.1 个百分点。其中，中央企业为 67.6%，与上年同期持平；地方国有企业为 62.0%，增长 0.1 个百分点。

从表 14 -6 数据可以看出，2012 ~ 2018 年，规模以上国有企业工业增加值呈现明显的周期变化。2018 年全部工业增加值 305 160 亿元，比上年增长 6.1%。在规模以上工业中，分经济类型看，国有控股企业增加值增长 6.2%、股份制企业增长 6.6%、外商及港澳台商投资企业增长 4.8%、私营企业增长 6.2%。分门类看，采矿业增长 2.3%，制造业增长 6.5%，电力、热力、燃气及水生产和供应业增长 9.9%。

**表 14 -6　2012 ~ 2018 年规模以上工业企业工业增加值增长速度**　单位：%

| 指标 | 2012 年 | 2013 年 | 2014 年 | 2015 年 | 2016 年 | 2017 年 | 2018 年 |
|---|---|---|---|---|---|---|---|
| 工业增加值 | 10.0 | 9.7 | 8.3 | 6.1 | 6.0 | 6.6 | 6.1 |
| 国有及国有企业 | 6.4 | 6.9 | 4.9 | 1.4 | 2.0 | 6.5 | 6.2 |
| 集体企业 | 7.1 | 4.3 | 1.7 | 1.2 | -1.3 | 0.6 | — |
| 股份合作企业 | 6.5 | 6.9 | 7.2 | 4.6 | 6.2 | -4.6 | 1.0 |
| 股份制企业 | 11.8 | 11.0 | 9.7 | 7.3 | 6.9 | 6.6 | 6.6 |
| 外商及港澳台投资企业 | 6.3 | 8.3 | 6.3 | 3.7 | 4.5 | 6.9 | 4.8 |
| 私营企业 | 14.6 | 12.4 | 10.2 | 8.6 | 7.5 | 5.9 | 6.2 |
| 在总计中： | | | | | | | |
| 采矿业 | — | 6.4 | 4.5 | 2.7 | -1.0 | -1.5 | 2.3 |
| 制造业 | — | 10.5 | 9.4 | 7.0 | 6.8 | 7.2 | 6.5 |
| 电力、热力、燃气及水生产和供应业 | — | 6.8 | 3.2 | 1.4 | 5.5 | 8.1 | 9.9 |

注：(1) 本表按可比价格算。(2) 2011 年起，规模以上工业的统计范围为年主营业务收入 2 000 万元以上的工业企业，之前为年主营业务收入 500 万元以上的工业企业。(3) 根据《国民经济行业分类》(GB/T 4754 -2011)，从 2013 年开始工业行业不再使用“轻工业”“重工业”分类，而以采矿业、制造业、电力、热力、燃气及水生产和供应业的标准行业分类代替。

资料来源：根据国家统计局网站数据整理。

### （三）国有企业改革探索

我国的国有企业根据国有资产监管主体可以分为由中央政府即国务院监督管理的中央企业和由地方政府监督管理的地方国有企业。中央企业在国家社会经济发展过程中承担着特殊责任，分布在关系国家安全、国民经济命脉的重要行业和关键领域。其中，包括提供公共产品的国有企业、提供自然垄断产品的国有企业，以及在一般竞争领域的特大型国有企业，如表 14－7 所示。

表 14－7　　关键领域和重点行业内的中央企业

| 行业类型 | 企　业 |
|---|---|
| 战略物资 | 中储粮总公司 |
| 特殊功能 | 中国国新、国家电网和南方电网 |
| 国防军工 | 十大军工企业（中航科技、中航科工、中航工业、中船重工、中船工业、兵器工业集团、兵器装备集团、中核工业、中核建设、电子科技集团）和中国商飞公司 |
| 石油电力 | 三大石油公司（中石油、中石化、中海油）、国家电力投资集团、中广核集团和六大电力公司（国家电网、南方电网、华能集团、华电集团、大唐集团和国电集团） |
| 通信 | 中国电信、中国联通和中国移动 |
| 航运 | 三大航空公司（国航、东航和南航）和中远海运 |
| 其他 | 中盐公司、中粮集团 |

资料来源：国资委网站。

截至 2018 年底，中央国有资本经营预算累计分别投入 179 亿元和 230 亿元，支持钢铁、煤炭企业化解过剩产能和僵尸特困企业安置职工；同时，中央国有资本经营预算当年投入 334 亿元，支持国有企业技术创新和高质量发展。目前 2/3 的中央企业引进了各类社会资本，半数以上国有资本集中在公众化的上市公司，混改成为国有企业改革重要突破口。

国务院国资委出台《国有资本投资、运营公司改革试点实施意见》，以及《加强国有企业资产负债约束指导意见》等文件；改革国有企业工资决定机制；出台出资人监管权力和责任清单，探索开展总审计师试点；探索开展中央企业集团层面股权多元化改革。2013～2018 年实施混合所有制改革（以下简称混改）的中央企业子企业中，混改后实现利润增长的企业超过七成，重要领域的混改试点正在稳步推进。

10 家中央企业和 171 家省属一级企业开展了国有控股混合所有制企业员工持股试点，发挥了激活机制、留住人才的作用。混改企业积极推进市场化选人用人、完善激励约束机制，提升发展质量和效益，更多灵活高效的市场化经营机制也正在加快建立。中央企业以落实“一带一路”倡议为契机，加大“走出去”力度，积极清理无效库存，提高资金管理水平和利用效率。数据显示，2019 年 1～8 月，中央企业累计实现营业收入 19.4 万亿元，同比增长 5.4%；累计实现净利润 9 431.9 亿元，同比增长 6.9%；完成固定资产投资1.4万亿元，同比增长9.8%，为落实“六稳”任务、促进国民经济健康发展作出了重要贡献；45家中央企业控股的91户上市公司实施了股权激励，实施股权激励一年以上的企业营业收入年均增长率达到16.7%；24家中央企业所属科技型子企业的104个激励方案经集团公司审批后正在实施，激励对象人均收入增幅达到14.9%。

【财政视野】混合所有制改革研究：转变体制机制的对策分析（节选）

## 三、国有资本经营预算情况与收益分配情况

### （一）国有资本经营预算的有关规定

根据国务院发布的《关于试行国有资本经营预算的意见》和《中央国有资本经营预算暂行办法》的有关规定，国有资本经营预算的收入范围包括：（1）国有独资企业按规定上缴国家的利润；（2）国有控股、参股企业国有股权（股份）获得的股息、股利；（3）企业国有产权（含国有股份）转让收入；（4）国有独资企业清算收入以及国有控股、参股企业国有股权（股份）分享的公司清算收入（扣除清算费用）；（5）其他收入。

国有资本经营预算的支出范围包括：（1）资本性支出，即根据产业发展规划、国有经济布局和结构调整、国有企业发展要求，以及国家战略、安全等需要，安排的资本性支出；（2）费用性支出，即用于弥补国有企业改革成本等方面的费用性支出；（3）其他支出，具体支出范围依据国家宏观经济政策以及不同时期国有企业改革和发展的任务，统筹安排确定，包括划转国有资本用于社会保障等。

2018年，全国国有资本经营预算收入2 900亿元，同比增长9.8%；预算支出2 159亿元，同比增长6.7%。其中，中央国有资本经营预算收入和支出分别为1 325亿元和1 025亿元，同比分别增长1.6%和32.4%；地方国有资本经营预算收入和支出分别为1 575亿元和1 134亿元，收入同比增长17.8%，而支出同比下降9.2%。

### （二）国有资产收益上缴的情况

按照我国现行的国有资产收益分配体制，国有资产收益是按照税利分流的原则进行收缴，即对国有企业首先统一征收企业所得税，其次再对税后收益按照不同形式收取。对于税后利润，根据企业不同的组织方式和经营方式，主要通过上缴利润、股利、租金、资产占用费、产权转让收入等方式缴交。

留存国有企业的国有资产收益，根据公司法的规定，股份企业应在缴纳企业所得税、弥补亏损之后，按照净利润的10%和5%提取法定公积金及法定公益金，当法定盈余公积金达到注册资本的50%时可以不再提取；中外合资企业根据合营企业法在缴纳企业所得税、弥补亏损之后，应当提取企业储备基金、职工奖励和职工福利基金、企业发展基金，其中储备基金的提取比例不得低于税后利润的10%，达到注册资本的50%时可以不再

提取。

纳入中央国有资本经营预算实施范围的中央企业税后利润（净利润扣除年初未弥补亏损和法定公积金）的收取比例分为五类执行：第一类为烟草企业，收取比例为25%。第二类为石油石化、电力、电信、煤炭等具有资源垄断性特征的行业企业，收取比例为20%。第三类为钢铁、运输、电子、贸易、施工等一般竞争性行业企业，收取比例为15%。第四类为军工企业、转制科研院所、中国邮政集团公司、2011年和2012年新纳入中央国有资本经营预算实施范围的企业，收取比例为10%。第五类为政策性公司，包括中国储备粮总公司、中国储备棉总公司，免交当年应交利润；符合小型微型企业规定的国有独资企业，应交利润不足10万元的，比照第五类企业，免交当年应交利润；事业单位出自企业国有资本收益收取政策，按照《财政部关于中央级事业单位所属国有企业国有资本收益收取有关问题的通知》（2013）执行，收益收取比例为10%。

**【课外阅读】外国国有资产管理的比较与借鉴（节选）**

**【应用训练】**

（1）如何处理国有资产监督管理部门与业务主管部门的关系？

（2）进一步深化国有资产管理体制的思路是什么？

（3）国有资产收益分配的原则是什么？国有资产收益收缴的形式有哪些？

参考答案

第十四章　国有资产管理 PPT

# 第十五章

# 财政政策

【本章导读】财政政策是现代市场经济国家调节宏观经济运行的主要经济政策工具之一，在政府的经济管理中发挥着重要的作用。财政政策实施与否及其效果是根据政府在财政支出和税收等方面采取的相应措施对宏观经济所产生的影响来进行考量的；财政政策的研究一般包括其政策目标、政策工具、政策作用领域、政策介入社会经济的程度以及政策的有效性等。财政政策一般通过税收、公债、公共支出政府公共投资等政策工具进行运作。财政政策与货币政策是国家进行宏观调控的两大经济杠杆，其协调配合，有利于实现社会总供求的基本平衡的共同目标。我国从 1998 年以来实施了两轮以扩大内需、调整结构为目的的积极财政政策。党的十八大以来的积极财政政策以适度提高财政赤字率和降低宏观税负特别是减税降费为主要内容。

通过本章学习，要求读者理解并掌握财政政策的含义、目标和主要工具，以及财政政策与货币政策的协调配合，了解我国实施的积极财政政策内容。

【财政视窗】轻松秒懂财政政策

## 第一节　财政政策概述

### 一、财政政策含义

财政政策是指一国政府以一定的宏观经济理论为依据，为实现既定时期内的经济社会总体目标，而对政府支出和收入等各种财政手段的选择以及综合运用。或者说，是指一国政府为实现一定的宏观经济目标而调整财政收支规模和收支平衡的指导原则及相应的措施。财政政策是国家经济政策的重要组成部分，其制定和实施的过程也是国家进行宏观调控的过程，在现代市场经济国家被广泛使用。实施财政政策，旨在促进充分就业、稳定物价，实现经济增长。

## 二、财政政策类型

按照不同的标准可以将财政政策划分为不同的类型，归纳起来主要有以下几种分类方式。

### （一）相机抉择的财政政策和自动稳定的财政政策

按照财政政策在调节社会总需求过程中发挥作用的方式不同，可以将财政政策划分为相机抉择的财政政策和自动稳定的财政政策两种类型。

相机抉择的财政政策，又称为“斟酌使用的财政政策”，是指政府根据不同时期的经济形势，相应采取变动政府支出和税收的措施，以消除经济波动，谋求实现经济稳定增长的目标。之所以称之为相机抉择的财政政策，是因为它不是自动地发挥作用，而是一种人为的政策调节。这种财政政策要依靠政府对宏观经济形势的分析和判断，经过深思熟虑再决定采取什么样的政策措施。如果认为总需求已经过大，造成了生产能力的过度紧张和通货膨胀，就采取相应的政策措施抑制总需求；如果认为总需求不足，已经造成了经济水平的下降或经济衰退，就采取相应的政策措施扩大总需求。因此，相机抉择的财政政策的任务是，要么旨在扩大总需求以反映经济衰退，执行扩张性财政政策；要么旨在抑制总需求以反映通货膨胀，执行紧缩性财政政策。

所谓自动稳定的财政政策，就是随着经济形势的周期性变化，一些政府支出和税收自动发生增减变化，从而对经济的波动发挥自动抵消的作用。之所以将它称为自动稳定的财政政策，是因为它不是政府斟酌经济形势变化后所决定的，而是一种非人为的自动调节。这种财政政策不需要政府预先作出判断和采取措施，而是依靠财政税收制度本身所具有的内在机制自行发挥作用，收到稳定经济的效果。正因为如此，这种自动稳定的财政政策也被称作“内在稳定器”。

【财政视野】宏观调控的财政政策的相机抉择研究

### （二）扩张性财政政策、紧缩性财政政策和中性财政政策

按照财政政策对社会总需求的影响不同，从总量调控的角度，可以将财政政策划分为扩张性财政政策、紧缩性财政政策和中性财政政策三种类型。

扩张性财政政策，又称为膨胀性财政政策或“松”的财政政策，概括说来，当社会总需求水平低于总供给水平，即总需求不足，经济萧条时，政府可以通过扩张性财政政策，扩大财政支出规模，减少政府财政收入（如降低税率），来刺激总需求的增加，从而刺激经济复苏。

【财政视野】扩张性财效政策并不完全等同于积极财政政策

紧缩性财政政策，又称为盈余性财政政策或“紧”的财政政策，概括说来，当社会总需求水平高于总供给水平，即总需求过剩、经济过热时，政府可以通过紧缩性财政政策，缩小财政支出规模、增加政府财政收入（如提高税率），来抑制总需求的增加，从而遏制通货膨胀。

中性财政政策，又称为平衡性财政政策或均衡性财政政策，概括说来，它是指通过财政收支的大体平衡，以保持社会总需求和社会总供给的同步增长，从而维持社会总供求基本平衡的政策。中性财政政策的出发点是维持社会总供求对比关系的既定格局。因此，它适宜在现实社会总供求矛盾不突出或社会总供求处于基本平衡的经济条件下选用。

### （三）宏观财政政策、微观财政政策和中观财政政策

按照财政政策作用的对象不同，可以将财政政策划分为宏观财政政策、微观财政政策和介于二者之间的中观财政政策三种类型。

宏观财政政策是通过作用于经济总量而发挥作用的，这些经济总量通常包括投资、消费、国际收支、货币供给量、失业率、物价总水平和经济增长率。最基本的经济总量是总供给和总需求，所以宏观财政政策也就是影响总供给和总需求的政策，通常也被称为经济稳定政策。

微观财政政策是通过影响个体（个人或企业）的经济行为或经济活动而发挥作用的，这种作用通常是通过影响相对价格，进而影响个体的经济行为或经济活动产生的。常见的例子有政府对企业进行亏损补贴，从而支持企业生产等。

中观财政政策的作用对象是产业结构，其目标是实现产业结构的合理化，特别是产业结构的高级化，即各个产业之间保持适当的比例关系。实现协调发展，它是实现经济发展的有效途径，也是获得社会经济效益的重要来源。这种中观意义上的财政政策，一般被视为产业政策的组成部分，所以大多在产业经济学的范围内加以分析。

### （四）供给管理型财政政策和需求管理型财政政策

按照财政政策作用的方向不同，可以将财政政策划分为供给管理型财政政策和需求管理型财政政策两种类型。

供给管理型财政政策着眼于促进储蓄，增加生产能力和提高劳动生产率，以增加有效供给；需求管理型财政政策则着眼于对总需求进行“微调”，即致力于总需求的减少或增加，使之与总供给保持协调和平衡。

### （五）中长期财政政策和短期财政政策

按照财政政策期限的长短不同，可以将财政政策划分为中长期财政政策和短期财政

政策两种类型。中长期财政政策是为国民经济发展的战略目标服务的财政政策，具有长期、稳定的特点；短期财政政策则属于“战术性”政策，适用于特定的时期和特定的范围。

【财政视野】平衡预算的财政思想和功能财政思想的区别

## 三、财政政策目标

国家财政政策目标的选择是随着该国经济社会的发展阶段以及所处经济状况的改变而发生变化的。古典经济学的传统财政政策目标注重财政收支平衡，或以最少的费用满足国家行政职能的运转，其代表人物亚当·斯密认为政府不应当干预经济，反对财政赤字，反对发行公债。而资本主义垄断时期的经济学家代表凯恩斯则主张政府干预与市场机制自动调节相结合，建议通过政府的财政政策，刺激社会总需求。从而实现充分就业的均衡。可见，财政政策目标在不同的国家或同一国家的不同时期是不同的，它是由多方面的因素共同决定的。根据蒙代尔提出的宏观经济政策搭配原则，货币政策主要用于外部平衡，即国际收支平衡；而财政政策主要用于内部均衡，其目标一般包括充分就业、物价稳定、经济稳定和增长等。

### （一）充分就业

充分就业是指有工作能力并且有意愿工作的人，都能够按照现行工资水平得到工作。英国自1920年起开始了长达10年的慢性萧条，失业率在10%以上居高不下，这一严峻的现实问题沉重打击了以充分就业假设为前提的“市场有效论”。凯恩斯认为经济体系的自发运行通常由于有效需求不足而处于小于充分就业的均衡，而扩大这种总需求的责任落在了政府的身上；同时，相比较货币政策，凯恩斯更加倾向于财政政策在扩大总需求、创造就业岗位上的重要性。例如，美国2008～2009年的经济衰退期间，决策者就将财政支出主要集中用于“现建现用”项目的支出，这些项目是修复高速公路和桥梁这类公共工程项目，这类工程可以马上开工，让失业者回来工作，在一定程度上缓解了经济衰退期的失业问题。

### （二）物价稳定

物价相对稳定，可以理解为避免过度的通货膨胀和通货紧缩，而通胀是实际经济领域中最为普遍的现象，一般把通货膨胀界定为一个价格持续。上涨的过程，或者说是货币价值持续下跌的过程。20世纪60年代，西方国家的政策制定者依据菲利普斯曲线在不同的通胀率和失业率的政策组合中进行权衡和选择；但之后出现的“滞胀”打破了此理论的有效性，也让货币学派找到了攻击凯恩斯主义的突破口，弗里德曼就认为高通胀“是作为增加政府支出的充分就业政策与福利国家政策的结果而出现的”，控制通胀的唯一办法就是减少货币供应量的增长。由此看来，财政政策在实现物价稳定方面的作用并不确定，根据弗里德曼的观点，在考虑到通胀因素时，财政政策的制定和实施应慎之又慎。

【财政视野】平衡预算的财政思想和功能财政思想的区别

### （三）经济稳定和增长

经济稳定和增长可以看作是充分就业、物价稳定等因素的一个综合结果。宏观经济理论的发展表明决策者可以减轻经济波动的严重程度，通过财政政策和其他政策的配合进行"逆经济变动风向行事"，稳定总需求，从而稳定生产和就业，减少衰退（代表者资源的绝对浪费）对社会的无益影响。而反对者认为虽然财政政策在理论上可以用来稳定经济，但在实践中运用这种政策有重大的障碍，其中，最大的问题在于财政政策和其他政策并不能立即影响经济，其发生要有一个相当长的时滞。在一种政策开始实施到它发生作用的这段时间内，经济状况很容易发生变动，无形中可能会加剧而不是减轻经济波动的程度。

## 四、衡量财政政策的两个指标

财政政策是一国政府利用财政收入和支出等手段对经济的干预和介入，尽管政策效果难以估量，但通过财政赤字和宏观税负这两大指标，一般可以大致判断一国政府在一定时期内对本国社会经济的介入程度以及财政政策的调控方向和力度。

### （一）财政赤字

从财政平衡的角度看，财政政策也可以理解为推动处于衰退期的经济回到充分就业状态，政府利用财政预算来稳定经济的政策，而政府预算余额出现赤字是这一政策的必然结果。财政赤字或预算赤字是指超过政府用税收、收费等收入取得的收入之外的政府过度支出；或者定义为财政支出大于财政收入的差额，会计上将其用红字表示，所以称为财政赤字。

【财政视野】财政赤字货币化

1. 财政赤字的类型——结构性赤字和周期性赤字

从财政赤字与经济运行状况相关的角度，财政赤字可以分为结构性赤字和周期性赤字。结构性赤字是指非周期性因素引起的财政赤字，换言之，是指在其他条件不变，经济活动保持在"潜在"水平时，预算赤字依然存在的情形。结构性赤字与"高度就业赤字"或"充分就业赤字"是同一概念，这种赤字剔除了经济波动对预算余额的影响，"如果国民收入在充分就业下实现，而且达到了相应的税收收入水平，则在这种情况下出现的赤字就是结构性赤字”（马斯格雷夫，1996）。而周期性赤字是指经济运行的周期性引起的赤字，当经济出现衰退，预算赤字往往会由于两个方面的原因而增加：一方面是由“自动稳定器”引发的由经济衰退自然导致的税收等收入的减少，就业率和收入减少使得更多人有资格获得转移支付而导致的社会福利项目支出的增加；另一方面“赤字财政”会引致政府的临时紧急支出，财政支出会出现大规模的增加。不同于“财政赤字”所表示的政府支出大于收入的客观结果，“赤字财政”是指经济衰退期，政府有意识、有计划地利用预算收支，实现干预经济预期目的的财政行为，相当于相机抉择财政政策中的扩张性财政政策。

2. 财政赤字的口径——硬赤字和软赤字

如何计算财政赤字的数额，不同国家使用的口径有所不同，最常见的有以下两种口径：

第一种，赤字（结余）=（经常收入+债务收入）-（经常支出+投资支出+债务支出），这一公式又可表示为：赤字（结余）=经常收入-经常支出-投资支出+（债务收入-债务支出）。这里首先明确一下公式中的概念：经常收入是指政府通过税收等法定渠道所取得的财政收入；经常支出是发挥政府基本职能所安排的支出；投资支出是与固定资产形成直接有关的支出；债务收入包括国家在国内外发行的债券收入、向国外或银行的借款收入；债务支出是指还本付息的支出。显然这一公式所表示的赤字就是我国通常所说的“硬赤字”，即国家通过举债手段仍未能弥补上的入不敷出硬缺口。

第二种，赤字（结余）=经常收入-经常支出-投资支出。按照这一口径计算，如果出现了财政赤字，说明财政在其正常收入的数量规模之外，多支出了一部分资金，这部分资金通常是通过政府举债来弥补的，也就是我们所说的“软赤字”。可以看出，这两种口径的差别就在于是否把年度债务收支计入正常财政收支的范围①。

3. 财政赤字的规模——赤字比率和赤字依存度

衡量一个国家财政状况的好坏，进行财政赤字的年度间或国际比较时，与财政赤字的绝对数额相比，赤字的相对数额更能够衡量其规模及财政政策对经济的影响。赤字比率是指财政赤字额占GDP的比重，它反映财政收支入不敷出的程度和财政稳固状态的区间，一般认为这一指标的警戒线是3%～5%。赤字依存度则是指财政赤字占财政支出的比例，它说明一国在当年的总支出中有多大比例是依赖赤字支出实现的，这一指标反映了财政本身状况的好坏。赤字依存度越高，说明在财政支出需求大的前提下，税收收入和其他非税收入相对短缺；反之，赤字依存度越低，说明在财政支出需求大的前提下，税收收入和其他非税收入相对充足。

---

① 各国对债务收支的处理方法是不相同的，日本把国债收入列入国家岁入之中。而美国等西方国家大多不把公债收入作为正常的财政收入。1993年之前，我国是采用第一种口轻计算财政赤字的。1993年以后，已经改为采用第二种口径了（但在付息支出的处理上仍与西方通行口径有差别）。

【财政视野】什么是财政平衡?

（二）宏观税负

宏观税负是指一个国家的税负总水平，通常以一定时期（一般为一年）的税收总量占国民生产总值或国内生产总值或国民收入（NI）的比例来表示。生产力发展水平、政府职能的范围以及政府非税收入规模等是决定宏观税负水平高低的主要因素。宏观税负问题始终是税收政策的核心，宏观税负水平合理与否对于保证政府履行其职能所需的财力，发挥税收的经济杠杆作用有着重要意义。

根据经典财税理论的相关概念以及主要国际组织发布的相关指标，宏观税负的概念可以从以下三个角度进行界定：一是财税理论中广泛使用的税收宏观归宿的概念，其表示一国当年的税收总额与一国总产出（GDP 或 GNP）之比。二是国际货币基金组织（IMF）提出的财政负担，其表示一国包含社会保障缴款的税收总额占 GDP 的比重。三是经济合作与发展组织（OECD）采用的税收比率，其具体含义是一国社会保障缴款、个人所得税、公司所得税、财产税、商品劳务税（包含关税）以及工资薪金税等税收之和占 GDP 的比重。宏观税负数值的高低直接表明了国民经济总量的分配集中程度，同时也体现着政府与企业、居民个人之间占有和支配社会资源的关系、政府社会经济调节能力大小，反映财政功能的强弱，以及政府在经济社会生活中的地位和作用。

1. 不同口径的宏观税负

在上述定义的基础上，安体富和岳树民、杨灿明和詹新宇等在测算宏观税负时进一步区分了三类不同的测算口径。一是小口径宏观税负，即税收占 GDP 的比重。二是中口径宏观税负，即财政收入占 GDP 的比重，其中，财政收入指的是政府的一般公共预算收入，其不仅包含税收，还包括专项收入、行政事业性收费和罚没收入等一般公共预算中的非税收入。三是大口径宏观税负，即政府全部收入占 GDP 的比重，其中，政府全部收入是财政一般公共预算收入、政府性基金预算收入、国有资本经营预算收入以及社会保险基金预算收入之和。可见，大口径宏观税负在中口径的基础上进一步纳入了政府性基金预算收入、国有资本经营预算收入以及社会保险基金预算收入之和占 GDP 的比重。在这三个指标中，大口径的指标最为真实、全面地反映了政府集中财力的程度和整个国民经济的负担水平。而中小口径指标则更能说明在政府取得的收入中，财政真正能够有效管理和控制的水平。

2. 不同归宿的宏观税负

从政府收入的代际归宿来看，政府财政收入有两大来源：一是当期税费收入，由当期的经济主体和居民直接承担，税费收入占 GDP 的比重是直接宏观税负，即我们通常所指的宏观税负（上文中的小口径宏观税负）。二是债务收入，主要用于弥补当期的财政赤字，债务收入占 GDP 的比重就是转移宏观税负。转移宏观税负是指当前经济主体把应承担的税费转移给下一期主体承担的部分，衡量的是政府收入来源的年度转移、代际转移的规模。一般来讲，转移宏观税负主要通过发行国债来实现，除此之外，还存在通过隐性债务、透支赤字等方式把当期的税负转移给下一期、下一代的情况；转移宏观税负规模可用国债负担率或者政府债务负担率进行衡量。

【财政视野】我国宏观税负水平到底高不高？到底该怎么对比？

## 第二节 财政政策工具及运作

### 一、财政政策工具

财政理论的演化和财政政策的运作彼此之间相互依存、相互影响，例如，凯恩斯主义的需求管理主张最先影响的是 20 世纪 30 年代的罗斯福“新政”，这种新经济学由于 1937 年大幅度削减政府开支随之就发生衰退，而增加国防开支会出现繁荣，获得牢固的认同。但之后出现的“滞胀”又催生了新的经济学流派以及实践中新的政策运作方式。但遗憾的是，迄今为止，还没有出现使用同样的财政政策刺激计划的相同经济情况，因此，财政政策运作的效用到底有多大，实践中还无法提供经验支持。

#### （一）税收

税收可以作为宏观经济调节的重要工具之一。凯恩斯主义者认为，税收既有自动稳定器的功能，同时也可以作为政府相机抉择的财政政策的手段之一。自动稳定器的功能体现在经济衰退时，税收（尤其是收入税）会自动地减少，通过减少任何扰动对总需求的乘数效应来稳定经济。反之，同理。显然内在稳定器能够起到一定的稳定经济的作用。GNP 中的自发支出变化的乘数效应与收入税率呈反方向变化，也就是说，假如增加税率到 100%，乘数可以减少到 1，从理论上看是对经济起到了平稳的作用。但在 100% 的边际税率下，工作的欲望和由此造成的产量水平将减少到零。因此，税收的自动稳定功能对平稳经济所起到的作用是被限制在一定范围内的。对于相机抉择的财政政策而言，凯恩斯主义者认为，短期内主要是通过总需求发生作用，然而这些政策也会潜在地影响商品与劳务的供给。例如，被称为供给学派的经济学家认为，减税对总供给的影响是很大的。通过缩小税基、降低税率、增加税收优惠，可以刺激产量和收入的增加，同时反过来会增加税收收入，这种可能性在理论上是成立的（详见拉弗定理），但在实践中，税率下降的效应通常不足以引起税收收入的增加。

### （二）公债

公债是国家或政府以其信用为基础，在向国内外筹集资金的过程中所形成的债权债务关系。一开始，公债是政府弥补财政赤字的重要手段，随着经济环境的变化和宏观经济学的发展，公债逐渐成了政府实行相机抉择的主要政策工具。在经济衰退时期，无论是增加公共项目支出，还是减轻投资者和消费者的税收负担，表现在预算上都有可能是赤字，最终需要通过发行公债来弥补。凯恩斯主义者认为，通过举债而不是增税的方式来弥补扩大公共支出所产生的赤字是较为恰当的。因为，与增税方式相比，举债不会减少消费者的收入，更适合用于扩大总需求。而李嘉图等价定理则认为举债同课税一样，不会引起人们消费水平的变化，对于总需求的影响是相同的。因此，面对征税和发行公债，公众是否会采取不同的行为反应，对政府财政政策的制定具有重要的意义。

### （三）公共支出

公共支出一般分为购买性支出和转移性支出。购买性支出的增加会直接影响社会的总需求，其影响程度取决于政府购买的乘数效应和挤出效应的大小。传统的凯恩斯主义表明，政府购买增加是一种比减税更有潜力的工具。当政府为家庭减税 1 元时，其中一部分可能用于储蓄，而不是直接支出，用于储蓄的那部分资金对商品和劳务的总需求并没有什么贡献。与此相反，政府支出 1 元购买商品和劳务时，这 1 元就直接且完全地增加了总需求。而转移性支出对于宏观经济而言，一般具有内在稳定器的作用，尤其是社会保障中的失业保险部分。

从扩大公共支出的目的来看，可将其分为汲水性支出和补偿性支出。汲水性支出只是通过增加财政支出的方式注入新的购买力，以启动民间投资，其目的只是刺激私人投资，而不是补充私人投资。相反，补偿性支出却是针对私人投资的下降予以投资的补足。汲水性支出政策和补偿性支出政策虽然都是政府有意识的干预政策，但它们有明显的区别：第一，汲水性支出政策的载体是公共投资，以扩大公共投资规模作为启动民间投资活跃的手段；而补偿性支出政策的载体，除了公共投资以外，还有转移支付、财政补贴等。第二，汲水性支出政策的公共投资增加，只能是在支出规模既定的前提下，通过调整支出结构来实现；而补偿性支出政策的财政支出增加，是全面的财政支出规模增加。第三，汲水性支出政策的调节对象是民间投资；而补偿性支出政策的调节对象是每个社会的总需求。

### （四）政府公共投资

政府公共投资主要用于具有自然垄断特征、外部效应大、产业关联度高、具有示范和诱导作用的公共设施、基础性产业以及新兴的高科技主导产业。政府投资是先增加需求后增加供给，是稳增长、调结构、实施供给侧改革的重要手段。

【财政视野】朱民：财政政策是我国更适合的政策工具

## 二、西方国家财政政策运作的实践

从19世纪末20世纪初开始，自由放任主义就开始受到政府干预的冲击，“凯恩斯革命”以后，政府对经济干预的广度和深度都在不断扩大。但是，西方发达经济仍然是一种以市场调节为主的经济，政府干预是在市场自由基础上的一种宏观政策调节。各发达国家在不同时期、不同学派的宏观经济政策影响下，为减少经济波动，对市场经济的运行都进行了或多或少的干预，经济形势的发展变化使得政府干预经济的方式、手段、领域等也随之发生变化。

### （一）政府干预，维持充分就业

第二次世界大战以后，凯恩斯的思想渗透到了发达国家的经济政策中，发达国家纷纷制订充分就业计划。例如，英国在1944～1945年出版的《自由社会的充分就业》《就业政策白皮书》《充分就业经济学》所强调的主题就是，通过国家就业政策来实现充分就业。1946年，美国通过了《就业法》，其中规定：“……促进就业、生产和购买力达到最高水平，是联邦政府的持续政策和职责。”这意味着政府已经确定其对短期宏观经济表现负有责任。1962年，美国总统肯尼迪在《总统经济报告》中明确倡导凯恩斯的稳定政策，宣称政府政策的目的是“保持总需求与经济的生产潜力同步变动”。肯尼迪在其执政期间实施了减税，减税带来的高投资直接刺激了总需求，而且还增加了经济中长期的生产能力，肯尼迪的减税促成了一个经济高速增长的时期。从第二次世界大战结束以后到1973年石油危机爆发之前，英、美等主要发达资本主义国家经历了长达25年的高就业率、高增长率和低通胀率的长期繁荣时期；尽管这一长期繁荣并不能完全归因于凯恩斯理论，科技的发展、战后重建的需要、和平宽松的经济环境也为经济繁荣提供了可能。但詹姆斯·托宾认为凯恩斯主义政策的成功可以从各发达资本主义国家的实践中得到坚强有力的支持。事实上，自从1964年减税以来，决策者不时地主张把财政政策作为控制总需求的工具。2001年美国遭受“9·11”恐怖袭击以后，小布什政府立即作出要求国会增加财政拨款的反应，一方面用于反恐，另一方面用于拯救经济和增加就业。奥巴马总统2009年入主白宫的第一个政策建议就是一个包括大幅度增加政府支出的刺激提案。因此，只要经济运行和发展需要政府介入，凯恩斯思想的影响就不会消失。

同时，推行凯恩斯主义政策也带来了不少副作用，主要表现在政府预算规模不断膨胀，财政赤字和政府债务不断增加；当然这也是凯恩斯所能预见到的，但凯恩斯认为，只要能够扩大就业，财政赤字无关紧要。在这期间，美国政府支出占GDP的比例由1946年的10%上升到1998年的21%。1981年前后，美国开始出现严重的赤字问题，整个20

世纪 80 年代美国联邦政府的财政赤字占 GDP 的比例平均为 4.1%；到 1992 年美国联邦政府的赤字已达到 2 900 多亿美元，占当年美国 GDP 的 4.973%。

**（二）实施减税，更多依靠市场力量**

1973 年和 1979 年两次国际石油危机导致美国经济陷入了滞胀，即经济停滞（伴随高失业率）和通货膨胀并存；凯恩斯主义随即面临致命打击，因为在凯恩斯体系中，失业和通胀是不会同时出现的。新的经济形势催生了新的经济学理论，如强调财政政策在决定经济增长和总供给方面重要性的供给学派。与研究需求管理的凯恩斯主义不同，供给学派认为引起经济停滞和通货膨胀的原因是供给不足，而改变这种情况的正确做法应该是削减不必要的政府管制和过高的税率，其中，减税是供给学派经济学的核心。美国第 40 任总统罗纳德·威尔逊·里根（1981～1989）就以供给学派经济学为主要理论依据提出并实施了《经济复兴计划》，其主要内容包括：削减个人所得税和企业所得税的税率，重点是削减个人非劳动收入的税率；同时，为平衡预算，也削减了联邦政府支出，重点是削减社会福利开支。里根承诺，此计划的实施，将能解决失业、控制通货膨胀和提高经济增长率。后来的事实证明，供给学派和里根政府作出的大多数预言或承诺并没有兑现。供给学派预言，减税将会刺激供给增加，这会使税源增加，因而政府收入不但不会减少，还会大幅度增加。但事实是，美国联邦政府 1985 年的政府收入占 GDP 的比例从 1980～1982 年的 19.7% 下降到 18.6%。供给学派还预言，减税可以刺激人们储蓄和投资的积极性，但是似乎并没有出现这样的效果，20 世纪 80 年代美国的国民储蓄率在大幅度下降，并在 1987 年达到第二次世界大战以来的最低水平；80 年代的投资率也比 70 年代下降许多。

尽管供给学派是 20 世纪西方经济学中较为著名的一个学派，许多观点没有得到经验支持，其影响力也随着里根的卸任而消失；但供给学派强调通过减税、放松管制给劳动者和投资者提供足够的刺激来增加工作、储蓄、投资和产量，从长期来看是正确的。而且，后来的新凯恩斯主义经济学家们也承认要从总需求和总供给两个方面来关注宏观经济的稳定问题。

## 第三节　财政政策与货币政策的协调配合

财政政策与货币政策具有紧密的联系，这种紧密联系从根本上说植根于双方政策调控最终目标的一致性。两大政策调控的着眼点，都是针对社会供需总量与结构在资金运动中表现出来的有悖于货币流通稳定和市场供求协调正常运行状态的各种问题；两大政策调控的归宿，都是力求社会供需在动态过程中达到总量的平衡和结构的优化，从而使经济尽可能实现持续、稳定、协调发展。两大政策的紧密联系还来源于双方政策手段的互补性以及政策传导机制的互动性，一方的政策调控过程，通常都需要对方的政策手段或机制发挥其特长来加以配合策应，经济学理论对此可以作出很好的阐释。从社会总资金的运动来看，财政政策对资金运动的影响和货币政策对资金运动的影响，相互间必有千丝万缕的联系和连锁反应，各自的政策实施及其变动，必然要牵动对方，产生协调配合的客观要求。

## 一、货币政策

货币政策有广义和狭义之分，当代通常意义的货币政策是就其狭义而言，是中央银行为实现既定的经济目标运用各种工具调节货币供给和利率，进而影响宏观经济的方针和措施的总和。货币政策是通过运用自身的政策工具和一定的传导机制来实现其政策目标的。

### （一）货币政策目标

经过一个逐步发展的过程，得到广泛承认的货币政策目标主要有：稳定物价、充分就业、经济增长和国际收支平衡。这四个目标间既具有一定程度的一致性，又具有冲突性。中国人民银行法确定的货币政策目标为："保持货币币值的稳定，并以此促进经济增长。"

【财政视野】货币政策目标间的冲突

### （二）货币政策工具

货币政策工具，又称为货币政策手段，是指各国政府为实现货币政策目标所采取的政策措施。一般性的货币政策工具主要有三个，即法定存款准备金率、再贴现率和公开市场业务。

1. 法定存款准备金率

商业银行在吸收到存款之后并不应该也不可能将所有资金全都放贷出去，而必须将一定比例的存款交存中央银行作为准备金，这里所说的"一定比例"实际上就是法定存款准备金率。中央银行通过调整法定存款准备金率，可以控制流通中的货币供应量，从而实现对宏观经济的调节。具体说来，在经济过热的时候，中央银行调高法定存款准备金率，商业银行向中央银行交存的存款自然就会增加，而用于放贷的资金相应减少，实际上就减少了货币供应量，从而对经济产生收缩的作用；在经济萧条的时候，中央银行调低法定存款准备金率，根据上面所说的原理，实际上增加了货币供应量，从而对经济产生扩张的作用。

由于法定存款准备金率的调整直接影响各商业银行的可用资金和利润，因而效果非常猛烈，一般情况下中央银行并不经常使用。

【财政视野】马光远：开年第一天降准 2020 年房地产市场不会太差

2. 再贴现率

当商业银行面临资金不足时，可以用手中的票据向中央银行进行再贴现，实际上就是向中央银行申请的一种再贷款。当然这种再贷款并不是无偿的，商业银行向中央银行所支付的利息比率就称为再贴现率。

中央银行通过调高或调低再贴现率，同样可以控制商业银行能够用于放贷的资金量，由此使流通中的货币供应量产生增减变化，最终实现对宏观经济的调节作用。

3. 公开市场业务

所谓公开市场业务，就是指中央银行在金融市场上公开买卖有价证券（特别是短期国库券），以此来调节货币供应量的一种政策性行为。

在经济过热的时候，中央银行通过金融市场卖出有价证券，回笼货币，从而减少货币供给量，对经济产生收缩的作用；在经济萧条的时候，中央银行则通过金融市场买进有价证券，把货币投入市场，从而增加货币量，对经济产生扩张的作用。

由于公开市场业务传导过程短，中央银行通过其可以直接控制货币供应量，所以成为世界各国经常使用的最重要的货币政策工具。

【财政视野】其他货币政策工具

### （三）货币政策传导机制

从货币政策工具的使用到最后实现政策目标，其间需要一个过程。在此过程中，货币政策通过一定的传导机制传递着政策效应，直至得以体现。具体说来，无论是法定存款准备金率、再贴现率，还是公开市场业务，其直接作用目标都是对货币供应量的调节。对货币供需状况作出调整，从而影响社会产品的供需关系，最终对经济活动水平发挥作用。这种环环相扣的货币政策效应的传递过程，就是货币政策的传导机制。

在我国，货币政策传导机制主要是货币供应量、利率、信贷总额等。在西方，凯恩斯学派和货币主义学派有不同的货币传导机制理论。

1. 凯恩斯学派的货币传导机制理论

凯恩斯学派的传导机制理论可以简单概括为：货币供给的增减影响利率，利率的变化则通过资本边际效益的影响使投资以乘数方式增减，而投资的增减进而会影响总支出和总收入。在这个传导机制发挥作用的过程中，主要环节是利率，货币供给量的调整首先影响利率的升降，然后才使投资乃至总支出发生变化。

2. 货币主义学派的货币传导机制理论

与凯恩斯学派不同，货币主义学派认为利率在货币传导机制中不起重要作用，而更强调货币供给量在整个货币传导机制中的直接效果。货币主义学派认为，增加货币供给量在开始时会降低利率，银行增加贷款，货币收入增加，物价上升，从而导致消费支出和投资支出增加，引致产出提高，直到物价的上涨将多余的货币量完全吸收掉为止。因此，货币政策的传导机制主要不是通过利率间接地影响投资和收入，而是通过货币实际余额的变动直接影响支出和收入。

## 二、财政政策与货币政策的差异

财政政策和货币政策是国家最重要和最常用的宏观经济政策，服务于经济增长、物价稳定、充分就业和国际收支平衡的宏观经济目标。二者都是以货币形态的经济总量加以测度的，所以财政政策和货币政策都有总量政策的鲜明特征，这是两种政策所具有的共性。但财政政策和货币政策之间也存在差异，这些差异主要表现在以下几个方面。

### （一）实施政策的主体不同

财政政策的实施主体是政府，而货币政策的实施主体是中央银行。中央银行的主要职能是制定和执行国家的货币政策。在世界各国中，中央银行与政府的相互关系模式有较大的差别。许多国家的中央银行是政府的隶属机构，货币政策的制定和执行须听从于政府，人事安排由政府确定，机构设置也与行政机构的设置保持一致。在这种情况下，中央银行只是名义上的货币政策主体，不能独立地实施货币政策。这一模式的优点在于政府部门可以将货币政策纳入总体的发展战略，便于操作货币政策以服务于多个宏观经济目标，所以为大多数发展中国家和某些发达国家所采用。但这一模式有一个主要缺点，就是政府部门的某些“不规范”行为会干扰货币政策的制定和执行，损害货币政策的实施效果，造成通货膨胀的压力。此外，由于中央银行缺乏独立性和权威性，难以阻止政府部门的行政干预，货币政策在执行过程中往往遇到许多困难。鉴于此，采取上述模式的国家正在不断采取改进措施，逐步加强中央银行的独立性和权威性。在许多经济发达国家中，中央银行相对于政府部门具有很高的独立性，在制定和执行货币政策方面直接对立法机构或直接对总统负责，政府无权左右货币政策的运作。在此情况下，中央银行才真正成为货币政策的主体，这对维护货币政策的权威性和实施效果是十分有利的。

### （二）传导机制的差异

从对国民经济的宏观需求管理的角度看，财政政策和货币政策都是通过对社会总需求的调节达到宏观经济目标的。但是，两者的手段不同、操作方式不同，因而从政策调节到实现政策目标过程的传导机制也不同。

货币政策传导机制是指中央银行运用货币政策手段或工具影响中介目标，进而实现最终目标的途径和过程的机能，也就是说，货币政策工具通过中央银行的操作而发挥作用，借以达到最终目标。我国货币政策的传导过程一般经过三个阶段：第一阶段是从中央银行传导至金融机构和金融市场，即中央银行通过法定存款准备金率、再贴现率、公开市场业务等政策手段，调节各金融机构的超额储备和金融市场融资条件，以控制金融机构的贷款能力和金融市场的资金融通。第二阶段是掌握各金融机构和金融市场以至企业和个人的投资与消费。比如，中央银行运用提高贴现率的办法实行从紧的货币政策，各金融机构和企业迫于中央银行政策的压力，会调整自己的行为，从而促使社会投资和消费规模或结构的变化。第三阶段是影响企业、个人的投资量以至产量、物价和就业的变动。比如，中央银行降低利率、扩大货币供应量、产出和就业会发生变化。

财政政策的传导机制比货币政策的传导机制更为直接，财政政策一般是直接作用于企业和居民，进而对国民经济的运行产生影响。如扩大财政支出，就会直接或间接增加企业和个人的收入，而企业和个人收入的增加，就相应增加社会总需求，这对调节社会总需求和总供给的对比态势有积极的效果；再如政府通过调整税率、利用累进的个人所得税的自动稳定器功能，也能调节企业和个人的收入水平。

### （三）政策手段不同

财政政策手段主要有税收、预算、补贴、公债、投资、购买等，它们都是经由一定的途径和方式作用于政策目标的。比如，税收是最重要的财政政策之一，通过提高或降低税率对总需求产生影响；预算政策主要是通过总量调节来影响社会总需求和总供给之间的关系；公债政策的实施既可以从分配领域调节社会总供求结构，实现供求结构的相互协调，也可以从流通领域调节货币流通量及商品流通量，进而实现宏观调控的总量目标。

货币政策的传统手段包括法定存款准备金率、再贴现率和公开市场业务。法定存款准备金率是指法律规定商业银行将其吸收的存款缴存至中央银行的比例。在经济萧条时期，可以通过降低法定存款准备金率，来扩大货币供应量，刺激投资和消费的增加；在经济繁荣时期，可以通过提高法定存款准备金率，来收缩货币供应量，抑制投资和消费的增加。中央银行对商业银行所持有的未到期票据办理的贴现，称为再贴现。中央银行提高再贴现率，意味着中央银行紧缩银根；中央银行降低再贴现率，意味着中央银行放松银根。所以，在经济萧条时期，应采用降低再贴现率的方法；在经济繁荣时期，则应采取提高再贴现率的方法。公开市场业务是指中央银行在公开市场上买进或卖出有价证券。买进有价证券意味着中央银行放松银根，即公众在商业银行的存款增加，再由商业银行的信用创造功能，派生出新的存款，货币供应量增加，导致利率下降，投资需求增加；卖出有价证券意味着中央银行紧缩银根，即公众在商业银行的存款减少，再由商业银行的信用创造功能，减少派生存款，货币供应量下降，导致利率上升，投资需求减少。

### （四）政策时滞不同

政策时滞是指从认识到需要采取政策行动到产生效果为止所需要的时间。任何政策都存在着时滞问题。政策时滞越短，政策当局越是能够对有关情况作出及时反应，政策也就越能快速地发挥作用。政策时滞可分为内部时滞和外部时滞。

内部时滞指采取政策行动的过程所需要的时间，具体而言又包括认识时滞、决策时滞和行动时滞。认识时滞指从政策当局意识到发生了问题到决定采取政策之间所需要的时间。这个时滞之所以存在，主要是由于政策当局难以及时发现干预因素以及无法断定可能造成的后果。财政政策的认识时滞同货币政策的认识时滞大致相同，决策时滞是指从政策决策者认识到需要采取政策行动到政策制定完毕之间所需要的时间，由于财政手段的变化需要通过较烦琐的决策程序完成，财政政策的决策时滞一般要比货币政策的决策时滞长。此外，行动时滞也是如此，它是指从政策制定完毕到开始执行所需要的时间。货币政策手段一经决定变更，可以立即予以实施，所以行动时滞较短。可见，财政政策的内部时滞比货币政策的内部时滞要长一些。应该注意的是，这是就“相机抉择”的财政政策部分而言的，如果是经由“自动稳定器”实施的财政政策，其内部时滞是不存在的，或者说，内部时滞为零。

外部时滞是指从政策开始执行到政策对目标发挥作用所需要的时间。财政政策通常直接影响收入和支出（包括消费支出和投资支出），货币政策则通过影响货币供应量、利率和财富价值，间接地影响收入、消费和投资。因此，财政政策的外部时滞比货币政策要短一些。这个特点十分重要，因为它表明财政政策能够更快地对经济运行进行调节。但是，这一点常被财政政策所具有的较长的内部时滞所抵消，就总的政策时滞来说，财政政策与货币政策究竟谁长谁短，不能一概而论，应针对具体情况进行具体分析。

## 三、财政政策与货币政策的搭配

无论是财政政策还是货币政策，按其政策效应的松紧程度来划分，无外乎扩张性、紧缩性和中性这样三种。就其针对不同的宏观经济状况搭配使用而言，在一般情况下，我们予以关注的主要是扩张性财政政策、紧缩性财政政策与扩张性货币政策、紧缩性货币政策之间的不同组合模式。

### （一）扩张性财政政策与扩张性货币政策的配合使用

扩张性财政政策与扩张性货币政策配合使用，在财政政策方面要运用增支减税的政策措施，而在货币政策方面则是采用增加货币供应量的政策措施，或降低法定存款准备金率，或调低再贴现率，或在金融市场上买入有价证券、投放货币。这种“双扩张”政策搭配模式主要适用于经济严重萧条的情况，可以强有力地作用于社会总需求的扩大，从而促使经济复苏。但是，正是由于这种政策模式效应猛烈，所以不宜长期使用，否则物极必反，会引发高通货膨胀，造成经济过热局面的出现。

### （二）紧缩性财政政策与紧缩性货币政策的配合使用

紧缩性财政政策与紧缩性货币政策的配合使用与上述“双扩张”政策搭配模式在政策手段和政策效应方面正好相反，即在财政政策方面要运用减支增税的政策措施，而在货币政策措施方面则是着力于减少货币供应量，其政策效应是严格抑制社会总需求，促使经济回落，主要适用于通货膨胀严重的情况。同“双扩张”政策搭配模式一样，这种

"双紧缩"政策搭配模式也是由于效应猛烈而不宜长期使用，否则会产生社会总需求不足、经济增长减速甚至停滞的问题。

**（三）扩张性财政政策与紧缩性货币政策的配合使用**

扩张性财政政策与紧缩性货币政策的配合使用，则是要求在财政政策措施方面增支减税，而在货币政策措施方面减少货币供应量。一般而言，在经济增长减缓以至于停滞而通货膨胀压力又很大的情况下，或者经济结构失调与严重通货膨胀并存的情况下，这种政策搭配模式能够更好地发挥财政政策和货币政策各自的优点，作用互补，更好地实现宏观经济调节的政策目标。

**（四）紧缩性财政政策与扩张性货币政策的配合使用**

前文已经提到，在使用"双扩张"政策搭配模式和"双紧缩"政策搭配模式时，要注意紧缩性财政政策与扩张性货币政策配合使用，在采取减支增税的财政政策措施的同时，采用旨在扩大货币供应量的货币政策措施。这种政策搭配模式比较适用于财收赤字较大与总需求不足并存的情况，同样可以产生财政政策与货币政策优势互补的政策效果。

## 第四节 我国财政政策的实践[①]

### 一、我国 1998 年和 2008 年的积极财政政策

随着改革开放进程的加快，我国经济社会的发展越来越多地受到世界经济波动的影响。截至目前，我国两次比较显著地运用财政政策进行的宏观调控都和世界经济的波动密不可分，我国经济也逐渐和世界经济融为一体。1998 年，亚洲金融危机爆发，我国开始实施积极的财政政策和稳健的货币政策；从 2004 年始，我国实行了"双稳健"的财政、货币政策之后由于国内经济形势的变化，2007 年中央经济工作会议明确提出，2008 年要实施稳健的财政政策和从紧的货币政策；但 2008 年下半年，美国次贷危机引起的复杂国际经济形势，让中央宏观调控政策再次改弦易辙，开始实施 10 年后的又一次积极财政政策。

**（一）1998 年的积极财政政策**

1998 年实施的积极财政政策是特殊时期采取的特殊政策，是我国政府在市场经济条件下反周期调节的一次较为成功的尝试。1997 年，亚洲金融风暴首先在泰国爆发，迅速席卷了马来西亚、新加坡、印度尼西亚、菲律宾等东南亚国家，随后波及我国香港、拉美、大洋洲及东欧和日本等地，全球经济和贸易的增长速度明显减慢。在亚洲金融危机爆发时期，我国正处于经济发展周期的低谷阶段，金融危机的影响明显加深。长期以来盲目建设带来的结构不合理等深层次矛盾，在国际经济环境急剧变化和国内市场约束双

① 本节数据来源于财政部网站。

重因素作用下，更加突出地显现出来，内需不振出口下降，投资增长乏力，国内物价持续走低，经济增长速度回落，我国国内经济形势非常严峻。1998 年上半年，政府当局针对当时国内外严峻的经济形势，为了进一步扩大内需，确保当年经济增长 8% 目标的实现，审时度势，果断作出较大力度地调整宏观经济政策的决策，即实施积极的财政政策。由于在市场化进程中结构性矛盾加剧，宏观调控手段中的货币政策作用和效果已经被限制，财政政策成为货币政策之外强有力的政策工具和手段。

1998 年实施的积极财政政策基本内容包括：一是通过增发国债或者特别国债来筹措资金，并且改善财政支出结构，大幅度增加基础设施建设的投资。从 1998 ~ 2003 年国债的用途，可以看到我国这段时期积极财政政策，国债的使用主要是在基础设施、产业结构升级等方面，为国家重大项目建设、拉动内需作出了很大的贡献。二是根据形势需要，调整税收政策。在增加税收收入的前提下，采取结构性减税措施，一方面减少与投资直接相关的税收；另一方面通过税费改革，取消大量收费项目。三是增加社会保障、救灾和科教等重点领域支出。通过对公务员加薪、提高社会保障水平以及农村税费改革等手段，增加居民的可支配性收入，拉动消费需求。其中，1999 年下半年，国家财政增加 540 亿元专项支出用于提高城镇中低收入居民的收入水平；另外，2000 年以来多次对公务员加薪，这种加薪的示范效应可以促使其他政府制定工资的部门和行业效仿这种行为，从而增加社会居民总体收入水平。统计数据显示，自 1998 年国有、集体和其他单位的人均实际工资水平都有明显的快速增长趋势。在社会保障方面，政府支出中用于抚恤和社会救济支出部分，2001 年达 266.68 亿元，远高于 1990 年的 55.04 亿元和 1997 年的 142.14 亿元。

1998 ~ 2003 年实施积极财政政策期间，我国的经济保持较高速度的增长，5 年平均达 7.6%，积极财政政策对我国经济增长起到了显著的带动效应。据有关部门测算，积极财政政策对于 CDP 增幅的贡献率，1998 年为 1.5 个百分点、1999 年为 2 个百分点、2000 年为 1.7 个百分点、2001 年为 1.8 个百分点。2002 ~ 2004 年，也保持在 1.5 ~ 2 个百分点的水平。

### （二）2008 年的积极财政政策

2007 年下半年，美国次级抵押贷款机构破产，投资基金被迫关闭，股市剧烈震荡，引发了华尔街金融风暴。2008 年，美国次贷危机发展成为影响全球经济的严重性金融危机，并影响投资品、耐用消费品、一般消费品等价格以及就业等路径向实体经济领域传递。全球经济危机的风险陡然加大，越来越多的国家和地区卷入，其中，引发了世界性的经济危机。尽管我国外汇制度中资本账户管制和我国金融机构对外投资比例较小，这场危机未对我国金融体系产生大的影响，但是随着危机的蔓延，危机通过贸易投资和市场预期等渠道影响我国的实体经济发展，尤其是对我国经济增长有较大贡献的对外贸易，受到严重打击，宏观经济形势严峻。同时，2008 年国内的宏观经济表现也是错综复杂，其中贸易顺差出现波动，贸易增长进入不稳定期；工业生产增速缓慢，企业利润增幅回落，工业增加值人幅度降低，物价水平大幅度波动，经济增长放缓。为防范国际经济环境对我国的不利影响，有效克服国内经济增长中的困难，我国及时调整宏观经济政策，制订一系列调控方案。2008 年 11 月 5 日国务院召开常务会议，决定实行积极的财政政策和适度宽松的货币政策，启动了直接作用于实体经济的积极财政政策，开始了 10 年后的新一轮反周期调控。

2008 年开始实施的积极财政政策基本内容包括：一是扩大政府公共投资，着力加强重点建设。在 2008 年第四季度增加安排保障性住房、灾后恢复重建等中央政府公共投资 1 040 亿元的基础上，2009 年中央政府公共投资支出 9 243 亿元，完成预算 101.8%，比上年预算增加 5 038 亿元。其中，农业基础设施以及农村民生工程的建设投资 2 567 亿元，保障性住房建设投资 551 亿元，教育、医疗卫生等方面的社会事业建设投资 965 亿元，地震灾后恢复重建资金 970 亿元，节能减排以及生态环境建设投资 777 亿元。企业自主创新、进行技术改造、促进服务业发展等方面的建设投资 681 亿元，以及铁路、公路、机场、港口等重大基础设施建设投资 2 151 亿元，发行 2 000 亿元地方政府债券，保障地方政府的配套资金需要。这些投资增加了即期需求，带动了民间投资和消费，加强了经济社会发展的薄弱环节。二是推进税费改革，实行结构性减税。结合改革和优化税制，实行结构性减税，减轻企业和居民税收负担，扩大企业投资，增强居民消费能力。2009 年 1 月 1 日，在全国全面实施消费型增值税，也就是允许企业将新购入的机器设备所含的增值税税款实施抵扣，这样可以比较大地减轻企业的税收负担，促进企业增加投资，推进技术改造和技术创新。实施成品油税费改革，公平税费负担，推动节能减排。三是提高低收入群体收入，大力促进消费需求。调整国民收入分配格局，提高居民收入在国民收入分配中的比重和劳动报酬在初次分配中的比重，增强居民消费能力，扩大消费对经济增长的拉动效应。充分发挥财税政策作用，增加财政补助规模，重点增加中低收入者收入。四是进一步优化财政支出结构，保障和改善民生。中央财政用于“三农”支出和民生支出安排分别达到 7 161.4 亿元和 7 284.63 亿元。严格控制一般性支出，进一步降低行政成本。五是大力支持科技创新和节能减排，推动经济结构调整和发展方式转变。加大科技投入，促进企业加快技术改造和技术进步。增加节能减排投入，稳步推进资源有偿使用制度和生态环境补偿机制改革。改革完善资源税制度，促进资源合理利用。

自从 2008 年底国家实施积极财政政策以来，经济运行态势在 2009 年比较顺利地从“前低”转入“后高”。2009 年第一季度 GDP 增长出现 6.1% 的探底；第二季度经济开始企稳回升，GDP 增长迅速回升至 7.9%；第三季度 GDP 增长至 8.9%；第四季度增长高达 10.7%，2009 年全年 GDP 增长为 8.7%，实现保八的经济目标。2009 年，全国财政收入 68 476 亿元，比 2008 年增加 7 146.5 亿元，同比增长 11.7%，从 9 月开始扭转了年初以来的下降趋势。2009 年全年全社会固定资产投资 224 846 亿元，比上年增长 30.1%；全年社会消费品零售总额 125 343 亿元，比上年增长 15.5%；全年货物进出口总额 22 072 亿美元，比上年下降 13.9%。这一轮我国经济走势呈现“V”形，我国经济在全球经济中率先复苏和发展，积极财政政策的实施效果非常显著。

【财政视野】财政部副部长：积极财政政策应对危机成效显著

【财政视野】徐忠："积极财政政策"要真的积极起来

## 二、党的十八大以来的积极财政政策

### （一）加力实施减税降费政策，减轻实体经济负担

党的十八大以来，减税降费始终是积极财政政策的重要内容。2013 年以来陆续出台实施了一系列减税降费措施，营业税改征增值税是减税规模最大的改革举措，全面推开试点以来所有行业税负实现只减不增，并积极完善增值税制度。2017 年将 4 档税率合并为 3 档，2018 年实施降低增值税税率、统一增值税小规模纳税人标准、退还部分企业留抵税额等 3 项改革。从 2019 年 4 月 1 日起，增值税一般纳税人（以下简称纳税人）发生增值税应税销售行为或者进口货物，原适用 16% 税率的，税率调整为 13%；原适用 10% 税率的，税率调整为 9%，有效降低了企业成本负担。扶持小微企业的税收优惠政策不断扩围，大幅放宽可享受企业所得税优惠的小型微利企业标准，将减半征收所得税的小型微利企业年应纳税所得额上限从 6 万元逐步提高到 300 万元；将增值税小规模纳税人起征点由月销售额 3 万元提高到 10 万元；允许各省（区、市）政府对增值税小规模纳税人，在 50% 幅度内减征部分地方税种及教育费附加和地方教育附加。由省、自治区、直辖市人民政府根据本地区实际情况，对增值税小规模纳税人在 50% 的税额幅度内减征"六税两费"（即资源税、城市维护建设税、房产税、城镇土地使用税、印花税、耕地占用税和教育费附加、地方教育附加）。支持高科技研发和产业化普惠性税收优惠政策不断完善，科技型中小企业研发费用税前加计扣除比例由 50% 提高至 75%，并进一步扩大至所有企业，激发了全社会创业创新活力。实施个人所得税改革，2018 年 10 月 1 日起提高了起征点，2019 年 1 月 1 日起实施 6 项专项附加扣除政策，进一步减轻纳税人负担，促进提高消费能力。调整完善进出口税收政策，降低关税总水平，稳定外贸发展。同时，加大普遍性降费力度，2013 年以来共取消、免征、停征和减征行政事业性收费及政府性基金 1 000余项。集中公布中央和地方政府性基金和行政事业性收费目录清单，实现全国"一张网"动态化管理，从源头上防止各类乱收费、乱摊派。自 2019 年 5 月 1 日起，明确降低城镇职工基本养老保险单位缴费比例，可降至 16%。2019 年全年累计新增减税降费超过 2 万亿元，占 GDP 的比重超过 2%①。

① http://news.cctv.com/2020/01/07/ARTIS1GVSSMVru01NLHLBDz7200107.shtml

【财政视野】2019年国家出台了这些减税降费政策

**（二）适度扩大财政赤字，保持必要的支出规模**

2013～2018年，全国财政赤字规模从1.2万亿元提高到2.38万亿元，赤字率始终控制在3%以内，扩大的赤字主要用于弥补减税降费带来的财政减收和保障重点领域支出需要；新增地方政府债券从3 500亿元增加至2.18万亿元，有力支持地方稳增长、补短板。同时，不断优化财政支出结构，提高财政支出的公共性、普惠性，大力压缩一般性支出，增加对脱贫攻坚“三农”、结构调整、科技创新、生态环保、民生等领域投入；加大统筹财政资金和盘活存量资金力度，全面实施预算绩效管理，提高财政资金使用效益。就大力压缩一般性支出来看，2019年财政部将政府过紧日子落实到财政工作的各个方面。一是将政府过紧日子作为预算编制的重要原则。二是明确一般性支出压减比例。中央带头严格支出管理，2019年除刚性和重点项目外，其他项目支出平均压减幅度达到10%。要求地方2019年压减一般性支出5%以上，并力争达到10%以上。从实际执行情况看，各地压减幅度都超过了5%，不少达到10%以上。三是强化预算执行管理。四是加大预算绩效管理力度。

**（三）坚决打好三大攻坚战，持续推动提高经济发展质量**

一是支持打好防范化解重大风险攻坚战。着力加强地方政府债务管理，“开前门”，依法健全地方政府举债融资机制，实行限额管理和预算管理，合理确定分地区地方政府债务限额，稳步推进专项债券管理改革；“堵后门”，规范融资平台公司举债行为，严禁各种形式变相举债，严格落实地方政府属地责任，做到终身问责、倒查责任，妥善化解隐性债务存量。二是支持打赢脱贫攻坚战。2013～2017年中央财政安排补助地方专项扶贫资金年均增长22.7%，聚焦深度贫困地区推进脱贫攻坚，支持解决基本公共服务、基础设施建设等问题。推动贫困县涉农资金整合，下放部分涉农资金配置权，提高资金使用效益。支持探索资产收益扶贫和实施异地扶贫搬迁，以精准扶贫促共享发展。三是支持打好污染防治攻坚战。财政资金集中用于群众反映强烈的突出环境问题，加大对大气、水、土壤污染防治的支持力度，实施农村环境“以奖促治”，开展山水林田湖生态保护和修复工程试点，实施退耕还林还草、天然林保护全覆盖、草原生态保护补助奖励等政策。推进节能减排综合示范，鼓励新能源汽车发展。稳步扩大流域上下游横向生态补偿机制，积极推进排污权有偿使用和交易试点，利用市场机制促进节能减排和环境保护。

【财政视野】积极财政政策要更好服务于高质量发展

### （四）推动供给侧结构性改革，培育壮大经济发展新动能

一是着力支持产业升级。开展首台（套）重大技术装备保险补偿试点，设立国家集成电路产业投资基金、先进制造业产业投资基金等，将资金资源聚焦于制造业重点领域，促进传统产业升级。中央财政统筹利用现有资金渠道，大力支持战略性新兴产业区域集聚发展，支持制造业创新中心加强能力建设。设立并发挥国家新兴产业创业投资引导基金、国家中小企业发展基金作用，支持初创期新兴产业和中小企业发展。支持开展电子商务进农村综合示范，开展现代服务业综合试点。完善电信普遍服务补偿机制，支持扩大信息消费。二是深入推进“三去一降一补”。建立化解钢铁、煤炭行业过剩产能的财税政策支持体系，2016 年中央财政设立总规模 1 000 亿元的工业企业结构调整专项奖补资金，支持做好去产能过程中的职工分流安置工作。适当加大个人购买、转让住房的税收优惠力度，支持合理住房消费。研究提出“积极稳妥降低企业杠杆率”“市场化银行债转股”工作思路，出台不良资产处置政策，进一步简化国有金融企业股权转让程序。在加大减税降费力度的同时，阶段性降低失业保险费率和住房公积金缴存比例等，推动企业降本增效。加大补短板力度，中央基建投资重点支持“一带一路”建设、京津冀协同发展、长江经济带发展三大战略，支持“三农”、保障性安居工程、节能环保等重点领域和薄弱环节建设。三是推动实施创新驱动发展战略。持续加大基础研究投入力度，着力保障市场机制不能有效解决的公共科技活动。深化中央财政科技计划（专项、基金等）管理改革、中央财政科研项目资金管理改革等，最大限度激发科研人员创新热情。深入开展小微企业创业创新基地城市示范，促进大众创业万众创新。四是推进农业供给侧结构性改革。改革粮食等重要农产品价格形成机制和收储制度，推动实现农产品价格形成机制、农产品市场调控方式和农业补贴方式的重大转变。全面推开农业“三项补贴”改革，支持耕地地力保护和粮食适度规模经营。启动实施“粮改豆”“粮改饲”试点，探索耕地轮作休耕制度试点。积极发展适度规模经营，加快农业社会化服务体系建设。加大支持高标准农田建设，提升粮食生产能力。五是支持促进区域协调发展。进一步加大均衡性转移支付力度，大幅增加对革命老区、民族地区、边境地区、贫困地区的转移支付，增加阶段性财力补助规模，加大对资源能源型地区的支持力度，支持困难地区财政运转和基本民生兜底。

**【财政视野】积极的财政政策需要“破财免灾”——访中国人民大学财税研究所首席教授朱青**

### （五）托底基本民生，增强人民群众的获得感

一是落实更加积极的就业政策。通过社会保险补贴、职业培训补贴等方式，鼓励企业吸纳就业困难人员，提高劳动者职业技能，增强就业公共服务能力。二是支持教育改革发展。建立城乡统一、重在农村的义务教育经费保障机制，实现相关教育经费随学生

流动可携带，支持实施农村义务教育学生营养改善计划，全面改善贫困地区义务教育薄弱学校基本办学条件。支持扩大普惠性学前教育资源，实施高中阶段教育普及攻坚计划。落实完善促进职业教育发展的相关财税政策，深化产教融合、校企合作。三是推进医药卫生体制改革。实现基本医保制度全覆盖，推动建立稳定、可持续的医保筹资和待遇调整机制。全面推开公立医院综合改革，建立完善城乡居民大病保险制度。四是完善社会保障制度体系。统一城乡居民基本养老保险制度，全面实施机关事业单位养老保险制度改革，进一步提高基本养老保险待遇水平。健全特困人员救助供养制度，建立经济困难的高龄、失能等老年人补贴制度，保障困难群体基本生活。

**【财政视野】财政政策如何发力？中国财政科学研究院院长刘尚希：要让资金直达“六保”**

**【财政视野】中金点评 2019 年财政数据：减税降费取得明显成效**

## 三、我国财政赤字与宏观税负

### （一）我国的财政赤字

财政赤字和债务政策是财政政策的重要组成部分，也是市场经济下国家宏观调控的必要手段。从理论上分析，一定时期的赤字和债务政策既应考虑国家调节经济运行的需要，也需考虑财政风险。关键是应根据国民经济形势的变化，适时适度地运用这一政策，并将财政赤字及其债务控制在一个较为合理的范围之内。

2015 年全年，我国一般公共预算收支相抵后，财政赤字首次突破 2 万亿元，达到 23 551 亿元，高于年初预算数字（16 200 亿元），为 7 351 亿元。在 GDP 和财政收入增长双双减速的压力下，为了让扩张性财政政策更好地发挥作用，2016 年我国提高了财政赤字率，财政赤字安排为 2.18 万亿元（其中，中央财政赤字 1.4 万亿元、地方财政赤字 7 800亿元），比 2015 年增加 5 600 亿元，财政赤字率为 3%；政府债务规模也进一步扩大，2016 年，中央财政国债余额限额为 12.59 万亿元，地方政府一般债务余额限额为 10.71 万亿元，安排地方专项债券 4 000 亿元，继续发行地方政府置换债券，若按照债务上限计算，债务负担率为 32%。如果再考虑到地方专项债务余额限额为 6.48 万亿元，将三种债务余额限额加总后得到的债务余额限额之和为 29.78 万亿元，政府综合债务负担率约为 41%。

李克强在政府工作报告中提出 2018 年赤字率拟按 2.6% 安排，比去年预算低 0.4 个百分点；财政赤字 2.38 万亿元，其中中央财政赤字 1.55 万亿元、地方财政赤字 8 300 亿元。调低赤字率，主要是我国经济稳中向好、财政增收有基础，也为宏观调控留下了更多政策空间。

【财政视野】什么是财政赤字率？

那么，现阶段我国为什么要适度提高财政赤字率呢？因为适度提高财政赤字率能够为供给侧结构性改革提供更加宽松的财政政策环境。一是实施减税的空间更大。减税有助于为企业减负，增强企业竞争力，推动经济发展。例如，全面推开“营改增”试点，新增不动产进项税额可以抵扣，就是实实在在的减税措施，有助于释放经济增长潜力。这同时还有利于增值税税制的完善，让增值税的中性作用得到更好地发挥。当然，减税是有限度的，必须提高减税措施的针对性。针对性强的减税措施特别是鼓励创新的税收优惠政策有助于进一步提高我国的自主创新能力。二是有利于满足人们对公共产品和服务不断增长的需求。推进供给侧结构性改革意味着一部分资源需要重新配置，下岗分流职工需要得到妥善安置，还要进一步健全社会保障制度，满足人们对公共产品和服务不断增长的需求。财政支出的适度增长和政府债务规模的适度扩大有利于满足上述需求。楼继伟在 2015 年 12 月 28 日全国财政工作会议上表示，2016 年及今后一个时期，要继续实施积极的财政政策并加大力度，阶段性提高财政赤字率，合理确定地方政府新增债务余额限额，进一步实施减税降费政策，加大统筹财政资金和盘活存量资金力度，调整优化支出结构，压缩“三公”经费等一般性支出。

总体而言，我国政府的债务负担率不高，经济安全具有强大保障。当然，加强防范和化解经济风险的意识和举措仍然是非常必要的。我国经济发展进入新常态，经济运行方式已发生变化，影响经济增长的因素越来越复杂，保持宏观经济稳定所要做的事也越来越多，宏观经济决策难度在不断增加。要保持经济中高速增长和财政运行安全，需要全面观察经济的变化，尤其要采取科学的债务监测手段来密切关注债务监测指标的变化。还应认识到，尽管我国总体上财政运行正常，但各地情况不一，有些地方政府债务风险较大，如果不及时采取措施，也可能产生风险传染效应，由局部扩散到整体。除了关注政府债务风险，还要关注企业债务风险，特别是注意其中可能转化为政府或有负债的风险。只要对风险有充分的估计并有相应的预案，经济安全运行就有保证。

当然，从长远看，财政赤字率不可能持续提高，政府债务规模也不可能无限度地扩大，扩张性财政政策终有退出之日，经济繁荣最终要依靠市场的力量。不发生政府债务危机只是最低要求。一个运行良好的经济体应注意政府发债的挤出效应，不应让政府发债影响企业融资，也不宜让市场利率处在过高的水平上。

### （二）我国的宏观税负

新常态以来我国大口径宏观税负平均为 34.2%，而中小口径宏观税负的平均水平分别为 21.7% 和 18.3%，均低于大口径宏观税负 10 个百分点以上，可见，在全面考虑我国的广义政府收入之后，我国宏观税负的实际水平明显更高。2013 年和 2014 年我国大口径宏观税负相比 2012 年分别上升了 0.4% 和 0.3%。而 2015～2016 年受“营改增”等减税措施在全国大范围推行的影响，宏观税负虽有所下降，但与 2012 年相比下降幅度也不足 2%。从总体上看，2012～2016 年我国宏观税负基本保持稳定。就与发达国家的比较而言，新常态以来我国宏观税负的平均水平仅小幅高于美国（31.1%），而法国、瑞典等国平均宏观税负接近 50%，高于我国 10 个百分点以上。就与发展中国家的比较而言，新常态以来我国宏观税负的平均水平同样低于巴西（40.4%）、俄罗斯（40.7%）等国 6 个百分点左右。由此可见，我国宏观税负并未如一些研究所说已在世界上处于绝对高位，更不存在所谓的“死亡税率”。

我国宏观税负不高，但为何企业和居民的税负感依然较重？事实上，宏观税负与税负感虽然密切相关，但二者的内涵并不完全相同。宏观税负仅从政府收入衡量税费对企业和居民造成的负担。税负感指的是企业或居民对征税行为的反应和主观评价，其影响因素主要有三类：一是缴纳税费所导致的损失，这一因素可由宏观税负的高低反映；二是不同企业和居民税费负担的公平性；三是企业和居民缴纳税费的直接获益。据此分析可知，造成我国企业和居民税负感较重的主要原因有以下三方面：一是经济下行背景下宏观税负并未显著降低，宏观税负的自动稳定器效果不佳。新常态以来我国经济增速大幅下滑，同一时期宏观税负不仅没有明显下降，反而在 2013～2014 年上升了约 0.3 个百分点。二是小微企业和恩格尔系数高的中低收入群体承担的税负较高。2011 年我国小型企业税收负担大约是大型企业的 2.3 倍，2014 年大型上市公司纳税额占公司利润的比重为 28.4%，相比之下，小微企业纳税额占企业利润的比重为 35.8%，比大型企业高出 7.4%。这说明大型企业不仅经营所得利润较高，所承担税负也较轻，而小微企业经营所得利润较低，但仍需承担较高的税负。三是财政在民生领域的支出占比较低，导致居民缴纳税费的直接获益较少。现实中，瑞典等北欧国家虽然宏观税负较高，但居民在缴纳税费的同时能够享受到政府提供的教育、医疗以及养老等各方面的服务，居民对税费负担的实际感受较低。因此，即使我国的宏观税负相比上述国家仍然较低，但若税费收入没有较好地用于改善民生，居民税负感也难以真正降低。

**【财政视野】我国宏观税负并不高 远低于发达国家平均水平**

2013 年，中共十八届三中全会将“稳定税负”写入《中共中央关于全面深化改革若干重大问题的决定》之中。2015 年以来，财政部门继续全面贯彻党中央、国务院的决策部署，认真落实积极财政政策，结合税制改革总体方向实施减税。同时，实施普遍性降费，及时部署涉企收费专项清理工作，全面清理全国性及中央部门和单位行政事业性收费等。上述一系列减税降费措施包括：两次扩大小型微利企业减半征收企业所得税的优惠范围；简化大学生创业享受税收优惠程序；将个人转让住房免征营业税政策年限由 5 年调整为 2 年；对小排量汽车减半征收车辆购置税等。自 2018 年以来，我国积极推动覆盖面广、影响范围大的一系列减税降费措施，在降低市场主体税费负担、促进经济结构优化等方面发挥了积极作用。长远来看，企业所得税、社保费等方面的优惠政策降低了企业经营成本，在远期将通过创新和投资等长效传导机制改善商品和劳务的质量，提升产能利用率，有利于经济增长。而增值税减税直接降低了原材料等产品成本与最终的商品价格，对于刺激国内消费、扩大内部需求起到积极作用，同时提高了我国企业的国际竞争力以及促进出口贸易的增长。供给与需求的匹配进一步促进供给增长，从而推动经济高质量发展。此外，个人所得税法的第七次重大修订大幅降低中低收入人群的税收负担，也产生刺激消费的作用，激发市场活力，拉动经济增长。减税降费是供给侧结构性改革的重大举措，有利于激发市场活力、优化资源配置、完善税制结构，同时对稳增长、保就业、调结构发挥了积极作用。我国实施大规模减税降费政策，财政部数据显示，2019年上半年全国税收收入累计增速与2018年相比，同期回落了13.5个百分点，力度空前的减负红利持续释放。一系列减税降费政策集中发力，在增长、就业、创新、投资四个方面均有一定成效，有效促进了经济高质量发展。

**【财政视野】刘昆：积极的财政政策要更加积极有为**

**【课外阅读】坚持积极财政政策的稳定性**

**【应用训练】**

（1）如何理解积极财政政策的含义？

（2）财政政策的目标主要有哪些？

（3）财政政策工具有哪些？它们是怎样发挥作用的？

（4）我国1998年和2008年以及党的十八大以来实施的积极财政政策的主要内容有哪些？

参考答案

第十五章　财政政策 PPT

# 第十六章

# 政府间财政关系

【本章导读】政府间财政关系是指在财政体制上划分中央政府和地方政府以及地方各级政府之间财政管理权限的一项根本制度。它具体规定了各级政府筹集资金、支配使用资金的权力、范围和责任，使各级政府在财政管理上有责有权。中央与地方事权和支出责任划分是理顺政府间财政关系的前提和基础，是推进国家治理体系和治理能力现代化的重要方面。本章主要阐述了财政分权理论，政府间事权划分应遵循的原则，以及财政管理体制和转移支付制度。

通过本章学习，要求读者全面了解财政分权理论，掌握不同级次政府间事权与支出责任划分、收入划分以及转移支付体系。

【财政视窗】肖捷谈中央和地方财政事权支出责任

## 第一节　政府间财政关系概述

### 一、财政分权理论

财政分权理论是处理政府间财政关系的主要理论依据，一般认为其兴起的标志是1956年美国经济学家蒂伯特发表的经典论文《地方公共支出的纯理论》。所谓财政分权是指地方政府拥有一定的自主权力，能够根据其支出责任和财政收入权限，决定其预算支出的规模和结构，从而满足辖区内居民的公共服务需求。财政分权的实质是地方政府拥有一定的财政自主权，各级财政相对独立。20世纪以来，财政分权已经成为世界各国在处理中央和地方政府之间财政关系时所采取的一种主要模式，现代市场经济国家大多实行财政分权。经过半个多世纪的发展，财政分权理论主要经历了传统财政分权理论和第二代财政分权理论两个发展阶段。

【财政视野】财政分权的界限

### （一）传统财政分权理论

传统财政分权理论重点讨论财政分权的必要性，即中央政府与地方政府在提供公共产品时的优劣比较等问题，又称为财政联邦主义。传统财政分权理论的主要代表人物是蒂伯特（Chares Tebout）、奥茨（Wlace E. Oates）和马斯格雷夫（Richard A. Musgnve）等，因而也称为TOM模型。

1. 蒂伯特“用脚投票”理论

公共产品的非排他性决定了人们可以不付成本享受公共产品的好处，每个人都更愿意成为免费搭车者，而不愿流露自己对公共产品的偏好。蒂伯特设想，如果存在足够的具有差异性的社区可供选择，人们就可以通过自行选择居住地的方式显示对公共产品的偏好，从而提高公共产品供给的有效性。蒂伯特假定作为公共产品的消费者，居民可以自由流动，一旦政府不能满足其要求，居民就通过“用脚投票”的方式迁移到自己满意的地区。因此，蒂伯特模型又称为“用脚投票”理论。

在蒂伯特看来，人们为了实现自身效用的最大化，通过“用脚投票”的方式选择自己喜欢的地区居住，让地方政府按居民的偏好来提供一定水平的公共产品，使地方政府所提供的公共产品水平和其所征收的税收水平相吻合。当每个人都得到他所需要的公共产品与满意的税收水平，人口将不再流动。由此，人口自由流动的结果就是地方性公共产品得到有效供给，帕累托最优得以实现。

2. 马斯格雷夫分权理论

马斯格雷夫从财政的资源配置、收入分配和宏观经济稳定三大经济职能出发，分析了中央和地方政府存在的合理性和必要性，并将三大职能在中央政府与地方政府之间进行了划分。马斯格雷夫指出，由于地方政府对宏观经济稳定实施控制缺乏充足的财力，并且经济主体的流动性严重削弱了地方政府进行收入再分配的效果，故而宏观经济稳定与收入分配职能应由中央负责。由于各地居民的偏好有所不同，资源配置的需求有所差异，所以资源配置职能由地方政府负责更有利于经济效率的提高和社会福利水平的改进。马斯格雷夫分权理论还主张通过税种在中央政府与地方政府之间的分配，赋予地方政府相对独立的财政权力，从而实现中央政府与地方政府的收入分权。

3. 奥茨分权定理

奥茨分权定理比较了由中央政府集中供应和地方政府分散供应公共产品的效率差异，证明了地方政府提供公共产品的优先性。该定理认为，从居民偏好的表达途径来看，财政分权有着明显的优势。如果一个国家只由中央政府提供公共产品，那么满足居民需求偏好的途径只有直接民主制或代议制，即用手投票。在中央政府和地方政府分工提供公共产品的条件下，居民需求偏好表达的途径除了用手投票以外，还包括用脚投票。此时的地方政府不仅需要争取选民的政治选票以维续执政，而且还需要争取居民的货币选票，以缓解地方政府本身存续和运转的压力。因此，地方政府比中央政府具有更大的改善公共服务效率的积极性。如果人口的异质性很强，需求偏好的差异性很大，那么地方政府在公共产品供给上的效率优势就更加明显。

### （二）第二代财政分权理论

传统财政分权理论的假设前提是存在一个仁慈而高效的政府，政府和政府官员都会忠于自己的职守而自动地按照公众利益实现资源的优化配置，但该理论受到了第二代财政分权理论的质疑。第二代财政分权理论继承了传统财政分权理论的核心思想，将“经济人”假设应用到政府行为分析中，主要考虑在非对称信息条件下，如何设计激动机制，使得财政制度安排在地方公共产品的供给上既能提高效率，又能兼顾公平。第二代财政分权理论又称为市场维护型财政联邦主义，主要涉及以下三个方面的内容。

1. 政府治理结构问题

传统分权理论从地方政府的信息优势说明了分权的好处，但没有充分说明分权的机制，特别是其对政府官员忠于职守的假设存在一定的问题。事实上，政府与政府官员与企业经理人员一样，也有自己的物质利益需求，在缺乏约束的情况下可能存在寻租行为，一个有效的政府治理结构应该实现政府官员和辖区居民福利之间的激励相容。第二代财政分权理论将企业理论和微观经济学理论引入财政学，既反对传统财政分权理论的政府模型假设，也不赞成公共选择理论的邪恶政府假设，其理论立足点是，一个高效率的市场来自一个好的政府治理结构，政府行为既要有效率也要受到约束。在构造政府治理结构时要考虑到相应的激励机制，提供维护市场效率的支持性政治系统。

2. 市场化问题

在市场化问题上，政府应该用某种可信的承诺来提供“正的”和“负的”激励，前者用来防止政府对企业和居民的掠夺性行为，后者则用来惩罚预算软约束。在分权状态下，由于中央政府事实上放弃了事后的信息使用权，减少了底层决策者与高层领导者之间过度的信息传递，以及它对经济主体的直接控制和掠夺，由此对地方政府产生了正面的激励，即地方政府可以从本地的经济繁荣中获益，从而激励地方政府采取繁荣经济的措施。同时，货币权力与财政权力的分离有助于地方政府预算约束的硬化。分权制度下，银行机构控制着信贷，地方政府却无权干预，因此地方政府不能通过无限度地借钱来保护落后企业，从而带来预算约束的硬化。同时，地方政府间的竞争也会对地方政府随意干预市场构成约束，从而限制官员的掠夺性行为。

3. 财政联邦主义的可持续性问题

第二代财政分权理论认为财政分权有助于政府有效地维护市场，但要达到这种效果，联邦主义政策的实行必须是可持续的，政府必须具有自我强制机制予以保证，政府官员必须有遵守联邦主义规则的激励。财政联邦主义持续、稳定地发挥作用，必须具备两个条件，一是中央政府必须拥有监督下级政府是否逃避责任的充分资源，二是地方政府必须具有反对中央政府滥用权力的监督手段。

## 二、政府间事权划分的基本框架

财政分权理论为政府间事权和收入权限的划分提供理论依据，进而需要根据各级政府所承担的不同责任，相应划分各自的收入权限，使中央和地方政府都有履行自身职责的财权和财力，以保证各级政府各司其职、各负其责。所谓事权，是指各级政府管理国家事务的权力，是财政支出责任的具体体现。政府间事权的划分是对各级政府在公共产品供给中应该承担的任务和职责的界定，即哪些事情由中央政府办理，哪些事情由地方政府办理。

### （一）政府间事权划分的基本原则

1. *效率原则*

政府间事权划分的效率原则包括两方面的内容，一是以最低成本提供公共产品，二是最大限度地发挥公共产品的社会功效。各级政府提供公共产品的清单应首先按效率原则进行排序，谁能最有效率地提供公共产品，相应的事权就列入谁的职责范围。通常而言，地方政府由于具有较强的信息优势，因而在提供公共产品方面能够节约一定的成本。但如果考虑到规模经济，那么高层次政府提供同质性公共产品则更具有效率。具体来说，所需信息量大、信息复杂且获取困难的基本公共服务应当优先作为地方的财政事权；信息比较容易获取和甄别的全国性基本公共服务宜作为中央的财政事权。

2. *公平原则*

政府间事权划分的公平原则主要体现在三个方面：一是同级政府间事权分配应遵循公平原则，即同一级政府下属的多个政府之间应具有基本相同的事权内容，否则既不利于上级政府统一事权的形成和行使，也容易导致下级政府间事权的寻租行为，不利于事权划分的稳定。二是对同一级政府内部的事权分配应遵循公平原则，即一个政府对不同事务的事权配置应相对平衡，做到权责一致，保证政府各项事权的有效配置，避免事权配置失衡导致政府失灵。三是政府间事权划分应保证同一政府辖区内的居民享受到相对公平的公共服务，从而缩小或控制地区间和居民间的贫富差距。

3. *受益原则*

根据公共产品的外溢性或受益范围可以分为全国性公共产品、区域性公共产品和地方性公共产品。一般而言，全国性公共产品应由中央政府提供，地方性公共产品主要由地方政府提供，而区域性公共产品可由高层次政府来协调提供。比如，江河湖泊及流域治理一般由中央政府协调各地方政府来提供。

【财政视野】我国政府间事权和支出责任划分的基本原则

### (二)政府间事权划分的现实格局

在实践中,世界各国均由国家宪法或相关法律明确划分中央政府与地方政府的事权范围和支出责任。尽管由于历史和现实的原因,各国对分权程度的把握很不相同,事权的划分各有差异,但总体上看,国家主权性和安全性公共产品的提供,包括外交、国防、海关、空间开发和海域海洋使用管理等,属于中央政府事权范围,其他事务则更多地交给地方政府办理。

一般而言,国防事务的立法权为中央专有,国防行政权原则上属中央直接管辖;地方所享有的国防行政权限于组织地方武装力量,协助征集兵源供给部队。外交事务在绝大多数国家由中央专门管理,只有少数联邦制国家允许成员保留部分外交权。司法事务在实行高度集权型司法体制的国家由中央专权;实行分权型司法体制的国家大多采用二元的司法制度,并存两套司法系统及两套法律制度;在实行集权为主、分权为辅的司法体制下,地方仅在一定范围内享有司法行政管辖权。公安、警察等安全性事务,由中央与地方共同管辖。其中,国籍管理、出入境管理等主要由中央政府负责。文化教育、经济和内部事务由中央与地方政府共同负责。

【财政视野】法国:事权明确、财权清楚

## 三、政府间收入划分的基本框架

政府事权划分的层次性,必然要求财政收入具有与之相对应的层次性。财政分权与政府间事权的划分是合理确定政府间财政收入权限及相应的财权,是财力大小的依据。税收收入是政府财政收入的主要内容,故而政府间收入划分的核心是税收收入在各级政府间的划分。

### (一)税收收入划分的基本方式

1. 税种划分

税种划分是指依据一定的原则和标准,将全部税种在中央和地方之间进行划分,从而形成各自的收入来源。各国税种划分的方法大致包括两种情况:一是按税种把税收划分为中央税和地方税,分别归属于中央政府和地方政府;二是按税种把税收划分为中央税、地方税及中央与地方共享税,中央税和地方税分别属于中央政府和地方政府,中央与地方共享税则按一定标准划分为中央收入和地方收入，并分别归属于中央政府和地方政府。

2. 税基分享

税基分享是指中央政府和地方政府对同一税基征收各自的税收，从而形成各自的收入来源。在税基分享中，税基通常是由中央政府来决定的。各国税基分享的方法大致包括三种情况：一是对某一税基分别设置中央税和地方税；二是对某一税基只设置中央税，地方政府在中央税的基础上附加一定的比例；三是对某一税基只设一种税，由某一级政府进行征管，征得的收入在中央和地方政府之间分享。

税种划分和税基分享是税收收入划分的基本方式，而尤以税种划分最为普遍。

### （二）政府间税种划分的基本准则

马斯格雷夫（1983）提出了著名的政府间税种划分原则，学界在此基础上进行了完善，形成了大致认同的税种划分基本准则。

1. 与稳定国民经济有关的税种划归中央政府

一般而言，与稳定经济有关的税种均归中央政府，如个人所得税。个人所得税一般采用累进税率，当国家经济快速增长时，个人的收入增加，平均税率随之上涨。税率的上升会抑制劳务和投资供给的过快增长，从而防止经济过热的出现。当国家经济衰退时，个人的收入下降，平均税率随之下降。税率的下降会刺激劳务和投资供给的增长，从而促进经济复苏。个人所得税的这种功能被称为“自动稳定器”功能。由于宏观稳定属于中央政府的职责，那么用于稳定经济的税种也应归中央所有。

2. 与收入再分配有关的税种划归中央政府

由于收入再分配在很大程度上是中央政府的职责，因而与收入再分配有关的税种也应归中央政府，比如个人所得税。由于个人所得税采用累进税率，收入较高的个人所适用的平均税率较高，收入较低的个人所适用的平均税率较低，能够达到收入再分配的效果。

3. 税基流动性大的税种划归中央政府

增值税、销售税、所得税等都是税基流动性大的税种。如果上述税种划归地方政府，则可能导致各地税率不一，引起税基的非正常流动，不利于统一大市场的形成或干扰资源的优化配置。比如，居民会流向个人所得税、销售税和遗产税较低的地区，企业会迁移到增值税、企业所得税较低的地方。这种税基的流动不是资源配置的优化，而是地区间税率差异产生的人为结果。另外，如果企业所得税完全划归地方，各地税率不同则会使一些企业通过“转移定价”的办法将利润转移到税率较低的地方。

4. 税基流动性较小的税种划归地方政府

税基流动性小的税种划归地方政府，即使存在税率及相关制度的差异，也不会引起税基的无序性流动。从各国的实践来看，税基流动性较小的税种，如房产税、土地税、土地增值税、车船税等大多归地方政府所有。

5. 与自然资源有关的税种应划归中央政府

与自然资源有关的税种主要体现为资源税。资源在地区间分布不均匀，导致税源在地区间分布的不平衡，如果其税收收入归地方政府所有可能导致地区间财政能力的先天性差别。为了平衡资源性税收收入在地区间的差异，各国通常将其划归中央政府。如果上述资源在全国的分布较为均匀，则可根据税基的不可流动性划归地方政府。

6. 进出口税收划归中央政府

由于进出口既关涉国家主权，地方政府无法插手，又是政府进行宏观调控的重要手段，因此世界各国均将进出口税收划为中央政府专有收入。

# 第二节　财政管理体制

## 一、财政管理体制的概念及类型

### （一）财政管理体制的概念

财政管理体制，简称“财政体制”，是指国家在组织财政收入和财政支出的活动中，划分中央政权和地方各级政权以及财政部门和其他国家机关、企业事业单位之间在财政管理方面的职责、权力、财政收支范围以及组织原则、管理方式和机构设置等各项法规和制度的总称，是国家财政管理的一项根本制度和国民经济管理体制的一个重要组成部分。

### （二）财政管理体制的类型

从世界各国财政管理体制的差异看，一般分为两种模式或类型：

1. 财政联邦制模式

财政联邦制又称为财政联邦主义，是处理财政关系的一种规范制度，是指各级政府为共同履行公共经济职能，在财政职能和收支上有一定的独立性和自主性，其主要内容包括不同级别政府的作用，收支如何在各级政府间进行划分以及政府间的补助等一系列问题，其实就是财政分权理论。其核心是处理中央与地方的财政关系，即中央与地方在财政体系内的集权与分权问题。在这种体制下，中央财政与地方财政之间、地方上级财政与下级财政之间没有整体关系，政府间的财政联系主要依靠分税制和转移支付制度来实现。美国、加拿大、德国、澳大利亚、俄罗斯、墨西哥、印度等国家实行财政联邦制。

2. 财政单一制模式

财政单一模式下的财政管理体制，是指中央和地方各级政府在中央统一领导下，根据事权划分及与之相适应的财权财力划分，统一财政预算和分级管理的一种体制模式。在这种模式下，财政大政方针和主要的规章制度由中央统一制定、安排，地方在中央决策和授权范围内对财政活动进行管理。财政单一制模式下，地方政府拥有的分权水平较低、自主性较小。法国、英国、日本、韩国、意大利等国实行财政单一制。

## 二、财政管理体制主要内容

如何安排好各级政府的财政分配关系，把握合理的财政分权，一直是经济学界的焦点问题。政府间财政关系涉及方方面面，但可以归结为四个要素：事权、支出责任、财权和财力。事权可以定义为每级政府应承担的处理公共事务和提供公共服务的责任和职责；支出责任则是指政府承担使用资金以履行公共职责的支出义务；财权是指每级政府为满足支出责任而筹集收入的权利，包括税权和费权；财力则是指每级政府可支配的资金，包括自行筹集的收入以及来自上级政府的转移支付和税收返还。

这四个要素中，事权划分和支出责任划分是财政管理体制的运转基础，收入划分是处理政府间财政关系的逻辑重点，转移支付均衡财力则是财政管理体制的核心。本节主要介绍财政管理体制中的三项主要内容（见图16－1）：事权与支出责任划分、收入划分以及转移支付。

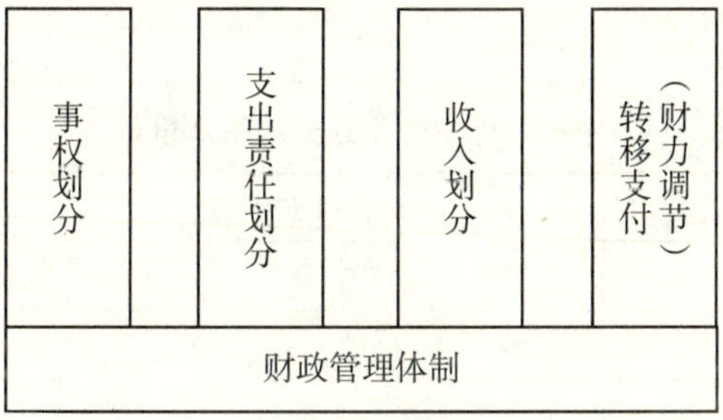


**图16－1 财政管理体制主要内容示意**

### （一）政府间财政事权与支出责任划分

1. 政府间事权与支出责任划分原则

（1）夏普（Sharp）原则。明确的政府间事权与支出责任划分是财政管理体制有效运行的基础。早在1949年夏普提出不同级次的政府具有不同的职能，应当依据不同的政府职能来确定不同级次政府的财力需要，相应地划分财政管理权限。他主张宏观调控和社会福利分配的职能应当由中央政府承担，而资源配置职能则应该由能准确识别纳税人偏好和需求的地方政府执行。

（2）马斯格雷夫（Musgrave）原则。马斯格雷夫认为政府财政有资源配置、收入分配以及稳定经济三大职能。在资源配置职能上，不同于夏普强调通过职能划分使纳税人对公共产品服务的满足度或效用最大，马斯格雷夫将公共产品的收益范围作为划分依据。如上文财政分权理由分析过程与结果一样，若是该项公共产品不具备成本收益外溢性，则最好由地方政府提供，如地区性交通、消防等；若该项公共产品存在一定的外部性，则最好由中央政府提供，如国防、外交等。在收入分配职能上，地方政府颁布不同的收入分配政策会导致劳动和资本等要素在辖区间流动，导致地方政府收入分配目标难以实现。应当依据收入分配目标的范围来决定该职能由哪级政府承担，区域性的收入再分配目标由地方实现，全国性的收入再分配目标则由中央实现。在稳定经济职能上，中央以下级别的政府难以根据整个宏观经济的状况，实施合理有效的经济政策，因此中央政府承担稳定经济职能。

（3）巴斯特布尔（Bastable）原则。根据上述理论，巴斯特布尔提出更具有实践意义的事权与支出责任划分的原则。一是受益原则，即若公共产品服务的受益对象是地方居民，则属于地方政府的支出责任；若受益对象是全国居民，则属于中央政府的支出责任。二是行动原则，即若公共事务和支出具有地域特殊性时，由地方承担支出责任；若公共活动和支出需要统一规划的，则有中央承担支出责任。三是技术原则，若财政活动规模较大，或是有较高技术要求，则由中央承担；否则应属于地方政府的支出范围。

2. 主要国家基本实践

尽管各国的政治体制、文化传统以及经济发展水平等具体国情存在差异，但主要国家政府间事权划分普遍遵循公平与效率原则。表 16－1 展示了财政职能在中央和地方之间划分的基本框架。

**表 16－1　　中央和地方之间划分的基本框架**

| 内容 | 责任归宿 | 理由 |
|---|---|---|
| 国防 | 中央 | 全国性公共产品或服务 |
| 外交 | 中央 | 全国性公共产品或服务 |
| 国际贸易 | 中央 | 全国性公共产品或服务 |
| 金融与货币政策 | 中央 | 全国性公共产品或服务 |
| 管制地区间贸易 | 中央 | 全国性公共产品或服务 |
| 对个人的福利补贴 | 中央、地方 | 收入再分配、地区性服务 |
| 失业保险 | 中央、地方 | 收入再分配、地区性服务 |
| 全国性交通 | 中央、地方 | 全国性服务、外部效应 |
| 地区性交通 | 地方 | 地区性服务 |
| 环境保护 | 中央、地方 | 地区性服务、外部效应 |
| 对工业、农业、科研的支持 | 中央、地方 | 地区性服务、外部效应 |
| 教育 | 中央、地方 | 地区性服务、外部效应 |
| 卫生 | 地方 | 地区性服务 |
| 公共住宅 | 地方 | 地区性服务 |
| 供水、下水道、垃圾 | 地方 | 地区性服务 |
| 警察 | 地方 | 地区性服务 |
| 消防 | 地方 | 地区性服务 |
| 供应、娱乐设施 | 地方 | 地区性服务 |

资料来源：马骏：《论转移支付》，中国财政经济出版社 1998 年版，第 138～139 页。

（1）提高事权划分的法制性、规范性与稳定性。成熟市场经济国家大多有明确的法律依据来划分中央与地方政府间事权与支出责任。实行联邦制的国家如美国、澳大利亚和德国等，其宪法中明确规定了联邦政府的权利，宪法中没有列举的权利则属于地方政府。实行单一制的国家如日本、英国、法国以及许多发展中国家等，其宪法并不明确划分中央与地方的权利，地方政府的权利是由中央的立法机关授予。

**【财政视野】德国基本法有关联邦与州政府的事权划分条款（部分）**

（2）依据国情清晰划分基本公共服务事权。各国对基本公共服务就具体项目有着不同的财政事权划分格局。政府间事权的划分与本国政治体制、经济社会国情相适应，实践中对基础教育、公共卫生、社会保障等基本公共服务的事权配置较为清晰合理。表16－2展示了主要国家就三类公共服务事权在中央与地方政府间划分情况。

**表16－2　主要国家政府间基本公共服务事权划分情况**

| 国家 | 基础教育 | 公共卫生 | 社会保障 |
|---|---|---|---|
| 法国 | 完全由中央承担职能，并承担几乎全部支出责任 | 主要由地方承担职能 | 完全由中央承担职能 |
| 英国 | 主要由地方承担职能，中央予以固定拨款 | 完全由中央承担职能，并承担几乎全部支出责任 | 由中央完全承担职能 |
| 美国 | 主要由州与地方承担职能，并承担主要支出责任 | 主要由地方承担职能，并承担主要支出责任 | 以联邦为主，由联邦和地方共同承担职能 |
| 德国 | 主要由州与地方承担职能，并承担主要支出责任 | 主要由地方承担职能 | 完全由中央承担职能 |
| 澳大利亚 | 主要由州与地方承担职能，并承担主要支出责任 | 主要由地方承担职能，中央承担主要支出责任 | 以联邦为主，由联邦和地方共同承担职能 |

资料来源：李萍等主编：《财政体制简明图解》，中国财政经济出版社2010年版。

### （二）政府间收入划分

政府间事权和支出责任的划分，使得每级政府需要一定的资金财力才能履行本级的财政职能。不同税种划归不同级次政府的理由是多年来经济学的一个焦点。本部分先阐述政府间收入划分原则，再介绍目前主要国家划分收入的基本经验。

1．政府间收入划分原则

（1）塞利格曼（E. R. A. Seligman）原则。塞利格曼依据税种属性提出划分中央与地方收入的三项原则：一是效率原则，即以征税效率高低为划分标准。例如，所得税的征税对象为所得额，但缴纳所得税的纳税人具有流动性，其收入所得可能与居住地不一致。如果由地方征收管理所得税，征税效率难以保证。再如，财产税由于中央政府对居民财产的识别程度不及地方政府，如果由中央征管财产税，其征税效率也会低于地方政府开征。二是适应性原则，即以税基作为划分标准。税基窄的税种下划地方政府，如财产税等；税基宽的税种上划中央政府，如增值税、印花税等。三是恰当原则，即以税负是否公平为原则。例如，所得税的目的是为了使全国居民公平负税，只有由中央政府来征管，才能达到公平分配的目的。

（2）迪尤（F. Due）原则。除了同塞利格曼一样提出了效率原则外，迪尤还提出了经济利益原则。该原则是以增进经济利益为标准，税种划分给哪级政府能更有利于经济稳定和发展，则划归至该级政府。如销售税划归至中央，有利于货物流通；若地方征管销售税，则对货物空间流通环节多次征税，提高物价阻碍经济发展。

2. 主要国家基本实践

依据上述收入划分原则，经过多年实践，目前世界主要国家大多按照税种属性和宏观调控需要配置各级政府收入。一般而言，适宜中央政府征收管理的税种具有以下属性：一是具有再分配性质的税种；二是税基流动性较强的税种；三是地区间税基分布不平衡的税种；四是收入变化具有周期性或波动性较强的税种；五是税负易转嫁的税种。地方政府的征税对象集中在上述之外的其他税种，如财产税、车辆税等。对于部分具有再分配功能以及流动性的税种，地方政府可采取比例分享、税基分享或是附加征收等方式取得部分收入（见表16-3）。

**表16-3　　政府间收入划分基本框架**

| 中央（联邦）政府 | 州（省）政府 | 地方（省）政府 |
|---|---|---|
| 增值税 | 工薪税 | 财产税 |
| 个人所得税 | 销售税 | 车辆税 |
| 公司所得税 | 消费税 | 使用费 |
| 消费税 | 财产税 | 规费 |
| 自然资源税 | 车辆税 | |
| 关税 | 全国性税收的附加税 | |
| 出口税 | | |

资料来源：Roy Kelly，1999，“Intergovernmental Revenue Allocation Theory and Practice：Application to Nepal” Asian Journal of Public Administration，Vol 21，No 1.

（1）中央政府占初次分配的优势地位。考虑中央政府提供国防、外交等公共产品以及执行收入再分配和经济稳定职能的需要，在不违背税种属性的前提下，主要国家通常将主体税种收入上划至中央。这也是强化中央权威地位、消除地区间公共产品服务外溢性以及均衡地区间财力等问题的必然要求。由于政治体制不同，各国的中央财力集中程度存在差异。单一制国家（如英国、日本等）大多将所得税、增值税等主体税种划归中央，初次分配时中央收入占全国总收入比重较高；联邦制（如美国、德国等）国家大多将所得税纳入中央与地方共享税的范畴，中央收入占比相对较低。

（2）主体税种划分体现中央权威又突出国情特色。增值税作为流转税主体税种，具有较强的筹集财政收入能力，也是宏观调控重要工具之一。澳大利亚和瑞士等国将增值税收入全额划至中央；德国、西班牙等国则运行地方分享，但分享比例较低。企业所得税因税基具有流动性，且在地区间分布不均衡通常被划归中央收入。为提升效率，部分国家将企业所得税作为中央与地方共享税。但地方政府分享到的企业所得税比例相对较低，体现中央政府权威地位。成熟经济国家企业所得税收入划分分布大致可划分为四类：一是企业所得税收入完全由中央所有，如澳大利亚、英国等；二是地方政府分享企业所得税比例较低，占比一般不超过20%，如法国、美国等；三是地方分享比例较高，约为20%～40%，如加拿大、日本等；四是地方分享比例高于中央政府，如德国、瑞士等。后两类国家其收入分配突显了各自的国情特色，不具有典型意义。如日本尽管作为单一制国家，但受历史影响其宪法具有强烈的地方自治精神①，而德国和瑞士的联邦政府将大部分收入再分配职能下放至州政府，政府间转移支付以州际横向转移支付为主，因此两国州政府需要大量主体收入以履行财政职能。

## 三、我国财政管理体制的发展及财政分权现状

### （一）我国财政管理体制的历史沿革

我国财政管理体制的演变历程，反映了国家政府间财政关系围绕财政集权与分权这条主线的运行变化。随着政治环境和经济条件的变化，我国财政管理体制经历了多次调整。总体来看可以分为三个阶段：一是1950～1979年的“统收统支”阶段；二是1980～1993年的“分级包干”阶段；三是自1994年实施的“分税制”阶段。

1. 1950～1979年“统收统支”阶段

1949年新中国成立初期，国民经济因长期战争处于支离破碎、百废待兴的状况，国家财政也存在分散管理经营、收支脱节以及不平衡的问题。为此国家采取了统收统支，除地方附加外，全部纳入统一的国家预算②。这种收入要上缴、支出要另外审核下拨的“高度集中，统收统支”的财政管理体制适应了当时政治经济形势的要求，实现了稳定市场物价、维护社会秩序以及平衡财政收支的政策目标。1951年全国的财政经济形势好转，考虑高度集中管理的财政体制下，一是中央财政事务繁杂，不利于集中精力考虑国家财政重大问题和方针政策；二是地方财政机动性太小，难以因地制宜自主使用财政资金；三是资金上缴下拨的过程，不能及时调动和利用。因此，需要适当划分中央和地方财政收支范围，实施“划分收支、分级管理”的财政管理体制。直至1957年第一个五年计划时期结束，国家财政管理体制是在保证国家集中主要财力进行重点建设的前提下，地方

---

① 姜世林等：《世界宪法全书》，青岛出版社1997年版，第653页。

② 1950年3月，政务院先后发布了《关于统一国家财政经济工作的决定》《关于统一管理1950年度财政收支的决定》等有关决定，财经工作从分散管理转向高度集中的统一管理。

有固定收入来源和一定的机动财力，基本适应当时的经济社会情况。1958 年进入第二个五年计划时期，实施“以收定支，五年不变”的财政管理体制，明确划定地方财政的收支范围，进一步扩大地方财政的管理权限，增强地方的机动财力①。

由于经济工作中出现了高指标、浮夸风带来的财政收入虚假的问题，以及地方财权的扩大导致各地区发展不平衡问题，1958 年的体制改革只执行了一年。国务院决定从 1959 年起实行“总额分成、一年一变”的财政管理体制②，旨在继续下放收支项目的同时，适当缩小地方一部分机动财力；通过一年一变，解决财经计划与国民经济脱节的问题。鉴于三年“大跃进”中的经济工作失误，连续几年严重自然灾害以及苏联撕毁援建合同带来的国民经济困难，中央政府强调财政管理的集中统一。经过几年的调整，国民经济得到了休养生息。

为充分调动地方财政的积极性，财政部决定自 1971 年起，实行“财政收支包干”体制③，贯彻下放财权的精神，扩大地方财政收支范围，并按绝对数包干，超收部分全部留归地方所有。而后由于“财政收支包干”体制存在年初指标设定难以符合实际，中央财政难以维持平衡的问题，且国民经济存在不稳定的情况，我国在 1974 年以及 1976 年分别提出了“收入按固定比例留成，超收另定分成比例，支出按指标包干”以及“收支挂钩、总额分成”的财政管理体制，并于 1978 年在部分省（市）试行“收支挂钩、增收分成”的体制改革。

我国 1950 ~ 1979 年财政收支情况，如图 16 - 2 所示。

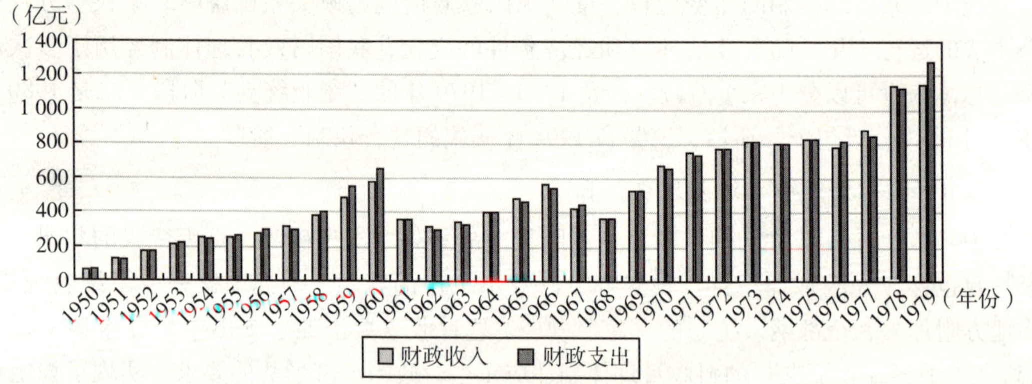


**图 16 - 2　1950 ~ 1979 年全国财政收支情况**

资料来源：笔者根据财政部网站资料整理。

① 毛泽东在《论十大关系》中指出，应当在巩固中央统一领导的前提下，扩大一点地方权力，让地方办更多的事情。1957 年 11 月，国务院同时颁发了《关于改进工业管理体制的规定》《关于改进商业管理体制的规定》《关于改进财政管理体制的规定》。

② 1958 年 9 月，国务院通过了《关于进一步改进财政管理体制和改进银行信贷管理体制的几项规定》，决定从 1959 年起实施“收支下放、计划包干、地区调剂、总额分成、一年一变”的财政管理体制。

③ 1971 年 3 月 1 日，财政部颁发了《关于实施财政收支包干的通知》，决定自 1971 年起，实施“定收定支、收支包干、保证上缴（或差额补贴）、结余留用、一年一定”的财政管理体制。

2. 1980～1993 年“分级包干”阶段

“统收统支”财政管理体制导致“吃大锅饭”的情况严重，地方财政收支脱节。且后期的包干试点一年一变，使得中央与地方对财政工作无法进行长远规划。1980 年“划分收支、分级包干”财政管理体制改革的基本精神为：在巩固中央统一领导和统一计划，确保中央必不可少开支的前提下，明确划分各级财政的权利和责任，做到权责结合，充分发挥中央和地方两个积极性，共同承担平衡国家财政收支的责任。该项改革在扩大地方财权，便于地方安排中长期计划，促使地方对所属企业加强管理提高经济效益的同时，也存在中央部门减收增支，中央财政负担较重，助长地方重复建设等问题。

直至 1984 年第二步“利改税”完成，国家财政收入由利税并重转为以税为主。国务院决定自 1985 年起实行“划分税种、核定收支、分级包干”的财政管理体制。依据税种划分各级财政收入是对过去依据企业隶属关系划分收入体制的一次突破，更为注重公平。然而该项财政管理体制改革受多种因素的影响，出现中央财政收入占比逐年下降，中央财政失衡，赤字增加。且由于经济发展速度不一致，不同地区组织财政收入存在较大差异：有的地区财政收入下降，收支矛盾严重；经济发展较快的地区则认为上交比例过高，不利于调动积极性。1988 年，国务院对财政管理作了以下改进：将 13 种小税种划分为地方固定收入；按 1987 年中央借款数调减地方支出基数；并对不同地区分别实施收入递增、总额分成、总额分成加增长分成、上解递增包干、定额上解以及定额补助等不同的包干方式。

1980～1993 年“分级包干”阶段，财政管理体制由高度集中逐步放开到相对分散，调动了地方增收节支的积极性。但由于税制不健全造成的税源流失，且财政包干体制使得中央财政收入占比呈下降趋势，宏观调控能力减弱。中共十一届三中全会以后，经济建设全面展开，对中央宏观调控能力提出了新的要求。但中央财政收入增长缓慢，1979 年出现赤字。同时，中央财政收入近 50% 依赖地方上解，调控乏力。为集中财力支持重点建设，1981～1989 年中央财政向地方进行了两次借款，其每年借款额占中央支出占比在 4.3%～16.7% 区间内（见图 16－3）。

3. 自 1994 年的“分税制”改革

考虑“包干财政”造成的中央财政赤字，宏观调控乏力；地方偏向发展高流转税的产业，重复建设严重；地区税收竞争激烈，区域发展不均衡等经济财政问题，同时为适应市场经济体制，我国在 1993 年 5 月同时将财政管理体制和税收体制纳入经济体制改革的总体方案中，决定自 1994 年起实施分税制改革。分税制改革主要内容由以下五个方面组成：一是划分中央与地方的支出范围；二是划分中央与地方的收入范围，分为中央税、地方税和中央与地方共享税；三是与中央和地方收支体系相配套，分设中央和地方两套税务机构；四是实施中央对地方的税收返还；五是取消递增上解，处理原体制遗留问题。

表 16－4 展示了中央与地方的支出责任划分情况。中央财政主要承担国家安全、外交和中央国家机关运转所需经费，调整国民经济结构、协调地区发展、实施宏观调控所必需的支出以及由中央直接管理的事业发展支出。地方财政主要承担本地区政权机关运转所需支出以及本地区经济、事业发展所需的支出。

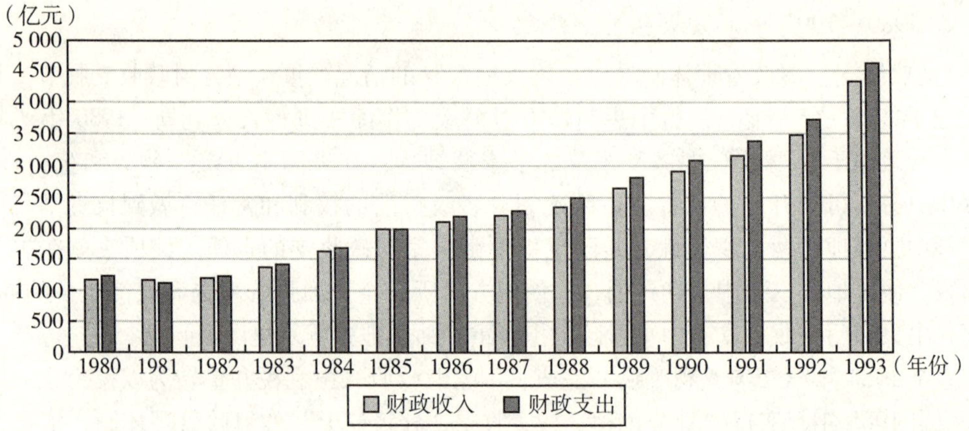


**图 16－3　1980～1993 年财政收入和中央财政收入占比**

资料来源：笔者根据财政部网站资料整理。

**表 16－4　现行中央与地方财政支出划分情况**

| 政府级别 | 支出责任 |
|---|---|
| 中央政府 | 国防、武警经费，外交和援外支出，中央级行政管理费，中央统管的基本建设投资，中央直属企业的技术改造和新产品试制费，地质勘探费，中央安排的农业支出，中央负担的国内外债务的还本付息支出，以及中央本级负担的公检法支出和文化、教育、卫生、科学等各项事业费支出 |
| 地方政府 | 地方行政管理费，公检法经费，民兵事业费，地方统筹安排的基本建设投资，地方企业的改造和新产品试制经费，农业支出，城市维护和建设经费，地方文化、教育、卫生等各项事业费以及其他支出 |

随着社会经济形式的不断发展，分税制财政管理体制也在诸多方面不断完善。首先是中央对地方财政转移支付体系的调整。就转移支付重要组成部分税收返还而言，1994 年的分税制改革规定将地方“两税”（增值税的 75% 和消费税）净上划部分设为税收返还基数，并设定税收返还递增率为 1∶0.3，即地方“两税”每增长 1%，中央对该地方的税收返还增长 0.3%。2002 年所得税收入分享改革则规定所得税基数返还为固定数额。就转移支付重要组成部分一般性转移支付而言，2002 年中央因所得税收入分享改革所增加的收入全部用于地方（主要是中西部地区）的一般性转移支付（过渡期转移支付改称一般性转移支付，2009 年修订转移收支科目时，将 02 款“财力性转移支付”更名为“一般性转移支付”，而其下的 02 项“一般性转移支付”更名为“均衡性转移支付”）。

除了包含增值税、消费税两税返还以及所得税的税收返还，目前中央对地方的转移支付体系还包括一般性转移支付和专项转移支付。一般性转移支付是指中央财政安排给地方财政，用以弥补财政实力薄弱地区的财力缺口，均衡地区间财力差距、实现地区间基本公共服务能力均等化的补助支出。专项转移支付是指中央政府为实现特定的攻关政策及事业发展战略目标，以及对委托地方政府代理的一些事务进行补偿的补助资金。

国务院于 1997 年调整证券交易印花税分享比例以及金融保险营业税收入划分，于

2004 年改革出口退税负担机制，后于 2008 年实施企业所得税“两法合并”。1994 年分税制改革在事权划分、财权划分、税收管理权划分和转移支付等多方面，深刻影响了我国中央与地方财政分权状况。分税制改革较好地调动了地方政府的主动性和创造性，释放了政策红利，在改革开放后一段时间内助力了中国经济高速增长。

### （二）我国财政分权现状

1. 事权划分合理清晰度不足

我国政府间支出责任沿用了我国市场经济体系初期确立的办法。相对于财力划分以及转移支付制度而言，政府间支出责任没有发生实质性的改变。尽管这类支出责任划分有一定规范性，但仍存在一些问题。第一，部分事权划分不适宜。地方承担了一部分中央财政事权，责任能力不足，如养老保险、国家安全以及界河航道的管理和养护等中央应承担的支出责任，地方政府也安排了部分相关的支出。第二部分事权划分不清晰。政府间支出责任的划分只做了原则性规定，对各级政府基础设施减税、农业、文化、教育、卫生、食品安全等领域划分不具体、不清晰，出现多层多头执法的问题。

2. 中央财政集中度逐年下降

1980～1993 年实施的财政包干体制致使中央财政收入比重逐年下滑，中央财政收入占全国财政收入比仅为 22%。自 1994 年分税制改革后，部分收入上划至中央，中央收入占比大幅度提升，基本维持在 45%～55% 之间。以 2018 年为例，我国一般预算收入中央所占比重约为 46.6%，再将国有土地出让收入等政府性基金计算在内，中央财政收入占全国全口径收入约为 33.02%（见图 16－4）。与此同时，西方国家中央财政收入占比一般在 60% 以上，高于我国的实际水平。其原因有二：一是西方国家多将税基流动性较强，税负易转嫁的税种作为中央财政收入，使其比重较大；二是西方中央政府多在政府间收入初次分配环节占比较高，以强化宏观调控能力，实施政府间财政收入再分配。

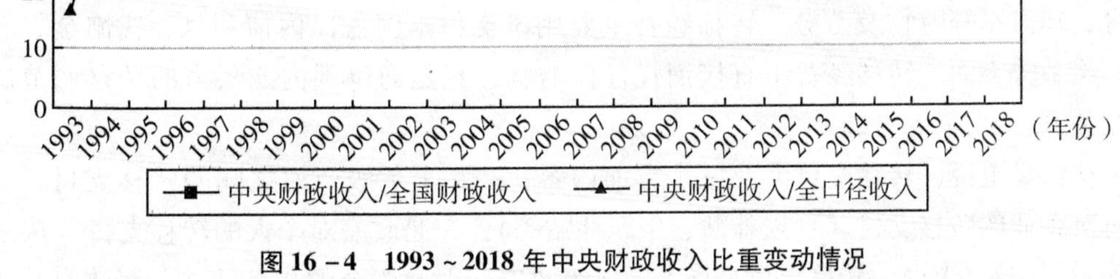


**图 16－4　1993～2018 年中央财政收入比重变动情况**

资料来源：笔者根据财政部网站资料整理。

3. 地方财力均衡度偏小

自分税制改革以来，中央对地方的转移支付规模不断扩大，并更多地倾向于中西部地区。中西部地区公共服务状况得到明显改善，公共服务能力得到一定提升，但其与党的十七大提出的基本公共服务均等化要求仍存在一定的差距。东部地区经济发展速度快、基础厚、自有收入增长迅速。反观中西部地区可知其主要依靠中央转移支付以及资源收益，且资源储量是有限的，自有收入增长难以为继。由此可知，若维持现有收入划分体制以及转移支付体系，未来地区间的财力差异将进一步扩大。

4. 财力与事权匹配度较低

一般而言，地方事权的财力缺口通过一般性转移支付解决，而委托事务和共同事务则是通过专项转移支付解决。由于我国政府间事权划分存在一些问题，同时转移支付决策机制多为一事一议，而非统筹兼顾和综合协调，致使转移支付结构不合理等问题较为突出。转移支付方式选择的不合理，规模选择的无效益，监督约束机制的无效性，是引发中央地方财力与事权难以匹配的重要因素。

【财政视野】财政分权改革的思路

## 第三节　转移支付制度

财政转移支付制度是由于中央和地方财政之间的纵向不平衡和各区域之间的横向不平衡而产生和发展的，是国家为了实现区域间各项社会经济事业的协调发展而采取的财政政策。它是最主要的区域补偿政策，也是世界缩小区域经济发展差距实践中最普遍使用的一种政策工具。它在促进区域经济的协调发展上能够转移和调节区域收入，从而直接调整区域间经济发展的不协调、不平衡状况。转移支付是政府把以税收形式筹集上来的一部分财政资金转移到社会福利和财政补贴等费用的支付上，以便缩小区域经济发展差距。

最早提出转移支付概念的是著名经济学家庇古，他在 1928 年出版的《财政学研究》中，将国家经费分为真实的或消费的经费与转移经费。真实的经费主要用于邮政、煤气、教育、陆海军等财物及劳务。转移经费主要用于支付本国人民内债利息、抚恤金、养老金、奖金等方面。转移经费不直接消耗任何财物，只是通过国内购买力的转移调节所得分配关系。

从广义上说，转移支付涉及三个方面内容：一是上下级政府之间的转移支付，二是政府对企业的转移支付（亏损补贴、生产补贴等），三是政府对个人的转移支付（失业救济等）。从狭义上说，转移支付是指不同层级政府间财政资金的相互转移。而政府对企业和个人的转移支付被称为转移性支出。本节所讲的转移支付是指狭义层面的概念。

## 一、转移支付制度目标

转移支付制度作为规范和调节政府间财政关系的重要补充，是政府间财政关系中一项不可或缺的内容。转移支付制度的主要目标是实现地区同基本公共服务的均等化，具体来说是缓解各级政府间的财政不平衡，协调地区间财政经济活动。

### （一）缓解纵向财政不平衡

转移支付制度的重要目标是保证上下级政府间财政收支的大致平衡，即缓解纵向不平衡。所谓纵向财政不平衡，是指上级政府与下级政府之间财政收支的不平衡。由于各级财政在收入手段与支出需要之间的不平衡，可能造成财政收支的不匹配，即部分政府收入超过支出，而部分政府则入不敷出。一般情况下，纵向财政不平衡多表现为中央政府的财政收入比重高于财政支出比重，形成财力剩余；而地方政府的收入比重低于支出比重，存在财力缺口。

### （二）缓解横向财政不平衡

转移支付制度不仅要保持中央与地方政府之间财政收支的大致平衡，而且要实现地区间财政收支的大致平衡，即缓解横向财政不平衡。所谓横向财政不平衡，是指地区间政府财政收支的不平衡。一是体现为地区间经济发展水平差异导致的税收收入不平衡。由于历史及自然禀赋等方面的原因，地区间经济发展水平总是存在一定的差异，由此导致地区间财源分布的不均衡，部分地区可能拥有较多的税基，税收收入相对丰厚；而部分地区的税收收入则相对微薄。二是体现为地区间支出成本差异导致的财政支出不平衡。由于地区自然条件的差异，山地及丘陵地区提供公共服务的成本远高于平原地区，从而导致履行相同职责所需要的财政支出相对较高，由此导致了地区间财政支出的不平衡。

### （三）协调地区间的财政经济活动

地方财政活动中的效益与成本的基本对等，是保证财政分权下资源有效配置的一个基本条件，然而辖区间外溢情况的发生使得辖区内地方财政活动中效益与成本的对等关系遭到破坏。所谓财政外溢，是指地方公共产品的效益或成本溢出本辖区，而使不分担成本的其他辖区受益或使不享受效益的其他辖区承担成本。如果存在辖区之间财政效益的外溢，那么就可能导致辖区政府的财政支出活动规模低于全社会的最优规模，因为地方政府仅仅以本辖区的受益作为决策基础。与此相反的是，如果存在辖区之间财政成本的外溢，那么就可能导致辖区政府的财政支出活动规模高于全社会的最优规模，因为地方政府仅仅以本辖区的成本作为决策基础。政府间转移支付的重要目标是纠正辖区之间成本或受益外溢产生的无效率，从而协调地区间的财政经济活动。

## 二、转移支付制度的经济效应

### （一）一般性转移支付的经济效应

一般性转移支付是指上级政府根据不同层次政府在收入能力与支出需求方面的差异，

以及各地区在资源、人口、经济发展水平等方面存在的差别，按照统一的法定标准将其财政资金转作下级政府收入来源的补助形式。一般性转移支付的目的在于实现不同层级政府间财政收支的纵向平衡或同一层级政府间的横向均衡，进而实现基本公共服务的均等化。一般性转移支付可分为收入分享转移支付和均衡性转移支付。收入分享转移支付是中央政府把各级政府都视为一个整体，并依据不同层次政府负担事权所需支出与其收入能力的差额，对不同层次政府进行的补助，其主要目的是消除不同层次政府所存在的纵向不平衡。均衡性转移支付是指同一级政府存在少量或没有财政赤字的情况下，上级政府把从富裕地区集中的一部分收入转移到贫困地区的补助，其主要目的是消除各地方政府间存在的收入能力与基本需求之间的横向不均衡，力求保证各地区间基本公共服务水平的大体一致性。

通常，上级政府对一般性转移支付资金的用途不加明确限制，下级政府可根据本地区情况自行掌握、自由支配，故而又称为“无选择性转移支付”或“无条件转移支付”。反映了一般性转移支付的经济效应。

### （二）专项转移支付的经济效应

专项转移支付是指上级政府对资金使用附加了一定限制条件，要求下级政府必须按照规定使用资金的转移支付类型，又称为特殊性转移支付。设立专项转移支付主要有两个原因：一是上级政府为实现特定的宏观政策目标；二是上级政府委托下级政府代理相关事务。专项转移支付可以分为分类转移支付和分项转移支付。其中，分类转移支付是指上级政府仅就某一类转移支付的拨款总额作出规定，地方政府可在相关制度确定的同类型项目范围内自行决定拨款的具体使用项目；分项转移支付是指上级政府规定了转移支付资金指向的具体项目，项目之间不能自行调剂使用。专项转移支付也可分为非配套专项转移支付和配套专项转移支付，其经济效应存在较大差异。

#### 1. 非配套转移支付

非配套转移支付是指下级政府不需要准备相应的配套资金就可以获得一定数量的补助，但其所获资金必须用于规定的公共服务项目。如果地方政府没有将得到的非配套转移支付资金全部用于上级政府指定的项目，则会出现所提供的公共产品数量小于指定额、转移支付资金未用完的情况。

#### 2. 配套转移支付

配套转移支付是指下级政府在接受上级政府补助时，必须准备一定比例的配套资金，下级政府最终所得的补助额主要依据项目需求与可配套资金的差额进行确定，因此又称为“比例性转移支付”。配套转移支付又可细分为封顶和不封顶两种配套方式，前者规定了转移支付的最高限额，后者不规定限额，只要有自有资金配套就可无限获取上级政府的资金拨付。这两种情形下产生的经济效应可能有所不同。

【财政视野】什么是粘蝇纸效应？

## 三、我国的转移支付制度

### （一）我国转移支付制度的建立和发展

中国是一个人口众多、地域广阔、地区自然条件和经济发展很不平衡的大国。在计划经济体制时期，无论是“统收统支”还是“分成”制体制下，政府间的财政关系都主要体现为上缴下拨关系，地方组织的收入基本上都上缴中央财政，必须的支出则由中央拨付。改革开放初期，我国实行以“包干”为主要特征的财政体制，开始形成中央与地方两个独立的财政实体，政府间转移支付最初以补助、上解等形式出现。

1994 年我国实行分税制后，为了均衡地区间财力差距，促进基本公共服务均等化，建立健全了转移支付制度，其主要内容包括税收返还、原体制补助、专项补助三个部分。1995 年，为进一步完善分税制财政体制，财政部设计并实施了《过渡期转移支付办法》。该办法参考国际通行做法，按照规范和公正的原则，根据客观因素计算确定各地区的标准财政收入和标准财政支出，以各地标准财政收支的差额作为财政转移支付的分配依据。该办法对于改革传统的以基数法为依据的转移支付是一个积极的尝试，初步改变了我国转移支付的决定机制和分配方式。2002 年，我国以《过渡期转移支付办法》为基础建立了“一般性转移支付制度”。在完善和调整分税制及转移支付制度的过程中，我国相继建立了一系列转移支付办法，逐步形成了以税收返还、财力性转移支付，专项转移支付为主的转移支付制度框架；此时，一般性转移支付是财力性转移支付的一项内容，是由过渡期转移支付演变而来的。2009 年，我国将 2002 年以来的“一般性转移支付”改为“均衡性转移支付”，并将“财力性转移支付”改为“一般性转移支付”。从而形成了以税收返还、一般性转移支付，专项转移支付为主的转移支付制度框架。

税收返还主要包括增值税返还、消费税返还、所得税返还、成品油价格和税费改革税收返还。税收返还的额度通常是按照基数法来确定的。一般性转移支付主要包括均衡地区间财力差距的均衡性转移支付、民族地区转移支付以及作为国家减收增支政策配套措施的调整工资转移支付、农村税费改革转移支付等。一般性转移支付资金按照客观公正的原则，选取客观因素，按照统一公式计算分配，财政越困难，需求越大的地区补助程度越高，具有明显的均等化效果。在专项转移支付方面，为了配合实现中央宏观政策目标，设立了较多的专项转移支付项目，如基础设施建设、农业、教育、医疗卫生、社会保障、节能环保、工业发展等方面均设立了专项转移支付项目。专项转移支付一般采取项目法或因素法进行分配，有专门的管理办法，不仅增强了资金分配的规范性与合理性，还提高了资金的配置和使用效率。

### （二）我国转移支付制度的改革与完善

1994 年实行分税制财政管理体制以来，我国逐步建立了符合社会主义市场经济体制基本要求的财政转移支付制度。中央财政集中的财力主要用于增加对地方特别是中西部地区的转移支付，转移支付规模不断扩大，有力促进了地区间基本公共服务的均等化，推动了国家宏观调控政策目标的贯彻落实，保障和改善了民生，支持了经济社会持续健康发展。但与建立现代化财政制度的要求相比，现行转移支付制度仍然存在不少问题，亟须进行改革与完善。为此，2014 年国务院出台《关于改革和完善中央对地方转移支付制度的意见》，对于我国转移支付制度的改革与完善给出了指导性意见。

1. 优化转移支付结构

合理划分中央和地方事权与支出责任，逐步推进转移支付制度改革，形成以均衡地区间基本财力、由地方政府统筹安排使用的一般性转移支付为主体，一般性转移支付和专项转移支付相结合的转移支付制度。

2. 完善一般性转移支付制度

一是要清理整合一般性转移支付，逐步建立以均衡性转移支付为主体、以老少边穷地区转移支付为补充并辅以少量体制结算补助的一般性转移支付体系。二是要建立一般性转移支付稳定增长机制，增加一般性转移支付规模和比例，逐步将一般性转移支付占比提高到60%以上。三是要加强一般性转移支付管理，一般性转移支付按照国务院规定的基本标准和计算方法编制。科学设置均衡性转移支付测算因素、权重，充分考虑老少边穷地区底子薄、发展慢的特殊情况，真实反映各地的支出成本差异，建立财政转移支付同农业转移人口市民化挂钩机制，促进地区间基本公共服务均等化。

3. 从严控制专项转移支付

一是要清理整合专项转移支付。清理整合要充分考虑公共服务提供的有效性、受益范围的外部性、信息获取的及时性和便利性，以及地方自主性、积极性等因素。要建立健全定期评估和退出机制，对其中目标接近、资金投入方向类同、资金管理方式相近的项目予以整合，严格控制同一方向或领域的专项数量。二是要逐步改变以收定支专项管理办法，逐步取消城市维护建设税、探矿权和采矿权价款、矿产资源补偿费等专款专用的规定，统筹安排相关经费。三是严格控制新设专项，专项转移支付项目应当依据法律、行政法规和国务院的规定设立。新设立的专项应有明确的政策依据、政策目标、资金需求、资金用途、主管部门和职责分工。四是规范专项资金管理办法，做到每一个专项转移支付都有且只有一个资金管理办法。

4. 规范专项转移支付分配和使用

一是规范资金分配。专项转移支付应当分地区、分项目编制。严格资金分配主体，明确部门职责，社会团体、行业协会，企事业单位等非行政机关不得负责资金分配。专项转移支付可以采取项目法或因素法进行分配。二是取消地方资金配套要求。除按照国务院规定应当由中央和地方共同承担的事项外，中央在安排专项转移支付时，不得要求地方政府承担相配套资金。由中央和地方共同承担的事项，要依据公益性、外部性等因素明确分担标准或比例。三是严格资金使用。除中央委托事项外，专项转移支付一律不得用于财政补助单位人员经费和运转经费，以及楼堂馆所等国务院明令禁止的相关项目建设。

【财政视野】德国的横向财政转移支付

【课外阅读】政府间财政关系该如何调整

【应用训练】

（1）简述财政分权理论。

（2）政府间收入划分的基本框架是怎样的？

（3）探讨实现基本公共服务均等化的财政体制改革措施。

（4）试着阐述粘蝇纸效应。

参考答案

第十六章　政府间财政关系 PPT

# 参考文献


[1] 楼继伟、刘尚希：《新中国财政发展70年》，人民出版社2019年版。

[2] 邹加怡、许宏才：《财政工作基本业务》，中国财政经济出版社2019年版。

[3] 刘尚希：《我国财政理论发展与构建》，中国财政经济出版社2019年版。

[4] 中国财政学会编：《新时代财政理论创新探索》（泰安会议纪实），中国财政经济出版社2019年版。

[5] 马骁、周克清：《财政学》（第四版），高等教育出版社2019年版。

[6] 储敏伟、章辉：《财政学》（第四版），高等教育出版社2018年版。

[7] 邓子基、陈工：《财政学》（第四版），中国人民大学出版社2018年版。

[8] 安秀梅：《财政学》，中国人民大学出版社2018年版。

[9] 寇铁军、张晓红：《财政学教程》（第五版），东北财经大学出版社2018年版。

[10] 王庆：《财政学》（第二版），经济科学出版社2018年版。

[11] 马克和：《中国税制》，中国财政经济出版社2018年版。

[12] 刘兴焉：《中国财政年鉴（2018）》，中国财政杂志社2018年版。

[13] 胡东兰：《财政学》，武汉大学出版社2017年版。

[14] 孙文基：《财政学教程》（第三版），苏州大学出版社2017年版。

[15] 闵乐：《中国国有资产管理体制改革研究》，经济科学出版社2017年版。

[16] 陈共：《财政学》（第九版），中国人民大学出版社2017年版。

[17] 刘怡：《财政学》（第三版），北京大学出版社2016年版。

[18] 刘玉平：《国有资产管理》（第三版），中国人民大学出版社2016年版。

[19] 宋堂军等：《行政单位国有资产管理研究》，中国财政经济出版社2016年版。

[20] 李萍等：《财政体制简明图解》，中国财政经济出版社2010年版。

[21] 刘宇飞：《当代西方财政学》（第二版），北京大学出版社2003年版。

[22] 马骏：《论转移支付》，中国财政经济出版社1998年版。

[23] David N. Hyman：《财政学理论、政策与实践》（第10版），北京大学出版社2015年版。

[24] ［美］哈维·罗森、特德·盖亚著，郭庆旺译：《财政学》（第十版），中国人

民大学出版社 2015 年版。

[25] [美] 理查·A. 马斯格雷夫、皮吉·B. 马斯格雷夫著，邓子基等译：《美国财政理论与实践》，中国财政经济出版社 1987 年版。

[26] [英] 约翰·梅娜德·凯恩斯，徐毓枬译：《就业、利息和货币通论》，译林出版社 2014 年版。

[27] [美] 罗伯特·S. 平狄克、丹尼尔·L. 鲁宾费尔德著，李彬、高远等译：《微观经济学》（第八版），中国人民大学出版社 2013 年版。

[28] 中华人民共和国审计署：《全国政府性债务审计结果》，2013 年 12 月。

[29] Polackova H. Contingent Government Liabilities: A Hidden Risk for Fiscal Stability, World Bank, 1998.

[30] Stigler G J. The Tenable Range of Functions of Local Government, Joint Economic Committee. Reprinted in: Phelps, ES, (Ed.), Federal expenditure policy for economic growth and stability, Private wants and public needs, Rev., ed., 1965 [J]. 1957.

[31] Tiebout, C., A Pure Theory of Local Expenditure, Journal of Political Economy, 1956 (64), pp. 416 -424.